L'Avocat des Juifs

Gravure ci-contre : un juif en manteau de voyage.
Extrait de la « Cosmographie » de Sébastien Münster,
conservée à la Médiathèque André-Malraux
(Ville et Communauté urbaine de Strasbourg).

Selma Stern

L'Avocat des Juifs

Les tribulations de Yossel de Rosheim dans l'Europe de Charles Quint

Traduit de l'allemand
par Freddy Raphaël et Monique Ebstein

La Nuée Bleue

Un livre publié avec le soutien
de la Région Alsace
et de la Ville de Rosheim.
En partenariat avec ARTE.

ISBN 978-2-7165-0739-4

AVANT-PROPOS

Yossel de Rosheim, témoin et acteur à la dimension de l'Europe

Par Freddy Raphaël et Monique Ebstein

Il est difficile pour un lecteur francophone de rencontrer dans un livre d'histoire concernant le XVIe siècle la noble figure de Yossel de Rosheim. Dans ces conditions, il est légitime de se demander quelle raison nous pousse à arracher aujourd'hui à l'oubli la vie et l'œuvre d'un juif d'Alsace qui vécut au tournant entre le Moyen Age et les Temps modernes, et que rien ne semblait destiner au rôle politique et diplomatique important qu'il joua pendant tout le règne de Charles Quint. En quoi Yossel de Rosheim est-il notre contemporain, lui qui vécut il y a cinq cents ans ?

Malheureusement, aucun portrait n'a été conservé qui pourrait peut-être expliquer son charisme, la force de caractère dont il fit preuve lorsqu'il rencontrait l'empereur et les princes, les humanistes et les plus hauts dignitaires religieux de son temps. Issu d'une famille où les érudits ne manquaient pas, il commença pourtant sa carrière professionnelle, après de sérieuses études rabbiniques, en exerçant un métier pratiquement imposé aux juifs, celui de prêteur d'argent. Puis, choisi et élu par l'ensemble des communautés juives de l'Empire, il parcourut l'Europe pour plaider leur cause pendant plus de quarante ans, tout en gardant comme port d'attache la petite ville de Rosheim en Alsace.

Pour connaître Yossel, nous ne pouvons nous fonder que sur ce qu'il a accompli. Son engagement sans faille pour la défense de ses coreligionnaires menacés dans leurs conditions d'existence, et trop souvent dans leur vie même, sa détermination jusqu'à l'extrême limite de ses forces étaient inspirés par la prière, la mystique et l'étude des Ecritures. Le commentaire exigeant des textes, à partir d'une chaîne interprétative que chaque génération se doit de poursuivre, constituait pour lui non seulement une nécessité intellectuelle à laquelle aucun juif ne saurait se dérober, mais aussi une source de joie profonde.

Ses écrits sont rares ; ils ont dû être griffonnés au fil de ses voyages, le soir, lorsque, fatigué, il s'arrêtait dans une auberge ou dans une maison amie. Sans doute profitait-il alors de quelques heures de répit pour fixer des pensées et des méditations qui lui étaient venues à l'esprit pendant la journée, alors qu'il cheminait sur les routes à pied ou à cheval. Jamais il n'y parle de lui ou des siens, jamais il ne « se confie à son journal ».

Yossel est un témoin gênant, un témoin de l'imaginaire dévoyé et des fantasmes d'une période travaillée par la peur des puissances maléfiques et par l'angoisse du non-avènement du salut. Les accusations de meurtre rituel, de profanation d'hosties, d'acharnement et de dérision à l'encontre de la Vierge, l'obsession de la pureté et la dénonciation de la souillure ont été au cœur du système des représentations de l'Occident médiéval, y compris à l'époque des humanistes et de la Réforme. Or cela nous apporte peu d'informations sur les accusés, mais nous en dit long sur la mentalité de leurs persécuteurs. En effet, les sculptures et les tableaux des églises, les sermons enflammés des prédicateurs et les jeux de la Passion mis en scène sous le porche des cathédrales convergeaient vers la construction d'une culture de la haine.

Nombre d'hommes publics aiment le pouvoir et sont prêts à tous les compromis et toutes les bassesses pour le conquérir et le conserver. Yossel au contraire aurait souhaité une vie méditative et spirituelle. Ecoutons-le, lors de son voyage aux Pays-Bas où il dut attendre, reclus dans sa chambre, que l'empereur lui accorde une entrevue : « Durant ces trois mois, étant donné que je n'avais aucune affaire en cours et que j'étais seul dans ma chambre, j'ai rédigé un petit ouvrage que j'ai intitulé *La Voie de sainteté*. Combien j'appréciai ces jours de solitude ! Je me dis en

Empreinte du sceau de Yossel de Rosheim au bas de l'ordonnance du 25 juin 1534 par laquelle il indique aux différentes communautés juives sous sa juridiction leurs obligations à l'égard de la Ville de Strasbourg. L'ordonnance se termine par ces mots : « Pour authentifier ce document, j'y ai, moi, Yossel, juif, préposé de la généralité des juifs, habitant Rosheim, imprimé mon sceau personnel et ce daté de Strasbourg le 25 juin 1534. »

Wo aber einer Jud oder Judin solichs und dergleichen mit geschrein[?] /
dickgt[?] ubertrett / hin zu seiner begert / wider vorgemelte Genedige herren
von Straßburg wissen und willen und als dan solichs mir oder gemeine
Judischeit glaubhaftig angezeigt wurt / So sol der selbig Jud oder Judin
von stunden an In gemeiner Judischeit Ban und Malediung syn
und keiner von den Juden essen oder drincken hausen oder beherbergen sollen
Sunder gantz und gar von der Judischeit abgescheiden sein soll
So lang und vil er vilgemelte herren von Straßburg derenthalben
zu frieden stelt / yedem bey seinem ordenlichen richter do er sitzt oder wondt
oder auff der pfaltz bey recht bleyben und benugen lassen
Da mit ein loblich stat Straßburg der armen Judischen Judischeit nit
unwerdacht[?] sol haben / als so vor so vil in unserer macht und straff were
nit nachkhomme wolten / So hab ich als gemeiner Judischer Regierer
in teutschen landen mit Rath anderer mer Juden auß kraft
vilgemelter unserer Judischen ordenung solichs offentlich under meine
Beret[?] lassen ausgon und Meine genedige herren der loblichen stat
Straßburg underthenigklich begert do mit sie dan allen denen
Juden die geleyt hieinnen bey inen begeren wie von alter herkhume
solichen briff für zu halten / schweren sol / gehorsamlich nach zukumen
Do mit dan M. G. H. nit not werd syn / wo sich ein solichs
oder desgleichen ungeburlich von etlichen Juden oder Judin befunden
wurd / anderer gehorsamen Juden in disem fal dise der loblichen stat
zuverbieten Inter[?] stetiger hofnung sich kein Jud oder Judin
in dise gevar hie wider zu schweren[?] handeln begert / sunder stet
zu halten als billich schuldig ist   Zu warem urkundt hab ich
Jösel Jud gemeiner Judischen Regierer warhaftig zu Rossen[?]
mein eygen ingesigel gedruckt [illegible] und dißbrieffs Datum Straßburg
den XXV Junij des Jars als [illegible] iiij zalt

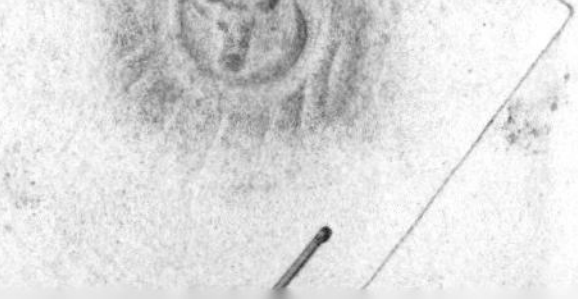

moi-même : "Comme ils furent heureux, les grands hommes des temps anciens qui purent concentrer leur esprit et leurs idées afin de s'éloigner de la vanité du monde, et de ne s'occuper que des choses de Dieu !" » Cependant, le bonheur de la solitude et de la méditation ne lui fut pour ainsi dire jamais accordé. Car, en un siècle de menaces et de dangers pour les juifs, il se vit propulsé à la tête de toutes les communautés de l'Empire pour défendre ses coreligionnaires lorsqu'ils étaient accusés d'usure immorale, de meurtres rituels et de profanation d'hosties.

Charles Quint, dont le règne s'étendit sur toute la première moitié du XVIe siècle, voulait unifier l'Empire, et abolir les frontières séparant les principautés et les royaumes de ses vassaux. Yossel, son contemporain, parcourut cette Europe en gestation au péril de sa vie, car même si le laissez-passer délivré par les autorités impériales lui permettait d'emprunter les routes, celles-ci étaient peu sûres, et nombre d'embûches, de voleurs et d'hommes de guerre le guettaient sur son chemin.

Le pouvoir décisionnel qui lui fut conféré par les représentants de l'ensemble des communautés juives réunies en assemblée fut reconnu et respecté par tous les juifs d'Europe. Il l'exerça quarante années durant, appliqua avant l'heure les règles de la démocratie, écouta tous les avis avant de décider. Il fut l'avocat de ses frères menacés de torture et de mort. Il en sauva beaucoup du bûcher, il s'employa à consoler ceux qu'il ne put aider. Il fut aussi un dirigeant sans complaisance, n'admettant aucune justification à la conduite malhonnête de certains de ses coreligionnaires, qui arguaient de la précarité de leur condition et des menaces qui pesaient continuellement sur eux pour tromper les chrétiens, « profanant ainsi le Nom de Dieu ».

L'exigence éthique représenta pour Yossel un impératif catégorique : celui de ne tolérer aucune éclipse de la responsabilité. Les qualités rares qui furent celles de Yossel – l'intelligence et le discernement, la modestie et la détermination, l'écoute et l'autorité, la rigueur morale et la compassion – sont des valeurs rectrices qui n'ont en rien perdu de leur importance au XXIe siècle, dans une Europe en quête de sens.

INTRODUCTION

Une figure majeure du judaïsme allemand

Par Selma Stern

Yossel de Rosheim (1478 ? – 1554) est la personnalité qui représente par excellence la nation juive allemande au début des Temps modernes, au seuil d'une période longtemps considérée comme l'une des plus cruelles de l'histoire des juifs d'Allemagne. Elle rejoint ainsi directement l'époque contemporaine, avec laquelle elle offre des similitudes à la fois historiques et idéologiques. Il serait facile de comparer le destin des juifs d'alors, dont la situation sociale et économique fut profondément affectée par leur expulsion de la plupart des villes d'Empire ainsi que d'autres vastes territoires, aux importants bouleversements sociaux et économiques qui eurent lieu à notre époque. Les accusations de profanation d'hosties et de meurtres rituels, qui exposèrent à de grands dangers la vie des juifs allemands au début des Temps modernes, peuvent être mises en parallèle avec l'horreur des chambres à gaz et des camps de concentration dont j'ai été moi-même le témoin. L'explosion inexplicable de forces primitives et irrationnelles en un siècle où « les arts fleurirent et les sciences naquirent » présente plus d'une ressemblance avec l'irruption de puissances occultes et effrayantes en ce siècle, qui se vante de dominer tous les secrets de la nature, et de vaincre les pulsions et les passions inconscientes des hommes.

La Renaissance et la Réforme, considérées alors comme un tournant dans l'Histoire, furent, comme de nos jours, le théâtre d'un bouleversement colossal qui changea et réforma de fond en comble tous les domaines, politique, social, économique, religieux ou culturel. L'unité fit place à la multiplicité, l'universel au particulier, la communauté à l'individu, l'inconditionnel au relatif, le statique au fluctuant, l'éternel à la *Renascentia*, la Renaissance, la Réforme. Et, comme aujourd'hui[a], cette transformation ne s'effectua pas en séparant et définissant clairement la culture médiévale et ecclésiastique d'une part, la culture moderne et séculière d'autre part. Alors qu'au Moyen Age de nouveaux mouvements spirituels et religieux agitaient depuis longtemps les esprits, la conception d'un monde chrétien et dualiste persista sans interruption pendant la Réforme. Ces deux courants s'interpénétrèrent, se mélangèrent, se combattirent et perdurèrent côte à côte, sans conciliation ni rémission possibles.

Comme on le dit encore aujourd'hui, l'idée qu'on se faisait alors du juif reproduisait cette dichotomie de façon troublante et aberrante. Bien que l'on essayât, d'après la loi de la raison naturelle et les obligations de l'humanité, de voir en lui un être humain normal, on ne pouvait s'empêcher de le considérer comme l'instrument inquiétant et dangereux de pouvoirs surnaturels et insondables.

Si sous certains aspects la ressemblance entre ces deux périodes fut grande, je ne veux toutefois pas les comparer. Chaque époque se situe dans les voies légales régissant son histoire, elle se développe selon les constellations politiques qui lui sont propres, les caractéristiques économiques qui sont les siennes, et elle tire sa force des mouvements spirituels et religieux n'appartenant qu'à elle et à aucun autre siècle. Je voudrais seulement mentionner que ce que nous avons vécu au cours de l'histoire contemporaine nous permet de comprendre, mieux que les générations qui nous ont précédés, la figure de Yossel de Rosheim. Nous sommes davantage proches de lui que les générations plus favorisées des siècles qui lui furent postérieurs. Cet homme était lié par un lien mystique à son peuple, qui était arrivé à un tournant crucial de son destin. Il le servit avec le dévouement le plus total.

L'époque de la Renaissance et de la Réforme peut être considérée non seulement comme l'une des plus cruelles, mais encore comme l'une des plus tragiques de l'histoire de l'Allemagne et des juifs. C'est alors

a. Selma Stern a écrit ce texte en 1959.

que furent écrites les premières scènes du drame dont le sujet est la rencontre de l'Allemand et du juif, du juif et de l'Allemand, cette tragédie d'amour et de haine, d'attirance et de répulsion, de vie commune et d'exclusion, sur laquelle le rideau vient de tomber après le dernier acte.

Au Moyen Age, christianisme et judaïsme se confrontèrent comme deux puissances religieuses, conscientes de leur étroite parenté et de leur inconciliable opposition, deux planètes qui tournaient autour du même soleil brûlant, chacune étant certaine que dans l'infini une orbite lui avait été assignée et un but fixé. Lorsqu'elles se rencontraient, c'était dans un espace ésotérique où elles se battaient pour des valeurs divines et non terrestres.

Ce fut pendant la période de transition du Moyen Age à l'époque moderne que la lutte entre l'Eglise et la Synagogue descendit du ciel pour se poursuivre sur la terre. Ce fut au temps de l'humanisme, du théisme religieux et universel, des recherches concernant la langue hébraïque et les études sur la Cabale, que pour la première fois, des deux côtés, on tenta passionnément de se rapprocher et de se comprendre. On chercha chez l'autre les lois de l'éthique, innées en tout homme, et on tenta de faire concorder les vérités éternelles des deux religions. Ce fut alors que dans une réflexion commune la tradition ésotérique, la «parole miraculeuse», fut interprétée, et que dans un élan mystique les maîtres transmirent à leurs disciples la langue hébraïque, cette langue originelle de l'humanité. Ce fut alors que les Allemands redécouvrirent la source originelle et inaltérée de la religion juive comme de la religion chrétienne, la Bible, et ils s'en approprièrent comme d'un bien inaliénable. Les juifs, eux, retrouvaient en elle un nouveau sens à leur existence, un nouveau rappel de la Loi et un nouvel enseignement.

Pendant qu'ils s'efforçaient de percer le secret de leur commune origine, juifs et chrétiens commencèrent à fixer leurs limites avec plus de rigueur, à se séparer, à souligner davantage l'incompatibilité de leurs oppositions, et à se lamenter de l'impossibilité de résoudre leurs conflits.

Ces oppositions prirent des formes tellement dramatiques parce qu'elles ne concernaient plus seulement, comme au Moyen Age, le seul domaine religieux. A une époque où l'organisation de l'Etat se délitait, et où de nouvelles entités politiques se formaient, tous les facteurs sociaux, économiques, politiques se mêlaient au «problème juif». Aussi une génération sensibilisée aux luttes révolutionnaires et attentive aux bouleversements sociaux en redevint-elle consciente.

Alors que les affaires décisives de la nation étaient en jeu, que les Turcs à l'est et les Français à l'ouest se lançaient à l'assaut de l'Empire, que les paysans se révoltaient dans des luttes sanguinaires, le problème juif était discuté avec autant de passion que le combat de Martin Luther* [a] contre Rome, la *Confession d'Augsbourg* de Philippe Melanchthon*, la bataille de Pavie, le gouvernement des anabaptistes à Münster, les pamphlets d'Ulrich von Hütten* ou la victoire de Charles Quint* contre la Ligue de Smalkalde.

Les opinions concernant le problème juif étaient divergentes. Cette époque qui pensait encore par images et par symboles, pour laquelle la dépression était la «mélancolie» et le prêt à intérêt «l'épieu du juif» (*Judenspiess**), avait besoin d'une figure visible et tangible qui pût refléter ses contradictions et exprimer ses conflits.

Les princes rebelles essayaient d'arracher à l'empereur son droit régalien sur les juifs. Celui-ci devenait ainsi le symbole de leur victoire ou de leur défaite sur le souverain, qui considérait la limitation de ses privilèges comme une atteinte à la dignité impériale du représentant de Dieu sur terre, ayant reçu l'onction et la couronne.

Au sein des Etats souverains en train de se former, la question de l'admission ou de l'expulsion des juifs devint l'objet d'une dangereuse confrontation politique en vue du pouvoir. Elle opposait les seigneurs et les différentes classes sociales ou états*, et permettait ainsi à l'une des parties en présence de remporter un signe visible de son triomphe sur l'adversaire.

Les catholiques considérèrent le juif comme étant l'instigateur du protestantisme, le coupable du schisme et l'acolyte des Turcs infidèles. Les protestants par contre virent en lui le papiste, l'hérétique, le complice du diable. Les bourgeois respectant la tradition et l'autorité le rendirent responsable de l'explosion des grandes révolutions sociales, de la disparition de l'ordre sacré de l'Empire. Par contre, l'«homme du peuple» habitant la ville et le paysan à la campagne, qui voulaient la répartition des biens et l'égalité des droits pour toutes les classes, estimaient qu'il

a. Les noms propres suivis d'un astérisque font l'objet d'une notice biographique en fin d'ouvrage, p. 283. Les noms communs sont, eux, expliqués dans le glossaire, p. 295.

était de connivence avec les capitalistes et les détenteurs des monopoles, qui à leurs yeux étaient symboles de richesse et de propriété.

La querelle autour des autodafés de livres juifs, cette cause célèbre en Europe, opposa la scolastique à l'humanisme, les *viri obscuri* aux *viri clari*, le fanatisme religieux à la raison, le Moyen Age aux Temps modernes.

En ce temps-là, les serfs du Saint Empire romain germanique, expulsés des villes d'Empire, se virent acculés à une situation politique, sociale et économique misérable. Les fiers bourgeois, autrefois commerçants et banquiers, furent réduits dans les villages et les hameaux à l'état de prêteurs d'argent et de prêteurs sur gages. Quasiment chaque semaine, sur les places publiques et dans les cathédrales, les jeux du Carnaval, les drames, les représentations de la Passion, stigmatisaient aux yeux de foules innombrables le juif comme étant l'usurier et le traître, l'assassin du Christ et le contempteur de Marie. Des écrits pamphlétaires et des gravures sur bois expliquaient avec moult détails le processus des meurtres rituels et des profanations d'hosties.

C'est alors que les juifs d'Allemagne trouvèrent en l'Alsacien Yossel de Rosheim un chef et un avocat, un consolateur et un intercesseur. Ce fut librement qu'ils l'élirent comme leur *Befehlshaber* («commandeur») et leur *Oberster* («chef»). Son autorité n'avait d'autre assise que l'amour et la confiance de sa communauté. Pendant près de quarante ans, il parcourut l'Empire d'une extrémité à l'autre pour plaider la cause de son peuple devant l'empereur, les rois, les princes et les évêques, les seigneurs et les Magistrats*, afin de démystifier les procès pour meurtre, de libérer les condamnés à mort, de faire lever les ordres d'expulsion et d'obtenir en faveur de ses frères des privilèges et des facilités qui leur permettraient d'exercer le commerce.

Yossel fit de la Diète impériale, qui était le forum le plus en vue et le plus prestigieux de l'époque, un tribunal public où, en tant que juge et avocat, il réfuta à la face du monde et avec la plus grande solennité les accusations portées contre les juifs. Il y exigea le respect d'accords irrévocables et inviolables, puisque confirmés par serment.

Dans ses écrits apologétiques et au cours de débats publics, il rejeta d'une voix ferme et décidée les critiques concernant les Livres juifs, qu'elles viennent des catholiques ou des protestants. Il se fondait sur les Saintes Ecritures elles-mêmes, pour démontrer le manque de fondement de ces attaques.

Bien conscient des forces universalistes et particularistes qui s'opposaient au sein de l'Empire, il se plaça inconditionnellement du côté du protecteur impérial. C'est pourquoi dans les graves crises, tant extérieures qu'intestines, celui-ci accorda aux juifs une aide réelle et efficace.

Avec un dévouement qui lui était naturel, Yossel aida ses frères à surmonter les difficultés qu'ils rencontraient pour passer de la ville à la campagne, à renoncer à ces villes qu'en des temps meilleurs ils avaient célébrées comme étant « la couronne d'Israël », « le bouclier et le puissant pilier de la Tora ». A présent, il fallait que les juifs puissent créer une nouvelle forme de vie communautaire à la campagne tout en s'inspirant des communautés citadines dont l'organisation avait été si bien structurée. Pour la première fois au cours de la période contemporaine, si l'on fait exception de la *Reichsvertretung* (représentation de délégués au sein de l'Empire), et pour la dernière fois dans l'histoire de la diaspora allemande, il réussit à créer dans l'Empire une sorte de « ligue juive » rassemblant les communautés du sud et de l'ouest qui jusqu'alors vivaient séparées les unes des autres, chacune veillant jalousement à garder sa spécificité. Il les anima d'une volonté et d'un esprit communautaires nouveaux. Elles purent ainsi être régulièrement convoquées en assemblées et se concerter au sujet des problèmes dus aux bouleversements politiques, économiques, sociaux et religieux. Elles furent à même d'avertir les juifs des dangers qui les menaçaient.

Pour étayer cette structure extérieure, il s'efforça, au cours de ce siècle de Renaissance et de Réforme, de faire renaître l'homme juif moralement et religieusement, et de lui permettre ainsi de donner un sens nouveau et une nouvelle sainteté à sa vie. C'est pourquoi Yossel fut le premier critique et le premier réformateur social des juifs allemands. Il fut le premier à mesurer le délabrement de leur situation économique et sociale à l'aune des valeurs absolues et éternelles du judaïsme. Il compara leur situation à celle du monde environnant, que les bouleversements sociaux et économiques avaient également modifiée. Il se lança dans une tentative magistrale afin de les réorganiser et de les réformer, en établissant un règlement très circonstancié qui fut accepté par toutes les communautés.

De même que les humanistes enseignèrent à la population allemande ce qu'avait été le début de son histoire, afin qu'elle ait une meilleure compréhension du temps présent, Yossel rappela à ses frères leur source et leur origine. Il voulait qu'ils s'en souviennent et reprennent conscience de l'Alliance que Dieu avait conclue autrefois avec Son peuple, et que comme jadis ils soient à l'écoute des paroles par lesquelles les prophètes et les psalmistes les avaient jugés et soutenus.

Comme les disciples de la *Devotio moderna* (la « nouvelle piété »), qui suivirent les voies des grands mystiques chrétiens de leur époque, Yossel calqua sa manière de vivre sur celle des *Hassidim**, les piétistes juifs allemands du Moyen Age. Son exemple sut donner au juif de cette époque la force d'apaiser les tourments de son âme par la contemplation de l'éternité de Dieu, et de sanctifier Son Nom par le martyre lorsque la situation l'exigeait.

Au cours de sa longue vie, et plus que n'importe quel autre juif avant ou après lui, Yossel eut des contacts étroits avec les plus hautes personnalités de son siècle : les empereurs Maximilien Ier* et Charles Quint, le roi Ferdinand Ier* et ses conseillers, les électeurs de Brandebourg, de Saxe et du Palatinat, les ducs de Bavière et du Wurtemberg, les évêques de Strasbourg et de Würtzburg, les baillis d'Alsace et les Magistrats des villes. Mais jamais il ne géra les finances d'un Etat comme l'avaient fait les juifs de Cour, ne mena de transactions financières ni ne participa au développement économique d'un territoire.

Il prit une part active aux évènements politiques et économiques les plus importants de son siècle, les Diètes de Nuremberg, d'Augsbourg, de Worms, de Spire et de Ratisbonne, la guerre des Paysans, la guerre de Smalkalde, et en 1552 la rébellion des princes contre Charles Quint. Jamais cependant il n'effectua de mission politique en tant qu'agent de l'un des adversaires, ni n'approvisionna une armée en tant que commissionnaire.

Il ne réclama pas l'octroi des droits de l'homme ni des droits politiques, il ne lutta pas pour l'égalité civile et sociale, comme l'ont fait les générations ultérieures. Mais en réclamant, selon l'enseignement des prophètes, le rétablissement du « droit divin » et de la « justice divine » qui sont au-dessus de tous les droits de l'homme et de toute justice humaine, il était convaincu de lutter non seulement pour la survie du judaïsme mais pour celle du monde entier.

Ses *Mémoires* concernent les évènements de son époque. Ils ne jettent pas de lumière nouvelle sur ces décennies tempétueuses et conflictuelles. Ils sont rédigés par un homme qui, d'après ses propres dires, appartient à un peuple dispersé dans le monde entier, ne possédant ni pays ni nation.

Cela justifie qu'il ne s'engage en faveur d'aucune des parties combattantes. Il juge ainsi de façon plus objective et plus neutre les évènements dont il est le témoin. Il répartit ombres et lumières de manière plus équitable que maint chroniqueur contemporain qui défend selon le cas la cause des catholiques, des protestants, de l'empereur ou des corporations.

On a affirmé à propos de Charles Quint, l'interlocuteur le plus célèbre de Yossel sur la scène de l'Histoire, que « toutes les forces qui ont anéanti son œuvre sont encore présentes, mais sous une forme totalement modifiée, et que leurs protagonistes ne reconnaissent plus la loi intérieure qui régissait l'action de cet empereur, leur auguste adversaire d'antan, qu'ils ne connaissent plus l'essence de son être, ni l'idéal impérieux qu'il incarna[1] ». La monarchie universelle, dans les vastes frontières de laquelle Charles Quint chercha un espace pour ses juifs, s'écroula après sa mort, et son héritage fut accaparé par les pouvoirs qui s'étaient insurgés contre lui et avaient persécuté les juifs d'Empire.

Mais l'idéal et le modèle dont Yossel fut l'incarnation ne doivent pas disparaître de la mémoire de son peuple. Il est l'incarnation inconditionnelle d'une vie exemplaire et héroïque, une vie humaine dont la noblesse est un modèle pour les générations à venir.

Ce livre que j'ai promis à un vivant, je ne puis le dédier qu'à la mémoire d'un défunt qui avait des affinités électives avec Yossel de Rosheim. Tous deux furent les gardiens de la « haute-fidélité » « où se dévoile une part de la vérité ultime qui permet l'existence des êtres et des choses, des hommes et du temps, de ce qui est différent et de ce qui est séparé[2] ». Tous deux furent les témoins d'un amour qui, prenant sa source dans l'infini, leur permit de porter et de supporter les misères et les blessures, les souffrances et les fardeaux de leur peuple, et de le consoler sans relâche comme le fit le prophète pendant l'Exil.

CHAPITRE 1

Un cœur brûlant de compassion

ORIGINES, ENFANCE ET FORMATION

Un étonnant destin a permis que nous ne sachions pas en quelle année ni dans quelle commune naquit Yossel de Rosheim, où et quand il mourut, ni en quel lieu il fut enterré. Nous ne connaissons pas les deux dates les plus importantes de la vie du juif allemand le plus célèbre du XVIe siècle, qui écrivit ses *Mémoires* avec le soin et la précision d'un chroniqueur. Les informations qu'il nous donne au sujet de l'empereur, des rois, des électeurs et des ducs, des évêques et des baillis remplissent les archives. Son nom est répertorié année après année, parfois mois après mois, dans les registres de l'Empire, et dans les protocoles des Conseils souverains des villes. Même les mémoriaux* de l'époque, qui rappellent avec affection que son action fut source de bénédictions, ne nous révèlent pas le lieu où il repose. Alors qu'un des traits distinctifs du juif est la fierté de ses origines, l'ascendance paternelle de Yossel n'est pas mentionnée. On ne peut pourtant pas douter de sa noblesse, car le réformateur strasbourgeois Wolfgang Capiton* le mentionne comme le plus illustre parmi les siens, et les juifs le nomment fièrement leur prince, leur chef, leur préposé et leur commandeur.

Il est une tradition[3] selon laquelle la famille de Yossel aurait émigré en Allemagne, venant de Louhans, petite ville de France, car on a souvent ajouté le patronyme de Loans à son nom[4]. Lui-même, lors d'une assemblée de délégués juifs à Worms, apposa sa signature en hébreu:

« Joseph ben Gershom de la famille de Louans »[5]. Son petit-fils, le rabbin Eliahou Baal Shem de Worms, qui rédigea un commentaire du *Zohar*, se nommait Elia ben Moshé Loanz[6].

C'est pourquoi il semble naturel de trouver des liens entre Yossel et la famille de Jakob Jehiel Loans*, le médecin privé de l'empereur Frédéric III, non seulement à cause du patronyme qui est le même, mais encore parce que plusieurs traits de caractère, ainsi que leur situation insigne, placent les deux hommes bien au-dessus de leurs coreligionnaires.

Charles Quint octroya de nombreuses faveurs à Yossel. Mais déjà son arrière-grand-père, Frédéric III, avait élevé Jakob Jehiel Loans à la dignité de chevalier et jusqu'à sa mort il ne se sépara jamais de lui. Le représentant le plus énigmatique de la Maison des Habsbourg, qui supporta les secousses les plus fortes de sa vie et de son règne avec une égalité d'humeur souriante, qui employait ses loisirs à étudier les pierres précieuses et les métaux, à interroger le cours des étoiles, à interpréter le caractère et le destin des hommes d'après les traits de leur visage et les lignes de leur main, montra de l'estime non seulement pour son médecin personnel mais pour les juifs en général. C'est pourquoi un chroniqueur le nomma avec mépris « le roi des juifs », et un autre se plaignit de ce qu'il accordait à ses sujets juifs une meilleure protection qu'à ses sujets chrétiens[7]. Reste à savoir si ce fut l'influence de Jakob Jehiel Loans qui éveilla l'intérêt de l'empereur pour le judaïsme, ou bien si c'est l'étude des forces mystérieuses de la nature qui lui fit approcher les domaines profonds et secrets de l'intuition et de l'expérience religieuses.

Le médecin privé de l'empereur fut également admiré par le plus érudit des humanistes de l'époque, Johannes Reuchlin* [8]. Il fut pour lui l'*« homo ex Judaeis non parum literatus »*, et l'*« humanissimus praeceptor »*, celui qui l'initia à la langue hébraïque à Linz en 1492, lors de son séjour prolongé à la Cour impériale. Reuchlin ne loua pas seulement la *« doctrina purissima »* du *« doctor excellens »*[9], mais également la douceur et la bonté de son maître, sa recherche de la vérité sans fard, de l'essence et du fondement, son mépris pour toute apparence et toute vanité. Dans son œuvre la plus significative, *De arte cabbalistica*, il lui rend un bel hommage en mettant en scène un protagoniste, Simon, qui est un juif éminent et distingué. Reuchlin se dit lui-même étonné d'avoir fréquenté avec tant de plaisir, et écouté avec tant de passion, « un juif, né, nourri, éduqué et instruit par des juifs, issu d'un peuple considéré par tous les autres comme barbare, superstitieux, inférieur, un peuple réprouvé, très éloigné de la lumière des sciences».

Ce juif Simon est un nouveau type de juif. Nous le rencontrons en Allemagne pour la première fois. C'est un homme du monde, d'une culture universelle, d'une grande dignité et d'une grande réserve, un maître plein de profondeur et enseignant la sagesse, un éminent interprète de la Cabale. Il détient des révélations secrètes. La parole miraculeuse lui permet de prendre conscience de l'origine cachée des choses et lui donne la clé pour connaître la nature et la création. Il est pour ainsi dire un microcosme, en lequel se reflète une réduction du macrocosme. Il cherche à les relier par la parole et le nombre, par des signes et des représentations de la terre et du ciel, par des corps et des esprits, des choses naturelles et surnaturelles. Il tente de réunir l'âme de l'homme à celle de l'univers.

C'est grâce à ce maître que la langue hébraïque devint pour Reuchlin la langue dans laquelle Dieu parla face à face aux hommes, et les hommes aux anges. Elle fut pour lui la langue la plus riche et la plus créatrice, où chaque mot, chaque syllabe, chaque chiffre, chaque lettre, chaque point et chaque signe sont remplis de sens et de sainteté.

Les seuls ancêtres paternels de Yossel dont nous soyons certains sont ses trois grands-oncles Elias (Helya), Eberlin et Mercklin. Un destin tragique a arraché leur nom à l'oubli. Nous les connaissons par des comptes rendus de procès retrouvés dans de très vieux documents jaunis[10]. Le drame et la souffrance, la légende et l'image en ont conservé jusqu'à nos jours un souvenir bouleversant et atroce.

Les trois frères vécurent au cours de la deuxième moitié du XVe siècle dans la petite ville d'Endingen, qui faisait partie des anciennes propriétés territoriales de la Maison des Habsbourg que l'on appelait «l'Autriche antérieure», dont le territoire se partageait entre le Brisgau, la Forêt-Noire, la Suisse et l'Alsace. De nombreuses familles juives s'y étaient établies parce qu'en 1446 le gouvernement des Habsbourg y avait promulgué un privilège qui leur était très favorable, et selon lequel tout individu ayant blessé ou tué un juif devait être immédiatement traduit devant les tribunaux.

Dans cette bourgade idyllique et paisible au pied du Kaiserstuhl couvert de vignobles, non loin de Fribourg-en-Brisgau et des rives du

Rhin, là où le fleuve coule entre la fertile plaine alémanique et l'Alsace, habitait le jeune Gershom qui deviendrait plus tard le père de Yossel. Nous ne savons pas s'il vivait dans la proche famille de son oncle Elias, le rabbin, parce qu'il était orphelin, ou bien s'il s'était rendu auprès de celui-ci pour qu'il lui enseigne la tradition des Pères.

Par un soir d'automne de l'année 1462, une famille de mendiants – un homme, une femme et deux enfants – traversa la petite ville. Ils erraient, harassés de fatigue. Etant donné que personne ne voulait les héberger, Sara, la femme du rabbin Elias, eut pitié d'eux et leur proposa la grange de sa maison comme abri. C'était *Souccot* (la fête des Cabanes), et Elias avait invité chez lui ses deux frères ainsi que quelques juifs de Pforzheim qui se trouvaient à ce moment à Endingen, afin d'y passer la nuit de *Hoshana Raba* en priant et en chantant.

Huit années s'écoulèrent. La fête des Cabanes et la famille de mendiants étaient oubliées depuis longtemps. C'est alors qu'au cimetière de la commune on découvrit dans l'ossuaire des morceaux de cadavres de quatre personnes, un homme, une femme et deux enfants qui avaient été cruellement assassinés avec un coutre. Le voisin d'Elias, Jokle, un boucher fortement endetté envers les trois frères, fit une déclaration au procès-verbal selon laquelle en 1462, durant la nuit de *Hoshana Raba*, il avait entendu dans la maison du rabbin Elias un énorme bruit et des cris étranges ressemblant à des cris d'enfants que l'on assassinait et vidait de leur sang.

Lors du procès, les frères furent soumis à la question et confessèrent sous la torture ce que l'on exigeait qu'ils avouassent : ils s'étaient procuré du sang chrétien pour s'en servir comme remède contre les maladies et comme médication après les circoncisions.

Le 4 avril 1470, le jugement fut rendu. Les accusés furent déclarés coupables. On les mit sur des peaux de vache séchées, ils furent attachés aux queues de plusieurs chevaux et tirés à travers les ruelles de la petite ville jusqu'au lieu de l'exécution, une colline que l'on appelle encore aujourd'hui la « colline des juifs ». Egalement soupçonnés de ce crime, les quatre juifs de Pforzheim connurent le même sort. Les autres juifs d'Endingen furent « bannis à jamais » (voir *Meilen- und Bannrecht**) de la commune. Les corps des mendiants assassinés furent ensevelis dans l'église Saint-Pierre et de pieux pèlerins les honorèrent avec dévotion. Dans la maison d'Elias, dite la « maison des juifs », huit tableaux pourvus

Juifs livrés au bûcher

Cette gravure sur bois, qui témoigne avant tout de la cruauté et du sadisme des bourreaux, est extraite de la « Weltchronik » de Schedel, publiée à Nuremberg en 1493.

d'inscriptions relatèrent les détails de l'acte commis par les frères et, dans le *Drame des juifs d'Endingen* écrit au début du XVIIe siècle, on met en scène le rabbin Elias, cet « homme courageux » qui s'en prit à de pauvres gens sans armes ni défense pour se venger sur des chrétiens des outrages infligés à son peuple.

Gershom, le père de Yossel, échappa de justesse au tribunal. Il est possible qu'en 1462 il n'habitait pas encore à Endingen, car son nom n'est mentionné dans aucun procès-verbal. Peut-être était-il encore trop jeune pour fêter la nuit de *Hoshana Raba* avec sa famille. Mais la fin terrifiante de ses grands-oncles jeta une ombre tragique sur sa vie.

Et plus tard, lorsque Yossel fut en âge de l'écouter, il lui raconta, comme tout bon père juif le fait avec ses enfants, la sortie d'Egypte et les hauts faits du jeune David. Il lui dépeignit aussi avec émotion le drame vécu dans sa jeunesse, lorsque des assassins se précipitèrent en jetant leurs filets sur tous les membres de sa famille, avant de torturer leur âme en leur faisant avouer de force ce qui n'était pas vrai. Il lui décrivit également les victimes qui marchèrent à la mort afin de sanctifier le nom du saint Béni-soit-Il[11].

Gershom traversa le Rhin et s'enfuit en Alsace. La ville de Fribourg toute proche avait expulsé ses juifs en 1424, et Bâle leur avait refusé le refuge dès 1397. Or, depuis des siècles, l'Alsace hébergeait une nombreuse population juive. Ce territoire était le plus morcelé du Saint Empire romain germanique. Les Maisons des Habsbourg, des ducs de Wurtemberg, du pays de Bade, du Palatinat et de Hanau-Lichtenberg y possédaient de petits comtés, bailliages et seigneuries. Les chevaliers d'Empire et les évêques y entretenaient des relations de voisinage amicales ou hostiles. La Décapole – formée par l'union des villes libres d'Empire, Mulhouse, Colmar, Turckheim, Munster, Kaysersberg, Sélestat, Obernai, Rosheim, Haguenau et Wissembourg – offrait un refuge idéal aux juifs persécutés. Lorsque ceux-ci étaient expulsés d'une ville frontalière de l'Empire ou d'un Etat princier, ils pouvaient être certains de trouver refuge auprès d'un chevalier, d'un seigneur endetté ou du Magistrat désargenté d'une commune pauvre appartenant à un landgraviat.

Le paysage, qui était le même sur les deux rives du Rhin, paraissait familier à Gershom. Même vaste plaine fertile où prospèrent céréales et maïs, tabac et houblon, mêmes collines verdoyantes où « Bacchus demeure et la vigne pleure »[12]. Même ciel paisible, même soleil de midi, mêmes montagnes bleues couvertes de sévères sapins noirs, même vaste vue sur les sommets enneigés des Alpes suisses. Et, sur les hauteurs escarpées recouvertes de forêts, des châteaux massifs ornés de piliers s'élevaient de chaque côté du Rhin avec leurs remparts, leurs fossés et leurs tours d'où, aux temps jadis, de puissants et nobles lignages défendaient la plaine contre l'ennemi venant du sud ou de l'ouest[13].

Gershom s'établit en Basse Alsace, à Obernai, coquette ville d'Empire dont l'hôtel de ville aux proportions parfaites, l'église aux riches ornements de pierre, les maisons élancées, couvertes de toits noirs, décorées de pignons bruns et d'encorbellements sculptés, manifestent ostensiblement l'indépendance, la piété et l'aisance des habitants. Ce ne furent cependant pas le charme de l'architecture ni la fontaine du marché célèbre par ses piliers corinthiens qui incitèrent Gershom à s'établir à Obernai. Ce fut parce que cette ville, où des juifs habitèrent dès 1215, avait renouvelé leurs privilèges au début du XVe siècle. Au nom de l'Empire, elle avait accueilli de nouvelles familles, et leur avait octroyé le droit de bourgeoisie[14]. C'est pourquoi Gershom ne rencontra pas de difficultés lorsqu'en 1470 il demanda le droit d'y résider.

Mais il ne put demeurer longtemps dans ce refuge. Cette fois-ci, sa tranquillité ne fut pas perturbée par la superstition de fanatiques religieux mais par les évènements historiques de ce siècle traversé par de si nombreuses guerres.

En ce temps-là, le duc Charles de Bourgogne, dit le Téméraire, vassal de la France et de l'Empire, se berçait des idées romantiques d'une civilisation chevaleresque quoique moribonde. Il caressait le rêve fantastique de restaurer d'est en ouest l'Empire du carolingien Lothaire. Il voulait un royaume, ou même un Empire unifié, guidé par une volonté unique, qui s'étendrait de la Manche, des côtes de la mer du Nord et de l'embouchure de la Somme jusqu'à l'Italie du nord. Il engloberait aussi le Rhin supérieur et le Rhin inférieur, la Savoie et la Suisse. Simon de Habsbourg, souverain du Tyrol et de l'Autriche antérieure, par ailleurs gravement menacé par les Suisses, avait déjà donné en gage le landgraviat de la Haute Alsace, le sud de la Forêt-Noire et le Brisgau à Charles de Bourgogne. De plus, ce dernier avait conquis les comtés de Geldern et de Lorraine, si bien que tous ceux qui se sentaient menacés par son hégémonie – les confédérés helvétiques, les évêques de Strasbourg et de Bâle, les villes de Strasbourg, Sélestat et Colmar, ainsi que le duc de

Lorraine – s'unirent pour former une alliance défensive. La petite Suisse remporta la victoire sur celui qui jusqu'alors n'avait jamais connu de défaite. Charles fut battu aux batailles de Granson et de Murat, et ce fut au moment des combats qui eurent lieu aux portes de Nancy que ce prince opiniâtre trouva une mort prématurée en 1477[15].

Pendant cette guerre, les mercenaires suisses qui, depuis des dizaines d'années, servaient aussi bien dans l'armée de leur propre pays que dans celle de pays étrangers, parcoururent d'un bout à l'autre la Haute et la Basse Alsace. De même que les Armagnacs autrefois, cette bande qui ne rêvait que plaies, bosses et butin s'en prit aussi aux juifs, qu'elle attaqua à Colmar, Sélestat, Kaysersberg et ailleurs encore. Leurs objets de valeur furent dérobés. Certains furent assassinés ou contraints sous la torture à se faire baptiser[16].

Entre-temps, Gershom s'était marié. Lui et sa femme ainsi que les autres juifs d'Obernai s'enfuirent. Tous se cachèrent successivement dans deux forteresses, le Haut-Barr et la Petite-Pierre, où ils passèrent une année entière souffrant de faim et de soif.

Plus tard, Gershom raconta également à son fils cet épisode de la guerre de Bourgogne, sa fuite et les souffrances de la persécution. Il lui narra comment ce petit groupe destiné à mourir fut miraculeusement sauvé par l'exploit d'un homme courageux et pieux.

> A cette époque il faisait terriblement froid, un froid tel qu'il n'y en avait plus eu depuis longtemps, en sorte que les juifs [il s'agissait surtout de ceux de Colmar] ne pouvaient se terrer dans des grottes ou des trous. Ils étaient obligés de chercher un abri dans les maisons de Turckheim et de ses environs. C'est alors que vinrent nos ennemis pour les livrer aux bourreaux. Il y avait environ quatre-vingts personnes, hommes, femmes, garçons et filles, tous prêts à mourir. Ils se jetèrent à terre, implorant qu'on leur laisse la vie sauve. Dieu envoya alors son aide et son ange. Il amadoua le chef des brigands, qui dit : « Si vous apportez huit cents florins d'ici demain à midi, ce sera votre rançon, dix florins par personne. » Il n'y avait plus de juif dans le pays, excepté un seul homme pieux, Judah Pamseh de Mulhouse. Tous les autres juifs avaient été exterminés ou dispersés, assassinés ou noyés après que l'on eut pillé leurs biens. Lorsque cet homme pieux entendit la nouvelle, il déchira ses vêtements, s'assit à même le sol et se couvrit d'un sac et de cendres, tous les membres de sa famille avec lui. Puis il prit tout ce qu'il possédait et envoya son serviteur Mardochée porter les huit cents florins de rançon. Cependant le serviteur ne put parvenir à temps pour midi. On attacha alors à une corde tous les prisonniers, le rabbin, le préposé de la

communauté, les femmes et les enfants, garçons et filles. Les bandits prirent en premier lieu un nommé Paneth, ils arrachèrent ses vêtements afin de lui couper la tête. Ils firent de même avec le vénérable rabbin Zadok, puis avec tous les autres prisonniers. Ceux-ci tombèrent à genoux, confessèrent leurs fautes et découvrirent leur nuque pour l'offrir à l'épée que le bourreau brandissait déjà, lorsque arriva le serviteur, criant de toutes ses forces : « Ne touchez à aucun juif, je vous apporte l'argent, voici la rançon des prisonniers. » Les meneurs prirent les huit cents florins, et les juifs purent se rendre sains et saufs dans la maison de Judah[17].

Cet épisode vécu par ses parents avait profondément bouleversé Yossel qui était un garçon très sensible. Et lorsque, devenu un vieil homme, il ferait à ses descendants un récit sobre et sans fioritures des évènements de sa vie mouvementée, il ne pourrait cacher son émotion. C'est à ce moment en effet que s'était éveillée en lui une grande pitié envers les êtres sans défense, tourmentés par la main des hommes et privés de leur dignité par leurs injures. Plus que par toute leçon de morale que son père aurait pu lui donner, il fut impressionné par la simultanéité des deux actions de Pamseh : le deuil où il se plongea en apprenant l'effroyable nouvelle, et la volonté avec laquelle il mit tout en œuvre pour venir en aide à ses frères.

Gershom et sa femme ne purent retourner à Obernai car, après la fin de la guerre, les villes de Colmar, Mulhouse, Kaysersberg, Sélestat, Rosheim, Obernai et d'autres encore se réunirent et décidèrent de ne plus permettre aux juifs de vivre dans leur enceinte. Dans un rapport qu'ils soumirent au comte palatin Philippe, leur *Oberlandvogt* (bailli principal), ils déclarèrent que les Suisses les avaient obligés à expulser les juifs, et que ce serait les exposer à de nouveaux dangers que de permettre à ces derniers de réintégrer leurs anciennes demeures. Mais, même lorsque le comte palatin donna un ordre très strict, exigeant que les villes autorisent le retour des juifs, Obernai persista obstinément dans son refus. Les avertissements sévères de l'*Unterlandvogt* (vice-bailli) selon lesquels « il fallait préserver les anciens us et coutumes », ne les émurent pas davantage[18].

Haguenau, en Basse Alsace, n'avait pas participé à cette réunion des villes d'Empire. Depuis que Frédéric Barberousse et ses successeurs lui avaient accordé d'importants privilèges, elle était devenue le lieu où se réfugiaient fréquemment les juifs persécutés[19]. Ceux qui avaient été chassés par le roi de France Philippe Auguste s'y étaient cachés, ceux qui avaient été expulsés de la ville de Strasbourg avaient été recueillis dans ses murs ou dans ses environs. Ils étaient devenus riches grâce à l'argent qu'ils prêtaient aux couvents, aux chevaliers et aux seigneurs. Ils avaient ainsi pu acquérir des maisons dans les plus prestigieuses rues de la ville, et construire une belle synagogue. En 1348-1349, à l'époque de la Peste noire, les juifs de Haguenau furent épargnés alors que ceux de la plupart des villes alsaciennes avaient été bannis. C'est en tant que bourgeois bien établis qu'ils obtinrent une « lettre de protection » reconnaissant l'intangibilité de leurs droits et de leurs libertés. Cette lettre a été conservée jusqu'aujourd'hui.

Gershom s'établit donc à Haguenau, ville natale de sa femme, Reislin. Les frères de cette dernière y résidaient, et c'est ici que Yossel serait né en 1478. Il semble en effet que, pendant la guerre de Bourgogne, Gershom et sa femme n'avaient pas encore d'enfants. Car, à la fin de son rapport sur la persécution des juifs en Alsace, Yossel remercie Dieu d'avoir épargné son père, sa mère, sa famille et ses amis ; il ne parle ni de lui, ni de son frère, ni de sa sœur[20]. Grâce à son récit dans le *Sefer ha Mikneh** (le *Livre de l'acquisition*), nous savons qu'il passa sa jeunesse à Haguenau.

« Dans ma jeunesse, je l'ai vu [un oncle] à Haguenau ; lorsque j'avais six ans j'étais chez lui et chez mon pieux oncle Elia, qui s'en fut à Jérusalem la Ville sainte, et voulut m'emmener avec lui. C'est alors que mon père mourut[21]... »

Dans le même texte, il parle également de la noble famille de sa grand-mère Gitlin, issue du Gaon* Shlomo Spira, l'ancêtre d'une lignée d'illustres érudits dont descendait le rabbin Johanan Luria qui faisait autorité du vivant de Yossel[22].

A la tête de la Décapole, Haguenau, ville d'Empire, se distinguait des autres villes impériales parce qu'elle était, depuis des siècles, la capitale du *Reichslandvogtei* (bailliage impérial). Là, au bord de la « forêt sainte », Frédéric Barberousse avait érigé son palais et Henri VI avait chassé dans ses vastes domaines. Frédéric II, pour qui l'Alsace était « la plus chère de toutes ses possessions en terre germanique », s'y rendait très souvent, et c'est dans sa résidence magnifiquement aménagée qu'il avait célébré son mariage avec Agnès, sa troisième épouse.

C'est aussi dans ce palais qu'en 1236 l'empereur rendit un jugement juste et sage lors du procès pour meurtre rituel de Fulda. Des juifs avaient été accusés d'avoir assassiné de jeunes garçons chrétiens afin d'utiliser leur sang lors de la fête de *Pessah*[23]. Il convoqua devant son trône de justice les juifs accusés et les chrétiens accusateurs. Ceux-ci apportèrent les cadavres des enfants comme témoins muets. L'empereur ordonna aux accusateurs d'ensevelir les morts, seule chose que l'on pût encore faire pour eux puisqu'ils ne pouvaient plus servir à quoi que ce soit d'autre. Et il fit perdre publiquement toute crédibilité à l'accusation en convoquant, du monde entier, des érudits baptisés afin qu'ils témoignent une fois pour toutes de l'innocence de leurs anciens coreligionnaires. Car « en tant qu'adversaires, ces hommes, nés juifs et convertis au culte de la foi chrétienne, ne passeraient rien sous silence de ce qu'ils pourraient savoir à ce sujet, ou concernant ces personnes, l'enseignement des cinq livres mosaïques ou celui des autres livres de l'Ancien Testament ».

La ville de Haguenau avait conservé un reflet de l'ancienne gloire des Hohenstaufen. Au milieu des innombrables seigneuries, ce bailliage impérial constituait le seul point central, le seul symbole de l'unité d'un Empire qui n'existait plus qu'en théorie. Le bailli représentait l'empereur, il était ainsi la plus haute autorité de l'Empire, et en tant que tel administrait tous les sujets. Ce bailli impérial était depuis 1408 un Wittelsbach du Palatinat auquel le bailliage avait été donné en gage. Il était à la fois juge, chef des armées et c'est lui qui levait les impôts. Lors de son accession au pouvoir, les villes d'Empire étaient tenues de lui rendre hommage et à s'acquitter des taxes qui lui étaient dues. En contrepartie, il avait le devoir de prendre sous sa protection personnelle tous les habitants de l'Alsace, sujets d'Empire, et de leur garantir leurs anciens privilèges[24].

Le jeune Yossel grandit dans ce pays où les commerçants faisaient transiter leurs marchandises de l'Italie par la Suisse, vers les embouchures du Rhin et de l'Escaut, pour en rapporter d'autres des Flandres, du Hainaut, de Bruges et de Gand afin de les acheminer vers Strasbourg, Bâle, Zurich et Milan. Ce vieux sol avait appartenu à l'Empire romain. Celtes et Germains s'y étaient rencontrés et mélangés[25]. La population avait hérité de ses origines franques et alémaniques une tendance à la réflexion, à la méditation, à la narration fantastique, à la profondeur religieuse et à l'extase mystique, mais aussi la passion opiniâtre de rester séparée des autres, et de se révolter contre la contrainte et l'oppression. Elle avait gardé plus particulièrement, de ses ancêtres celtes, le don de l'observation critique et de la raillerie qui fait mouche, le sens du langage clair et de la beauté des formes, ainsi que la logique d'une raison vigilante et froide, qui très souvent combattait vigoureusement l'élément irrationnel et mystique de l'héritage germanique.

Celui qui habitait cette terre de transit et de frontières était prêt à accepter toutes les influences et toutes les suggestions extérieures.

Une nouvelle doctrine, le théisme religieux universel[a], ainsi qu'un courant néoplatonicien venaient d'Italie et plus particulièrement de l'Académie de Florence, où ils étaient enseignés par Marsile Ficin et Jean Pic de la Mirandole* [26]. L'idéal n'était plus le saint, l'homme ascétique, pauvre et obéissant, qui se sacrifie et se renie, mais l'homme naturel, réel et véridique. Etant son propre créateur, il se développe et se forme d'après les lois de la raison qui lui est innée.

On a qualifié l'Alsace, et tout particulièrement la ville de Sélestat, de « véritable patrie du premier humanisme »[27], parce que la plupart des humanistes alsaciens avaient été formés à l'Ecole latine, fondée dans cette cité par le recteur Ludwig Dringenberg. L'humanisme alsacien, de même que son courant parallèle en Italie, avait redécouvert les sources des temps anciens et pris comme modèles les grands historiens de l'Antiquité. Comme eux, il avait essayé de comprendre la situation politique et historique du temps présent à partir de l'expérience du passé. C'est sur un sol où luttaient deux grandes puissances rivales, la France et l'Autriche, que pour la première fois naquit en Allemagne une historiographie nationale rejetant en termes vigoureux les revendications françaises sur l'Alsace. Elle justifiait de façon scientifique un rêve séculaire du peuple : l'empereur revenait pour sauver les opprimés, consoler les affligés, rétablir le droit et donner ainsi un fondement historique et juridique à l'Empire médiéval en tant qu'institution de droit divin[28].

Mais contrairement à l'humanisme italien et à son courant ultérieur, l'humanisme moderne, les humanistes alsaciens n'avaient pas conscience du caractère unique et exceptionnel de l'individu. Encore très attachés au Moyen Age, ils étaient chrétiens et conformistes, disciplinés et pieux. Pédagogues prônant des idéaux élevés, ils voulaient éduquer l'homme à la raison, à la sobriété, à la retenue, le former en vue d'une noble tâche et lui faire prendre conscience de l'essence de sa nature.

a. Doctrine prônant une croyance en Dieu créateur, valable pour chaque être humain, indépendamment des rites et pratiques propres à une religion spécifique.

Dringenberg était venu en Alsace de Deventer, en Hollande. Il en avait apporté la doctrine de la *Devotio moderna*, la «nouvelle piété» telle que la pratiquaient alors les Frères de la vie commune et les chanoines augustins[29].

Ces mystiques non extatiques ne voulaient pas servir la Divinité avec un amour brûlant comme Tauler et Suse, ni chercher à la connaître par des spéculations philosophiques comme Maître Eckhart et Nicolas de Cuse. Ils voulaient participer à l'expérience intime de Dieu, en servant leur prochain avec abnégation. Ils désiraient se libérer de leurs fautes et de leurs passions en pratiquant une introspection constante, espérant aussi trouver la paix de l'âme et l'accomplissement ultime par l'humble imitation du Christ et un amour parfait pour toutes les créatures de Dieu.

Parmi ces idées, quelles furent celles qui imprégnèrent le jeune Yossel, et comment put-il les intégrer? Il ne lui fut pas donné de fréquenter l'école des humanistes ou celle des dévots, ni d'avoir un maître qui eût pu l'initier à la culture de son temps. Mais il écrivit dans la langue de son pays, et son allemand vigoureux, imagé et expressif, ce lourd dialecte haut allemand que nous retrouvons dans les *Schwankbücher* (*Farces*) de Johannes Pauli, dans la *Schelmenzunft* (*La Corporation des coquins*) de Thomas Murner et les romans de Jörg Wickram, exprime des nuances intimes et sévères, douces et dures, conciliantes et menaçantes. Yossel ne connaissait pas seulement les concepts juridiques et les courants spirituels de son siècle. Il comprenait aussi le latin car il en avait besoin pour interpréter les documents impériaux et papaux des siècles précédents, et pouvoir mener les débats lors des Diètes impériales. Mais jamais il ne nous dévoila où et quand il s'était approprié toutes ces connaissances. Une seule fois, il nous dit que Dieu lui avait accordé de parler en langue savante au cours d'une violente discussion qui eut lieu lors d'une Diète[30]. Une autre fois, il admet[31] avoir assisté, à Strasbourg, à un cours de l'éminent érudit Wolfgang Capiton, qui fut le plus subtil et le plus noble des réformateurs, un ami d'Erasme* proche de la *Devotio moderna*.

Un jeune homme dégourdi pouvait à cette époque-là satisfaire sa faim de culture sans avoir de maître ni fréquenter une école. L'imprimerie, inventée dans la ville de Strasbourg toute proche, mettait chaque mois de nouveaux livres sur le marché: histoires du monde, romans d'aventures, chroniques, livres d'édification, pamphlets politiques et traités religieux, récits de voyage et descriptions de la Terre. Le théâtre et les jeux de Carnaval contaient les faits de l'empereur Constantin et du sultan de Babylone et faisaient le récit de voyages en Terre sainte. Ils racontaient les heurs et malheurs ainsi que la fin tragique du duc de Bourgogne. Des volumes de farces décrivaient des pays et des villes, des coutumes et des mœurs étrangères. Même le *Narrenschiff* (*La Nef des fous*) du très érudit greffier-syndic de la ville de Strasbourg Sébastien Brant, l'ouvrage en langue allemande le plus lu à la fin du XVe siècle, ne voulait pas seulement fustiger les folies de toutes les couches sociales : son but était d'instruire le lecteur en matière de politique, d'économie, de religion et de jurisprudence[32].

Yossel ne nous donne pas plus d'informations sur ses études rabbiniques que sur sa formation laïque. Son érudition en matière biblique, talmudique, philosophique et cabalistique est étonnante, sa connaissance de l'histoire et de la littérature juives du Moyen Age excellente, et sa maîtrise de l'hébreu parfaite. La signification exacte des coutumes, des rites, des cérémonies et des règles les plus compliquées qui se trouvent dans le droit mosaïque et talmudique n'a pas de secret pour lui. Il possède un esprit juridique subtil, et une capacité magistrale pour la discussion. Ces connaissances ne peuvent lui avoir été enseignées que dans l'une des *yeshivot** (écoles rabbiniques) du pays, où les étudiants s'exerçaient, sous la direction d'un maître éminent, à défendre ou à réfuter les décisions de célèbres commentateurs. Et si, dans des situations difficiles, dans le besoin ou le danger, il ne perdit jamais la maîtrise de soi, si, dans ses moments de triomphe et de victoire, il ne montra jamais aucun orgueil, ce fut parce qu'il appliqua les règles enseignées par la Loi divine, qui exigent de l'homme pieux qu'il « veille à chacun de ses actes, et ne se laisse jamais emporter par la colère »[33].

A cette époque, de telles académies talmudiques existaient en Souabe et en Franconie, dans les vallées du Rhin, du Main et du Danube. Parmi elles, la plus renommée était celle de Ratisbonne, siège du *studium generale* et de la pratique du *pilpoul** [34]. Il est cependant vraisemblable que, pour des raisons plus personnelles, Yossel ait fréquenté une des *yeshivot* rhénanes, non seulement parce qu'elles étaient géographiquement proches, mais aussi parce que toute sa façon de concevoir la vie et le monde prouve que sa formation lui avait été donnée par les érudits qui enseignaient dans ces écoles. Or « ces hommes, dont la recherche était scientifique, objective et exacte », n'avaient recours à « aucune argutie ni finasserie »[35].

Il n'est pas exclu non plus qu'il ait suivi l'enseignement de son parent, le Gaon Johanan Luria. En effet, dans l'un de ses écrits qui est un commentaire de la Tora, *Meschivat Nefesch* (*Le Rafraîchissement de l'âme*), ce dernier nous apprend qu'il put acquérir, « au siège du gouvernement en Alsace, la permission de fonder une *yeshiva* à ses propres frais ». Lorsqu'il parle du « siège du gouvernement », il ne peut s'agir que d'Ensisheim, la résidence des Habsbourg en Haute Alsace, ou de la ville de Haguenau, siège du bailliage de Basse Alsace. Etant donné qu'en 1483 on peut prouver la présence de Johanan en Basse Alsace, il est permis de supposer qu'il enseigna pendant un certain temps à Haguenau, et que Yossel reçut sa formation rabbinique de cet érudit prestigieux qui, lui aussi, défendit les juifs contre les attaques de leurs adversaires.

Mais ce n'est pas cet univers talmudique et halachique* qui forma son caractère, fonda sa conception du monde, ni lui inculqua l'échelle des valeurs à l'aune de laquelle il mesura sa vie. Il ne prit pas pour modèles les subtils interprètes de la Loi, les sages rédacteurs des *responsa**, mais bien plutôt les hommes de la mystique juive, les *Hassidei Ashkenaz**.

Ces derniers, les Pieux d'Allemagne, tout particulièrement Juda le Hassid* de la famille des Kalonymides*, le rédacteur du *Livre des Pieux* et son disciple Eléazar de Worms, auteur du *Rokeach*, ont influencé de façon incroyable au cours des XIIe et XIIIe siècles toutes les couches et toutes les classes de la société juive allemande, par leur enseignement certes, mais plus encore par leur mode de vie. Or, cette influence a perduré jusqu'à une époque récente. Par la force originelle et puissante de leur conviction religieuse, ils ont bouleversé l'âme juive, ils l'ont remodelée et renouvelée. Ils ont ainsi rendu les juifs capables d'accepter les malheurs des persécutions, et de proclamer jusqu'au bûcher, en exultant et en chantant, la grandeur et la toute-puissance de leur Dieu[36]. Ils ont supporté les humiliations et les affronts avec impassibilité, car un cœur pur ne peut être atteint par des invectives humaines. Ils ont dédaigné apparences et profits, car il n'est possible de dominer ses désirs et d'accomplir les commandements de Dieu qu'en acceptant privations et renoncements. Ils ont surmonté la cruauté par la douceur, le désir de vengeance par l'indulgence, mis la vérité à la place du mensonge et la bonté à la place de la haine. Ils croyaient en effet au pouvoir inépuisable du cœur, et à la force toute-puissante de l'amour humain. Dans l'extase

de la prière, dans le recueillement le plus profond, ils ont cherché à contempler en silence le secret de Dieu. Ils se sont soumis à la plus stricte discipline de pénitence, pour que le mal, entré dans le monde à cause des péchés d'Israël, soit vaincu par leur repentir et leur contrition, que la sphère supérieure soit réconciliée avec la sphère inférieure, et que Dieu soit pour toujours uni à Sa Gloire.

En 1473 à Coblence, peu de temps avant la naissance de Yossel, avait paru *Le Petit Livre des Pieux*, de Moïse ha-Cohen ben Eléazar, qui faisait revivre le monde idéologique des *Hassidim* allemands. Mais de même que la *Devotio moderna* n'était plus portée par l'envol des idées et l'ivresse extatique du Moyen Age, *Le Petit Livre des Pieux* n'avait pas la chaleur intime ni la force visionnaire de Juda le Hassid et d'Eléazar de Worms. Son seul but était de protéger le jeune juif de l'exubérance, de la sensualité et des désirs de biens matériels, en cette époque où toutes les valeurs étaient renversées. Il cherchait aussi à l'éduquer pour qu'il consacre sa vie à Dieu, et dirige sa piété vers l'action. L'auteur en effet, de même que les Frères de la vie commune, trouvait ces principes plus importants que le respect strict de la lettre des Commandements et que la pratique mécanique des préceptes religieux. Car Dieu qui voit tout exige en premier lieu l'offrande du cœur[37].

La nature de Yossel l'inclinait à la vie contemplative, à l'examen silencieux, à l'introspection mystique, à la méditation intérieure. Ses écrits politiques sont pleins de considérations graves sur le caractère éphémère des choses terrestres, sur la justice de Dieu et le droit divin, sur les erreurs et les fautes de l'homme. Lorsqu'en 1531, à la Cour impériale qui résidait à Bruxelles, il se trouva dans un environnement hostile et se sentit même en danger de mort, il se réjouit de ces jours de solitude qui lui permirent de réfléchir aux plus profonds secrets de la Tora, sans être dérangé dans sa méditation. Il fut heureux de pouvoir combler par la vision de l'éternité de Dieu son âme assoiffée qui aspirait au repos et au bonheur ultimes. Déjà le frère de sa mère était parti en Terre sainte afin d'y pratiquer une vie de pénitence et de renoncement, et faire de Dieu l'unique objet de ses pensées. Plus tard, le petit-fils de Yossel, le Baal

L'Eglise et la Synagogue au pied de la Croix

Dans cette Bible historiée, réalisée dans la première moitié du XVe siècle dans l'atelier de Dieter Lauber à Haguenau, la Synagogue est désignée comme l'agent du Mal : un diable, juché sur son épaule, la rend aveugle.

Shem, sera l'un de ces ardents « rabbins miraculeux », implorant la compassion de Dieu pour ses créatures et cherchant par ses bonnes actions que le salut du monde d'en bas devienne réalité.

L'environnement chrétien où vivait le jeune garçon était lui aussi propre à stimuler et exalter sa nature portée à l'extase. Les hommes qu'il voyait autour de lui n'étaient pas seulement des bourgeois satisfaits qui se racontaient des anecdotes gaillardes lorsqu'ils voyageaient en calèche, jouaient et buvaient dans les bains publics, ou lorsqu'ils discutaient dans les tavernes de la gestion financière de leurs Magistrats respectifs. Il y avait aussi parmi eux des hommes déchirés par des angoisses existentielles, des peines de l'âme, la vision d'esprits effrayants, et qui tremblaient de peur à l'idée de leur fin dernière. Possédés par une piété fanatique, ils semblaient vouloir, en ce temps où l'Eglise et l'ordre anciens s'écroulaient, où l'absolu du christianisme était mis en question, conjurer une dernière fois encore les saints et les martyrs du Moyen Age.

Des peintures flamboyantes, enivrantes, hautes en couleur leur faisaient revivre l'action salvatrice et la mort sacrificielle de leur Seigneur. Les personnages douloureux de leurs sculptures en bois immortalisaient la tragédie immémoriale de l'humanité et sa faute inexpiée. Leurs cantiques ardents à Marie louaient avec nostalgie la douceur et la bénignité de la Reine des Cieux. Lors des représentations de la Passion et aux processions de la Fête-Dieu, ils refaisaient le chemin du Golgotha. Des prêches bouleversants les incitaient à la pénitence et à l'éveil, des visions et des prophéties étranges annonçaient au peuple pécheur l'apparition de l'Antéchrist, l'imminence de la fin du monde et le Jugement dernier.

La *Réforme de l'empereur Sigismond*, où l'on fait appel à Dieu lui-même pour qu'il soit juge de la dépravation de l'homme, veut que tout le monde soit mis sur un pied d'égalité, c'est-à-dire que tout le monde soit « sauvé et libre devant Dieu ». Or, « l'obéissance est morte, la justice est en souffrance, rien n'est plus à sa place, c'est pourquoi Dieu nous prive de Sa grâce et il est juste qu'il en soit ainsi ».

En Alsace et dans la Forêt-Noire voisine, le peuple rêvait au retour d'un empereur de paix, envoyé par Dieu. Il serait un Messie couronné, il descendrait de la montagne « vêtu d'un vêtement blanc comme la neige, il monterait un cheval blanc, tenant un arc et une épée dans sa main ». Il établirait un Empire de justice politique et sociale, et délivrerait pour toujours l'humanité de la misère et de la faute[38].

L'influence des tensions religieuses de son siècle aurait pu donner une tournure ésotérique et eschatologique au penchant de Yossel pour la vie contemplative, si elle n'avait été tenue en échec par une disposition tout aussi forte pour la vie active, pour l'action énergique et pratique. L'héritage mystique des Pieux de Rhénanie, transmis par sa mère, était équilibré par un sens clair et rationnel des réalités, hérité par son père de ses ancêtres français. Ce sens des réalités le rendit capable d'observer les hommes et les faits avec finesse et esprit critique, sans pathos ni exagération, et lui permit d'enterrer les rêves lorsque les temps n'étaient pas mûrs pour les réaliser. Il put ainsi se lancer dans l'action politique, sans théorie préconçue ni principes abstraits, lorsque l'actualité exigeait de lui qu'il agisse.

Nulle part ailleurs ses talents n'auraient pu être mieux mis en valeur que dans ce « pays d'Alsace » dont on disait que « là se décidait le destin du Saint Empire romain germanique »[39]. Car à cette époque on ne discutait nulle part ailleurs avec plus de passion des évènements politiques en cours, nulle part ailleurs on ne réclamait aussi haut et fort la réforme d'une situation sociale désastreuse. L'idée d'un nouvel Empire mondial allemand, la formation d'un gouvernement fort et ferme pour l'Empire, la création d'un Etat moderne, centralisé et indépendant, le problème d'une Alsace « gauloise », la lutte de la Suisse voisine pour se détacher de l'Empire, l'introduction du droit romain ou le maintien du bon vieux droit coutumier, tous ces problèmes étaient aussi infatigablement discutés que la lutte des états contre l'empereur, des princes contre les villes, des villes contre les chevaliers, des corporations contre les nobles et des paysans contre leurs propriétaires fonciers.

Un garçon sensible et attentif pouvait encore observer autre chose, ses yeux avaient de quoi voir et ses oreilles de quoi entendre. La *Chanson des parents et des enfants innocents*[40] que chantait la servante en travaillant lui faisait connaître, à lui aussi, l'histoire du meurtre d'Endingen, du boucher Jokle, et du juif qui assassina les pauvres gens couchés sur la paille, avec « leurs enfants... oui, des enfants » !

Les *Meisterlieder** de Hans Folz que fredonnaient les apprentis en travaillant dans leurs ateliers lui disaient comment Judas, séduit par le diable, brûle pour l'éternité en enfer parce qu'il a trahi et vendu le Christ son Seigneur à « l'infâme race juive »[41].

Presque tous les jours, sur la place de la ville, pendant le temps pascal, l'on représentait le *Jeu de la Fête-Dieu de Kuenzelsau* ou la *Passion d'Alsfeld*[42]. Il pouvait alors observer l'Eglise victorieuse, couronne sur la tête et sceptre dans la main, humiliant et bafouant la Synagogue soumise, les yeux baissés et le sceptre brisé. Et lorsque, au cours du *Jeu du duc de Bourgogne*, païens et chevaliers devaient s'ériger en juges des juifs, leur jugement préféré était de conseiller au duc de les pendre, de leur mettre des pierres au cou et de les noyer, ou bien de tous les brûler sur un bûcher.

Il y avait également les gravures sur bois qu'on se passait de main en main avec indignation, telle celle contant l'horrible histoire des juifs de Passau qui, avec malice, avaient transpercé une hostie consacrée et qui en punition avaient été emprisonnés, torturés et mis à mort[43]. Ou encore le pamphlet des «juifs infâmes et méchants» qui, en 1492 à Sternberg, dans le Mecklembourg, au cours des fêtes des saints Sévère et Séverin, avaient porté la main sur le sacrement du Seigneur, par dérision envers la sainte chrétienté et pour jeter l'opprobre sur Dieu Tout-Puissant. Ils avaient commis ce sacrilège «parce qu'ils voulaient mettre à l'épreuve la vérité du vénérable sacrement». Et puis également le récit des «vingt-cinq hommes et des deux femmes qui, le mercredi avant la Saints-Simon-et-Jude, marchèrent à la mort en chantant des psaumes»[44].

L'enfant ne comprenait pas encore pourquoi tous ces malheurs frappaient les siens, ceux qu'il aimait. Mais son cœur brûlait de compassion envers son peuple, une compassion qui lui fit comprendre beaucoup de choses avant l'âge.

CHAPITRE 2

Sous le signe infamant de Judas

LE CHEF DES JUIFS DE LA CAMPAGNE

Lorsque Yossel eut quinze ans, en 1493, l'empereur Frédéric III mourut après un règne de plus de cinquante ans. La mort d'un monarque était pour les juifs un évènement de la plus haute importance. En Alsace surtout, pays des villes, des rêves, des légendes et des résidences impériales, ils attendaient avec peur et espoir l'accession au trône d'un nouveau souverain. Depuis que les dynasties des Francs saliens et des Hohenstaufen avaient pris les juifs allemands sous leur protection et les avaient subordonnés à la Chambre impériale (chancellerie), ils se sentaient liés de façon singulière et sans pareille à la personne de l'empereur. Le pouvoir ou l'impuissance attachés à sa fonction, sa force ou sa faiblesse morale décidaient de leur sort en bien ou en mal et leur valait bénédiction ou malédiction. De même qu'ils avaient connu un développement économique important et une ascension sociale rapide aux temps où les Hohenstaufen étaient les maîtres du monde, le déclin de l'Empire avait entraîné leur propre déclin[45]. Certes, le principe du droit régalien qui reconnaissait à l'empereur la possession des « serfs de sa Chambre » n'avait jamais été mis en question. L'obligation de les protéger continuait à être régulièrement proclamée ; elle était inscrite dans les privilèges, et n'avait jamais été contestée. Mais, au cours des derniers siècles, le droit régalien sur les juifs ainsi que les autres droits régaliens avaient été mis en gage ou vendus, prêtés ou donnés aux états qui étaient au bas de l'échelle sociale dans l'Empire. La déclaration formulée par Louis de Bavière, selon laquelle l'empereur pouvait agir envers ses juifs comme il l'entendait et faire d'eux ce que bon lui semblait, puisqu'ils lui appartenaient corps et biens, était une affirmation généralement acceptée[46].

Frédéric III avait été un bon prince pour les juifs. Au cours de tout son règne, cet empereur[47], à qui ni les dangers à l'ouest ni les menaces à l'est ne faisaient perdre son calme, n'avait jamais permis qu'on leur fît du mal pour quelque raison que ce fût. Il n'avait certes pu empêcher qu'on les expulsât d'Erfurt, Heilbronn, Rouffach, Tübingen, Schaffhouse, de l'évêché et de la ville de Bamberg, de l'évêché de Würtzburg, de Magdebourg, Mayence, Esslingen et de nombreuses autres villes[48]. Il fut aussi obligé d'avoir recours à leur aide financière en leur imposant des taxes au cours des guerres menées contre les Turcs, les Hongrois, les Bourguignons et les Suisses. Mais il rejeta toujours avec colère, car il en ressentait de la honte, les accusations pour profanation d'hosties et meurtres rituels, tout particulièrement celles qui lui parvenaient des villes d'Endingen, Passau et Ratisbonne. Lorsqu'il possédait des gages versés par les villes qui s'étaient rendues coupables de ces accusations, il leur imposait de lourdes sanctions pour avoir emprisonné, torturé et tué des juifs. Car, comme il le dit un jour, il était « l'ennemi de toute tromperie, qu'elle soit le fait de chrétiens ou de juifs »[49]. D'après le rapport qu'envoya à Ratisbonne l'ambassadeur bavarois à Vienne, lors du procès pour meurtre rituel de 1476-1480, il prit avec passion le parti des juifs emprisonnés et torturés. Sa colère envers les agissements de cette ville fut telle qu'il supprima le droit de vie et de mort dont était investi le Magistrat, et qu'il menaça ce dernier de proscription s'il ne libérait pas les juifs. Dans les églises, les prêtres critiquèrent alors avec amertume la conduite peu chrétienne de l'empereur, et le conseil de Ratisbonne l'accusa d'« accorder plus de foi aux juifs infidèles, ennemis de Dieu et de la Vierge Marie, qu'aux habitants honorables, nobles et pieux de cette ancienne cité pleine de mérites »[50].

L'attitude de l'empereur à l'égard des serfs de sa Chambre était très certainement due à la tolérance et au sens de la justice qui lui étaient innés. Mais elle lui était aussi dictée par l'idée que la fonction impériale, sacralisée par l'onction, était investie d'une dignité dépassant toutes les autres. Il ne permettrait donc jamais que soient limités ses droits et ses privilèges. Aussi, de même qu'il n'accepta jamais qu'on portât atteinte à un seul de ses droits souverains, il ne toléra pas davantage que l'on s'en prît à ses prérogatives royales sur les juifs, qu'il considérait comme une propriété inaliénable de la Couronne. C'est à lui seul, en tant qu'empereur romain du Saint Empire, et à personne d'autre, que ces prérogatives appartenaient.

Il interdit à la ville d'Erfurt, qui en 1456 s'apprêtait à expulser ses juifs, « de maltraiter grossièrement les serfs de sa Chambre, violant ainsi les traditions de l'Empire », et de porter atteinte aux droits impériaux[51]. Et lorsqu'à son tour Ulm, ville d'Empire, imposa des limitations au commerce de ses citoyens juifs, il ordonna au Magistrat de la ville de révoquer ces dispositions. Il ne pouvait en effet souffrir que la justice de la Chambre impériale fût enfreinte par de mauvais traitements infligés aux juifs[52].

Peu de temps après son accession au trône, il avait demandé, de façon purement formelle, au pape Nicolas V l'autorisation d'accepter de nouveau dans ses terres un certain nombre de juifs, alors qu'ils en avaient été expulsés en 1420. La tradition raconte que, sur son lit de mort, il recommanda à son fils Maximilien de les traiter avec douceur, justice et égards, et de ne pas accorder foi à leurs ennemis.

Mais le brillant et talentueux Maximilien Ier était en tous points l'opposé de son père, dont le caractère avait été circonspect et indécis. Le peuple qui l'admirait, les femmes qui l'aimaient, les humanistes qui le flattaient voyaient en lui « le dernier chevalier », car il leur rappelait l'esprit des Croisades, l'héroïsme aventureux des épopées et la gaieté des chants des troubadours. Mais il était aussi un humaniste très moderne. Il aimait la musique et la peinture, l'architecture et la poésie. Il écrivit lui-même deux romans et s'entoura d'érudits et d'artistes. Comme eux, il fut instable et tourmenté ; comme eux, en quête d'un but inaccessible.

D'autre part, à l'instar des princes de la Renaissance il était un politicien rusé, un allié sur lequel on ne pouvait pas compter, un négociateur cupide, un croyant en proie aux doutes, un amoureux de la vie et un mystique qui désirait être à la fois empereur et pape[53].

Ses contemporains ont porté des jugements très différents tant sur sa personne que sur sa politique. Pour certains, il fut le restaurateur de l'Empire, pour d'autres son fossoyeur. D'aucuns lui reprochèrent d'avoir engagé l'Empire dans d'éternelles guerres, tant à l'ouest qu'à l'est et au sud, uniquement en vue d'augmenter le pouvoir de sa Maison ; d'autres le louèrent d'avoir rendu visibles aux yeux de tous sa grandeur et son pouvoir[54].

En réalité, l'œuvre de Maximilien fut double : certes, il affaiblit l'Empire, mais il le renforça également. Pour reprendre à la France l'héritage bourguignon de son épouse Marie, la fille unique de Charles le Téméraire, il attisa à nouveau entre la France et les Habsbourg un antagonisme qui allait durer des siècles. Dans cette lutte, l'Empire perdit la Suisse, mais conquit les Pays-Bas et la Franche-Comté bourguignonne. Sa politique d'alliances matrimoniales fut à tel point hardie qu'elle fit du vieux danger d'une invasion turque la question la plus brûlante d'Europe, et il laissa ses possessions héréditaires à la merci des invasions des Hongrois et des Turcs. En revanche, il conquit la Bohême et la Hongrie pour l'Autriche, l'Espagne et ses colonies pour la Maison des Habsbourg.

On considère la fin du XVe siècle et le début du XVIe comme l'aube des Temps modernes, car le pouvoir absolu de l'Eglise catholique y fut mis en question par la Réforme, comme la primauté du christianisme par l'humanisme, la philosophie scolastique par l'expérience religieuse individuelle, ainsi que l'enseignement social des Pères de l'Eglise par le premier système capitaliste. L'Etat lui-même, soumis jusqu'alors au droit divin, se détacha de la tutelle de l'Eglise et se transforma en une entité nationale séculière, qui poursuivait des buts rationnels et menait une politique de pouvoir.

Le Saint Empire romain germanique de la nation allemande avait connu une lente évolution dans ce sens. Bien que les empereurs, au cours des deux derniers siècles, eussent perdu presque toute importance politique, l'Empire en tant qu'institution était toujours auréolé d'un caractère sacré. Dans l'imaginaire du peuple, le souverain de l'Empire demeurait le gardien de la paix et de la justice. Sur terre, il était le représentant oint et couronné de Dieu, et il avait le devoir d'accomplir Ses commandements.

Mais à ses côtés s'élevèrent alors les états de l'Empire, les princes électeurs et les princes, les archevêques et les évêques, les margraves et les landgraves. Ils commencèrent à rassembler les parcelles morcelées des seigneuries, des domaines et des bailliages, à les agrandir par la guerre et le pillage, les échanges et les mises en gage puis, grâce à une administration habile, à les réunir en territoires autonomes et indépendants. Ils ne voulaient plus être uniquement les vassaux de l'empereur, mais exigeaient au contraire la limitation de son pouvoir exécutif et le renforcement de leur propre position. Non pour affaiblir ou détruire l'Empire, mais au contraire pour l'unir et le maintenir, ils entendaient à l'avenir partager le pouvoir en toute égalité avec le souverain, afin que celui-ci « se sente davantage concerné par le bien public ».

L'Empire universel et féodal devait se transformer en une fédération de principautés indépendantes et autonomes, qui aurait à sa tête un collège de régents de l'Empire placé au-dessus de l'empereur et des états, et dont la mission serait de conseiller et de contrôler le souverain. Après des luttes acharnées, les états imposèrent la convocation de Diètes annuelles et l'instauration d'un *Reichskammergericht* (tribunal de la Chambre impériale). Au-dessus des parties en présence, celui-ci serait une autorité à laquelle auraient été transférés les attributs du pouvoir impérial, et confiée la protection du droit et de la paix.

Ce dualisme à la tête de l'Empire eut une énorme influence sur le destin politique des juifs, et la lutte que menèrent les deux pouvoirs rivaux en vue de la suprématie fit d'eux un sujet de litige entre l'empereur et les états.

L'attitude fluctuante de Maximilien envers les juifs était due bien davantage à cette situation politique qu'à son caractère imprévisible, auquel il était hasardeux de se fier. Comme son père, il remplissait avec la plus grande diligence les obligations qui lui incombaient en tant qu'autorité suprême de la Chambre impériale lorsque la constellation politique le lui permettait. Mais, lorsqu'il se sentait trop faible pour lutter contre un état puissant au sein de l'Empire, ou lorsque ses caisses vides ne l'autorisaient pas à provoquer la colère d'une ville d'Empire riche dont il était devenu le débiteur, il tolérait également des expulsions et des persécutions.

C'est ainsi que, sur requête des états territoriaux de l'Autriche, il consentit au bannissement des juifs de Styrie, de Carinthie et de l'archiduché d'Autriche, mais il continua à les tolérer à Eisenstadt, Marchegg et en d'autres lieux frontaliers « comme étant une propriété de la Couronne, qu'il n'avait pas l'intention d'expulser ». C'est pourquoi, en 1497, il ordonna aux dix villes d'Empire alsaciennes, en termes très durs, de réadmettre les juifs expulsés pendant la guerre contre les Bourguignons[55]. Mais, deux ans plus tard, il permit à la ville de

Nuremberg « de les renvoyer à cause de la méchanceté dont ils faisaient souvent preuve ». En effet, « l'Empire tenait bien davantage à la célèbre et noble ville de Nuremberg qu'aux juifs »[56]. La même année, la ville d'Ulm reçut l'autorisation de se débarrasser des siens, après s'être engagée à remettre à l'empereur la synagogue, les maisons et les biens immobiliers de la communauté juive[57].

Des années plus tard, dans son *Sefer ha Mikneh*, Yossel évoque l'expulsion des juifs hors des villes de l'Empire allemand. Sa façon très personnelle de rapporter les faits, en y ajoutant des connotations religieuses et morales, permet de constater combien la blessure provoquée par ces évènements avait marqué sa jeunesse.

A cette époque, il exerçait la profession de prêteur d'argent. Il s'était établi à Mittelbergheim, une petite ville située sur les terres de l'évêché de Strasbourg, protégée par les majestueuses forteresses des Vosges, les châteaux d'Andlau, du Landsberg et du Spesbourg. Il ne dit pas pourquoi il n'exerçait pas la fonction de rabbin, à laquelle sa formation et ses talents lui permettaient pourtant de prétendre. Il est possible que des raisons purement économiques, notamment sa responsabilité envers sa mère devenue veuve depuis longtemps et envers une jeune sœur, l'aient forcé à exercer ce métier qu'il détestait. Comme les autres juifs, il prêtait de l'argent aux citoyens des villes avoisinantes[58] et aux paysans des villages proches, soit au taux d'intérêt autorisé, soit en échange de gages ou de lettres d'obligation. A plusieurs reprises, il dut faire appel à l'aide du Magistrat de la ville ou du bailli pour que justice lui soit rendue et que l'argent prêté lui soit restitué. En 1504, lors de la querelle de succession de Landshut, il perdit toutes ses lettres de créance, et ne put sauver « des griffes des malfaiteurs »[59] que quelque cent florins, si bien qu'il eut du mal à nourrir sa famille.

« Au cours des années 1503, 1504 et 1505, nombreux furent ceux qui, au nom de notre empereur Maximilien, se battirent contre le duc de Heidelberg[60] et le chassèrent honteusement de maintes forteresses et places fortes. Ensuite, ils pillèrent les maisons et les vidèrent. Ils dérobèrent jusqu'à mes ustensiles ménagers et me volèrent plus de quatre cents florins. Il ne me resta plus rien, en dehors de quelques objets », se lamente Yossel dans ses *Mémoires*[61].

Plus encore que cette perte matérielle, une autre expérience le bouleversa : le profond mépris dans lequel on tenait son métier. En tous lieux, à la ville comme à la campagne, il sentait qu'il y avait une haine sans aucun rapport avec le peu d'importance accordée au statut de prêteur d'argent juif. Les temps étaient révolus où les juifs de l'Empire représentaient le véritable pouvoir financier. L'interdiction du prêt à intérêt, prévue par le droit canon et les réformes de l'Eglise, leur avait pour ainsi dire attribué le monopole de l'argent. Aujourd'hui, cela leur paraissait presque un rêve d'avoir pu autrefois entreprendre, en toute liberté et sans aucun obstacle, de longs voyages en Russie et en Orient, en Italie et en Espagne, et d'avoir pu, grâce à leurs activités commerciales, rendre une ville mille fois plus célèbre et plus opulente qu'elle ne l'avait jamais été[62].

Ils avaient presque oublié qu'il fut un temps où princes et évêques, chevaliers et seigneurs, couvents et abbés les sollicitaient pour obtenir un crédit, afin de pouvoir mener leurs guerres et gérer leurs finances. Les décrets de l'empereur Venceslas concernant l'amortissement des dettes, les énormes exigences fiscales de l'empereur Sigismond, et leur expulsion des grandes villes avaient tellement affaibli leur pouvoir financier que très souvent ils n'étaient plus à même de payer leurs propres taxes aux autorités.

Certes, il y avait encore des notables et des patriciens, des ecclésiastiques et des nobles qui se rendaient dans la rue des juifs pour y solliciter un emprunt. Il y avait encore assez de juifs en mesure de satisfaire leurs exigences. Mais, dans l'ensemble, c'était à présent l'artisan de la ville qui laissait en gage au juif « vaisselle d'argent, étain, toiles, bonnets, tout ce qu'il a dans sa maisonnée »[63]. A la campagne, le paysan lui empruntait aussi de l'argent, il engageait son blé et son vin, son cheval et sa vache, et même son chariot et sa carriole.

Pas plus que ses contemporains, Yossel ne comprenait le contexte historique de ces bouleversements sociaux. Comme eux, il ne se doutait pas qu'il vivait dans un siècle où les liens traditionnels et corporatifs de la société se relâchaient pour faire place à un ordre nouveau. Il constatait simplement avec angoisse combien la situation économique et sociale de son peuple s'était détériorée. Bien sûr, comme tout le monde en Allemagne, il connaissait les nouvelles puissances financières de l'Empire, les Fugger, Welser, Imhof et Hochstetter, ces grandes sociétés commerciales et ces établissements bancaires qui avaient leur siège à Augsbourg et à Nuremberg et possédaient d'immenses mines d'argent et de cuivre en Hongrie et au Tyrol, en Carinthie et en Carniole. Ils avaient établi des filiales à Anvers et à Novgorod, au Portugal, en Italie et en Suisse, et contrôlaient le marché financier en Allemagne, en Pologne, ainsi qu'en Suède et en Hongrie. Yossel savait comme tout le monde que ces compagnies prêtaient de fortes sommes à l'empereur, au pape, aux princes et aux cardinaux, et qu'en concluant ces transactions elles ne se souciaient en rien de l'interdiction de prélever un intérêt, comme le dictait le droit canon. Elles ne se souciaient pas plus du juste prix, du caractère immoral inhérent au désir de s'enrichir, ni de la doctrine de la « rémunération équitable »[64].

Il connaissait aussi les petits concurrents qui étaient en compétition avec les juifs, ces « chrétiens juifs » qui pratiquaient l'usure à outrance, dont parlait son compatriote Sébastien Brant. Il entendait la plainte d'un autre Alsacien, l'humaniste Jacques Wimpheling* [65], selon qui les chrétiens pratiquaient une usure abominable, pire encore que les juifs, et se préoccupaient aussi peu que les Fugger du danger qu'une telle usure faisait courir au salut de leur âme.

Malgré tout, les plaintes concernant les monopoles corrupteurs des grands négociants et la méprisable usure pratiquée par les chrétiens, « devenue tellement prédominante que même les juifs qui habitaient parmi eux ne trouvaient plus à se nourrir »[66], étaient d'une nature radicalement différente de la nature des plaintes concernant le prêteur d'argent juif. C'est à partir de cette époque seulement que la légende moyenâgeuse du juif exigeant de son débiteur qu'il lui donne en gage une livre de sa propre chair devint une réalité dans l'imaginaire du peuple. C'est alors seulement que la figure mystique de Judas, l'apôtre traître, s'incarna et devint la figure contemporaine du juif usurier, cupide, avide d'argent et de pouvoir[67]. Alors seulement le juif apparut comme une puissance sombre, saturnienne et démoniaque. On le regarda comme étant la « racine empoisonnée »[68] de la misère sociale et économique, l'Antéchrist lui-même, le prince de la perdition, celui qui annonce la fin du monde et la chute de l'Empire romain.

Pendant toute sa vie, la problématique du « juif usurier » blessa Yossel au plus profond de lui-même. Elle devint le fondement même de ses théories sociales et de son action politique. Durant toutes ces années, sa propre activité lui donna l'occasion d'acquérir une vaste connaissance dans l'une des branches de la vie professionnelle. Celle-ci, contrairement au commerce, ne comportait pas seulement un aspect économique mais aussi moral et religieux. Il comprit les dangers qu'exercent sur l'âme humaine le pouvoir de l'argent et l'avidité de richesses. Il se trouva parfois lui-même à la croisée des sentiers étroits qui séparent l'intérêt légitime de l'intérêt interdit. Et comme ces juifs représentés dans le *Jeu de Théophile*, il dut parfois lutter contre le démon lorsque celui-ci venait le tenter.

De plus, il eut des relations étroites avec ses clients. Il sut combien « le pauvre artisan souffrait de faim et de misère, à quelles pressions il était soumis »[69]. Il eut connaissance des lourdes charges qu'un Magistrat gaspilleur ou endetté faisait peser chaque année sur ses épaules. Il vit le regard désespéré du paysan lorsque la grêle avait détruit sa récolte ou la foudre incendié sa maison, lorsqu'il devait engager son unique cheval, ses derniers outils ou le bien le plus précieux dont il avait hérité, car il ne savait pas où trouver l'argent pour payer à son propriétaire le fermage, la capitation, les amendes, les dîmes et le cens.

Son esprit de justice comparait le poids de la misère de l'homme du peuple, du pauvre paysan, au poids de la misère de ses frères : la balance était en équilibre. Le plateau qui portait le fardeau des uns était aussi chargé que l'autre.

Plus l'image du juif usurier était sombre et effrayante dans la représentation populaire, plus celle du paysan apparaissait comme claire et lumineuse, comme celle du noble martyr, du véritable chrétien souffrant, de « celui qui fait pousser les fruits de la terre pour que la main du prêtre les transforme en corps du Christ »[70]. Les prêches des moines mendiants qui demandaient que l'on revienne à la simplicité apostolique, la guerre d'indépendance de la Suisse, qui avait permis à cette petite nation de paysans de conquérir la liberté, avaient révolté ceux qui comparaient à présent les armes guerrières des chevaliers aux outils des paysans, la morale des riches à celle des pauvres, les privilèges des gouvernants au non-droit des gouvernés. Le jugement penchait en faveur des petites gens.

L'insatisfaction grandit encore du fait que les petits, voire les tout petits seigneurs, suivant en cela l'exemple des plus grands, s'entourèrent peu à peu de juristes formés au droit romain. Ils exercèrent un contrôle plus sévère sur leurs sujets, augmentèrent leurs charges et obligèrent les paysans à s'adresser à leur propre cour de justice ou à un tribunal ecclésiastique pour leurs procès. On n'y jugeait plus d'après l'ancien droit traditionnel, c'est-à-dire le droit coutumier, mais d'après un droit nouveau et étranger, le droit romain. L'exaspération causée par ces innovations provoqua des agitations, des rébellions et des violences à travers tout l'Empire. A l'ouest et au sud-ouest surtout, des associations secrètes se formèrent au sein de la paysannerie, dont le Bundschuh en Alsace était la plus dangereuse. Ce Bundschuh (« soulier à lacets ») était ainsi nommé en référence à la courroie en cuir de bœuf des lourds souliers de travail des paysans, symbole du non-droit dans lequel ils vivaient[71].

Sur l'Ungersberg, en Basse Alsace, et sous le commandement d'un ancien conseiller de Sélestat, une rébellion s'organisa contre les exigences des seigneurs afin de réclamer une profonde réforme de la justice, d'abolir les tribunaux ecclésiastiques et la cour de justice de Rottweil, d'endiguer l'usure et l'esprit procédurier des juifs, de les piller ou de les chasser. Le plan ne fut pas mis à exécution, car une trahison divulgua la conspiration à temps : son meneur, Hans Ullmann, fut décapité. Mais la violente répression ne fit qu'attiser le feu, et la menace contre les juifs ne diminua pas.

Les préoccupations de Yossel concernant le sort de ses frères d'Alsace furent encore renforcées par les nouvelles qui lui parvenaient du nord de l'Empire. « La même année [en 1510], raconte-t-il dans ses *Mémoires*[72], le malheur s'abattit sur la Marche de Brandebourg, et à Berlin trente-huit craignant-Dieu furent brûlés. » En 1447, le prince électeur avait accueilli dans la Marche, tout particulièrement dans l'Uckermark, dans la Mittelmark et le Priegnitz, quelques juifs auxquels le séjour dans le Brandebourg avait été interdit depuis l'époque de la Peste noire[73].

Le prince électeur, dont les caisses étaient toujours vides, avait espéré que leur retour lui ferait gagner de nouveaux contribuables qui couvriraient les besoins en argent et en crédit de sa principauté appauvrie. Ses successeurs avaient poursuivi sa politique. Toutefois les très puissants états du pays, les nobles et les villes se plaignaient violemment à toutes les assemblées de l'usure nuisible des juifs, de leur richesse croissante, ainsi que de leur propre endettement et de leur appauvrissement. Ils réclamaient en termes menaçants l'expulsion de ceux qu'ils considéraient comme la cause de leurs malheurs. Des tentatives pour limiter le taux usurier et interdire provisoirement tout prêt d'argent avaient échoué car, selon le prince électeur, les chevaliers désargentés se verraient davantage mis en difficulté par les chrétiens que par les juifs.

Des juifs profanent des hosties à l'aide d'un poignard

C'est à la synagogue, sur l'autel, devant les Tables de la Loi, que les juifs sont censés transpercer des hosties pour faire souffrir le Christ. Dès le XIIe siècle, en France comme en Allemagne, ils furent accusés de s'emparer des espèces consacrées pour se livrer sur elles à des abominations. Cette gravure sur bois de la profanation des hosties à Passau, est parue en 1470 à Munich.

En 1509, Joachim Ier avait donné l'autorisation aux juifs de s'établir dans certaines villes de la Marche. La lutte qui opposait les états et le prince électeur sur le problème de leur expulsion menaçait de plus en plus de se transformer en une dangereuse querelle, susceptible de conduire à une véritable épreuve de force. Or, il faut savoir que les juifs avaient reçu en gage des terres de grande valeur.

Ce fut alors qu'un certain chaudronnier de Bernau, Paul Fromm, originaire d'une paroisse appartenant à la commune de Knobloch, déroba un ostensoir doré et deux hosties consacrées. Après une tentative d'évasion, il fut arrêté et avoua le vol. Il confessa avoir consommé lui-même une des hosties, et vendu l'autre à un juif de Spandau, nommé Salomon. Celui-ci, soumis à la question et cruellement torturé, indiqua qu'un juif de Brandenbourg et un autre de Stendal avaient également participé à cette profanation. Sous la torture, d'autres noms leur furent arrachés, si bien que des juifs d'Osterbourg et de Brunswick furent également soupçonnés de complicité. D'autres furent accusés de meurtres rituels, alors même qu'il fut impossible de trouver des cadavres d'enfants ou des témoins de ces crimes. Du 1er au 4 juillet 1510, le tribunal des échevins de Berlin fit subir en toute hâte un interrogatoire à cent accusés, dont trente-huit furent convaincus de profanation d'hosties et condamnés à la mort par le feu.

Le 19 juillet, en présence d'une foule nombreuse, le jugement fut exécuté dans la capitale de la Marche sur la place du Nouveau-Marché. Un témoin oculaire de ce sinistre spectacle rapporte avec grand étonnement[74] que, s'il ne l'avait vu de ses propres yeux, il n'aurait jamais pu croire que ces juifs obstinés avaient écouté la sentence avec le sourire pour ensuite entonner un chant de louange. Sur le gril, ils avaient non seulement chanté et ri, mais certains d'entre eux avaient même sauté et poussé des cris d'allégresse, levant au ciel leurs mains entravées. Sans parler davantage de ces signes miraculeux, on peut en tout cas affirmer qu'ils subirent le martyre avec beaucoup de courage.

Le reste de la population juive fut banni pour toujours du pays, en conformité avec la justification de l'abbé Trithemius, selon laquelle *« aut similia tentaret in futurum, aut necem illorum aliquo modo iniuste vindicarent »* (« soit ils essaieraient de commettre des actes semblables à l'avenir, soit ils vengeraient la mort de leurs martyrs de façon inacceptable »).

L'année même où les juifs de l'Empire connurent les angoisses de ce procès pour profanation d'hosties, Yossel nous rapporte[75] : « Au sein même de notre peuple, des ennemis se manifestèrent, voulant abolir l'enseignement des Ecritures, et plonger tout Israël dans la douleur[76]. »

« Cet ennemi qui nous persécutait et qu'on appelait *Trepha Kazaw* ("le boucher impur") » était en réalité Johannes Pfefferkorn*. C'était un prêteur d'argent et un boucher de mauvaise réputation, d'origine inconnue. On sait seulement qu'il fut aperçu pour la première fois en 1504 en Allemagne du sud, où il se convertit au christianisme avec toute sa famille. Il s'établit finalement à Cologne, y devint le protégé de l'érudit Ortwin Gratius ainsi que des dominicains qui étaient alors les maîtres de l'université. Ils le nommèrent gardien de l'hôpital et préposé à la vente du sel. Conseillé par ses bienfaiteurs, il publia plusieurs écrits[77] où « il calomnia individus et groupes »[78]. Il proposa d'astreindre les juifs à des travaux durs et dégradants, de faire baptiser leurs enfants de force et de confisquer leurs livres sacrés.

En 1509, par l'intermédiaire de la nonne Cunégonde, sœur de l'empereur, Pfefferkorn obtint de Maximilien un mandement qui lui permettait de saisir les livres juifs, exception faite pour la Bible. D'après Yossel[79], la communauté de Francfort, la première qui fut contrainte à obéir au décret impérial, « sacrifia sa vie et sa fortune » pour sauver ses textes sacrés. Elle en appela à l'archevêque de Mayence, au conseil de la ville de Francfort, et finalement à l'empereur lui-même, car « il ne convient pas d'obliger quelqu'un à renier sa foi contre son gré ».

Tantôt Maximilien donnait l'ordre de saisir les livres, tantôt il exigeait qu'on les rende à leurs propriétaires. Finalement, il chargea l'archevêque de Mayence de les faire examiner par les plus grands érudits de l'époque, en particulier par Jacob Hochstraten, l'inquisiteur des dominicains de Cologne, et par Johannes Reuchlin, le plus célèbre hébraïsant d'Allemagne, afin qu'ils décident si ces livres représentaient ou non un danger pour la foi chrétienne.

Dans le conseil qu'il donna à l'empereur le 5 octobre 1510, intitulé *Doit-on prendre les livres des juifs, les leur enlever et les brûler ?*, Johannes Reuchlin déclare que les Ecritures juives n'outragent pas le christianisme et ne lui nuisent en rien. Tout au contraire, comme l'affirmait déjà Pic de la Mirandole, certains de ces écrits, tels la Cabale, permettent d'atteindre une meilleure connaissance de la foi chrétienne, car « rien ne nous donne autant d'assurances au sujet de la divinité que la magie et la Cabale ». Pour lire la Bible dans sa langue originelle et l'interpréter, il est impossible de se passer des livres de commentaires et de grammaire des juifs. Le Talmud est très difficile à comprendre. Comment un prosélyte inculte, diffamateur des juifs, peut-il prétendre connaître « ce cerf fier dont les bois présentent de nombreuses ramifications » ? Le judaïsme en tant que religion n'est pas un danger pour le christianisme. « Selon leur foi, les juifs ne reconnaissent pas le Christ comme Dieu, mais en cela ils ne veulent outrager personne. » En matière de croyance, ils ne sont redevables qu'envers eux-mêmes et, n'étant pas membres de l'Eglise chrétienne, ils ne sont soumis à aucun juge. C'est pourquoi leur religion ne concerne en rien les chrétiens. Cependant, étant donné que juifs et chrétiens vivent côte à côte dans l'Empire et qu'ils partagent le même droit de bourgeoisie et la même paix castrale, ils doivent être protégés par le droit impérial, et ne doivent pas être contraints au baptême.

La lutte de Reuchlin contre les dominicains de Cologne fut pour les juifs un évènement d'une importance symbolique. Pour la première fois, ils surent quelles étaient les deux puissances qui s'opposaient dans un duel dont l'enjeu était leur âme : les hommes « bons et sages » et « l'engeance infâme », les hommes éclairés et les obscurantistes[80]. Un « sage des nations » mettait en jeu sa position, sa réputation, sa santé et sa sécurité personnelle pour que « la doctrine juive soit rétablie dans son prestige originel »[81]. En ces temps de détresse et d'humiliation, cela apparaissait aux juifs comme « un miracle au sein d'un miracle ». Reuchlin croyait en effet que la sainte tradition des juifs était le fondement même de tout savoir et de toute vérité, qu'elle permettait d'atteindre la plus haute perfection et le plus parfait bonheur. Elle était pour lui la clé ouvrant la connaissance de la création et de la divinité[82].

Mais cette lutte leur dévoilait également, dans une lumière impitoyable et crue, le gouffre au bord duquel ils se trouvaient. Le juif converti Pfefferkorn était à leurs yeux un personnage sans importance. Ils étaient habitués à ce que les nouveaux baptisés soient pour eux une

Bible hébraïque de Reuchlin

Bible enluminée offerte par l'empereur Frédéric III à Johannes Reuchlin en 1492. Cet humaniste, défenseur des études hébraïques et talmudiques, a étudié l'hébreu auprès du médecin de l'empereur, Jakob Jehiel Loans, qui fut probablement un ancêtre de Yossel.

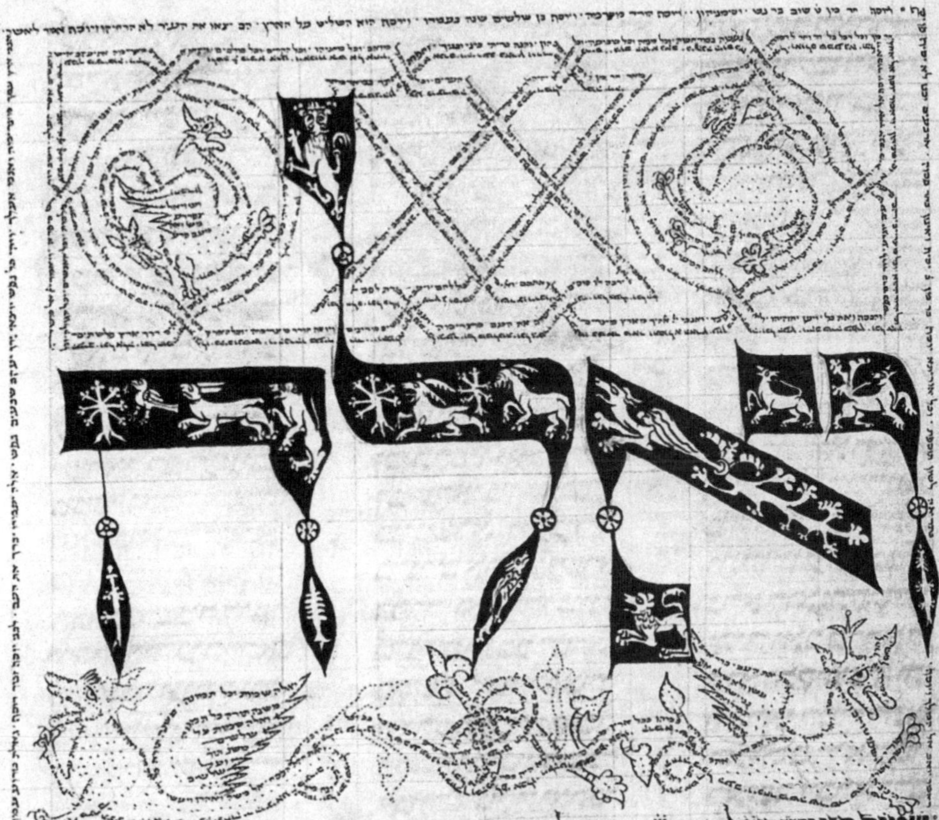

שמות בני ישראל ה
הבאים מצרימה את
יעקב איש וביתו באו:
ואילין שמהן בני יש
ישראל דעלו למצרי
עם יעקב גבר ואנש
ביתיה עלו: ראובן ש
שמעון לוי ויהודה:
ראובן שמעון לוי ו
ויהודה: יששכר זבו

זבולן ובנימן: יששכ
זבולן ובנימן: דן ונפ
ונפתלי גד ואשר: דן
ונפתלי גד ואשר: ויה
ויהי כל נפש יצאי יר
ירך יעקב שבעים נפ
נפש ויוסף היה במצ
במצרים: והוה כל נפ
נפשתא נפקי ירכא ד
דיעקב שבעין נפשת

ויוסף הוה במצרים:
וימת יוסף וכל אחיו
וכל הדור ההוא: ומית
יוסף וכל אחוהי וכל
דרא ההוא: ובני יש
ישראל פרו וישרצו
וירבו ויעצמו במאד
מאד ותמלא הארץ
אתם: ובני ישראל נפ
נפישו ואתילדו וסג

source de malheur. Mais derrière Pfefferkorn se tenait la puissance ténébreuse et menaçante des dominicains. Or ceux-ci se servaient du prosélyte comme d'un instrument docile, et les juifs commencèrent à comparer leur destin à celui de leurs frères d'Espagne qui, vingt ans auparavant, avaient été chassés de leur pays. Là-bas aussi, les ordres mendiants, dominicains et franciscains, installèrent des ghettos, créèrent des tribunaux inquisitoriaux, imposèrent des conversions en masse, organisèrent des controverses publiques (disputations), exigèrent que soit brûlé le Talmud, et obtinrent finalement l'expulsion des juifs hors d'Espagne[83]. Comme les dominicains de Cologne, ils connaissaient la langue hébraïque et la science juive, et ils étaient instruits en matière d'apologétique et de dialectique. Ces connaissances, acquises soit dans les écoles de leur ordre, soit dans les universités françaises ou espagnoles, leur permettaient de déduire eux-mêmes des livres juifs les vérités salvatrices du christianisme et, lors de controverses ou de sermons, de les prêcher aux chrétiens comme aux juifs.

L'un d'entre eux, le dominicain Petrus Negri (Schwarz), originaire de Bohême, avait étudié l'hébreu auprès d'un maître juif à l'université de Salamanque. Alors qu'il avait environ soixante-dix ans, il vint en Allemagne et enseigna la théologie scolastique à l'université d'Ingolstadt. De là il se rendit à Ratisbonne, Nuremberg, Bamberg, Francfort et Worms, pour y prêcher en plein air, en présence des Magistrats de ces villes ainsi que des évêques, des prélats et des juifs. Dans ses sermons en allemand, en hébreu et en latin, il « rendait hommage à la Trinité et à la très bienheureuse Vierge » et vitupérait contre « l'infidélité des juifs ». En 1475, il fit publier un *Tractatus contra judaeos*. Deux ans plus tard, il le fit paraître une deuxième fois, en langue allemande, complété par un glossaire hébreu et intitulé *L'Etoile du Messie* ou *Stella Meshiah*. Dans ce texte, il essayait d'apporter des preuves à la Trinité, à l'incarnation du Christ, à sa naissance virginale, à ses souffrances sur la terre et à sa résurrection, et se servait pour cela des écrits de l'Ancien Testament. Il cherchait ainsi à convaincre les juifs de la vérité éternelle, non par la violence, mais en faisant appel à leur raison. Il invita les plus érudits d'entre les rabbins d'Allemagne à s'engager dans des disputations avec lui au sujet de leur religion, et comme aucun d'entre eux n'accepta, il déclara avoir vaincu les juifs, ces réprouvés de Dieu[84].

En 1504, un autre dominicain, à la fois protecteur de Pfefferkorn et destinataire des *Lettres des obscurantistes*, Ortwin Gratius de Cologne, publia, en allemand et en latin, un pamphlet antijuif sous le titre *De vita et moribus judaeorum*. Au sein du même courant parut le fameux *Opus aureum* dont l'auteur était Victor von Carben[85], un rabbin converti. Les fêtes, les prières, les cérémonies et les coutumes juives y sont soumises à une critique haineuse. Lors d'une controverse entre un érudit chrétien et un érudit juif, toutes les erreurs des juifs se voient réfutées en vertu de leurs propres Ecritures.

Les représentations de la passion du Christ et les jeux carnavalesques de l'époque démontrent bien à quel point ces querelles entre le christianisme et le judaïsme touchaient de près les classes populaires elles-mêmes. Elles les considéraient comme une affaire tout à fait personnelle qui les concernait directement et revêtait une importance vitale. Dans ces spectacles, l'Eglise et la Synagogue discutaient à n'en pas finir, afin de l'emporter sur l'adversaire, et ces joutes verbales étaient souvent aussi agitées que savantes. Dans le jeu carnavalesque de Hans Folz, *La Loi ancienne et la Loi nouvelle*[86], la Synagogue se présente comme une femme « de grand âge et de longue expérience » que Dieu honorait déjà bien avant la naissance du christianisme. Mais à présent elle s'oppose à l'Eglise. Elle demande à sa cadette comment celle-ci peut accepter de la faire errer de par le monde, la mettre en accusation, permettre qu'elle soit brûlée et pendue, elle qui donna naissance aux prophètes, fit grandir les patriarches et nourrit des rois à son sein. Mais, à la fin du spectacle, un rabbin se voit obligé d'avouer avec embarras à son interlocuteur chrétien que les juifs maudissent trois fois par jour pape, empereur, roi, évêque et abbé, et que dans leurs prières ils supplient Dieu d'exterminer, « déjà de notre vivant » et partout dans le monde, « la chrétienté perverse ».

Les prédicateurs, lorsqu'ils exhortaient à la pénitence, critiquaient avec virulence tous les milieux sociaux et les soumettaient à leurs exigences sévères. C'est ainsi que leur influence fut un frein à la vie économique. Les Frères mineurs, eux, demandaient le retour à l'idéal économique des Pères de l'Eglise, alors qu'en cette époque l'Etat agricole se transformait en Etat commercial et l'économie naturelle en économie monétaire[87]. Et pourtant les méthodes de la nouvelle économie capitaliste, sa comptabilité, ses modes de calcul rationnels et sophistiqués, ses concepts modernes qui permettaient l'accumulation d'argent et de capital ainsi que l'octroi de crédit, avaient depuis longtemps déjà supplanté la fixation des prix telle qu'on la pratiquait au Moyen Age et remplacé le système corporatif dans lequel s'inscrivait l'artisanat. Les nouvelles grandes entreprises européennes se libéraient progressivement de toute contrainte. Elles s'avéraient de plus en plus concernées par leurs seuls intérêts et sans égards pour qui que ce soit d'autre. Mais, parallèlement, des sermons de plus en plus virulents prêchaient la doctrine biblique et apostolique selon laquelle l'argent est stérile, la poursuite du gain immorale, et la perception d'un intérêt un péché.

Pourtant, les tendances ascétiques des moines mendiants et la religiosité émotionnelle des couches populaires n'auraient pas pu à elles seules être la cause de l'expulsion des juifs de presque toutes les villes d'Empire. Des motifs économiques et sociaux, inextricablement liés bien sûr à des facteurs religieux et passionnels, s'y ajoutèrent[88]. Après les grandes luttes révolutionnaires qui, au cours des XIVe et XVe siècles, opposèrent la noblesse aux corporations artisanales, ces dernières, supérieures par le nombre et l'importance économique, supplantèrent les nobles qui jusqu'alors les gouvernaient. Elles se chargèrent d'administrer les villes, soit seules, soit en collaboration avec certains membres des familles patriciennes.

Auparavant, les nobles et les grands commerçants dont les idées étaient avancées et pragmatiques, et qui de plus possédaient une longue expérience politique, avaient su utiliser l'habileté commerciale et le potentiel du capital juif au service des communes urbaines alors en pleine expansion. Grâce aux emprunts et aux transactions financières contractés avec les juifs, ils avaient étendu leur réseau commercial à l'Italie, à la France et à la Hollande, et envoyé leurs bateaux en mer du Nord et dans la Baltique. Ils avaient placé les juifs sous leur protection personnelle, leur avaient accordé le droit de bourgeoisie, et essayé de les protéger durant les périodes de persécution.

Mais lorsque, désormais, une ville était dominée par les corporations et la conception du monde qui leur était propre, elle se transformait radicalement. L'artisan la marquait alors de son empreinte. Il se souciait en premier lieu de s'assurer la nourriture et un revenu approprié. Il craignait les étrangers et les dangers provenant de pays lointains. Il se sentait lié par la tradition et les coutumes. Il était hostile à la concurrence et maudissait toute religion autre que la sienne. L'assistance publique, prévue pour tous les habitants de la ville, fut remplacée par une assistance réservée aux seuls membres des corporations. On ne lutta plus pour obtenir la liberté de la ville, mais pour sauvegarder les privilèges communaux. La ville devint une entité politico-religieuse de droit public qui veillait sans relâche et sans merci à l'activité économique et productive, au respect des usages et aux bonnes mœurs, à la religion et à la moralité de chacun de ses habitants.

Etant donné que les juifs étaient exclus des corporations, ils ne pouvaient plus pratiquer le commerce comme beaucoup l'avaient fait jusqu'à la moitié du XIVe siècle. En règle générale, il leur était seulement permis de mettre en vente les gages qui n'avaient pas été retirés. Toutefois, il leur arrivait assez souvent de faire commerce non seulement de vêtements, ceintures, bonnets, ustensiles ménagers et autres objets qu'ils avaient en dépôt, mais aussi d'en faire fabriquer de nouveaux à partir de ceux qui n'avaient pas été dégagés. Ils les revendaient ensuite sans tenir compte des prix imposés par les corporations. Les artisans appauvris de Ratisbonne se plaignirent amèrement du fait que les juifs puissent recevoir de la marchandise presque gratuitement, alors qu'eux-mêmes devaient la produire par un dur labeur et à grands frais. Ensuite ces mêmes juifs pouvaient attirer des acheteurs locaux et étrangers par des prix très bas alors qu'il leur était interdit de faire la chasse au client.

Il arrivait parfois qu'un gouvernement ou un gouvernant aux idées plus modernes ne tînt pas compte des règles rigides imposées par les corporations. Ce fut le cas de l'archevêque Diether de Mayence qui autorisa un juif à faire librement le commerce de médicaments, ainsi que du margrave Albert Achille von Ansbach-Bayreuth qui permit à tous les juifs de ses terres de pratiquer le négoce, ou encore du Magistrat de Francfort qui ne voulut pas leur interdire « les opérations d'achat et de vente ».

L'Allemagne, à cette époque, était agitée par une révolution non seulement commerciale mais aussi sociale telle qu'elle n'en avait jamais connue auparavant, ni n'en connaîtrait plus à l'avenir. Aussi la population acceptait-elle très mal que l'on s'immisçât dans ses droits et privilèges alors qu'ils étaient strictement définis. La création de nouvelles formes d'entreprises, le développement minier, l'exploitation des mines d'or et d'argent avaient permis une importante accumulation de capitaux, dont ne bénéficiaient pas l'ensemble des sujets, mais uniquement quelques grandes firmes commerciales et quelques hommes d'affaires importants. Le petit artisan et le journalier de la ville, plongés dans le désarroi par l'argent qui perdait sa valeur, la montée des prix et la diminution de leur salaire, ne comprenaient pas ces développements rapides ; ils voyaient seulement l'énorme écart qui se creusait entre les riches et les pauvres. Influencés par des pamphlets révolutionnaires, ils se révoltaient sauvagement à la fois contre le Magistrat au pouvoir et le commerçant enrichi par le brassage d'affaires importantes. Les grandes luttes politiques en vue d'obtenir une constitution, qui opposaient au XIVe siècle noblesse et corporations, se répétèrent sous forme de luttes sociales entre ceux qui possédaient des biens et ceux qui en étaient dépourvus. De même que ces luttes avaient contribué à déterminer le sort des juifs au temps de la Peste noire, la rébellion de l'homme de la rue leur fut à présent fatale.

Tous ces prétextes de nature différente, pratique du prêt d'argent, commerce illégal ou profanation d'hosties, furent invoqués pour justifier l'expulsion des juifs hors des villes d'Empire alsaciennes. La ville de Sélestat, qui en 1479 déjà s'était fait octroyer un privilège de *non tolerandis judaeis*[89], finit par limiter leur nombre à deux familles. La ville d'Empire de Kaysersberg suivit son exemple. En 1507, Munster demanda qu'on renouvelât son ancien droit de n'accepter aucun juif[90]. Colmar, à la tête de la Décapole, envoya une ambassade après l'autre à Maximilien en vue d'obtenir un décret d'expulsion.

Parmi les villes d'Empire, Obernai – où les parents de Yossel avaient dû se réfugier pendant la guerre des Bourguignons – se montra la plus hostile. Le comte palatin, en tant que bailli de Basse Alsace, avait en vain essayé d'émouvoir la ville pour qu'elle eût pitié des expulsés. En 1494, celle-ci s'opposa au sous-bailli Jacob von Fleckenstein, après qu'il lui eut ordonné de réadmettre une seule famille. Ce dernier se plaignit de ce qu'Obernai « se rebellât constamment, alors que les autres villes se comportaient en sujets d'Empire, soumis et obéissants »[91]. Elle ne respecta pas même deux décrets sévères de Maximilien. Et ce ne fut que lorsque le trésorier général exigea qu'elle se pliât à la volonté de l'autorité suprême de l'Empire qu'elle daigna permettre à deux familles juives de Bischofsheim de résider dans la ville en tant que « bourgeois du bailliage ».

Mais, lorsque d'autres familles suivirent les deux premières, des troubles inquiétants éclatèrent. Les habitants se plaignirent que les juifs prêtaient de l'argent en acceptant comme gages des objets volés. De leur côté, ceux-ci se lamentaient d'être tourmentés, persécutés et de se voir imposer le port d'un signe distinctif.

C'est alors qu'un décret impérial mit fin à toutes ces querelles. Au début de l'année 1507, Maximilien fit un séjour prolongé à Strasbourg. Il y reçut la visite des conseillers d'Obernai. Ceux-ci se plaignirent amèrement, affirmant que toute la population d'Obernai se voyait entraînée à la ruine par l'usure et les vols des juifs. Or, quelques années auparavant, l'empereur avait exigé en termes menaçants que la ville admît les juifs. Mais d'une part il avait un caractère très influençable, et d'autre part il était criblé de dettes. Aussi, sans opposer beaucoup de résistance, se laissa-t-il convaincre de promulguer un ordre d'expulsion. Dans un décret du 21 mars 1507[92], les juifs se virent intimer l'ordre de quitter Obernai avec tous leurs biens et de n'y jamais revenir.

« En l'an 1506-1507, rapporte Yossel[93], les citoyens d'Obernai s'adressèrent à l'empereur pour lui demander de chasser les juifs. Ils obtinrent un décret selon lequel aucun juif priant le Dieu vivant n'avait le droit de pénétrer dans leur ville ni sur leur territoire. Ils furent expulsés sans merci de leurs maisons et de leurs demeures, et chassés misérablement dans les champs. Le mal qu'on leur fit fut bien grand[94]. »

« Cette douleur partagée », comme le dit Ulrich von Hütten, pénétra dans le cœur de Yossel plus profondément que chez d'autres. Elle fut la cause de sa première apparition sur la scène politique. Jusqu'à présent il avait vécu tranquille et retiré dans la petite ville de Mittelbergheim, se consacrant entièrement à son métier et à la famille qu'il avait fondée. Nous ne connaissons rien de l'origine ni de la personnalité de sa femme. Mais il semble qu'elle fut pour lui une compagne sage et courageuse, une partenaire dans ses affaires, la confidente de ses missions politiques et l'éducatrice aimante et énergique de leurs enfants. En effet, la responsabilité lui en incomba presque entièrement après que Yossel fut devenu le commandeur des juifs allemands.

Lorsque, en cette année 1507, les expulsés d'Obernai lui demandèrent aide et réconfort, il répondit immédiatement à leur appel. Avec eux, il s'adressa au sous-bailli provincial qui était leur protecteur depuis longtemps. Yossel ne s'est jamais présenté comme un suppliant qui implore mansuétude et clémence, mais bien plutôt comme un avocat passionné qui défend la cause difficile de son client devant une cour d'assises, comme un procureur froid et réfléchi qui porte officiellement plainte contre un coupable. En l'occurrence, l'accusée était la ville d'Obernai, qu'il dénonça pour avoir rompu son contrat de façon indigne.

Car lors de leur admission, les juifs avaient signé un contrat et avaient solennellement juré de le respecter. Ils s'étaient engagés à verser un certain impôt à la ville, la taille, en échange de quoi le conseil promettait de les prendre sous sa « protection particulière ». Les juifs respectèrent ce contrat; par contre la ville, en infraction totale au droit, le viola ignominieusement.

Par allusions prudentes, Yossel fit remarquer que, depuis des temps très anciens, tous les empereurs s'appuyant sur l'ordre et la coutume avaient promis l'un après l'autre leur protection aux juifs d'Empire. Or, dans le cas de la ville d'Obernai, cette promesse de protection était double, car l'empereur n'était pas seulement l'autorité suprême de l'Empire, il était aussi le bailli principal de l'Alsace. Cela l'obligeait à garantir à ses habitants tous les droits traditionnels.

Lorsque, au moment de la guerre de succession de Landshut, après la défaite du comte palatin, le bailliage fit partie des possessions héréditaires de la Maison d'Autriche, Maximilien promit solennellement de « maintenir les juifs sains et saufs dans leurs anciens privilèges et traditions ». Cette disposition fut inscrite dans le recueil des décisions et des statuts de la ville de Haguenau. On ne peut cependant imputer la responsabilité de cette expulsion à l'empereur, car secrètement les conseillers d'Obernai avaient formulé des accusations infondées devant lui, extorquant ainsi par ruse la promulgation du décret. Si en effet les juifs, comme le dit l'accusation, s'étaient méconduits et furent expulsés « à juste titre », pourquoi ne les avait-on pas d'abord poursuivis en justice et entendus conformément au droit ? C'est la raison pour laquelle les expulsés d'Obernai refusèrent de se soumettre à un ordre inique. Ils exigèrent un procès au cours duquel ils pourraient se défendre.

Le langage hardi de Yossel ne manqua pas d'avoir de l'effet tant sur le bailli que sur Maximilien. L'empereur rédigea une lettre d'accompagnement pour un certain Phal de Dambach. Il ordonna au Magistrat d'Obernai d'admettre ce juif avec toute sa famille dans la ville et de mettre deux maisons d'habitation à sa disposition.

Cette première action politique de Yossel eut des conséquences déterminantes pour lui ; elle allait changer sa vie. Car les juifs reconnaissants de Basse Alsace l'élirent alors comme leur préposé et leur chef ou, pour reprendre ses propres termes, comme leur *parnass** et *manhig**.

« En l'an 4270 [1510], raconte-t-il dans ses *Mémoires*[95], je fus chargé, en accord avec le rabbin Zadok le prince et quelques autres hommes, de veiller sur la communauté et de la diriger. » Nous avons la preuve que par « communauté », il entendait non seulement celle de sa propre ville mais la communauté juive élargie de toute la Basse Alsace[96]. Cette preuve nous est donnée par la communication qu'il fit en 1553 au comte palatin Frédéric, et dans laquelle il explique que, près de cinquante ans auparavant, dans ce bailliage de Haguenau et en d'autres lieux, il fut « élu et préposé à toute la communauté juive », et dut alors prêter un serment solennel. Par « autres lieux », il entendait les villes et villages d'Empire situés en Alsace, soumis à la juridiction du bailli, mais également les seigneuries et comtés situés en Basse Alsace ainsi que l'évêché de Strasbourg où résidaient de nombreuses familles juives.

Depuis un certain temps déjà, ces communautés extrêmement éparpillées s'étaient associées, mais leurs liens étaient assez lâches. Ce ne fut qu'au moment de la dispersion des communautés des grandes villes, où les juifs des campagnes avaient toujours pu remplir leurs obligations religieuses et enterrer leurs morts, que le problème de l'organisation des communautés juives rurales se posa dans toute son acuité.

En effet, jusqu'alors, la communauté juive avait été urbaine et bourgeoise. Les anciennes coutumes juives et les traditions religieuses du passé coexistaient de façon tout à fait originale et harmonieuse avec les institutions qui géraient la société chrétienne environnante. Comme un organisme vivant, elles s'épanouissaient lentement. Elles avaient su préserver de l'intervention des pouvoirs publics leur propre administration religieuse, juridique et culturelle, ainsi que leur vie quotidienne. Les noms des érudits et des sages qui leur avaient donné des lois, les « craignant-Dieu » et les justes qui parmi eux avaient subi le martyre avaient conféré à chaque communauté son identité particulière, sa gloire propre et une renommée qui n'appartenait qu'à elle seule. Avec une fierté affectueuse, chacune avait concouru pour être élevée au rang de « couronne d'Israël », de « bouclier et cuirasse de toutes les communautés », de « tête et princesse de tout Israël ». Toutes s'étaient efforcées de se montrer dignes de la noble conduite des ancêtres, bien plus précieuse que l'or et les perles.

Nous ne savons pas grand-chose au sujet des corporations des juifs de la campagne. Les maigres sources qui nous sont parvenues nous apprennent qu'il n'y avait pas encore de cadre fixe, que l'on ne convoquait pas encore les assemblées dont nous parlent les livres de comptes-rendus tenus à l'époque du pouvoir absolu[97]. Mais il est certain qu'elles se développèrent d'après le modèle des communautés juives urbaines. Celles-ci avaient eu à leur tête un «évêque», un «maître de la corporation juive» (*Hochmeister*) ou un «architecte en chef» (*Baumeister*), très souvent assisté d'un conseil de douze membres, qui représentait la communauté devant les autorités de la ville ou de l'Etat, réglait les problèmes de justice, percevait les impôts et s'occupait de l'administration interne. De même, les communautés juives rurales élirent chacune un préposé, un maître de la corporation juive ou un commandeur. La plupart du temps, il s'agissait d'un rabbin. Très souvent il était assisté d'un préposé ou *parnass* ainsi que d'un percepteur d'impôt. Les préposés, élus par les communautés rurales, furent souvent confirmés par les autorités territoriales. Il arrivait parfois que les gouvernements imposent un commandeur aux corporations afin que les taxes soient mieux perçues.

A plusieurs reprises, et de la façon méthodique qui est la sienne, Yossel définit les fonctions de sa charge. «Après que j'eus été nommé préposé général des juifs, là où éclatèrent des querelles ou furent commises des erreurs contre la justice entre juifs et chrétiens, et qu'elles furent portées devant moi, j'ai toujours recommandé aux juifs de se conduire honnêtement et d'éviter toute injustice [...] de même en ce qui concerne les miens, lorsqu'ils furent traités injustement par certains chrétiens peu scrupuleux et avares, j'en ai appelé à Votre Grâce et j'ai porté plainte[98].»

Dans une lettre datant de 1541 au conseil de Colmar[99], il déclare qu'en sa qualité de préposé il s'est efforcé d'arbitrer, avec l'aide du saint Béni-soit-Il et de gens pieux et honorables, les querelles et les injustices divisant juifs et chrétiens, et de rétablir la paix. En plus de ce rôle d'arbitre entre les deux religions, il lui incombait également d'exercer la justice dans les procès opposant des juifs entre eux, et d'imposer l'application de peines par l'anathème*. Il nous dit[100] qu'en vertu de la réglementation juive, il siégea au tribunal à Rosheim avec deux autres rabbins et juges.

Dans un autre écrit[101], il nous apprend que l'anathème est la seule peine profane connue des juifs. Dès qu'un coupable est condamné par trois juges, ses biens échoient au trésor impérial. L'anathème prononcé par des juges juifs est contraignant pour les autorités laïques. Celles-ci n'ont pas le pouvoir d'accorder leur protection à celui qui a été exclu de la communauté ; tout au contraire, elles ont l'obligation de l'expulser du pays. Yossel déclara un jour au Magistrat de Strasbourg[102] qu'il n'appartenait pas à ce dernier de punir toute la population rurale juive pour un seul coupable, d'autant plus que lui-même, ainsi que les deux juges qui l'assistaient, l'avaient déjà banni.

Des assemblées de délégués de toutes les communautés juives de Basse Alsace se réunissaient de temps à autre pour discuter de la perception des impôts, des affaires religieuses ou pour combattre l'oppression économique, « comme nous nous sommes réunis, selon nos usages et nos coutumes, à Rosheim, dans le dit bailliage de Haguenau »[103].

Autrefois, les communautés juives urbaines avaient calqué leur organisation sur le modèle des communes chrétiennes ; à présent, la constitution des communautés juives de Basse Alsace prit pour modèle celle des états de Basse Alsace.

Jusqu'alors les associations territoriales avaient eu des liens assez lâches entre elles, et c'est vers la fin du XVe siècle qu'elles commencèrent à se constituer en « états provinciaux » mieux organisés : les états de Haute Alsace pour le landgraviat autrichien, et ceux de Basse Alsace pour le bailliage de Haguenau[104]. Ceux-ci convoquèrent des assemblées territoriales distinctes au cours desquelles les problèmes économiques et financiers étaient discutés. C'est sur ce modèle que les communautés juives rurales de Haute et de Basse Alsace tinrent leurs propres assemblées, dirigées par leurs préposés respectifs. Et de même qu'en période de détresse les états généraux d'Alsace se rassemblaient en vue d'assurer le « salut » ou la « survie » du pays, il arrivait parfois que les communautés juives rurales de Haute et Basse Alsace prissent des résolutions communes en vue de défendre leurs droits ou de faire face à une attaque.

L'occasion de remplir l'une des nombreuses tâches qui incombaient à sa nouvelle fonction s'offrit bien vite au préposé des communautés juives de Basse Alsace : arbitrer « querelles et injustices » entre juifs et chrétiens. Dès le début de sa carrière, il eut connaissance des dangers qui allaient le guetter à l'avenir.

Il écrit dans ses *Mémoires*[105] : « En 1514, à la suite d'accusations calomniatrices, des habitants de Mittelbergheim furent faits prisonniers et moi avec eux. En tout huit personnes furent internées pendant sept semaines en deux endroits différents d'Obernai, jusqu'à ce que la lumière soit faite sur notre affaire. Le trésorier avoua alors son erreur et nous déclara innocents. »

Cette allusion quelque peu imprécise permettrait de supposer qu'ils étaient accusés de profanation d'hosties. Ce ne semble pourtant pas avoir été le cas, car aucune chronique de cette époque ne mentionne un procès pour profanation d'hosties en Alsace. De plus, Yossel nous dit seulement avoir été emprisonné et non pas torturé, or la torture était toujours pratiquée dans ces cas-là.

L'aveu de son erreur par le trésorier indiquerait plutôt qu'il y avait eu plainte au sujet d'un délit concernant une monnaie ou une traite. En effet, la grande variété des monnaies ainsi que l'absence de réglementation dans tout le système monétaire de l'époque étaient la cause de nombreuses accusations contre les juifs[106].

On ne peut pas non plus exclure qu'il s'agissait d'un acte de vengeance de la ville d'Obernai contre Yossel, car ce fut justement à cette époque que la population se rebella contre Phal de Dambach dont la présence lui avait été imposée par l'empereur. Lorsque, un beau jour, Phal se présenta à l'hôtel de ville, il fut maltraité, on lui vola tout l'argent qu'il avait sur lui, et « peu s'en fallut qu'il fût noyé dans l'eau ». Ce ne fut qu'à grand-peine qu'il eut la vie sauve[107]. De plus, le Magistrat interdit à ce juif étranger de se rendre à toute foire annuelle, de traverser la ville et d'utiliser les routes du pays auxquelles pourtant tous les sujets pouvaient librement accéder. Les juifs qui contournaient la ville étaient battus par les enfants des habitants, sans que le Magistrat châtiât ces malfaiteurs. Un ancien habitant d'Obernai, « un honnête homme, un Lévi nommé Jacob ben Juda »[108], fut tué par un valet de ferme alors qu'il vaquait à ses affaires en marchant sur la route impériale de l'armée. Les gens du voisinage prirent pour exemple « de tels actes violents, brutaux et inhumains »[109], de sorte qu'eux aussi traitèrent leurs juifs « en violation de toute justice et de toute liberté »[110].

Lorsqu'on fit part à l'empereur de « l'urgence extrême qu'il y avait à porter remède à ces grands malheurs », il ordonna au vice-bailli

Wilhelm von Rappolstein (1514) de veiller à ce que l'on assurât aux juifs un sauf-conduit et que l'on respectât leur droit de résidence. Mais la ville d'Obernai ne tint nullement compte de l'ordre impérial ni de la convocation du bailli. Celui-ci intima aux autorités d'Obernai de comparaître à la date qu'il avait fixée, afin qu'il puisse intervenir en qualité d'intermédiaire entre elles et la communauté juive. Or, à la même époque, l'évêque de Strasbourg et les seigneurs d'Andlau manifestèrent eux aussi leur intention d'expulser les juifs de Blienschwiller, Mittelbergheim et Nothalten, villages d'Empire sous leur administration[111]. Aussi les communautés juives de Basse Alsace envoyèrent-elles en 1515 leur préposé à Coblence pour qu'il exposât personnellement à Maximilien le danger dans lequel elles se trouvaient[112].

Ce fut la première fois que Yossel négocia au nom de ses frères avec leur protecteur. Il ne s'exprime pas au sujet de ces entretiens, comme il le fit plus tard lors de ses rencontres avec Charles Quint. Il rapporte seulement, de façon brève et précise, que là-bas, devant tous les peuples et les princes assemblés, il exposa son accusation contre la ville d'Obernai et réussit à conclure un compromis[113] avec l'évêque de Strasbourg et le seigneur d'Andlau. L'empereur enjoignit au Magistrat d'Obernai de se présenter à un interrogatoire, mais ce dernier ne tint pas compte de l'ordre et rejeta la requête des juifs qui demandaient à être jugés par Maximilien. C'est la raison pour laquelle Yossel fut obligé de se rendre une deuxième, puis une troisième fois à la Cour impériale[114].

Mais Yossel passe sous silence le fait que, très peu de temps après, l'empereur fut amené par ses démarches à promulguer un mandement où il interdit sévèrement aux baillis, gouverneurs et conseillers de Haute et Basse Alsace de prêter l'oreille aux dénonciations et de chasser les juifs de leurs habitations[115].

Il semble que cette fois-ci Maximilien ait eu sérieusement l'intention de remplir son devoir de protection en tant que seigneur de la Chambre impériale. Car à la même occasion il interdit aux seigneurs de Wertheim et à l'archevêque de Cologne de mettre à exécution l'expulsion qu'ils avaient projetée[116], et promit aux juifs de Rothenbourg, qui se plaignaient d'émeutes, de bagarres et d'autres actes de violence, d'agir énergiquement contre leurs ennemis et de ne pas permettre que l'on portât atteinte à leurs libertés[117].

Maximilien mourut, et la ville de Rothenbourg put enfin mettre à exécution l'expulsion qu'elle avait préparée depuis longtemps mais que l'empereur avait toujours repoussée. Le village d'Empire de Dangolsheim, lieu où avait repris le mouvement du Bundschuh, dut lui aussi attendre cet évènement pour se débarrasser de ses juifs[118].

« L'empereur mourut en 1519, que sa mémoire soit bénie », nous dit Yossel dans ses *Mémoires*[119]. « A cette même époque les habitants de Dangholsheim décidèrent de chasser tous leurs juifs. Leurs voisins l'apprirent et voulurent faire de même. Mais alors Dieu inspira la clémence au bailli de Haguenau et à l'évêque de Strasbourg, et Il fit en sorte qu'ils m'écoutèrent. Je me rendis donc à Dangolsheim avec le bailli. Empli d'une grande crainte, je m'adressai aux habitants, jusqu'à ce qu'ils eussent abandonné leur méchant projet et fussent revenus sur leurs actes, notamment la dénonciation des accords et la rupture de la paix dans le pays. »

Yossel met en rapport avec la mort de l'empereur un autre évènement qui le bouleversa profondément, ainsi que ses coreligionnaires : « l'expulsion ignominieuse » des juifs de l'ancienne et célèbre commune de Ratisbonne, dans les murs de laquelle ils affirmaient fièrement avoir habité avant même la naissance du Christ[120].

Ce qui se produisit après l'expulsion des juifs de Ratisbonne montre combien les facteurs économiques, sociaux, religieux et émotionnels étaient inextricablement liés. L'expulsion avait été décrétée à cause de la pression des corporations qui ne supportaient plus la concurrence commerciale, et aussi des récriminations de l'homme de la rue qui dénonçait le problème détestable de l'usure. Le jour même où les juifs durent quitter la ville, les habitants de Ratisbonne, pris d'une rage insensée, détruisirent l'ancienne et fière synagogue. Sur les ruines de la maison de Dieu, la chapelle édifiée en l'honneur de la Vierge Marie devint le lieu de pèlerinage le plus fréquenté du pays.

« De toutes parts, une foule nombreuse affluait vers la Vierge glorieuse. Elle guérit et accorda de grands bienfaits aux pèlerins », écrivit alors l'abbé du couvent des cisterciens d'Aldersbach[121]. « Le récit peut paraître étrange : adolescents, jeunes gens, jeunes filles, femmes et

Eglise de la « Belle-Marie » de Ratisbonne

Cette église, érigée à la place d'une synagogue détruite en 1519, devint un centre de piété populaire. Les miracles qui s'y produisaient furent à l'origine de fervents pèlerinages.

hommes arrivaient comme possédés. Ceux qui avaient eu un outil ou un instrument dans la main l'avaient emporté, mais aucun d'entre eux n'avait pris de balluchon. Ils étaient tellement pressés que certains étaient à moitié dévêtus. Ils avaient perdu la raison et la voix, et après avoir marché jour et nuit, sans boire ni manger, ils arrivaient complètement épuisés. Une fois leur but atteint, la plupart d'entre eux, comme en extase, tombaient à terre en sanglotant. Ils se relevaient après un certain temps et devaient alors s'en remettre au bon cœur des habitants, qui s'efforçaient de leur faire reprendre le sens des réalités et de les remettre en chemin pour qu'ils rentrent chez eux. »

CHAPITRE 3

Un juriste ardent et mesuré, choisi par son peuple

LE COMMANDEUR

Les princes électeurs de l'Empire choisirent avec hésitation et à contrecœur Charles Quint comme successeur de son grand-père Maximilien. Après une des campagnes électorales les plus dramatiques qu'ait connues l'histoire allemande, les électeurs, soudoyés par les millions de la maison Fugger, donnèrent la préférence au jeune prince contre son adversaire, le roi de France François Ier *. Mais ils l'avaient auparavant obligé à capituler sur plusieurs points : il avait dû s'engager à consulter les états de l'Empire à propos de toutes les questions de politique intérieure et extérieure, à ne nommer fonctionnaires de l'Empire et de la Cour que des Allemands de naissance, à ne parler et à n'écrire qu'en langue allemande ou latine, et pendant ses périodes d'absence à transmettre le pouvoir à un collège de régents d'Empire[122].

Les princes électeurs avaient considéré qu'une telle condition était nécessaire, car le pouvoir incroyablement étendu du jeune Habsbourg leur faisait craindre pour leur propre prestige. Ils redoutaient aussi que l'Empire ne fût entraîné dans des guerres qui l'opposeraient à l'Europe de l'est, de l'ouest et du sud.

En effet, le petit-fils de Maximilien était l'héritier de l'Autriche, de la Styrie, de la Carinthie et de la Carniole, des possessions territoriales de la Maison de Habsbourg sur les rives du Haut-Rhin, et des terres bourguignonnes de Charles le Téméraire. Il était aussi le fils de Philippe le

Beau de Habsbourg, mort prématurément, et de Juana, la fille de Ferdinand le Catholique et d'Isabelle de Castille, sous le règne desquels les Maures avaient été vaincus, les juifs expulsés, et l'Amérique découverte. En tant qu'unique héritier de sa mère, Jeanne la Folle, il régnait sur l'Espagne, Naples et la Sicile, sur les possessions d'Afrique, et sur les conquêtes du Nouveau Continent que l'on se plaisait à nommer la « Nouvelle Espagne ».

Charles de Habsbourg avait grandi en Bourgogne, dans ce décor fastueux où agonisait dans une incandescence automnale le monde des tournois et des fêtes moyenâgeuses, des représentations brillantes et du protocole somptueux de la Cour[123]. Mais cet univers baignait aussi dans l'atmosphère réfléchie, intérieure et silencieuse de la « nouvelle piété » néerlandaise et de la contemplation mystique.

Un intense sentiment de responsabilité envers la majesté de la charge qui l'attendait inspirait à ce jeune homme introverti et profondément religieux la conscience de la grandeur de sa mission et de son élection. Il était convaincu que l'Empire était « la plus haute dignité que Dieu avait instituée sur terre ».

Lorsque, âgé de seize ans à peine, il prit les rênes du pouvoir en Espagne, il ne fut pas seulement formé pour être un aristocrate distingué, réservé et modéré, mais il fut naturellement obligé de suivre la tradition catholique très stricte de ses ancêtres. On lui inculqua la conviction qu'il était destiné par le Ciel à mener la croisade contre les incroyants et les hérétiques, les musulmans et les païens, les Maures et les juifs, et à rétablir sur terre le Saint Empire de Dieu dans son unité originelle.

Le peuple allemand salua avec jubilation l'accession au pouvoir du jeune souverain de vingt ans. Il voyait là le début de l'âge d'or, de l'ère messianique annoncée par les prédictions. Il attendait avec nostalgie « l'aigle impérial qui sortirait des rochers de l'Allemagne pour étendre ses ailes sur tous les pays germaniques »[124], le vainqueur du monde « qui se rendrait à Jérusalem pour déposer sa couronne au mont des Oliviers ».

Quant à la communauté juive d'Allemagne, elle fut profondément angoissée. Que pouvait-elle attendre d'un souverain qui se considérait comme le bras séculier de l'Eglise, un souverain dont le pays d'origine ne pouvait être foulé par aucun juif, et où l'Inquisition exigeait chaque jour son lot de nouvelles victimes ? Cette élection n'était-elle pas le signe redouté que le malheur, après avoir frappé ses frères espagnols, allait s'abattre aussi sur elle ?

Le 20 octobre 1520, Charles vint à Aix-la-Chapelle pour y recevoir hommages et couronne. Aux portes de la ville, les princes électeurs saluèrent le jeune empereur, hautain et taciturne, en cuirasse et habits de brocart. Il fit son entrée en grande pompe, entouré des grands d'Espagne, des dignitaires de l'Empire, des chevaliers, hérauts, ambassadeurs et conseillers municipaux de la ville d'Aix.

Deux jours plus tard, dans les fumées de l'encens, le retentissement des chants et des prières, sous les voûtes illuminées du Dôme en fête – ce Dôme qui avait déjà été le témoin de la pompe impériale de Charlemagne et d'Othon Ier –, Charles fut couronné par les archevêques de Cologne, de Trèves et de Mayence. Il avait auparavant solennellement promis d'être le gardien et le défenseur de la sainte religion catholique, de gouverner selon la justice l'Empire que Dieu lui avait donné et, comme son devoir l'exigeait, d'être dévoué au très saint Père, le pape de Rome.

Parmi les milliers de spectateurs qui assistaient à la pompe fastueuse d'une fête moyenâgeuse au caractère sacré se trouvait aussi le préposé des communautés juives de Basse Alsace, qui se nommait à présent Yossel de Rosheim, étant donné qu'en 1514 il avait quitté Mittelbergheim pour s'établir dans la petite ville d'Empire de Rosheim.

« En 1520, Charles fut couronné roi, écrit-il à propos des festivités d'Aix[125], et je lui fus présenté ainsi qu'aux personnes de son entourage pour plaider en faveur de notre peuple. Nous (moi et l'homme qui m'accompagnait) reçûmes des privilèges royaux (favorables) pour toute l'Allemagne. Certes, les habitants de Rosheim et de la ville de Kaysersberg avaient décidé d'expulser les juifs. Je pus cependant, grâce à Dieu, convaincre le roi de révoquer la décision de Kaysersberg. Celle concernant l'expulsion de Rosheim ne fut pourtant pas annulée. Nous arrivâmes grâce à d'indicibles efforts à ce que son application fût reportée à plusieurs reprises. Mais, jusqu'à aujourd'hui, rien de définitif n'a été décidé. »

On peut supposer que Yossel et son accompagnateur s'étaient rendus à Aix chargés par les juifs d'Allemagne de faire confirmer les privilèges selon une très ancienne coutume, et par la même occasion de négocier avec les conseillers de Charles le montant de la taxe du couronnement. Depuis que Louis de Bavière avait posé comme principe que les juifs et tous leurs biens appartenaient au roi, la coutume voulait qu'ils s'acquittent envers le monarque nouvellement élu d'une taxe de couronnement, la *Ehrung*. C'était une sorte de rachat fictif de leur survie qui leur valait l'obtention de nouveaux privilèges ou le maintien des anciens[126].

C'est ainsi que Sigismond avait exigé qu'une nouvelle taxe fût versée également pour le couronnement impérial. Il avait fait venir les délégués des juifs à Bâle pour en discuter avec eux, et pour les mêmes raisons son successeur Albert avait convoqué des représentants des juifs à la Diète impériale de Nuremberg. Il n'est mentionné nulle part que Charles ait exigé cette taxe des juifs d'Empire. Dans un document ultérieur, le souverain indique seulement qu'après avoir ceint la couronne royale à Aix, il avait confirmé les anciens privilèges des communautés juives vivant dans les possessions héréditaires autrichiennes et dans l'Empire[127].

Au cours de ses négociations avec des conseillers royaux à Aix, Yossel saisit l'occasion d'intercéder en faveur des communautés juives d'Alsace. Après la mort de Maximilien, elles craignaient en effet que le nouveau prince, ignorant les droits et coutumes d'Allemagne, ne révoquât les garanties conquises de haute lutte, qui étaient encore – et l'exemple des villes d'Empire de Kaysersberg et de Rosheim le démontrait bien – sans cesse menacées.

Ce fut justement à l'époque où ces deux cités essayèrent de se débarrasser de leurs juifs que la ville d'Obernai leva le bras pour les frapper une nouvelle fois[128]. Elle envoya son paisible *Stättemeister* Léonard Schuster et le conseiller Johann von Heiligenstein à Worms. Après avoir quitté Aix, Charles s'y était rendu pour tenir sa première Diète sur le sol allemand. Les délégués d'Obernai arrivèrent à convaincre le roi de confirmer le privilège accordé à la ville par Maximilien en 1507[129]. En mars 1521, ce même privilège de « ville sans présence juive » fut accordé par Charles à l'évêque Guillaume de Strasbourg, aux seigneurs d'Andlau, ainsi qu'à la ville de Schwäbisch Gmund. Les juifs pouvaient donc être expulsés ou se voir refuser l'admission. Le même privilège fut accordé à Rosheim en avril, et à Donauwörth en mai[130].

Les juifs d'Alsace parèrent au coup que leur avait porté Obernai. Presque au même moment, ils envoyèrent eux aussi leurs représentants à Worms. C'est au cours de cette réunion historique que Luther refusa de réfuter sa nouvelle doctrine, « parce qu'agir contre la conscience est difficile, dommageable et dangereux »[131]. Yossel ne fit pas partie de cette délégation. Mais il mentionna dans un rapport ultérieur[132] que les juifs alsaciens qui s'étaient rendus à Worms avaient porté plainte devant Charles et les états de l'Empire. Ils avaient revendiqué leur droit, et justice leur fut promise au cas où leurs privilèges ne seraient pas respectés.

La campagne du *Stättemeister* Schuster n'en était cependant pas pour autant arrivée à son terme. Il s'allia au Magistrat de Rosheim, où la plupart des juifs expulsés d'Obernai s'étaient réfugiés, pour qu'ensemble ils puissent obtenir l'expulsion des juifs hors des frontières de l'Alsace.

Informée de cette machination, la communauté de Rosheim envoya au bourgmestre et au conseil d'Obernai une lettre rédigée mais non signée par Yossel[133]. La communauté désirait savoir si le *Stättemeister* Schuster avait agi « de par sa propre arrogance et jalousie » au point de persécuter les juifs jusque dans des communes situées hors de sa juridiction, ou bien si les autres conseillers étaient coresponsables de la violation de leurs privilèges. La communauté menaçait de porter une nouvelle plainte contre la ville si elle devait continuer à être soumise à de telles vexations. « Car nous sommes, nous aussi, des hommes créés à l'image de Dieu, et nous avons été traités avec bienveillance par des papes, des rois et des empereurs, et jamais n'avons connu une telle dureté. » Il semble que l'alliance entre les deux villes d'Empire se soit relâchée à partir de ce moment-là, car les juifs de Rosheim ne portèrent plus plainte durant les années suivantes.

Au cours de la Diète de Worms, il y eut une vive discussion entre Charles Quint et les états au sujet de la répartition des pouvoirs. Cette Diète revêtit également une certaine importance pour les juifs, car l'octroi à plusieurs villes du privilège d'être « sans présence juive » semblait confirmer leur impression que le roi espagnol avait l'intention de régler à l'avenir le problème juif dans le même esprit que ses grands-parents Ferdinand et Isabelle. A l'âge de quinze ans déjà, il avait écrit au pape, lors de la querelle Reuchlin-Pfefferkorn, que celui qui favoriserait les juifs s'attirerait le châtiment de Dieu[134]. Et dans sa conclusion la Diète ordonna que « personne n'héberge ni n'abrite les juifs qui pratiquent l'usure ou prêtent de l'argent en acceptant des gages volés, et qu'il ne leur soit accordé ni paix ni sauf-conduit dans l'Empire »[135].

Mais, d'autre part, Charles reprit une ancienne coutume de ses ancêtres impériaux. Il poursuivit une tradition qui existait depuis 1407 en nommant à la tête de toutes les communautés juives allemandes le rabbin

Samuel de Worms, rabbin d'Empire. Celui que l'on pouvait ainsi nommer « rabbi général » avait le droit d'arbitrer les conflits et les querelles. Il avait également le devoir de percevoir de chaque juif et de chaque juive ayant atteint sa treizième année « l'offrande du sou d'or », c'est-à-dire la taxe générale qui devait être versée dans l'Empire en faveur de la Chambre royale[136].

Peu de temps après la Diète de Worms, Charles quitta l'Empire ; il en fut absent pendant neuf ans. Selon la concession qu'il avait dû faire aux états, il remit les rênes du pouvoir à son frère l'archiduc Ferdinand ainsi qu'au collège des régents de l'Empire. Cette autorité siégeait en permanence à Nuremberg et comptait en son sein les princes les plus influents.

En 1522, la première Diète convoquée par le nouveau collège se tint à Nuremberg. On y discuta du projet d'imposer aux juifs le prélèvement d'une taxe spéciale, d'un montant très élevé, destinée à couvrir les frais d'entretien du collège des régents. On fit venir le rabbin Samuel à Nuremberg pour en discuter avec lui. Il déclara ne pouvoir assumer seul la responsabilité d'une décision concernant un impôt aussi lourd. Il lui fallait pour cela l'assentiment de l'ensemble des communautés de l'Empire. Il fut donc autorisé à convoquer à Nuremberg une assemblée de tous les délégués des juifs. Ceux-ci se réunirent en 1523, et parmi eux se trouvait le représentant de l'Alsace, Yossel de Rosheim[137].

Nous ne savons pas ce qui fut décidé en matière d'impôt, mais Yossel saisit cette occasion pour se plaindre auprès du gouvernement des agissements de la ville d'Obernai. Il obtint qu'une commission royale, sous la direction de l'abbé Roger de Wissembourg, fût nommée pour examiner le litige en toute impartialité.

Au nom de toutes les communautés juives du bailliage de Haguenau, Yossel remit à cette commission une requête très détaillée[138] décrivant la situation des juifs. Depuis de nombreuses années ceux-ci avaient bénéficié de privilèges spéciaux accordés par les empereurs, les rois et les princes, de sorte qu'ils pouvaient habiter, commercer et circuler parmi les chrétiens. Or, à présent, le Magistrat d'Obernai violait ces privilèges qui leur accordaient protection, sauvegarde et sauf-conduit. C'est pourquoi ils présentaient maintenant leurs doléances et demandaient que tout « puisse être discuté selon le droit et la justice ».

La ville avait agi en contrevenant à la liberté et au respect de la tradition. Car, chaque fois qu'un empereur était couronné, il s'engageait à protéger les juifs, « serfs de sa Chambre, promis à l'Empire romain ». Il s'engageait également à ne pas porter atteinte à leurs privilèges. Or Obernai faisait partie de cet Empire romain et, en expulsant les juifs, la ville avait porté atteinte à la justice dont la Maison d'Autriche était garante, et terni son prestige.

A la fin, Yossel accusait la ville d'avoir rompu la paix du pays et d'avoir enfreint le droit de sauf-conduit, étant donné que Phal de Dambach, ce juif protégé par l'empereur et admis grâce à lui dans la ville, avait été maltraité. Or, rompre la paix et enfreindre le droit était un crime qui devait être sanctionné par des peines affectant la personne et les biens. « Car que signifient dans l'Empire romain la liberté et le sauf-conduit reconnus par tous les états, si ce n'est obéir strictement aux ordres de Sa Majesté l'empereur romain sous peine de châtiment sévère, afin que soit maintenu l'ordre du monde et que ne soit commise aucune injustice ? »

Un autre délit contraire à tous les droits des hommes et de Dieu était d'empêcher par la violence l'accès aux routes impériales et aux foires. Tous les souverains ont rendu « l'accès aux routes et aux foires libre, car Dieu notre Créateur les a données aux hommes en guise de consolation et pour qu'ils en fassent bon usage ». Yossel exigea que, si les plaintes s'avéraient fondées, la ville réparât les torts causés aux juifs et leur restituât leurs habitations.

En mars 1524, l'abbé de Wissembourg[139] invita le conseil et le bourgmestre d'Obernai, ainsi que les communautés juives du bailliage de Haguenau, à une conférence à Steinseltz pour résoudre le litige à l'amiable. Le bailli, le baron Jacob de Mörsberg, fut un bon médiateur, car il parvint à ce que les parties adverses trouvent un accord. Le Magistrat d'Obernai et Yossel, représentant les communautés juives rurales de Basse Alsace, signèrent un accord. Certes, celui-ci n'autorisait pas les juifs à retourner comme ils le désiraient dans les villes d'Empire, mais il leur donnait de grandes facilités pour pratiquer le commerce.

La « requête » rédigée par Yossel est le premier texte intégral que nous possédions de sa plume. Il nous donne une excellente idée de l'homme et de sa pensée. C'est l'écrit d'un juriste objectif qui énumère ses doléances point après point, dans un ordre systématique, et demande qu'on y porte remède. Mais il est aussi traversé par la flamme et le pathos d'un véritable tribun populaire, qui lutte pour le droit et la justice absolus, qui emprunte ses paraboles à la Bible ainsi qu'aux pamphlets révolutionnaires de l'époque. C'est l'écrit d'un érudit et d'un penseur versé dans l'histoire de son peuple, qui utilise cette connaissance pour le défendre. Il connaît mot à mot le texte des privilèges[140] par lesquels les empereurs ont reconnu que, dans un esprit de justice et de sagesse, ils avaient le devoir et l'obligation d'agir pour que comme tous leurs autres sujets les juifs puissent conserver leurs biens, et que le respect de leurs droits, la sécurité de leur vie et la liberté de leur commerce soient garantis. Il connaît les dispositions de la paix provinciale imposée par le roi, qui leur avait autrefois assuré, ainsi qu'aux ecclésiastiques, aux commerçants et aux femmes, une protection juridique particulière, et avait menacé de la peine de mort tous ceux qui violeraient cette paix. Il est également conscient de la signification originelle de la condition de « serfs de la Chambre royale » (*Kammerknechtschaft*). Ce ne fut qu'au cours des deux derniers siècles que ce concept prit une connotation déshonorante pour les juifs, les rabaissant au rang d'objets économiques échangeables. Selon toute probabilité, Yossel connaissait fort bien le texte du privilège de 1236, où Frédéric II de Hohenstaufen étendit à tous les juifs de l'Empire, « serfs de sa Chambre », le privilège accordé par Henri IV aux juifs de Worms. Cette expression, employée pour la première fois dans un document impérial, n'avait pas pour but de rabaisser les juifs à la condition de personnes privées de liberté. Le terme de « serfs de la Chambre royale » conférait simplement une forme juridique définitive à leur appartenance de longue date à la Chambre royale, engageant ainsi de manière égale les deux parties contractantes. Grâce au privilège de 1236, les juifs de l'Empire tout entier, et non seulement certaines communautés ou personnes, furent directement subordonnés au souverain, ce qui créa entre eux un nouveau lien juridique et légal[141]. La protection du souverain fut solennellement garantie à cette entité différente du reste des sujets, composée de « protégés de l'Empire, juridiquement reconnus »[142]. Les juifs de leur côté se virent obligés de verser certaines taxes à la Chambre impériale par reconnaissance pour cette protection.

Certes, dès le XIIIe siècle, l'expression *perpetua servitus*, que l'on trouve dans les documents de l'Eglise, fut aussi reprise dans la loi profane. C'est pourquoi dès 1237 Frédéric II mentionna, dans un privilège accordé aux habitants de Vienne, que la servitude perpétuelle

« avait été imposée depuis fort longtemps aux juifs par la puissance impériale, en punition de leur crime »[143].

Lorsque, dans sa requête contre la ville d'Obernai, Yossel souligne tout particulièrement que les juifs « avaient été confiés à l'Empire en tant que serfs de la Chambre », il se réfère à la signification originelle de l'institution juridique de la Chambre et non pas à l'acception de son temps. Il ne veut pas seulement rappeler le devoir de protection qui incombe à l'empereur, il veut surtout démontrer que la ville, en violant un droit régalien, offense le monarque lui-même et porte atteinte à son prestige. Il est en effet écrit dans la harangue de 1236 : « C'est dans ses serviteurs que se glorifie le maître. Celui qui les offense, offense également le maître. »

Mais ce ne fut pas seulement le souvenir de l'ancien privilège qui poussa Yossel à faire appel à l'aide de l'empereur contre les prétentions des pouvoirs particuliers. Comme les hommes de son temps, il rêvait lui aussi d'un berger impérial « qui subordonnerait son intérêt personnel à l'intérêt général, et qui conquerrait la terre afin d'y faire régner la paix »[144]. Il souhaitait lui aussi qu'il n'y ait qu'un seul Empire, qu'un seul empereur, et que celui-ci apporte la liberté à tous, afin que le monde baigne dans la « paix impériale ».

Yossel n'aurait pas osé tenir un tel discours de défi à l'égard du pouvoir de la ville, un discours incroyable pour un juif, s'il n'avait pas été très profondément influencé par l'atmosphère révolutionnaire de son époque. La pétition qu'il adresse à la commission royale témoigne du même esprit que celui que nous trouvons dans les pamphlets de ces années, et dans les articles des paysans révoltés : eux aussi réclamaient le libre accès aux routes, ainsi qu'une réglementation des foires, afin que « le pauvre jouisse de la liberté chrétienne et que justice lui soit rendue ».

« Le royaume de la terre est libre, il a été donné par Dieu notre Créateur à l'homme, pour sa consolation et pour qu'il en ait la jouissance », prêchait Yossel aux commissaires royaux. « Bien que, selon le droit, chacun d'entre nous soit né libre, nos maîtres veulent nous considérer comme étant leur propriété, comme si nous étions nés serfs », grondaient les paysans de Stühling en cette même année 1524.

« Car nous sommes, nous aussi, des hommes créés à l'image de Dieu », écrivit Yossel au Magistrat d'Obernai dans un avertissement plein de colère. « En créant Adam, Dieu créa le paysan libre et égal aux autres classes sociales, c'est uniquement l'injustice humaine qui l'opprime », affirmait un slogan qui circulait de bouche à oreille.

Chaque fois que Yossel parle de « droit divin » et de « justice divine », il pense à l'accomplissement de la parole de Dieu comme le lui ont enseigné l'Ecriture et tout particulièrement les Prophètes. Mais il pense aussi, à l'instar des hussites* et des paysans, que le droit historique peut être remplacé par un droit idéal, l'ordre de la terre par l'ordre du Ciel, et le droit de l'Etat par le droit de Dieu[145].

Dans sa lettre de doléances contre la ville d'Obernai, il ajoute que les juifs ont été battus et jetés à l'eau par les fils des bourgeois et par les serfs, et qu'on leur a dérobé tout leur argent liquide sans que le Magistrat ait puni leurs persécuteurs. Les paysans de l'abbaye de Kempten, dans l'Allgau, déclaraient au tribunal que « le seigneur de Kempten avait outragé, affaibli et violenté leur liberté lorsqu'il s'en était pris à leur personne et à leurs biens : on les avait emprisonnés, enchaînés et obligés de payer des taxes très élevées ».

Sous l'effet de cette similitude de situation entre les deux états les plus opprimés de l'Empire, l'opinion publique de l'époque ainsi que certains historiens plus tard accusèrent les juifs de s'être alliés aux paysans ou du moins d'avoir sympathisé avec eux[146].

Mais, en réalité, les oppositions entre ces deux états étaient plus fortes encore que leurs intérêts communs. En 1524, le mouvement des paysans s'était embrasé dans le sud de la Forêt-Noire et dans la région du lac de Constance, pour se propager ensuite à la vitesse du vent, comme un terrible ouragan, balayant le Wurtemberg, la Franconie, la Bavière, les vallées du Danube, du Rhin et du Main, couvrant également la Saxe, la Thuringe et l'Alsace. Ce mouvement était constitué par les couches les plus diverses de la population, si bien qu'il serait plus juste de parler d'une révolution sociale que d'une guerre des paysans. Le prolétariat urbain, le petit peuple depuis longtemps rebelle, des chevaliers et des hommes de lettres appauvris et déchus, des prédicateurs protestants et de simples adeptes de la nouvelle religion formaient cette masse composite. Tous s'étaient ralliés à ce mouvement pour des motifs extrêmement différents, qu'ils soient politiques, sociaux, économiques ou religieux.

En Forêt-Noire et dans la région du lac de Constance, des doléances concernant l'agriculture avaient provoqué l'agitation. Dans le Wurtemberg bavarois, dans l'Allgau et la contrée du Danube – pays riche en évêchés et abbayes –, on voulait abolir les seigneuries domaniales et rétablir dans toute sa liberté l'ancienne communauté rurale germanique. En Franconie, le mouvement, conduit par d'habiles chefs politiques, s'attaquait aux châteaux et aux possessions des nobles. Et, en même temps, on envisageait une vaste réforme de l'Empire, ainsi que la création d'un parlement des paysans ayant l'empereur à sa tête.

Mais le lien qui unissait les diverses composantes du mouvement était la référence à l'Evangile et à la liberté du chrétien telle qu'elle avait été proclamée par Luther. Tout le monde exigeait de pouvoir choisir librement les ministres du culte, et voulait que les affaires religieuses soient réglées par des réformateurs tels que Luther, Melanchthon, Zwingli* et Osiander*.

Les juifs, eux, n'avaient aucune part à ces innovations. Ils n'étaient intéressés ni par les revendications agraires, ni par les réglementations évangéliques, ni par la sécularisation des biens de l'Eglise, ni par la création d'un Royaume de Dieu théocratique et communiste, comme celui que Thomas Münzer avait fondé en Thuringe. Qu'est-ce qui aurait pu les pousser à exiger que toutes les conditions politiques, sociales et religieuses soient conformes à l'Evangile ? Eux qui n'avaient pas le droit de posséder de terres, quel avantage auraient-ils tiré de la création d'une communauté territoriale et économique libre ? Et pourquoi auraient-ils voulu détruire les châteaux des nobles et des ecclésiastiques alors qu'ils y trouvaient refuge et protection lorsqu'ils étaient persécutés ? Ils avaient au contraire toutes les raisons de suivre la propagation du mouvement avec une profonde angoisse, car il menaçait de leur apporter de nouveaux malheurs comme l'avaient fait la rébellion du Bundschuh et la révolte du petit peuple.

Le chanoine Balthasar Hubmeier, en partie responsable de leur expulsion, qui à Ratisbonne avait vitupéré du haut de sa chaire contre les juifs « usuriers » et « contempteurs de Marie », était devenu à présent un anabaptiste fanatique. En tant que maître de la ville de Waldshut, il poussait les paysans à se rebeller contre leurs maîtres et à ne plus leur payer de taxes.

L'érudit Johann Teutschlein[147], par ses prêches sociorévolutionnaires et sa condamnation du prélèvement de l'intérêt, avait tellement galvanisé la population de Rothenbourg qu'« en de nombreux endroits, et jusque dans leurs maisons », les juifs furent harcelés, battus et finalement chassés. A présent devenu un partisan zélé de Luther, il incitait l'homme de la rue à se révolter contre « l'honorable Magistrat » de la ville.

Les paysans de Franconie promirent une protection « provisoire » aux juifs, leur interdisant seulement de faire sortir leurs avoirs du pays[148]. Les bandes paysannes de Spire promirent de leur restituer les biens confisqués[149]. Par contre, les états du Rheingau exigèrent qu'aucun juif n'ait le droit d'habiter ni de demeurer dans la contrée, et qu'aucun juge ne soit habilité à leur rendre justice.

En Alsace, cette terre fractionnée en de nombreuses petites, voire très petites seigneuries, dont le sol avait été rudement retourné par les hordes de conspirateurs au cours des derniers siècles, et où la haine contre les clercs était devenue tout à fait passionnelle, la révolte, « tel un incendie de forêt, se propagea de village en village »[150]. L'agitation des paysans gagna la population bourgeoise, si bien qu'en maint endroit celle-ci rejoignit les rebelles ou leur ouvrit les portes de la ville par traîtrise.

Même les articles de la confédération des paysans alsaciens étaient rédigés de façon bien plus radicale que ceux des bandes paysannes de Franconie ou du Wurtemberg. Ils déclaraient vouloir être libérés de toute juridiction étrangère, avant tout des tribunaux ecclésiastiques et du tribunal de la Chambre impériale (*Reichskammergericht*). Ils refusaient de verser à leur seigneur la dîme, l'intérêt, le péage et de « s'acquitter de la taille et de l'impôt foncier ». Ils acceptaient de les verser uniquement à l'empereur, et de ne reconnaître que sa seule autorité[151].

De même que les paysans pillaient l'or et l'argent, les ornements des autels et les calices dans les églises, qu'ils brûlaient les précieux manuscrits et les livres des abbayes et des couvents, ils saccagèrent les demeures des juifs. Pour consoler les habitants des villes, ils leur disaient n'être venus que pour « châtier les curés, les moines, les nonnes et les juifs »[152]. Les paysans du Sundgau exigèrent des chevaliers de ce territoire qu'ils chassent tous les juifs de l'Alsace, et qu'à l'avenir ceux-ci ne bénéficient de la protection d'aucune autorité[153]. Les chevaliers s'opposèrent avec force aux libertés qu'exigeaient les paysans. Ils déclarèrent que « par contre, ils pouvaient accepter » les articles concernant les juifs.

« Ces brigands commirent également beaucoup d'actes barbares contre les juifs »[154], rapporte Yossel dans ses *Mémoires* en 1525. « Ils avaient l'intention de nous engloutir vivants, et ils avaient déjà commencé à le faire. »

Les rebelles avaient leur lieu de rassemblement en Basse Alsace, près de Rosheim, ville d'Empire située au pied du mont Sainte-Odile. Un homme passionné, assez habile, Erasme Gerber de Molsheim, avait pris la direction des bandes de paysans qui d'après l'estimation de Yossel étaient composées de quinze mille hommes. Il s'était adjoint Diebold de Dalheim et avait nommé capitaine un certain Pierre de Nordheim pour commander les paysans vivant dans les villages d'Empire. Le comité dont il s'était entouré était composé de vingt-cinq paysans et bourgeois.

Gerber se désignait lui-même comme le «régent chrétien voulant prêter assistance au droit divin, au saint Evangile et à la justice». Nulle part ailleurs dans tout l'Empire il n'y eut un chef qui, comme lui en Haute et Basse Alsace, réussit à unir les masses éparpillées et désordonnées de paysans et à les structurer pour en faire une force redoutable[155]. C'est à partir du couvent d'Altorf, situé à un demi-mille de Rosheim, qu'il dirigeait ses opérations dont le but principal était de rallier au mouvement les villes, notamment Strasbourg, Haguenau et Rosheim.

Afin de gagner du temps jusqu'à ce que lui parvienne une aide militaire, le bailli Jean-Jacques de Moersberg tenta de négocier avec les chefs des paysans, mais ce fut un échec: Erasme Gerber ne lui accorda même pas l'audience sollicitée. Et, bien qu'à plusieurs reprises ils eussent demandé de pouvoir le rencontrer, les délégués de la ville de Strasbourg – dont le conseiller Martin Herlin, interlocuteur de Yossel lors de fréquentes négociations – ne reçurent aucune réponse.

Les trois réformateurs strasbourgeois Martin Bucer*, Wolfgang Capiton et Matthieu Zell se rendirent au camp d'Altorf pour convaincre les paysans qui se réclamaient de l'Evangile que leur insurrection ne pouvait se justifier au nom des Saintes Ecritures. Eux aussi durent se retirer sans avoir obtenu la moindre concession.

Telle était la situation lorsque, au printemps 1525, tard dans l'après-midi, Yossel fut informé[156] que les bandes de paysans avaient l'intention d'attaquer le lendemain la ville de Rosheim. Le bref rapport qu'il a laissé, confirmé des années plus tard par le Magistrat de Rosheim, ne nous apprend pas pour quelle raison ce fut justement à Yossel qu'Erasme Gerber fit parvenir cette importante nouvelle. Pensait-il que le juif le plus influent d'Alsace, celui qui au su de toute la région avait lutté contre les Magistrats des villes d'Obernai et de Rosheim, allait trahir la ville dont le bourgmestre, Ittel, s'était rallié aux insurgés pour devenir lui aussi son allié?

Yossel gardait toujours son sang-froid. Il demeurait calme et réfléchi lorsque des décisions d'une importance majeure devaient être prises. Au milieu de la nuit, il se précipita chez les deux bourgmestres, Hans Mangen et Jakob Wagner, pour les prévenir du danger qui menaçait la population. Le Magistrat fit alors fermer les portes de la ville, et cette mesure contrecarra momentanément l'attaque que les paysans s'apprêtaient à lancer par surprise. Mais, peu de temps après, de nouvelles masses de rebelles se joignirent à la bande d'Altorf, et l'armée des paysans s'en trouva tellement renforcée que la ville eut tout lieu de craindre une nouvelle attaque à laquelle elle n'eût pas été en mesure de résister.

C'est alors que Yossel prit la décision audacieuse de se rendre à Altorf « avec l'aide de Dieu »[157] et de parler aux dirigeants du mouvement. Nous ne pouvons faire que des suppositions sur ce dont il discuta avec Erasme Gerber et ses deux acolytes au cours de ces longues heures, dans la vieille abbaye protégée par sainte Odile, et sur la façon dont il réussit à disposer favorablement les « chefs de la conjuration ». Aucun portrait ne nous est parvenu qui pourrait nous dépeindre la majesté de son front, l'autorité de son regard, la force et l'assurance de ses mains. Mais il est rapporté à plusieurs reprises que son éloquence était irrésistible, qu'un adversaire pouvait rarement lui faire front, et qu'il avait un charisme qui séduisait des personnes de classes et de rangs très différents, si bien que tous se ralliaient à lui avec respect et dévouement. En tout cas, bien que le sous-bailli fût versé dans les intrigues politiques, le bourgmestre Martin Herlin réputé pour son esprit pratique et les trois réformateurs pour leur connaissance de l'âme humaine, ils échouèrent. Yossel par contre réussit. Contre un pot-de-vin de quatre-vingts florins d'or, les chefs conjurés lui firent par écrit la promesse de ne pas attaquer la ville de Rosheim, à moins que toutes les villes d'Empire ne se rallient aux paysans. « Et ils tinrent la promesse qu'ils me firent[158]. »

Dans la joie de ce succès, le bourgmestre de Rosheim, Jakob Wagner, lui promit que jamais cet acte ne serait oublié, et que ses enfants bénéficieraient également de la reconnaissance de la ville[159]. Dans ses *Mémoires*, Yossel rapporte qu'à Altorf il essaya d'amener Erasme Gerber à prendre à l'avenir les juifs en pitié et à les épargner[160]. « Et même si, plus tard, ils ne tinrent pas parole, leur déclaration fut cependant un grand soulagement pour nous. »

A cette époque, les paysans alsaciens furent vaincus à Lupstein et à Saverne par les mercenaires néerlandais et espagnols du duc Antoine de Lorraine. La vengeance à leur égard fut aussi cruelle que celle qui fut exercée contre les bandes de paysans de Souabe, de Franconie, de Thuringe et de Rhénanie. La ligue souabe et les princes régnants les écrasèrent sans merci.

« Ici en Alsace, le duc de Lorraine s'empara d'eux et les réduisit à néant ; dans les autres pays, ils furent assommés et noyés par milliers et par milliers de milliers. » Yossel décrit la triste fin de cette révolution, la plus tragique de l'histoire allemande[161], heureux que les juifs n'eussent pas été victimes des « méchants projets » fomentés par les paysans. Cependant, il ne comprit pas que l'asservissement de cet état, qui avait lutté pour son bon vieux droit et pour la reconnaissance de son égalité avec les autres états, enterrait l'idée d'un Empire unifié ayant à sa tête un empereur libérateur et proche de son peuple. Car la défaite des paysans signifiait la victoire de l'Etat territorial souverain, séculier et moderne qui, s'étant rallié à la réforme luthérienne, n'avait pas seulement terrassé « les troupes de paysans, pillardes et meurtrières », mais aussi le seul mouvement démocratique viable en Allemagne.

Dans cette guerre, les paysans avaient surtout combattu pour que les charges qui pesaient sur eux soient allégées et que leurs droits politiques soient reconnus dans l'Empire. Ils se considéraient comme les principaux acteurs de l'économie agraire et naturelle du Moyen Age, menacée à présent par une économie monétaire et capitaliste en pleine expansion. En se révoltant contre ces nouveaux pouvoirs, ils se révoltaient en même temps contre les juifs, qui pendant de nombreux siècles avaient été les bailleurs de fonds privilégiés par l'Eglise et l'Etat.

Au cours de cette période de grande turbulence, et pour des raisons semblables à celles des paysans, les seigneurs appauvris et endettés s'en prirent eux aussi aux juifs. Or ces petits propriétaires terriens et ces chevaliers avaient presque toujours été leurs protecteurs. Autrefois, ils avaient été heureux de les accueillir lorsque les villes d'Empire les avaient expulsés, non seulement afin de gagner de nouveaux contribuables et des commerçants habiles à vendre leurs produits agricoles, mais également dans l'espoir que l'établissement de marchands juifs serait ressenti comme une vexation par la ville voisine qu'ils haïssaient. La ville en effet, par son *Meilen- und Bannrecht**, interdisait aux habitants de la campagne de pratiquer le commerce et l'artisanat dans les alentours.

Ces propriétaires terriens, à l'instar des paysans, étaient menacés par le nouvel Etat, car celui-ci essayait d'abroger les droits qui fondaient l'ordre féodal, d'abolir la juridiction de la noblesse et de contraindre l'aristocratie de l'Empire, jalouse de son indépendance, à se plier à ses structures contraignantes. Le nouveau système de crédit qui commençait à supplanter le système économique basé sur la propriété foncière féodale leur fut également fatal[162]. Comme les paysans, ils considéraient le juif, leur créancier principal, comme étant le représentant le plus visible du système capitaliste qu'ils rendaient responsable des changements de leurs conditions de vie, de leur appauvrissement et de la perte de leur indépendance. C'est ainsi qu'en 1528 les propriétaires fonciers et les chevaliers du sous-bailliage de Haguenau adressèrent leurs doléances au roi Ferdinand, et obtinrent qu'il promulguât un décret d'expulsion[163].

Comme en 1515, la population juive rurale de Basse Alsace pria son préposé de présenter l'affaire au souverain et de plaider sa cause. Ferdinand, en tant que seigneur des territoires d'Autriche antérieure, connaissait parfaitement la situation économique et sociale de l'Alsace. Dans son château de Prague, plein de compréhension et de sympathie, il écouta les arguments de Yossel. Il se déclara prêt à révoquer le décret qu'il avait concédé aux chevaliers et, en assurant Yossel de sa bienveillance, il confirma les privilèges accordés aux juifs d'Alsace. « Certes, les adversaires convinrent de fomenter la discorde afin d'annuler ce qui avait été obtenu. Mais Dieu envoya l'ange de la mort, de sorte que trois des instigateurs furent victimes d'une maladie soudaine, et que le quatrième tomba aux mains de ses ennemis qui le mirent à mort dans sa résidence de Hochfelden[164]. »

Yossel était convaincu que le salut miraculeux de ses frères était dû aux grands sacrifices et renoncements qu'il s'était imposés. Car lorsque, au cours de son voyage à Prague, son cheval fut victime d'un accident, il décida de ne plus chevaucher de monture jusqu'à ce qu'il parvienne à la Cour du roi. « J'étais convaincu que, grâce à des efforts, des prières et des supplications intenses, les choses pouvaient prendre une tournure favorable. » On voit à quel point il fut sensible au changement d'attitude de la chevalerie, puisqu'il décida de parcourir à pied comme un pénitent cette distance longue et dangereuse, de l'ouest à l'est de l'Empire, sans cesse menacé par des valets de ferme ivres et des étudiants querelleurs, jamais assuré de trouver un gîte pour la nuit dans l'une des villes qu'il traversait.

La relation personnelle qu'il noua alors avec le roi Ferdinand s'avéra précieuse lorsque, l'année suivante, il se trouva confronté à une tâche difficile. En 1529, à Pösing, petite ville de Hongrie non loin de Presbourg, un juif riche, Esslein Ausch, fut accusé d'avoir « sauvagement martyrisé, battu, estoqué, découpé et assassiné » un garçon de neuf ans. Après une longue torture, le supplicié reconnut que ses coreligionnaires et lui-même avaient aspiré le sang de l'enfant au moyen de tuyaux de plumes et de petits tubes. Ils l'auraient ensuite apporté à la synagogue en exultant, comptant en faire usage au cours de cérémonies de mariage. Les accusés, au nombre de trente environ, furent condamnés à mort et brûlés sur le bûcher[165]. Ils avaient dénoncé certains juifs de Marchegg, en Basse-Autriche, comme étant leurs complices. Cependant, avant même que ne commence le procès de ces derniers, des juifs de Vienne retrouvèrent l'enfant prétendument assassiné par Esslein Ausch sain et sauf en compagnie d'une vieille femme à moitié démente. Il s'avéra qu'un certain comte Wolf de Pösing, qui devait une forte somme d'argent à Esslein Ausch et à ses associés, avait lui-même éloigné l'enfant de Pösing et porté plainte pour crime rituel. Les juifs de Marchegg furent alors libérés. Les contemporains de cette affaire ne connurent jamais la vérité.

La nouvelle du crime de Pösing, cette « effroyable histoire » dont on parlait dans un pamphlet de l'époque, continua à exciter les esprits. Dans la Moravie voisine, bouleversée par la guerre contre les hussites et contre les Turcs, ainsi que par le changement de dynastie, le crime rituel de Pösing servit de prétexte pour faire jeter un grand nombre de juifs en prison.

Les *Mémoires* de Yossel sont notre seule source d'information au sujet de ces évènements de Moravie[166]. « En 1529, les saints martyrs de Pösing, trente-six âmes[167], des hommes, des femmes, des jeunes garçons et des fillettes, tous craignant Dieu, furent arrêtés sur foi d'une accusation mensongère et brûlés le 13 Sivan[a]. A cette occasion on arrêta les

a. Mois de l'année juive, vers la fin du printemps.

Juifs soumis au supplice de la roue

Cette gravure sur bois de 1475 représente des juifs mis à nu, avec le chapeau pointu distinctif. Ils sont liés sur une roue tournant au-dessus des flammes pour qu'ils avouent les méfaits dont on les accuse.

juifs de Moravie. » Il poursuit son récit en nous apprenant que, suivant le conseil des rabbins et des érudits de l'Empire, il apporta à Gunzbourg, sur le Danube, toutes les anciennes bulles et tous les privilèges des papes et empereurs. Il les envoya avec les autres documents au roi Ferdinand qui, depuis 1526, était le souverain de Bohême et de Moravie. A la suite de quoi « ils furent convaincus de notre innocence et dirent aux prisonniers : "Sortez, vous êtes libres" ».

Il est vraisemblable que des délégués des communautés juives convoquèrent à cette époque une assemblée à Gunzbourg, sur le Danube, afin de prendre des mesures communes destinées à faire libérer leurs frères moraves. Or, à peine un an auparavant, les négociations de Yossel avec le roi Ferdinand avaient été un succès. C'est pourquoi il est fort probable qu'ils le prièrent de rédiger un mémoire.

Ce mémoire, comme de nombreux autres écrits de Yossel, n'existe plus, mais nous pouvons en imaginer la teneur. Nous pouvons également imaginer ce que furent les documents signés par des papes et des empereurs qu'en érudit connaissant bien l'Histoire Yossel avait choisis pour convaincre le roi Ferdinand, profondément dévoué à l'Eglise, de l'absurdité des accusations pour crime rituel[168].

Il y avait la bulle édictée en 1247 par le pape Innocent IV, adressée aux archevêques et aux évêques d'Allemagne. Elle condamnait avec la plus grande sévérité toute fausse accusation qui ne serait pas étayée par des aveux ni suivie de preuves de culpabilité. Il y avait la bulle de Grégoire X, de l'an 1272, qui reprochait aux chrétiens de cacher leurs enfants pour accuser ensuite les juifs de les avoir enlevés et assassinés. Il y avait les bulles plus récentes de Martin V et de Nicolas V, ainsi que les privilèges accordés par les empereurs Frédéric II, Rodolphe de Habsbourg et Frédéric III, qui avaient énergiquement combattu les accusations pour crime rituel.

Lorsqu'ils déléguèrent leurs représentants à Gunzbourg, les juifs de l'Empire n'étaient pas uniquement animés par des préoccupations concernant leurs frères moraves. Ils se rendaient obscurément compte que les procès pour profanation d'hosties et pour crimes rituels, de plus en plus fréquents, n'étaient pas seulement dus à la jalousie de leurs concurrents commerciaux et aux machinations de prêtres ambitieux, qui désiraient fabriquer de nouveaux saints, de nouveaux miracles, de nouveaux martyrs, en vue d'assurer un plus grand pouvoir à l'Eglise.

Les accusations remontaient de profondeurs plus mystérieuses, du tréfonds même d'une humanité dont l'âme avait été profondément bouleversée, et qui recherchait dans l'étrange et le surnaturel le motif de la dissolution énigmatique de l'ancien ordre établi.

Cette humanité croyait vraiment que des forces magiques influençaient son destin et que les étoiles le déterminaient en bien et en mal. Elle voyait de ses propres yeux les chevaliers de l'Apocalypse chevauchant à travers le pays, entraînant dans leur sillage la faim, la guerre et les épidémies. La nuit, elle voyait briller des météores au ciel, et savait que le malheur et la ruine l'assailliraient. Le jour, des croix pleuvaient sur ses vêtements, annonçant un nouveau déluge, voire la fin du monde. Des incubes et des démons engendraient des enfants avec leurs femmes et leurs filles. Des sorcières dansaient sur le Blocksberg, elles ensorcelaient le bétail dans l'étable, et attiraient la misère et la maladie dans la maison. Le diable forniquait avec les sorcières et signait un pacte avec l'homme pour avoir prise sur les éléments et réussir à arracher à Dieu ses secrets. Pourquoi les juifs n'auraient-ils pas utilisé le sang d'enfants chrétiens, s'il pouvait être utile au salut de leur âme et à la guérison de leur corps, s'il les aidait à vaincre la nature et à crucifier les chrétiens comme ils avaient autrefois crucifié le Sauveur Lui-même[169] ?

Au cours de cette réunion mémorable à Gunzbourg, où pour la première fois Yossel défendit des juifs qui n'habitaient pas l'Alsace, il fut très vraisemblablement élu préposé et commandeur par les délégués des communautés allemandes. Cet évènement unique dans l'histoire des juifs d'Allemagne n'a pas reçu d'explication jusqu'à ce jour. En effet, jamais, ni avant ni après, les juifs de l'Empire ne s'étaient dépossédés volontairement d'une autonomie jalousement gardée et soigneusement préservée dans le cadre d'organisations communautaires rurales, pour s'unir en une seule communauté, dussent ses liens être assez lâches.

Il y avait déjà eu, durant tout le Moyen Age, des synodes ainsi que des réunions de rabbins et de préposés (*parnassim*)[170]. Ces réunions avaient été rendues nécessaires par les persécutions qui avaient eu lieu au temps des Croisades et de l'« insurrection de Rindfleisch »[a], ainsi que par d'in-

a. En 1298, une accusation de profanation d'hosties à l'encontre des juifs à Röttingen, en Bavière, fut à l'origine d'une vague de persécutions meurtrières. Rindfleisch, animé d'une haine antijuive virulente, en fut l'instigateur.

supportables impôts ou des décrets d'annulation des dettes. On y tentait de prendre d'un commun accord des mesures pour parer aux dangers, et donner aux communautés des lignes de conduite en matière de morale et de légalité. En 1510, peu après que les juifs de Moravie eurent été brûlés, que les survivants furent expulsés et menacés par les attaques de Pfefferkorn, les préposés des communautés de Francfort prièrent l'empereur Maximilien de les autoriser à convoquer une assemblée des délégués de l'Empire à Worms. Ils entendaient se concerter au sujet des fréquentes violations de leurs anciennes libertés[171].

L'Assemblée de Gunzbourg ne fut pas une innovation ; par contre, pour la première fois les juifs de l'Empire acceptèrent de se soumettre à une autorité sans y avoir été obligés par l'empereur ou par une autre instance officielle. Conformément au modèle français, on avait déjà tenté de réunir les juifs de l'Empire plus de cent ans auparavant, sous la direction d'un grand rabbin ou d'un maître de la corporation juive. En 1407, Ruprecht du Palatinat avait nommé le rabbin Israël de Rothenbourg rabbin d'Empire, et avait soumis tous les autres rabbins et maîtres de la corporation juive, de même que tous les juifs et les juives de l'Empire à son autorité[172]. Ce rabbin d'Empire fut chargé de la perception ponctuelle et réglementaire des amendes et des pénalités que les juifs étaient tenus de payer au roi pour s'acquitter des infractions commises, des dénonciations et des obstructions malveillantes à certains procès. En tant que juge, il avait le droit de convoquer n'importe quel individu, de le punir ou de le bannir s'il était prouvé qu'il avait négligé de payer l'*Opferpfennig** ou toute autre taxe.

Le rabbin d'Empire avait dû prêter serment d'exercer sa tâche de façon irréprochable, et de protéger en son âme et conscience les privilèges des juifs. De leur côté, les juifs, tout particulièrement les rabbins et les préposés, furent avertis qu'ils devaient obéir inconditionnellement à ses ordres[173].

La stipulation fiscale dans l'acte de nomination du rabbin d'Empire, selon laquelle celui-ci était tenu de verser ponctuellement les amendes et pénalités dans la caisse royale, afin que « les juifs ne portent pas atteinte aux droits de l'Empire », se retrouve dans les documents de nomination des rabbins d'Empire ultérieurs : les trois maîtres de la corporation juive nommés en 1426, Nathan von Eger, Jacob ha-Levi (Maharil) de Mayence et Jochanan Treves, de même qu'Anselme de

Cologne, rabbin à Worms qui fut nommé « maître et rabbin suprême » en 1435[174]. Nous ne sommes pas informés des fonctions du « maître suprême de la corporation juive du Saint Empire, Levi Jud[175], habitant à Nuremberg », mais elles semblent avoir été les mêmes que celles de ses prédécesseurs et de son successeur, Samuel de Worms.

Bien que les pouvoirs de Yossel aient dépassé de loin ceux des rabbins d'Empire, et qu'il ait joué un rôle politique d'une incomparable importance, et bien que les innombrables textes officiels de l'époque démontrent qu'il était le plénipotentiaire de tous les juifs d'Allemagne, reconnu par les plus hautes autorités, nous n'avons conservé – contrairement aux documents de nomination des rabbins d'Empire – nulle trace de précision quant à l'autorité qui l'avait investi de cette importante fonction.

Lui-même se désigna à partir de 1530, c'est-à-dire peu de temps après la réunion de Gunzbourg, comme « régent général des juifs d'Allemagne », « commandeur général des juifs de la nation allemande », « commandeur de tous les juifs », « prévôt général des juifs » et « avocat général des juifs ».

Le bailli de Haute Alsace s'adressa dans une lettre au « chef de tous les juifs de la nation allemande »[176]; le maréchal héréditaire (*Erbmarschall*) Jörg Wolf von Pappenheim le désigna comme « chef dans le pays allemand »[177]; le burgrave de Rotenberg adressa une requête au « régent de tous les juifs »; les protocoles des conseils de la Cour impériale le désignèrent comme le « commandeur de tous les juifs »[178]; dans un mandement au sous-bailli de Haguenau, l'empereur mentionna Yossel comme étant le « commandeur de tous les juifs »[179]. En 1551, le comte Christophe de Wurtemberg conclut avec l'« avocat et fondé de pouvoir de tous les juifs » un contrat important « en vertu du pouvoir et de l'autorité dont il [était] investi ». De même que ces titres, les fonctions qu'il devait remplir, et qui avaient été définies par les autorités, indiquent bien le caractère officiel de sa position.

Le vice-chancelier impérial, Mathias Held, déclara un jour[180] que Charles Quint fut amené par « les multiples insistances et les sollicitations assidues » de Yossel à maintenir les libertés des juifs. Le docteur Christoff Hoss, son avocat, souligne que Yossel « avait été chargé par tous les juifs de défendre leurs libertés et d'obtenir qu'elles fussent confirmées à toutes les Diètes impériales »[181].

Bien qu'il soit prouvé que pendant plusieurs décennies il fut le chef reconnu de tous les juifs d'Allemagne, son acte de nomination, qui aurait pu nous donner plus d'informations sur la procédure de son élection, nous fait défaut. Il est invraisemblable qu'un tel document se soit perdu. De nombreuses copies de presque tous les privilèges impériaux accordés aux juifs en ces temps-là se trouvent dans plusieurs archives d'Allemagne du sud. Si Yossel avait possédé un document aussi important, il en aurait parlé avec la rigueur qui est la sienne, comme il nous parle de sa nomination en tant que *manhig* et *parnass* des juifs de Basse Alsace. De plus, étant donné qu'il avait l'habitude de se prévaloir de documents officiels pour donner plus de force à ses revendications, il aurait certainement fait usage d'un tel acte chaque fois qu'un danger menaçait les juifs. Et lorsqu'en 1534 il se vit obligé d'intenter un procès très coûteux à la Cour suprême, on ne trouve aucune mention d'un tel document, alors qu'un privilège impérial de cette nature lui eût apporté de grands avantages[182]. Enfin, contrairement à l'hypothèse émise par certains historiens, Charles Quint, qui en 1548 renouvela le sauf-conduit de Yossel, ne fit jamais allusion à sa nomination par l'empereur Maximilien en tant que commandeur des juifs d'Allemagne.

Voilà pourquoi il nous est permis de penser que, contrairement aux rabbins d'Empire, Yossel n'avait pas été investi de sa charge par l'empereur mais par la communauté juive[183]. Cette supposition est étayée par le fait qu'il n'avait pas d'engagement en matière fiscale à l'égard du trésor impérial, qu'il n'avait pas l'obligation de percevoir les impôts, ni le droit de juger, de punir ou de bannir des juifs qui n'étaient pas originaires de Basse Alsace[184]. Lui-même n'exécuta aucune mission sans avoir été mandaté par les délégués des communautés[185]. Et, lorsque, en 1551, il dut mener des négociations difficiles avec la Bavière et le Wurtemberg, les rabbins et préposés assemblés à Francfort donnèrent les pleins pouvoirs à celui qui depuis longtemps était leur préposé et commandeur, et ils avalisèrent tous ses accords antérieurs[186].

Des raisons internes nous font également croire que Yossel devait sa charge au libre choix de son peuple. Le rabbin d'Empire Israël, imposé aux juifs par Ruprecht, fut en butte à de virulentes attaques de la part des autres maîtres de la corporation juive. Il fut même banni, car sa nomination par l'empereur et le pouvoir de prononcer l'anathème qui lui avait été conféré étaient contraires à toutes les lois et coutumes juives. Par contre, le lien mystique entre Yossel et ses frères ne se rompit jamais, bien que son pouvoir reposât uniquement dans la confiance de ceux qui l'avaient choisi et dans l'amour que lui portaient ceux qu'il dirigeait.

Comme au temps des Juges, ce fut la détresse de son siècle qui engendra sa fonction. Un peuple juif totalement insécurisé, très profondément humilié, menacé dans le fondement même de son existence, entouré de fanatisme et de superstitions, se choisit un chef. Auparavant, les paysans, les chevaliers, les protestants, les anabaptistes, tous ceux qui cherchaient un nouveau mode de vie et une nouvelle foi, avaient fait de même.

Comment se fit-il que les princes, les baillis, les Magistrats des villes, les fonctionnaires des royaumes et des duchés, l'empereur lui-même reconnurent ce commandeur nommé par la communauté juive ? Comment se fit-il qu'ils soutinrent sa position et renforcèrent son pouvoir ? C'est ce que nous exposerons dans les prochains chapitres.

CHAPITRE 4

Dialogue avec Charles Quint

LE CRITIQUE ET LE RÉFORMATEUR DE LA SOCIÉTÉ

En 1530, Charles Quint revint dans l'Empire en vainqueur, en triomphateur, en maître du monde, après en avoir été absent pendant neuf ans. Le pape venait de le couronner empereur à Rome. Ses conquistadores avaient gagné pour lui le Pérou et le Mexique ; en Espagne, il avait réprimé la rébellion des Comuneros ; à la bataille de Pavie, il avait vaincu son irréconciliable ennemi, le roi de France, François Ier ; en assaillant Rome, il avait humilié le pape, l'allié de François, et tous deux avaient été contraints de signer la paix de Cambrai.

Le jeune homme timide et réservé que Yossel avait vu à Aix-la-Chapelle en 1520 était devenu un homme mûr, pleinement conscient des lourdes responsabilités que sa charge faisait peser sur lui. En tant que représentant de Dieu sur terre, ayant reçu l'onction et la couronne, il était animé par la volonté passionnée de rendre au Saint Empire romain germanique sa suprématie universelle et son unité religieuse, de réprimer la rébellion des protestants et de bouter hors de la région du Danube les Turcs qui s'apprêtaient à donner l'assaut à Vienne.

Ces deux missions, le débat engagé avec le mouvement luthérien et les préparatifs d'une croisade contre les Turcs, devaient être discutées lors d'une importante Diète générale convoquée à Augsbourg pour le mois de juin 1530 et faire l'objet d'une résolution.

Charles s'était déplacé de Bologne à Innsbruck pour y rencontrer son frère Ferdinand, son chancelier et ses ministres, et voir avec eux comment briser la force des états, sans pour autant perdre leur aide dans la guerre contre les Turcs, et sans mettre en danger l'unité de l'Empire. Pendant qu'il traitait ces affaires d'Etat, on lui communiqua, dans les derniers jours du mois de mai, qu'un juif d'Alsace, « Jesal de Rosshaim », était arrivé à Innsbruck et demandait qu'il lui accordât d'urgence une audience[187]. Cette fois-ci, ce n'était pas une accusation pour crime de sang qui avait conduit Yossel à traverser l'Empire jusqu'au Tyrol pour faire appel à l'aide de l'empereur.

« En l'année 1530, une rumeur se répandit avec insistance parmi les peuples selon laquelle les juifs les calomniaient auprès des Turcs. Ces diffamations parvinrent jusqu'aux oreilles de nos souverains, notre empereur et notre roi. Nous fûmes alors mis hors la loi et l'on nous interdit de pénétrer dans de nombreux territoires[188]. » Yossel poursuit son récit : « En accord avec les communautés, j'ai rédigé un rappel des dispositions juridiques et je l'ai remis aux deux souverains à Innsbruck. »

Ce texte partage lui aussi le sort de ses autres apologies : il est impossible de le retrouver. Et, contrairement aux bulles papales et aux privilèges impériaux, il n'est pas possible de le reconstruire. Mais nous pouvons admettre avec certitude que les juifs d'Allemagne se sentirent davantage mis en péril par une telle accusation qui faisait d'eux des traîtres au pays que par les procès pour profanation d'hosties et meurtres rituels. Car, depuis les hordes mongoles, les Turcs étaient les pires ennemis qui s'étaient abattus sur l'Empire.

L'atmosphère eschatologique du siècle assimilait ces tribus orientales, lointaines et étranges, à Gog et Magog qui apportent le feu et l'épée, la peste et la famine, et annoncent l'arrivée de l'Antéchrist. Car, selon la prophétie, avant l'apparition du Messie impérial, Gog et Magog, peuples de l'extrémité de la terre, renverseront les murailles derrière lesquelles Alexandre le Grand les avait enfermés et se rendront à Jérusalem pour la conquérir. Là-bas l'Antéchrist viendra à leur rencontre, il les vaincra, ce sera la fin de l'Empire romain, l'avènement de l'ère du mal et de la désolation[189].

L'Antéchrist, le prince de l'iniquité, devait être le fils d'une prostituée juive de la tribu de Dan. Car, comme l'avait déjà prophétisé la sibylle de Tibur, *« in illo tempore surget princeps iniquitatis de tribu Dan qui vocabitur Antichristus »*. D'après les calculs des célèbres prédictions de

Johannes Lichtenberger datant de la deuxième moitié du XVe siècle, la venue de l'Antéchrist était prévue pour 1488. Cette année-là, il manifesterait toute son iniquité. Pendant cinq ans, il causerait de grands malheurs en procurant aux juifs malfaisants et pernicieux des positions élevées dans de nombreux pays. Ceux-ci gouverneraient les princes, ils seraient leurs médecins, leurs artistes, leurs conseillers. Des personnages puissants et renommés les aimeraient, « à cause de l'élévation de Saturne dans cette connexion et dans cette constellation d'étoiles »[190].

Ainsi les deux ennemis les plus irréductibles de la chrétienté, juifs et Turcs, étaient-ils liés de façon mystérieuse et surnaturelle. Tous deux étaient responsables des évènements effroyables de cette époque de transition, de la fin d'un monde dont le sens profond ne pouvait être interprété ni par la logique ni par la raison. Même un humaniste extrêmement cultivé, un homme politique éclairé comme Conrad Peutinger, greffier au conseil d'Augsbourg, partageait cette superstition généralement répandue à l'époque[191]. Il déclara qu'il était de notoriété publique dans la ville que, durant la dernière guerre contre les Turcs, les juifs avaient commis de nombreux actes de traîtrise, qu'ils avaient été des espions au service des Turcs et aussi qu'ils les avaient soutenus financièrement[192].

Les visions apocalyptiques qui s'affirmaient en ce siècle, et qui associaient certaines attentes à la victoire des Turcs, amplifièrent encore les soupçons à l'égard des juifs. En effet, les anabaptistes, ces adversaires passionnés de Luther qui furent cruellement persécutés alors qu'ils essayaient de réaliser dans leur vie l'idéal évangélique, espéraient que les Turcs « réformeraient la chrétienté corrompue et châtieraient tous les impies, en particulier les puissants »[193].

Augustin Baader, un pelletier exalté, annonçait que « les Turcs édifieraient un nouvel Empire composé de chrétiens, de juifs, de païens et de Turcs »[194] où, à l'exemple des rois d'Israël, il était lui-même destiné à régner. Car, bien que les anabaptistes eussent donné la primauté à la conscience personnelle, celle-ci était soumise à l'autorité de la Bible. Et c'est de la Bible, tout particulièrement de l'Ancien Testament, qu'ils tiraient les lignes de conduite qui devaient régir non seulement leur comportement individuel, mais aussi leur nouvel Etat. Celui-ci serait dirigé par Dieu seul, et libéré de toute autorité tant spirituelle que temporelle. Thomas Münzer*, le chef spirituel du mouvement, exécuté pendant la guerre des Paysans, s'était toujours identifié aux héros et aux prophètes de l'Ancien Testament. Il était tantôt Gédéon, dépositaire du glaive sacré, tantôt Jérémie en lutte contre les tyrans puissants et impies. Comme Daniel, il prophétisait que la fin du monde était proche et que le Royaume de Dieu était en marche[195].

On racontait qu'Augustin Baader avait l'habitude de fréquenter les juifs de Worms et qu'il avait été initié par eux aux secrets de la langue hébraïque. Il avait ensuite communiqué aux juifs de Gunzbourg et de Leipzig les espoirs et les attentes que lui inspirait la venue des Turcs. Osswald Lewer, un autre anabaptiste, qui avait prédit le nouvel Empire pour l'année 1530, avait été initié à l'hébreu par les juifs et avait essayé de les convertir à sa nouvelle doctrine[196]. On ne peut donc nier qu'en ces années de misère et de persécution, la nostalgie messianique des juifs se nourrissait des rêves apocalyptiques des anabaptistes, et parmi eux il y en avait plus d'un qui espéraient que la victoire des Turcs changerait aussi leur propre sort.

Le sultan n'avait-il pas accueilli dans son pays les fugitifs séfarades avec chaleur et cordialité, si bien qu'ils avaient regagné une position égalant presque celle qui avait été la leur en Espagne ? Certains étaient même devenus ministre des Finances et conseiller du souverain[197]. Des lettres de là-bas ne déclaraient-elles pas qu'on vivait mieux parmi les musulmans que parmi les chrétiens, car il n'y brûlait pas de bûchers, il n'y avait pas de prêtres ou de moines pour semer la terreur ? Chacun pouvait se montrer vêtu de vêtements précieux et s'asseoir sous son propre figuier.

A Innsbruck, après avoir réfuté tous les arguments que l'on faisait valoir contre les juifs, Yossel parvint à convaincre Charles et Ferdinand de l'inanité de l'accusation selon laquelle ils seraient des espions à la solde des Turcs. « Joseph trouva grâce à leurs yeux, et ils confirmèrent tous nos anciens privilèges[198]. » Le 18 mai 1530, l'empereur promulgua à Innsbruck un édit par lequel il renouvelait tous les droits et libertés qu'il avait confirmés aux juifs lorsqu'il avait été couronné roi à Aix-la-Chapelle[199].

Le 15 juin, Charles entra en grand cortège dans Augsbourg, ville d'Allemagne du sud, qui pour l'occasion était en liesse et en fête. Le long de ses belles rues, larges et hautes en couleur, étaient érigées les maisons des familles Fugger, Welser, Hochstetter et Eggenberger[200]. Entourées de jardins somptueux, elles étaient remplies de chefs-d'œuvre du monde entier. L'étranger qui contemplait avec étonnement les colonnes toscanes rehaussées de peintures et les arcades vénitiennes de ces bâtiments aux allures de palais devait se croire transporté dans l'Italie de la Renaissance, dont l'esprit planait visiblement sur cette ville d'Empire à l'horizon si ouvert.

Mais les grands électeurs, les princes, les ambassadeurs des villes ainsi que les théologiens protestants et catholiques, venus en grand nombre participer à la Diète la plus importante et la plus décisive du siècle, étaient trop concentrés sur la lourde responsabilité de leur tâche pour se laisser bercer par l'atmosphère exubérante et païenne de l'environnement[201]. Les problèmes d'ordre politique, religieux et psychologique qui se présentaient à Charles étaient fondamentalement différents de ceux qui s'étaient posés à lui en 1521 à Worms. En effet, mettre au ban de l'Empire un moine apostat et obstiné était tout autre chose que venir à bout de princes sûrs d'eux-mêmes et puissants sur l'échiquier politique, qui en outre avaient introduit la nouvelle doctrine dans leurs territoires, supprimé la messe, fermé les couvents et confisqué les biens de l'Eglise.

L'empereur avait souhaité que l'on traitât d'abord de la question la plus urgente, c'est-à-dire de l'aide financière et matérielle que les états pourraient apporter dans la campagne contre les Turcs. Mais les protestants déclarèrent qu'ils soutiendraient Charles seulement lorsque le problème religieux aurait trouvé une solution en accord avec leur conscience. Le danger dans lequel se trouvaient les territoires habsbourgeois obligea Charles à pactiser et à faire des concessions. Voilà pourquoi, peu de jours après l'ouverture de la Diète, il écouta la profession de foi rédigée par Melanchthon, la *Confession d'Augsbourg*, credo doctrinal de l'Eglise protestante en vigueur jusqu'à aujourd'hui. Celle-ci serait ensuite réfutée par des théologiens catholiques dans une réplique écrite, la *Confutatio*.

Au cours de ces discussions passionnées qui maintenaient la tension des esprits, les catholiques accusèrent les juifs d'être responsables de la Réforme, car « c'est eux qui auraient enseigné leur foi aux luthériens »[202]. Accuser les juifs d'avoir provoqué le mouvement protestant était tout aussi absurde que d'affirmer qu'ils utilisaient le sang d'enfants chrétiens comme remède. Mais un observateur superficiel ou hostile, ne comprenant pas le sens profond de la nouvelle doctrine, devait bien admettre qu'il existait un lien étroit entre le judaïsme et le luthéranisme.

Pour la première fois, un mouvement d'importance mondiale tentait ardemment de se rapprocher du judaïsme, de le comprendre, de découvrir avec lui le secret de la cause première, et d'interpréter le sens caché de la Parole révélée en le prenant pour guide. Les Réformateurs redécouvraient la Bible, source originelle et authentique de leur religion, et ils y trouvaient toute la science et toute la sagesse du monde. Ils considérèrent alors le juif comme le descendant des patriarches, des prophètes et des rois, et le peuple juif comme le peuple élu, choisi entre tous, puisque c'était à lui seul que Dieu avait confié les Saintes Ecritures[203].

L'importance primordiale que les Réformateurs attribuaient à la Bible les poussait à s'entourer de juifs érudits, et à s'appuyer sur les anciens commentateurs juifs. Leur lutte contre la hiérarchie de l'Eglise et contre le culte des images, leur théorie en matière de politique séculière, qui empruntait ses exemples à l'Ancien Testament, leur avaient depuis longtemps valu de la part des catholiques le reproche de «judaïser». Luther était soupçonné d'être le «protecteur des juifs», d'être lui-même un «demi-juif». On accusait Zwingli d'être redevable de ses connaissances bibliques à un juif de Winterthur, et Bucer d'être d'origine juive.

Les juifs eux-mêmes avaient été profondément bouleversés par la Réforme. Le fait que la nouvelle religion se basait sur la parole de leurs Saintes Ecritures, que le droit canon avait été aboli et la souveraineté de l'Eglise ébranlée leur semblait être le signe de la promesse que le Messie allait venir, et qu'Israël allait être rétabli dans sa splendeur première.

Yossel se rendit à Augsbourg en tant que représentant des juifs de l'Empire, et là, sur le plus grand forum du monde, il réfuta les accusations des catholiques en présence de l'empereur et de l'évêque de Strasbourg. «Car jamais on n'entendit que nous nous soyons écartés de notre voie, toujours nous fûmes respectueux de notre ancienne Loi[204].»

Cette brève remarque ne nous permet pas de comprendre de quelle manière il défendit la cause de son peuple. Rien ne permet de supposer qu'il prévoyait déjà la lutte acharnée que Luther allait mener dix ans plus tard contre les juifs. Mais il est vraisemblable que Yossel, qui était l'ami du Conseil de la ville de Strasbourg, porte-parole de la Réforme, connaissait suffisamment les fondements de la religion protestante pour pouvoir expliquer aux états catholiques quelles oppositions profondes existaient entre elle et la religion juive. Car comment pouvait-on rapprocher la justification par la foi prêchée par Luther de la loi morale et des prescriptions cérémonielles de l'Ancien Testament ? Comment pouvait-on trouver une filiation entre la conception évangélique de la prédestination et la doctrine juive du libre arbitre, la foi de Luther dans la grâce divine et l'enseignement juif selon lequel chaque être humain est moralement responsable ? Et pouvait-on s'attendre à ce que cette *res publica christiana*, cet Etat chrétien conçu par Martin Bucer, cette communauté voulue et animée par Dieu, remplie de l'esprit du véritable Evangile, puisse admettre en son sein une communauté nationale et religieuse différente qui était, comme Yossel le souligne du reste, « décidée à rester fidèle à son ancienne Loi » ?

Mais il ne s'agit manifestement là que de discussions à caractère privé, où Yossel exposa à des autorités catholiques les différences qui séparaient le judaïsme du luthéranisme. Il en fut tout autrement lorsque l'empereur lui-même ordonna de réfuter, au cours d'une controverse publique, des accusations graves portées contre les juifs.

Trois mois avant l'ouverture de la Diète, en mars 1530, un lecteur en langue hébraïque avait rédigé contre eux un écrit qui fit tellement sensation qu'il dut être réédité un mois à peine après sa première parution. Ce livre était intitulé *Der Gantz Jüdisch Glaub* (« Toute la doctrine juive »)[205]. C'était la première fois que quelqu'un s'employait à commenter toutes les prières juives, à expliquer et à interpréter toutes les fêtes et coutumes. Malgré de grossières erreurs, malgré de fausses interprétations volontaires et malgré son rapport étroit avec l'*Opus aureum* de Victor von Carben, il sut fournir aux théologiens et aux érudits chrétiens des armes dont ceux-ci se sont servis jusque dans les temps les plus récents pour combattre le judaïsme et la religion juive.

L'impression forte de cet écrit était surtout due au fait que son auteur, Antonius Margaritha*, descendait d'une vieille famille juive de très bonne réputation. Petit-fils de l'excellent talmudiste Jacob Margolis de Nuremberg, fils du rabbin Samuel de Ratisbonne, il était apparenté ou allié à des notables juifs de Prague. Sa connaissance des coutumes et usages juifs, sa manière adroite de raconter des évènements de jeunesse vécus dans la maison de ses pieux parents ainsi qu'au sein de la communauté de Ratisbonne, son art de faire des comparaisons historiques et culturelles pour décrire les attentes messianiques et les rêves cabalistiques de ses anciens coreligionnaires devaient être du plus haut intérêt pour ceux qui, en ce siècle très ouvert, s'intéressaient à tous les textes juifs.

Son « grand zèle pour la religion chrétienne », qui l'avait conduit à abandonner son peuple aveugle, endurci et obstiné, afin d'adorer le vrai Messie, devait donner l'impression qu'il s'agissait là d'une « véritable renaissance », pour employer le terme avec lequel il désignait son acte de baptême de 1522 à Wasserbourg, en Bavière.

Le lecteur de langue hébraïque était un ennemi bien plus dangereux pour les juifs que Pfefferkorn, qui n'était qu'un boucher inculte. Margaritha avait raison lorsqu'il prédisait que, immédiatement après la parution de son livre, ils convoqueraient une assemblée à Worms pour se concerter avec Samuel, leur rabbin d'Empire, sur la façon de faire disparaître ce texte ou d'en diminuer l'importance aux yeux des chrétiens.

Margaritha s'était astreint à traduire toutes les prières juives en allemand pour prouver que, tous les jours de l'année, matin, midi et soir, et tout particulièrement en leur jour du Pardon, les juifs suppliaient Dieu de renverser l'Empire romain, d'anéantir toutes les autorités et tous les royaumes des chrétiens, et d'« asperger les murs de leur sang ». « Ô lecteur chrétien, sache que, lorsque les juifs demandent vengeance et maudissent les Edomites, Esaü, Séïr, ils entendent par là toutes les autorités et tous les sujets de l'Empire romain... Dans leurs prières, surtout dans la prière *Alenou*, ils osent maudire le Christ Lui-même. Quand ils disent "ils [les chrétiens] s'agenouillent et s'inclinent devant une folie, une vanité, ils adorent un dieu qui ne peut leur venir en aide", leur prière est clairement dirigée contre le Christ et les chrétiens. Par "folie" et "vanité", ils entendent "Jésus" : ces mots correspondent en effet à la valeur numérique de son nom. » A la fin de son traité, Margaritha prie les gouvernements d'interdire aux juifs, qu'il accuse de vol, d'usure, de faux monnayage et d'autres vices encore, d'exercer le métier de prêteur d'argent et de ne leur accorder ni protection ni aide juridique.

Ce texte fut présenté à l'empereur peu de temps après son arrivée à Augsbourg. Il venait d'entendre à Innsbruck les plaidoyers de défense de Yossel en faveur de son peuple, et à présent un prosélyte érudit lui apportait les preuves que les juifs dans leurs synagogues maudissaient le Christ et même l'empereur, et cherchaient à convertir les chrétiens au judaïsme.

Dans son livre, Margaritha avait exprimé le souhait de pouvoir discuter de ses accusations avec les juifs les plus érudits. « Je sais bien que les juifs opposeront à mes propos nombre de faux arguments mais, en ma présence et avec l'aide de Dieu, aucun de ces arguments ne devrait

« Judas vend le Christ pour trente deniers »

La scène où le traître touche le salaire de son forfait est située dans une synagogue typique de l'époque médiévale. Cette représentation de Judas le traître a alimenté la persécution des juifs à travers les âges. Gravure illustrant la « Passion du Christ » traduite en allemand par l'humaniste alsacien Matthias Ringmann et publiée vers 1506 à Strasbourg.

leur servir d'échappatoire, aussi percutant fût-il. » Peut-être est-ce ce défi qui inspira à l'empereur, « très en colère »[206], l'idée d'exiger que Yossel réfutât les accusations de Margaritha devant une commission d'érudits.

Yossel se trouvait dans une situation pénible. Car les controverses religieuses publiques (*disputationes*) étaient pour ainsi dire inconnues en Allemagne. Certes, des discussions entre juifs et chrétiens, ou entre rabbins et clercs, étaient extrêmement fréquentes comme le montrent bien les représentations de la Passion et les jeux de Carnaval. Au début du XVe siècle déjà, Lipmann Mulhausen avait montré dans son *Sefer ha-Nitzahon* comment il était possible de remporter la victoire sur un adversaire chrétien en se basant sur le texte de l'Ancien Testament[207]. A la fin du siècle, Victor von Carben avait violemment polémiqué devant l'archevêque avec des rabbins érudits du pays rhénan au sujet de questions religieuses[208]. Mais il s'agissait là de discussions librement acceptées qui restèrent sans conséquences politiques.

Par contre, en Espagne, ces discussions donnaient lieu à d'importantes représentations publiques qui duraient plusieurs semaines, voire plusieurs mois. Le roi et ses ministres, des nobles et des clercs, des juifs et des chrétiens y prenaient part avec passion comme s'il s'agissait d'un tournoi de chevalerie. Les juifs les plus savants du pays se voyaient obligés de discuter avec des adversaires tout aussi savants, le plus souvent des convertis. Certaines de ces controverses avaient entraîné de graves punitions, des actes de violence, l'interdiction de certaines prières, l'expulsion du pays de philosophes juifs ainsi que des conversions en masse.

En introduisant à présent cette coutume espagnole en Allemagne, Charles Quint imposait une immense responsabilité à Yossel, qui devait se faire violence pour réprimer sa haine envers un tel apostat et traître, et ne pas s'emporter à prononcer des mots qui pourraient mettre tous les juifs en danger. De plus, il devait réfuter les accusations de Margaritha en se fondant sur l'Ancien Testament, sans qu'on puisse l'accuser de parler par sophismes, d'employer des termes à double sens ou de trahir la vérité.

La controverse eut lieu le 25 juin devant une commission d'érudits, en présence de l'empereur, de plusieurs princes et de représentants des états. On exigea de Yossel qu'il « réponde à trois points »[209] : les juifs outragent le Christ et le christianisme, ils essayent de gagner des prosélytes, et ils aspirent à anéantir les autorités auxquelles ils sont soumis.

Yossel défendit ses frères dans son langage imagé, parfois lourd et manquant souvent d'élégance. On pouvait croire qu'il arrachait chaque mot de son cœur avec difficulté. Il construisit sa défense non seulement sur la base de sa connaissance des Saintes Ecritures, mais il eut recours également aux livres apologétiques qui, depuis des siècles, avaient permis aux juifs de se défendre contre de telles attaques.

Lorsque Margaritha voulut apporter les preuves que les juifs outrageaient le Christ et le christianisme, Yossel rétorqua devant les membres de la commission que la Loi de Moïse leur interdisait formellement de maudire les dieux des religions étrangères[210]. Il cita l'enseignement du Talmud[211] selon lequel tous les hommes pieux qui sont au service de Dieu sont considérés à l'égal des prêtres et auront part au monde à venir. « Les païens ne nous saluent pas en disant "Que Dieu vous bénisse", mais nous nous adressons à eux en disant "Nous vous bénissons au Nom de l'Eternel"[212]. »

A Margaritha, qui prétendait que les juifs considéraient les chrétiens comme leurs ennemis, Yossel répondit en citant la Bible qui ordonne aux juifs d'aimer leur prochain comme eux-mêmes[213]. N'avaient-ils pas eux aussi été autrefois « étrangers dans le pays d'Egypte »[214] ? Il put également se référer à l'enseignement de Mar Samuel, selon lequel il n'y a pas de différence entre juifs et chrétiens devant le trône du Créateur car il y a, parmi les uns comme parmi les autres, des hommes nobles et vertueux. Le grand maître Rachi* n'avait-il pas prononcé ces magnifiques paroles : « Quel que soit le mal que t'ont fait les Egyptiens – ils t'ont asservi, ils ont jeté tes fils dans le fleuve –, pourtant, autrefois, ils t'ont accueilli[215]. »

A Margaritha, qui accusait les juifs de se rebeller contre leurs gouvernements et de les trahir auprès des ennemis du pays, Yossel rétorqua que l'Histoire démontre bien qu'ils ont toujours fidèlement obéi aux empereurs de Rome et à ceux de l'Empire. Car le prophète lui-même leur avait enjoint : « Veillez à la paix de la ville où j'ai permis que vous soyez exilés, et priez l'Eternel pour elle car votre paix dépend de sa paix[216]. »

Yossel ne possédait pas la vaste culture philosophique et l'érudition d'un Moïse ben Nachman de Gérone. Lors d'une controverse en 1263, dans le palais du roi d'Aragon, celui-ci avait été obligé de s'opposer au juif converti Paulus Christiani à propos de la nature divine et messianique du Christ et des lois cérémonielles de l'Ancien Testament.

Mais la compassion envers ses frères mit sur la bouche de cet homme simple, rempli de Dieu, parlant avec son cœur plus qu'avec sa raison, des paroles d'une telle force de conviction que la commission impériale fit arrêter Margaritha comme dénonciateur et agitateur dangereux, et promulgua son bannissement. Yossel écrit avec jubilation que le délateur[217] dut jurer de ne plus jamais revenir dans la ville d'Augsbourg. Les témoins de cette victoire absolue cités par Yossel sont le vice-chancelier impérial, Mathias Held, le docteur Brandt et le Magistrat de la ville d'Augsbourg, qui «rédigèrent le rapport de cette controverse»[218].

A partir de ce moment, Margaritha disparut de l'Allemagne du sud, prouvant ainsi la véracité des affirmations de Yossel. Il se rendit à Meissen, mais dès 1531 il s'établit comme lecteur en langue hébraïque à Leipzig. C'est l'époque où parut une troisième édition de *Tout ce qu'il faut savoir de la religion juive*, ouvrage qui influença fortement Luther. «Margaritha devint par la suite l'allié de Luther, et fut pour nous des épines dans notre flanc[219].» «Je ne saurais taire ce que je dus endurer jusqu'à présent à cause de ce petit livre», se plaint Margaritha à la fin de la troisième édition de son ouvrage. «Je prie mon Créateur et mon Sauveur Jésus Christ qu'Il me préserve des juifs rusés à la nuque raide, ainsi que de celui qui les représente[220].»

Charles Quint avait déjà rencontré Yossel lorsqu'il avait été couronné roi à Aix-la-Chapelle. Mais le juif alsacien d'apparence insignifiante avait alors fait peu d'impression sur lui. Ce fut également le cas plus tard à Innsbruck lorsqu'il lui confirma à nouveau les privilèges des juifs de l'Empire. Ici, à Augsbourg, il observa Yossel pour la première fois avec une très grande attention. Ses explications concernant l'essence de la religion juive ne modifièrent certainement pas l'opinion de l'empereur qui ne pouvait «raisonner autrement qu'en théocrate et en catholique»[221]. Il ne pouvait voir dans la religion juive autre chose qu'une hérésie, difficile à tolérer dans un pays dont il souhaitait ardemment l'unité confessionnelle. N'avait-il pas déclaré en 1522, devant le collège des régents de l'Empire, qu'il ne s'opposerait pas à sa décision d'expulser tous les juifs de l'Empire, «si c'était pour la gloire de Dieu et de la religion chrétienne»[222]? En Espagne, dès qu'il eut pris les rênes du gouvernement, il rejeta la requête pressante des marranes. Ceux-ci demandaient que l'Inquisition tempérât la terreur qu'elle faisait régner et que les dénonciations secrètes qui livraient quotidiennement des centaines de nouveaux chrétiens au bûcher fussent interdites[223]. Charles avait grandi dans l'atmosphère de la piété néerlandaise et souhaitait ardemment une réforme en profondeur de la religion catholique. Il n'était ni fanatique ni cruel. Le réformateur Melanchthon admira au cours de la Diète « la grande modération de son caractère. Il ne prononça aucun mot, ni ne fit aucun geste qui eût pu être qualifié de malséant »[224].

En cette heure fatidique où Yossel défendait ses frères, ce qui attira l'empereur, souverain du monde, vers le représentant d'un peuple méprisé et humilié, peut trouver son origine uniquement dans ces régions de la conscience que la seule raison ne suffit pas à déchiffrer. Malgré le profond contraste social, idéologique, religieux et culturel qui séparait les deux hommes, l'empereur devait avoir reconnu comme dans un rêve ce qui au fond de leur âme leur était commun. Ils avaient une même disposition, courageuse et désintéressée, pour défendre une cause même si celle-ci devait les exposer à la détresse et à la mort. Ils témoignaient d'un même dévouement envers une tâche qu'ils avaient librement choisie et qui dépassait leur propre personne. Un même lien mystique avec l'au-delà et la Divinité les illuminait, réchauffait et sanctifiait leur vie qui par ailleurs était pleine de difficultés et de sacrifices. Toutefois, il serait erroné d'affirmer que ce fut par sympathie personnelle que Charles accorda à Yossel de nombreux privilèges en faveur des juifs d'Allemagne.

« En 1530, les princes des peuples, les fonctionnaires et d'innombrables nobles dames tinrent une assemblée pour adopter des décisions et des règlements », nous rapporte Yossel dans sa description laconique des évènements de la Diète d'Augsbourg[225]. « J'étais cependant sur mes gardes, et je réussis à faire confirmer à nouveau nos anciens droits du temps de l'empereur Sigismond, à réduire nos adversaires au silence et à faire en sorte que cesse toute agitation dans le pays. » Il voulait dire qu'il avait réussi à faire renouveler et confirmer par Charles un ancien privilège libéral accordé en 1433 aux juifs d'Alsace par l'empereur Sigismond[226].

Dans ce privilège, il était ordonné aux chrétiens de payer à leurs créanciers les dettes contractées par convention écrite ou verbale. Après un délai d'un an, les juifs avaient l'autorisation de vendre ou d'engager des objets reçus en dépôt. L'empereur promettait de protéger la vie et les biens des juifs, de ne pas leur imposer d'autres taxes que celles qu'ils avaient payées jusqu'alors. Il leur permettait également de changer librement de ville de résidence. Il leur garantissait, de même qu'à ses sujets chrétiens, la liberté et la sécurité en temps de paix comme en temps de guerre. Il proclamait qu'il était strictement interdit de faire baptiser de force des hommes, des femmes ou des enfants. Les juifs obtenaient également le droit de se faire rendre justice devant le tribunal séculier de la ville où ils résidaient, et de ne tolérer comme témoins que des coreligionnaires ou des chrétiens de réputation irréprochable.

En confirmant une nouvelle fois ce privilège le 12 août, et en l'étendant aux juifs de tout l'Empire, Charles exhortait les princes et les Magistrats des villes, sous peine de sanctions sévères et de disgrâce, à respecter les dispositions de cet acte afin que les juifs puissent « résider et vivre dans le Saint Empire en pleine sécurité ».

Sigismond avait donné aux juifs cette lettre de privilège, parmi d'autres ayant une teneur analogue, en échange d'impôts ordinaires et extraordinaires d'un montant colossal. Il avait en effet besoin d'argent pour couvrir les frais de la guerre contre les hussites et pour venir à bout du schisme qui divisait l'Eglise. De plus, pour obtenir ces privilèges, les juifs s'étaient vus obligés de verser dix pour cent de leurs biens mobiliers à la Chambre royale. Charles par contre n'exigea aucune contrepartie financière lorsqu'il les confirma en 1530. Il n'émit aucune revendication particulière en dehors de « la taxe du sou d'or » dont chaque juif et chaque juive étaient obligatoirement redevables[227].

La raison principale pour laquelle Yossel obtint de telles concessions au cours d'une période aussi critique était due à « l'ancienne tradition de l'Empire » évoquée à plusieurs reprises par Charles Quint. Comme Frédéric III et Maximilien, l'empereur affirmait que son droit régalien sur les juifs était un droit souverain et inaliénable de la Couronne, et qu'il ne permettrait à aucune puissance au monde de le contester. Lorsque, au cours des années 1520, le collège des régents de l'Empire tenta d'imposer une capitation aux juifs, Charles le tança sévèrement. Il rappela que « tous les juifs de l'Empire appartiennent à la Chambre impériale et ne peuvent être imposés qu'au profit du souverain »[228]. A une autre occasion, lors d'une controverse avec la haute cour de justice impériale, il déclara qu'il considérait l'impôt versé par les juifs comme son bien propre et qu'il pouvait en disposer selon son bon vouloir[229]. Il ordonna à la ville d'Empire d'Esslingen d'accepter dans ses murs un juif nommé Baruch. « En effet, d'après une bonne vieille coutume, l'empereur peut envoyer des juifs dans cette ville, et cette ville est obligée de les accepter[230]. »

La politique de Charles vis-à-vis des juifs prouve, comme du reste celle de ses prédécesseurs, que la « bonne vieille coutume » l'engageait plus encore que la conviction pourtant profondément enracinée qui était la sienne de devoir réaliser l'unité religieuse au sein de la fédération des Etats. Tout en invoquant l'idée du règne universel de l'Empire médiéval, il se voyait obligé de reprendre et de poursuivre la politique envers les juifs qu'avaient menée ses ancêtres au Moyen Age.

Contrairement à des suppositions largement répandues, les discussions qui eurent lieu à la Diète d'Augsbourg ne portèrent pas seulement sur des problèmes religieux ou politiques. Certes, la querelle était violente entre protestants et catholiques pour savoir laquelle de l'ancienne ou de la nouvelle religion l'emporterait sur l'autre. Mais la lutte faisait également rage entre, d'une part, les partisans de l'économie urbaine corporative, contrôlée et refermée sur elle-même, et d'autre part ceux de l'entreprise moderne, libre et capitaliste. Les deux camps tiraient leurs arguments de l'abondante littérature pamphlétaire du siècle. Les uns faisaient l'apologie des positions sévères des Pères de l'Eglise et du droit canon, les autres les poussaient jusqu'à l'absurde en se basant sur des théories que la pratique avait depuis longtemps rendues obsolètes. Il y avait surtout deux problèmes que l'on voulait absolument résoudre : celui des monopoles et celui de l'intérêt de l'argent.

Les grandes entreprises commerciales, de même que les sociétés bancaires, étaient poussées par un formidable besoin d'expansion ainsi que par le désir d'exploiter à n'importe quel prix toutes les occasions qui se présentaient. Or, elles avaient consenti des prêts énormes à l'empereur et aux princes. En échange, elles obtinrent le droit d'exploiter les richesses des mines d'argent et de cuivre au Tyrol, des mines de mercure et d'argent en Espagne, ainsi que l'exclusivité du commerce de certains produits, en particulier ceux d'outremer. Les écrivains moralistes de même que l'homme de la rue vouaient une haine féroce à ces monopoles. Ils rendaient cette exploitation spéculative (*Fürkauf*) responsable de l'augmentation des prix, de la dépréciation de l'argent, du renchérissement des denrées alimentaires, et donc de la misère du petit commerçant[231]. A toutes les Diètes territoriales et impériales, ces mécontents exigeaient que les gouvernements répriment « les fraudes et les escroqueries », pénalisent lourdement les détenteurs de monopoles, et confisquent une partie de leur fortune.

A la Diète d'Augsbourg, Peutinger, le greffier de la ville, défia l'opinion générale dans une étude devenue célèbre. Il défendit la liberté et la responsabilité de chaque individu à n'agir qu'en son âme et conscience, à condition de préserver l'*honestas*, de respecter les lois et de se garder de toute « fraude, escroquerie, tromperie et mensonge ». A l'instar du professeur Eck* d'Ingolstadt, il proposa que la rémunération normale de cinq pour cent pour les capitaux investis dans de grandes entreprises soit considérée comme équitable et conforme à la morale commerciale, ainsi qu'au droit traditionnel. Mais la commission impériale des monopoles, influencée par l'opinion publique du siècle ainsi que par l'intransigeance des moralistes en matière sociale et économique, rejeta à l'unanimité la proposition de Peutinger. Il n'est donc pas étonnant que, durant le débat suscité par cette étude dont l'objet était le problème général du prêt à intérêt, mais aussi le problème particulier du commerce de l'argent pratiqué par les juifs, on légiférât sans merci à leur sujet.

En fait tout le monde transgressait l'interdiction canonique de l'usure. Les couvents, les clercs, les sociétés commerciales acceptaient des dépôts et prêtaient à intérêt. On pouvait lire dans un pamphlet que « partout, par monts et par vaux, dans les foires et les ruelles, de par tous les chemins et les sentiers », les commerçants chrétiens exigeaient un intérêt bien plus élevé que les juifs. Le droit romain, qui l'avait emporté sur le droit traditionnel, soulignait le bien-fondé de l'exploitation du capital. Il préconisait le versement d'intérêts autorisés dont le montant serait fixé par la loi. Et pourtant, à la fin du XVe siècle et au début du XVIe, et bien qu'elles eussent été réformées, de nombreuses législations territoriales et urbaines continuaient à interdire l'usure conformément aux prescriptions des Pères de l'Eglise et du droit canon[232].

En dépit de tout ce qui les séparait sur le plan religieux, les lettrés catholiques et protestants combattaient avec la même virulence « le commerce » et le prêt à intérêt. Pour Erasme, les commerçants représentaient la classe sociale la plus sordide[233]. Elle exerçait son métier de la manière la plus vile et la plus méprisable. Wimpheling se lamentait lorsqu'il constatait que l'avidité toujours plus grande de biens matériels menait à la sécularisation et au mépris du divin. Hütten déclarait que les

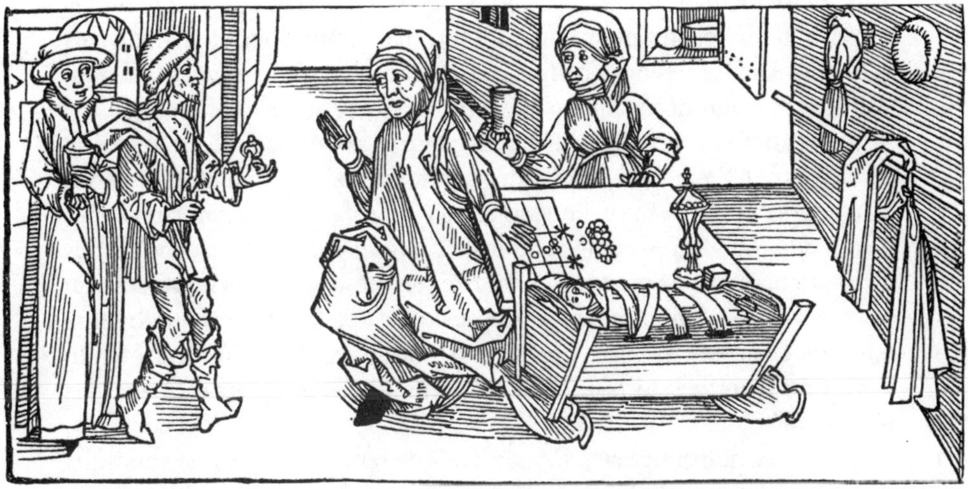

Un paysan et un citadin ont recours aux services d'un prêteur sur gages

Cette gravure sur bois, qui montre l'intérieur de la demeure du prêteur juif, entend être une mise en garde contre les agissements de ce dernier. Publiée à Nuremberg vers 1480.

commerçants étaient des bandits publics. Luther, dans ses écrits sur l'usure, désignait le prêt à intérêt comme le plus grand malheur ayant jamais frappé la nation allemande. Il exigeait que l'on refusât l'absolution ainsi que les sacrements aux usuriers et qu'ils ne pussent être ensevelis dans un cimetière chrétien[234].

Pour comprendre le mémoire que présentèrent dix-neuf « villes d'Empire libres et honorables » à la Diète d'Augsbourg, il faut bien connaître l'état d'esprit qui régnait à cette époque où eurent lieu de si nombreuses controverses à propos du prêt à intérêt[235]. On y dénonçait le grand et funeste dommage que causaient « les juifs abjects et sans scrupule », dans les territoires de Haute et de Basse Allemagne. Voici les principaux chefs d'accusation portés contre eux : ils ne recouraient pas aux tribunaux locaux pour leurs procès, mais obligeaient leurs pauvres débiteurs à se faire rendre justice par des tribunaux impériaux étrangers, ce qui était à leur désavantage, mais profitait par contre à leur créancier. Afin d'éviter le reproche d'usure illicite, ils calculaient dès le moment de l'emprunt l'« intérêt lourd » qui serait dû, et le faisaient enregistrer dans leurs contrats et titres de gage. Ils consentaient des emprunts sous forme de crédit, en exigeant toutefois l'intérêt composé[a]. Les villes les expulsaient, mais les gouvernements des territoires voisins les toléraient, causant ainsi la ruine de leurs propres sujets et la diminution de leurs rentrées fiscales. Mais le plus grand dommage était dû au prétendu « droit de recel des juifs », qui leur permettait d'accepter en gage des objets volés.

Les villes demandèrent à l'empereur « de remédier à ces mauvais agissements, de chasser les juifs nuisibles des territoires de Haute Allemagne, ou tout au moins de leur interdire l'usure proscrite par les Saintes Ecritures et de les astreindre à l'exercice de métiers manuels ». Si cela s'avérait impossible, elles imploraient l'empereur de vouloir du moins, en les menaçant de peines très lourdes, leur interdire de traduire des chrétiens devant des tribunaux étrangers. De fixer un taux d'intérêt convenable (un huitième de kreuzer de florin d'or), de proscrire les intérêts composés, d'ordonner que les titres de créance signés en faveur de juifs soient scellés par les autorités du lieu où habite le débiteur, et enfin d'obliger les juifs à restituer les biens volés à leur propriétaire légitime[236].

a. L'intérêt des intérêts.

En 1498, le Wurtemberg avait déjà expulsé ses juifs[237]. Et pourtant, le duc Ulrich ayant été banni du pays, les conseillers qui gouvernaient à sa place se virent obligés de présenter une lettre de doléances spéciale à la Diète. Ils prétendaient que les juifs étrangers qui vivaient dans les villes d'Empire, les chevaleries et les seigneuries conduisaient à la ruine les pauvres sujets du Wurtemberg, car ils exigeaient d'eux des crédits déloyaux, exhibaient des lettres de gage falsifiées, des titres obligataires fourbes pour ensuite les bouter hors de leur maison et de leur ferme. A la suite de ces plaintes qui l'émurent, Charles confirma et étendit aux conseils du Wurtemberg un privilège octroyé à Bruxelles dès 1521[238]. Ce privilège interdisait aux juifs d'habiter le pays, d'y commercer, d'y accepter comme hypothèque des biens immobiliers, et de traduire ses habitants devant des tribunaux étrangers. On signifia aux juges qu'ils ne devaient pas reconnaître leurs lettres de gage ni leurs obligations, à moins que leurs titulaires puissent prouver de façon irréfutable n'avoir pas exigé d'intérêts composés[239].

Yossel suivit ces débats à la Diète avec une attention passionnée. Au cours des nombreux entretiens qu'il eut avec les délégués, ceux-ci accusèrent ses coreligionnaires de se comporter de façon déloyale et de ruiner les sujets par leurs pratiques commerciales. Le vice-chancelier, Mathias Held, leur reprocha surtout de donner la préférence à la cour de justice de Rottweiler, ce qui accablait « l'homme pauvre du peuple » au point d'obliger l'empereur à intervenir[240].

Depuis des années, aucun problème de conscience ne tourmentait Yossel davantage que la question de savoir si un juif avait moralement le droit de prêter de l'argent à intérêt. Ce n'étaient pas seulement la haine suscitée par cette profession ni le mépris dont le monde accablait le prêteur d'argent juif qui suscitaient ses réflexions. Comme tout juif véritablement pieux, il méditait et se demandait si le prêt d'argent était compatible avec les paroles des Saintes Ecritures et les enseignements du Talmud[241]. Les juifs étaient effectivement des étrangers en Allemagne, et la loi mosaïque leur permettait d'exiger un intérêt pour des prêts consentis à des étrangers[242].

Mais le Talmud, dans sa rigueur, n'avait-il pas mieux interprété les Saintes Ecritures, lorsqu'il déclarait que celui qui prête de l'argent à intérêt, même à un non-juif, verrait sa fortune réduite à néant[243] ? N'était-il pas enseigné que celui qui prête de l'argent à intérêt ne ressusciterait pas d'entre les morts[244] ? Juda ben Samuel (ou Juda le Hassid) n'avait-il pas expressément déclaré dans son *Livre des Pieux* qu'un juif ne doit pas accepter d'intérêt, même s'il utilise l'argent ainsi gagné pour faire du bien[245] ?

Mais les sages des Temps modernes n'avaient-ils pas, par ailleurs, tenu compte des modifications de la situation économique, et autorisé un intérêt modéré, puisque les juifs n'avaient plus le droit de posséder des champs ou des vignobles pour se nourrir[246], et qu'ils devaient rassembler d'énormes sommes d'argent pour payer les nombreux impôts qu'ils devaient au roi[247] ?

Au fond de son âme, Yossel partageait l'avis de Juda ben Samuel. Il pensait cependant que, dans la pratique, il fallait suivre les instructions des maîtres plus récents. En effet, les dures réalités de la vie le persuadaient de plus en plus que les juifs, afin de pouvoir assurer leur existence, étaient obligés d'exiger un intérêt des chrétiens.

De plus, les plaintes portées contre les juifs étaient toujours assorties d'une autre accusation : leur exploitation exagérée du prétendu « droit de recel juif »[248]. Ce droit se fondait sur un privilège accordé en 1090 par Henri IV aux juifs de Spire afin de protéger leur commerce. Il leur permettait de ne restituer des biens volés mais acquis de bonne foi que si on leur remboursait le prix d'achat. Le juif devait certifier ce montant sous serment. Le même privilège fut accordé plus tard aux Lombards. Il constituait effectivement un véritable avantage par rapport au droit romain qui, soucieux de protéger la victime du vol, exigeait que le bien dérobé lui fût rendu sans qu'elle dût payer aucun dédommagement.

La législation des Etats territoriaux et des villes inscrivit ce principe de droit commercial dans ses articles, dans les sauf-conduits ainsi que dans tous les privilèges accordés ultérieurement à des communautés ou à des individus. Mais l'opposition de l'Eglise, des représentants du commerce et de l'artisanat entraîna par la suite d'importantes limitations. Dans certaines régions, il fut interdit aux juifs de prêter de l'argent en acceptant comme gages des objets provenant d'églises ou de tout autre lieu dont on pouvait craindre que le vendeur se les fût procurés de façon malhonnête.

Au cours des années, on interpréta ce privilège de façon toujours plus désagréable pour les juifs. Il leur fut interdit d'acheter de nuit, hors des lieux publics, des marchandises suspectes et de les mettre en gage. On exigea qu'ils témoignent de leur bonne foi et certifient le montant payé en prêtant un serment très compliqué. En outre, les personnes étrangères dont on ne connaissait pas l'identité devaient être accompagnées par des témoins honnêtes. La juridiction de certaines villes leur interdit d'accepter des gages de la main de valets, de servantes, de compagnons artisans ainsi que d'enfants mineurs, c'est-à-dire de toute personne pouvant être soupçonnée de vol. Mais le «droit de recel juif» fut maintenu en tant que privilège commercial jusqu'aux temps de Yossel. La ville d'Obernai l'avait inclus dans les sauf-conduits accordés aux juifs jusqu'en 1437, et la ville de Colmar fit de même jusqu'en 1468.

Ce droit qui constituait une exception soulevait une indignation passionnée, de même que l'exception accordée à l'interdiction canonique du prêt à intérêt. Certes, on n'accusait pas ouvertement les juifs d'avoir en toute connaissance de cause acheté des objets volés, car il était de notoriété publique qu'ils prêtaient leur serment avec beaucoup de sérieux et de conscience. Ce serment s'accompagnait de formalités extrêmement pointilleuses et humiliantes ainsi que de conditions très avilissantes. Mais la population chrétienne, en particulier les artisans, avançait l'argument que le privilège qui accordait cette exception aux juifs leur permettait d'acquérir de façon simple et légale de la marchandise à bas prix et de la vendre bien en dessous du prix fixé, causant ainsi à l'homme du peuple un tort inacceptable[249].

Le «privilège de recel» n'était pas contraire aux commandements des Saintes Ecritures, comme l'était l'interdiction du prêt d'argent. Certes, comme on l'avait souvent admis, il n'avait pas été transposé du droit juif dans le droit allemand. Au contraire, toute la législation juive interdisait sévèrement que l'on s'appropriât des biens volés. Il n'était pas permis d'acheter quoi que ce soit à des personnes suspectes, par exemple des fruits à des surveillants de vergers, parce qu'on pouvait supposer qu'ils avaient été volés[250]. Il était également prescrit que l'acheteur, s'il était au courant du vol, devait obligatoirement rendre les biens volés à leur propriétaire sans exiger de compensation. Mais, selon l'enseignement du Talmud[251], «si une personne constate que quelqu'un d'autre est en possession de ses vêtements ou de ses livres, et si un vol est avéré, l'acheteur devra certifier sous serment le prix payé et il sera alors remboursé de sa dépense».

Du point de vue religieux, la conscience de Yossel pouvait être apaisée. Mais il lui fallait craindre qu'étant donné les nombreuses plaintes en partie justifiées concernant le « droit de recel », les juifs se verraient exclus du petit commerce comme ils l'avaient été du prêt d'argent, et qu'ils perdraient alors la seule possibilité qui leur restait de gagner leur vie.

Yossel n'était pas un *homo capitalisticus*. Il n'avait aucune sympathie pour ces hommes d'affaires modernes et hardis qui se croyaient au-dessus des règles fixées et imposées par Dieu et qui, pour satisfaire leur soif de créer et d'entreprendre, faisaient sans trêve ni repos la chasse à la richesse et au pouvoir. Ils tentaient d'acquérir une renommée et une position qui soumettaient à leur emprise empereurs et rois, princes et cardinaux, papes et nobles. Yossel trouvait tout à fait normal que l'on reconnût à son prochain la même possibilité de pourvoir à ses besoins vitaux que celle que l'on réclamait pour soi-même, que l'on n'augmentât pas exagérément le prix des marchandises, ni ne réalisât de bénéfices exorbitants, car chacun a le devoir de prendre soin du bien d'autrui comme du sien propre[252].

Mais il n'était pas non plus un théoricien irréaliste, un philosophe de la société comme Luther et Wimpheling, Erasme et Franck, qui, assis dans son cabinet d'étude, émettait des critiques et portait des jugements sur la vie économique. Yossel possédait un bon sens objectif et pratique, il était un observateur fin et attentif. Il vivait en Alsace, cette terre reliant le nord au sud et l'est à l'ouest. Depuis des mois, il séjournait à Augsbourg. C'était en Allemagne le centre du commerce mondial et des transactions financières de l'époque. C'est là que se trouvaient les comptoirs où se traitaient les affaires avec un esprit systématique et rationnel. On y spéculait en gardant la tête froide, et des projets à vaste échelle y étaient conçus. C'était de là que partaient les lettres de change et les titres d'emprunt pour Lisbonne et Anvers, Constantinople et Naples. C'est là que se réunissaient les fonds destinés à armer les bateaux qui devaient naviguer vers les Indes orientales et les Nouvelles Indes occidentales. C'était là que la maison Fugger payait des agents chargés de récolter en Espagne et en Angleterre, au Brabant et en Italie, les informations politiques devant servir à sa plus grande gloire[253].

Yossel savait bien que tant les règles de l'économie agraire de la Bible que celles de l'économie naturelle du Moyen Age ne pouvaient plus s'appliquer à ces grandes entreprises. Il savait aussi que le commerce mondial devait être réglementé par d'autres lois que celles qui régissaient le commerce d'une petite ville d'Empire vivant en autarcie, ou celui d'un territoire replié dans ses frontières. Mais, malgré ses transformations, n'y avait-il pas une possibilité de mettre le système économique en harmonie avec les saints commandements ? Comment permettre aux juifs de continuer à pratiquer le commerce de l'argent et des marchandises sans qu'ils y perdent leur âme ? Comment les faire sortir de ces bouleversements, les remettre sur une voie plus saine, celle pour laquelle Dieu les avait autrefois créés (« être son peuple, celui qui suit le chemin de l'Eternel en accomplissant la justice et le droit »)[254] ?

Les réflexions de Yossel l'amenèrent à une décision hardie. Il écrivit à toutes les communautés juives urbaines et rurales de l'Empire pour les prier d'envoyer à Augsbourg des représentants auxquels elles auraient délégué les pleins pouvoirs, afin qu'ils élaborent avec lui « un statut et un règlement honorables » destiné à tous les juifs des villes, des villages et des foires. Les juifs « obéirent » et, de « tous les coins de l'Empire », ils envoyèrent leurs mandataires dans la ville où se tenait la Diète. Après des négociations qui furent très longues et approfondies et qui se terminèrent peu de temps seulement avant la conclusion de la Diète, le règlement et les articles suivants furent adoptés pour être présentés à tous les états de l'Empire[255] :

1. Quand un juif vend à crédit une marchandise à un chrétien, il ne doit pas en profiter pour faire de l'usure indirecte, ni en exiger un prix plus élevé, même s'il doit attendre très longtemps avant d'être payé, afin de ne pas causer de tort à l'acheteur. Si cette disposition n'est pas respectée, le préposé de la communauté lui imposera une amende de trois florins d'or dont deux seront versés à l'autorité du lieu où habite l'individu sanctionné, et un florin reviendra au préposé de la communauté juive. De plus, le juif qui aura commis cette escroquerie sera obligé de rendre à l'acheteur le montant excédant la somme due.
2. Lorsqu'un juif prête une somme d'argent, grande ou petite, il peut exiger un intérêt modéré conformément au privilège impérial ainsi qu'aux autres privilèges. Mais sous peine d'amende sévère, il devra se garder d'ajouter cet intérêt au capital à la fin de chaque trimestre ou de chaque semestre. Ainsi le pauvre ne se verra pas obligé de faire face à un engagement trop élevé et il pourra encore manger à sa faim.

3. Si le débiteur n'arrive pas à rembourser la somme due dans le délai fixé, son créancier ne devra pas le traduire immédiatement devant un tribunal étranger. Il devra plutôt chercher un arrangement à l'amiable, en présence d'un fonctionnaire ou d'un *Schultheiss**. Si le créancier n'y parvient pas et s'il est obligé de recourir à un tribunal étranger, il ne devra toutefois pas occasionner des frais exagérés au débiteur, mais lui réclamer seulement ce qui est « nécessaire et équitable ».
4. Si un juif, ou une juive, prête de l'argent sur gage, il (ou elle) ne pourra pas accepter des objets suspects, ni acheter des biens susceptibles d'avoir été volés. Mais si une telle chose devait se produire « par accident », il ne devra jamais plus rien acheter à ces personnes « voleuses et malhonnêtes » ; il ne devra plus leur prêter de l'argent ni négocier avec elles. S'il transgresse cet ordre et entre en possession de marchandises volées, il sera obligé de tout rendre gratuitement au propriétaire. Si un juif achète des chevaux, des vaches ou des moutons, et si, bien plus tard, on apporte la preuve qu'ils avaient été volés, il devra rendre le bétail à la personne lésée sans lui réclamer de dédommagement. S'il l'a déjà vendu, il devra lui payer la somme perçue. S'il s'y refuse, il devra verser une amende de six florins d'or.
5. Aucun juif ne devra accepter des gages de la part des fils ou des filles mineurs, des valets ou des servantes d'un bourgeois chrétien. Il ne devra leur acheter aucun objet ni leur prêter de l'argent, à moins que leur maître ou leurs parents soient au courant de la tractation. Si cet ordre n'est pas respecté, l'argent ne sera pas remboursé au juif et il se verra infliger une lourde sanction.
6. Si un homme qui a des dettes vient à mourir et que ses héritiers ne sont pas au courant de ses dettes ou ne les reconnaissent pas, le créancier ne devra pas immédiatement porter l'affaire devant un tribunal ecclésiastique ou civil. Il devra plutôt discuter calmement de l'affaire avec son préposé et suivre son conseil. Selon le cas, il devra même renoncer à ses prétentions légitimes.
7. Si un juif accepte des marchandises ou des gages d'un chrétien et s'il quitte ensuite le pays dans une intention frauduleuse pour vendre ces biens, le préposé du lieu où une telle chose se sera produite devra prononcer contre lui l'anathème le plus sévère, et le priver de tous les privilèges impériaux. Personne ne pourra l'épouser, ni manger ou boire à la même table, ni l'héberger. Celui qui se commettrait malgré tout avec un tel escroc devra réparer le dommage subi par la personne escroquée, « pour autant que ses biens y suffisent ».
8. Lorsqu'un chrétien portera plainte contre un juif, le préposé ou le juge suprême des juifs devra aider le plaignant, afin que justice lui soit rendue. Il devra appliquer le droit divin « en toute justice, car l'honnêteté ainsi que la loi naturelle démontrent que sur la terre il n'y a pas de différence entre les hommes ».
9. Chaque juif qui sera au courant d'une escroquerie ou d'une injustice a l'obligation d'en informer le préposé de sa communauté.

> 10. Les préposés des communautés devront veiller avec la plus grande attention à ce que chacun respecte scrupuleusement les articles de ce *Règlement des juifs*. Ils devront exercer une stricte surveillance sur les affaires des membres de la communauté, et punir sévèrement tous ceux qui transgresseront les dispositions du *Règlement*. Car « depuis toujours, nos coutumes juives, nos règles et nos lois ainsi que nos Saintes Ecritures nous enseignent et nous ordonnent d'être justes et honnêtes, et de nous écarter de l'imposture ».

A la fin, Yossel demandait à tous les états de l'Empire de suivre l'exemple de l'empereur qui avait confirmé les juifs dans tous leurs privilèges, afin que dans un esprit de justice et de bienveillance ils fussent préservés de toute oppression, qu'ils ne fussent pas chassés des lieux où ils habitaient actuellement, et qu'ils pussent, comme cela avait été le cas depuis des temps immémoriaux, habiter au sein de la chrétienté et y vaquer à leurs affaires. « Car, dit-il, nous aussi sommes des êtres humains créés par le saint Béni-soit-Il pour habiter sur la terre, y demeurer, vivre et agir chez vous et avec vous. »

Les *Articles et Règlement* de Yossel sont la première grande tentative en vue d'épurer de l'intérieur la vie des juifs, de réformer le pourrissement de leur situation économique et sociale, et de leur permettre de s'adapter aux conditions modifiées du monde environnant. Il lui fut possible d'établir ce « programme de réformes positives »[256] et pratiques, parce que lui-même participait pleinement à la vie active, et qu'il connaissait parfaitement la situation économique, les rapports sociaux et les fondements spirituels tant du monde juif que du monde chrétien.

Il n'était absolument pas dans son intention d'établir une synthèse entre ces deux mondes, comme tenteraient de le faire les générations suivantes. Ce qu'il voulait par contre, lui qui puisait son savoir aux sources originelles et authentiques du judaïsme, c'était le respect absolu des lois et des règles contenues dans les Saintes Ecritures, et leur pratique intégrale dans les activités quotidiennes. Cependant, c'était dans le monde environnant où l'Eternel l'avait fait naître afin qu'il y vive et agisse qu'il puisait des notions et des idées étrangères aux juifs des anciens temps. Contrairement à eux, cet homme croyant, qui dans tout son comportement suivait les voies des mystiques du Moyen Age, ne pouvait plus supporter les humiliations infligées à son peuple.

Dans un discours fier et sincère, il exigea – face à l'Europe tout entière – la reconnaissance de la dignité des juifs, puisque sur la terre il n'y a pas de différence entre les hommes, et que juifs et chrétiens ont été créés à l'image de Dieu. Le 19 novembre, Yossel apposa son sceau sur le *Règlement des juifs*. Deux jours plus tard, la Diète se termina dans une « étourdissante cacophonie »[257]. Catholiques et protestants n'étaient pas parvenus à se réconcilier, principalement parce que l'empereur avait exigé que les biens confisqués à l'Eglise soient rendus au clergé catholique. De ce fait, Yossel se trouva dans l'impossibilité de remettre son règlement aux états. Il ne put donc éviter que soient incluses dans les conclusions de la Diète certaines dispositions très dures, interdisant aux gouvernements d'accorder protection, sauf-conduits et aide juridique aux juifs qui pratiquaient l'usure – en d'autres mots, à tous ceux qui vivaient du commerce de l'argent, consentaient des crédits à intérêt élevé ou prêtaient de l'argent en acceptant comme gages de la marchandise volée[258].

Mais Yossel ne se tint pas pour battu. Immédiatement après la fin de la Diète impériale, il remit « personnellement » les *Articles et Règlement* à l'évêque de Strasbourg, Christophe de Stadion[259]. Il en envoya des copies au greffier territorial du margraviat de Burgau, au Conseil de la ville d'Ulm, au secrétaire du bailli de Basse Alsace, aux Magistrats des villes de Rosheim et d'Obernai, ainsi qu'aux représentants des états rassemblés à Haguenau, afin qu'ils renoncent à appliquer dans leurs territoires respectifs certaines dispositions contenues dans les conclusions de la Diète.

Yossel demanda l'autorisation de remettre personnellement le *Règlement des juifs* aux conseillers du Wurtemberg, ce qui lui aurait permis de traverser le pays et de suivre la Cour impériale. Cette requête fut rejetée, le gouvernement ayant formellement interdit qu'on établisse un sauf-conduit à son nom[260]. Il ne put donc atteindre l'empereur qui s'était rendu d'Augsbourg à Cologne pour poser la couronne royale sur le front de son frère Ferdinand.

CHAPITRE 5

La Sanctification du Nom et la Voie de sainteté

LE MÉDIATEUR ET LE LIBÉRATEUR

Au début de l'année 1531, Charles Quint se rendit de Cologne aux Pays-Bas. Il avait l'intention d'y séjourner avec sa Cour jusqu'au printemps. La Bourgogne était, en ces temps-là, « le centre de l'érudition, la métropole de la peinture, la patrie spirituelle des réformés »[261]. La ville d'Anvers était le centre financier et commercial le plus important du monde. C'était là que l'on achetait et vendait les épices d'Extrême-Orient ainsi que les trésors du Nouveau Monde. C'était là que les grands entrepreneurs anglais, allemands, italiens et espagnols avaient leurs comptoirs. C'était aussi le centre à partir duquel les campagnes de Charles et l'entretien de sa Cour étaient financés. Mais, comme en Espagne, protestants et anabaptistes y étaient sévèrement persécutés, et les juifs n'avaient pas le droit d'y résider sous peine de s'exposer à un danger de mort[262].

Lorsque, au cours de la première moitié du XVIe siècle, des marranes portugais s'établirent aux Pays-Bas et surtout à Anvers, ce ne fut pas seulement parce que cette grande place commerciale les attirait mais parce que le roi Jean III, suivant l'exemple de l'Espagne, envisageait de créer des tribunaux inquisitoriaux au Portugal. Les riches commerçants, habiles en affaires et ouverts au monde, furent certes accueillis avec bienveillance par le Magistrat des villes. Par contre, les autorités impériales et le clergé catholique les considérèrent avec méfiance. On ne toléra que ceux qui s'étaient sincèrement convertis au christianisme depuis longtemps, et dont il n'y avait pas lieu de craindre qu'ils quitteraient le pays pour s'établir en Italie ou en Turquie afin d'y confesser ouvertement le judaïsme.

Dans un premier temps, et dans l'intérêt du commerce, Charles avait essayé de protéger les « nouveaux chrétiens » qui présentaient constamment des doléances irritantes. Mais, dès le début des années 1530, certains « apostats judaïques » furent accusés de pratiquer les règles de leur ancienne religion et, par le truchement de fausses informations, d'utiliser leur séjour en Bourgogne comme tremplin pour poursuivre leur voyage vers l'Orient.

Yossel, parlant de ses activités de l'époque, nous dit[263] : « En l'an 1531, les médisants approchèrent l'empereur au Brabant et en Flandres, là où il n'y a pas de juifs. Mais moi, contrairement à d'autres, je me mis en route dans l'intention de me rendre dans ces pays, pour qu'avec l'aide de Dieu je puisse y défendre nos intérêts. Je résidai à la Cour impériale du début du mois d'Adar au début du mois de Sivan 1531 (du 18 février au 17 mai) dans le but de combattre pour le bien commun. Un chevalier nommé Ruthard (ou Rotraut) s'en prit à ma vie, mais Dieu dans sa grâce infinie me sauva de tous ceux qui voulaient ma mort. Ce fut alors que j'obtins audience auprès de l'empereur, qui eut l'obligeance de me répondre favorablement. »

Cette déclaration de Yossel, que nous n'avons pu compléter par d'autres sources[264], est d'une nature totalement différente de tout ce qu'il nous avait dit auparavant, et qu'il nous répétera par la suite. Il ne révèle pas en quoi consistaient ces calomnies, et il omet de nous rapporter comme d'habitude qu'il a effectué sa mission en accord avec les préposés et les érudits des communautés juives. Les termes selon lesquels il se rendit au Brabant et en Flandres « contrairement à d'autres » signifient-ils qu'on lui avait déconseillé d'entreprendre ce voyage dangereux ? Ou avait-il formé ce projet sans se concerter avec les communautés ?

Etant donné qu'il mit sa vie en danger pour une affaire concernant le « bien commun », il est légitime de supposer qu'il voulait approcher l'empereur afin d'empêcher l'application des dispositions adoptées par les conclusions de la Diète d'Augsbourg. Mais comme il ne réussit pas à atteindre Charles en Allemagne, il se sentit bien obligé de le suivre aux Pays-Bas pour lui remettre son *Règlement des juifs* qui, pensait-il, rendrait sans objet le règlement impérial de police de 1530.

Albrecht Dürer, visitant les Pays-Bas quelques années avant Yossel, fit une description enthousiaste de la ville de Bruxelles : « Un hôtel de ville exquis, grand, de belles proportions, avec une magnifique flèche transparente... » Il pensait « n'avoir rien vu de sa vie ayant autant réjoui son cœur que ces trésors incroyables de Nouvelle Espagne qu'il lui avait été donné d'admirer »[265].

Voici ce que Yossel nous rapporte lorsqu'il nous décrit son voyage aux Pays-Bas : « Durant ces trois mois, étant donné que je n'avais aucune affaire en cours et que j'étais seul dans ma chambre, j'ai rédigé un petit ouvrage que j'ai intitulé *La Voie de sainteté* (*Derekh ha qodech*)[266]. Combien j'appréciai ces jours de solitude ! Je me dis en moi-même : "Comme ils furent heureux, les grands hommes des temps anciens qui purent concentrer leur esprit et leurs idées afin de s'éloigner de la vanité du monde, et de ne s'occuper que des choses de Dieu !" »

Il est permis de supposer que la solitude qui réjouit le cœur de Yossel n'était pas librement choisie, mais qu'il fut surveillé par les autorités jusqu'à ce que l'empereur lui accordât audience. Pourtant, cette solitude fut pour lui une source de richesse ! Au lieu de se plaindre d'être séparé de sa femme et de ses enfants, de craindre les dangers qui le menaçaient, il était heureux après le tumulte bruyant de la Diète d'Augsbourg d'être enveloppé par le silence de sa chambre, de pouvoir y réfléchir aux voies de Dieu et à sa propre mission.

La Voie de sainteté est introuvable. Les travaux littéraires de Yossel ont subi un étrange destin. Alors que ses écrits politiques abondent et remplissent les archives, ses écrits religieux et apologétiques, à de rares exceptions près, ont été perdus ou n'existent plus que partiellement. Ainsi, Juspa Hahn de Francfort a cité dans son livre *Josif Omez* (*Redouble de force*), écrit au XVIIe siècle, certains fragments de *La Voie de sainteté*, comme étant des « paroles du grand médiateur et prince Yosselmann de Rosheim », extraites d'un de ses manuscrits[267].

A Augsbourg, Yossel avait essayé de réformer la situation des juifs et de leur assurer une sécurité plus grande dans l'Etat et dans le monde environnant. Mais il était parfaitement conscient que ni les ordres ni les interdictions n'ont le pouvoir de changer les hommes. Or, même si la menace d'anathème – la punition la plus grave que connût le droit juif – dissuadait certains individus de donner libre cours à leur cupidité, la décision adoptée pour éviter une telle sanction était de pure forme, dictée par la peur et non par une intime conviction. L'intention de Yossel était tout autre. A l'instar des Frères de la vie commune et de certains anabaptistes, il souhaitait une réforme religieuse et morale de l'homme tout entier, une véritable « renaissance » intérieure.

Il était impossible qu'une telle renaissance s'accomplît uniquement par l'étude du Talmud et le respect consciencieux de la Loi. Il fallait absolument redécouvrir l'origine, renouveler l'Alliance conclue par Dieu avec son peuple, vivre selon le modèle des prophètes, des saints et des pieux, accepter comme eux le martyre et inscrire toutes ses pensées et toutes ses actions dans les voies de l'Eternel.

Lorsque chacun aura décidé de se soumettre à la souveraineté de Dieu, alors seulement il pourra pleinement revenir à Lui. En examinant son âme et en la redressant, en la jugeant et en la condamnant, en redevenant ce à quoi il était destiné dès l'origine, c'est-à-dire « être saint », il pourra se porter garant de l'existence du monde et « préparer le terrain pour le Royaume de Dieu »[268].

Mais comment plonger son âme dans un état de ravissement[269], comment ressentir « la jubilation intérieure et la flamme ardente de l'amour du cœur »[270] qui submergent de bonheur celui qui se sait proche de la présence divine ? Ce but peut être atteint par deux voies : la prière et le martyre. « Si tu désires le bonheur de porter parfaitement le joug de l'Eternel notre Roi, tu devras libérer ton cœur de toutes tes préoccupations jusqu'à ce que tu parviennes au recueillement qui convient, tout au moins au moment où tu réciteras le verset de la Bible "Ecoute Israël". Tu le répéteras jusqu'à ce que dans ta lecture tu maîtrises parfaitement ton recueillement ; puis tu poursuivras par le premier paragraphe du *Shema*, tu continueras de la sorte et tu achèveras ta prière dans le recueillement. Tu te recueilleras dans toutes tes lectures et dans toutes tes études ; tu parviendras enfin à ce que ton cœur soit constamment orienté vers Dieu... »

Yossel ne fit pas œuvre de pionnier en donnant ces instructions au sujet de la prière[271]. De tout temps, les hommes qui savaient prier, en particulier les pieux maîtres de son peuple, reconnurent l'importance de la prière pour corriger, purifier et convertir l'âme. Ils furent conscients de la solitude et de l'obscurité où est plongée la créature qui lutte et désespère, qui se sent pécheresse et coupable lorsqu'elle « présente ses angoisses devant la face de Dieu »[272]. Ils enseignèrent aussi que celui qui veut prier doit longuement s'exercer, se préparer avec patience, renoncement et ascèse, afin d'arriver à un état de parfait recueillement et de profonde concentration, d'extase et de béatitude. Ils décrivirent, à l'instar de Juda le Hassid et de ses successeurs, le grand pouvoir de la prière, qui peut « ouvrir et fermer les portes du destin »[273].

Le deuxième message transmis par Yossel à ses frères, le message de la Sanctification du Nom*, avait été non seulement annoncé depuis des siècles mais aussi mis en pratique depuis toujours. « Si quelqu'un est tenté de pécher, il peut être certain que Dieu fortifiera son âme afin qu'il puisse supporter pour l'honneur de son Créateur des tourments plus terribles que la mort... Nous savons que depuis longtemps ils s'abandonnent au feu et au martyre pour la Sanctification du Nom de Dieu sans se plaindre ni se lamenter. Combien d'entre eux furent pendus ? Moi, le scribe, j'en ai été témoin. J'étais présent lorsqu'ils marchèrent vers le lieu de leur exécution. Ils acceptèrent avec amour le joug de la royauté divine, même lorsqu'ils durent endurer de terribles tortures et vivre encore dix jours et dix nuits. Ils ne secouèrent pas ce joug jusqu'au moment où leur âme pure s'envola. Ce que j'ai vu, je l'ai fidèlement écrit... C'est conforme à ce que nos Sages ont enseigné : "Celui qui a décidé en son cœur de sanctifier le Nom divin ne ressent plus les douleurs du supplice." »

Par ses écrits, Yossel n'avait pas l'intention de révéler une nouvelle sagesse. Il voulait seulement, dans cette situation historique exceptionnelle, placer directement devant la face de Dieu ses frères plongés dans des misères et des conflits mesquins et humiliants, afin qu'un peu de la lumière et de la félicité du monde d'en haut éclairât leur existence misérable. Il désirait les appeler à résister moralement, à fortifier leur rapport à la religion en un siècle où les Carben, Pfefferkorn et Margaritha essayaient de miner le judaïsme de l'intérieur. Et tandis que la Renaissance, l'humanisme et le développement des sectes menaçaient d'estomper les frontières entre les religions, il tentait avec des mots simples de porter à la connaissance de tous les juifs le caractère unique et singulier de leur foi. Il leur expliquait que chacun d'entre eux, selon qu'il agissait de façon morale ou immorale, juste ou injuste, porte la responsabilité de la continuité du monde ou de sa fin. En « aimant Dieu de toute son âme et de toute sa vie » et en subissant au nom de cet amour la mort par le martyre, il n'élevait pas seulement sa propre et insignifiante vie, mais il devenait le témoin de la puissance et de la grandeur de Dieu, et «il augmentait la gloire de l'Eternel lui-même»[274].

Pendant le séjour de Charles à Bruxelles, on lui communiqua des nouvelles menaçantes. Les états protestants, qui s'étaient unis pour former une ligue à Smalkalde afin de réduire à néant les décisions prises à Augsbourg, trahissaient l'Empire en négociant avec les puissances ennemies de la Maison de Habsbourg. Le sultan Soliman le Magnifique* préparait une nouvelle attaque contre l'Empire et ne voulait s'accorder aucun répit avant d'avoir mis «toute l'Allemagne à feu et à sang et de s'être emparé de l'Italie». Résigné à des concessions en matière religieuse, l'empereur harcelé de toutes parts ouvrit des négociations avec les protestants pour obtenir leur aide contre les Turcs. En avril 1532, il convoqua une Diète impériale à Ratisbonne, et promit une trêve aux membres de la Ligue de Smalkalde, à condition qu'ils mettent des troupes et de l'argent à sa disposition.

Un mois plus tard, le 20 mai 1532, Yossel, en tant que «chef des juifs en pays allemand», reçut du maréchal héréditaire d'Empire Jörg Wolf von Pappenheim une lettre de sauf-conduit lui permettant, sur ordre de Sa Majesté impériale, d'«exposer ses affaires» lors de la Diète impériale de Ratisbonne[275]. Ce sauf-conduit est la première accréditation écrite prouvant que la fonction de Yossel était reconnue par l'empereur et par les autorités. C'est la première invitation officielle à participer à une Diète impériale dans l'intérêt des juifs allemands. Yossel lui-même écrit qu'il dut se rendre en 1532 auprès de l'empereur, à la Diète de Ratisbonne, afin de sauvegarder l'intérêt d'Israël[276].

Sa venue semble avoir été souhaitée, afin que le problème du commerce d'argent des juifs, qui n'avait pu être résolu par les conclusions de la Diète d'Augsbourg, soit enfin clarifié. Yossel rapporte, en adoptant un style aux tournures assez imprécises, qu'à cette époque Dieu sauva une fois de plus les juifs des accusations portées contre eux par les princes et les nobles, et qu'Il leur donna la possibilité de gagner leur vie parmi les peuples grâce au prêt à intérêt. D'autres sources cependant nous informent que Yossel se fit remettre par le nonce du pape, le cardinal Campeggi, un important privilège impérial datant de 1216, et qu'il le fit authentifier par un notaire officiel[277].

Or le cardinal n'avait ni le droit ni le pouvoir de certifier un ancien privilège impérial. Mais Yossel aimait étayer légalement ses revendications par des preuves contenues dans des textes originaux. Il était donc important qu'il fût en possession de ce document historique accordé aux juifs de Ratisbonne par Frédéric II, que Charles Quint prenait fréquemment pour modèle. Confirmant une ancienne lettre de protection, octroyée aux juifs dès 1182 par Frédéric Ier, ce privilège leur permettait de « vendre de l'or, de l'argent et d'autres métaux ainsi que des marchandises de toute nature ». Il leur donnait le droit « de se les procurer selon leur ancienne coutume, d'échanger leurs biens et marchandises et d'en tirer profit selon l'usage ancien »[278].

Il est curieux que Yossel ait su reconnaître que ce privilège peu connu, rédigé en latin et au texte difficile à comprendre, avait une importance fondamentale pour les problèmes juifs du commerce de l'argent et du prêt à intérêt. En effet, ce n'est qu'à la fin du XIXe siècle et au début du XXe qu'il fut découvert et interprété par des chercheurs. Alors seulement on prit conscience de son rapport avec les autres documents impériaux.

A cette époque, le commerce des marchandises n'avait pas encore été interdit aux juifs, mais le prêt de l'argent devenait une activité de plus en plus importante. Dans ce privilège impérial de 1216, ou plutôt de 1182, il était fait mention pour la première fois de l'ampleur de cette évolution et de ses conséquences économiques. Lorsqu'on permettait aux juifs de « tirer profit selon l'usage ancien », cela signifiait qu'ils pouvaient, sans limite légale, exiger un intérêt et accepter des gages. Ils avaient le droit « de tirer profit du gain procuré par le prêt de l'argent. Or ce gain n'était pas seulement déterminé par le montant de l'intérêt, mais aussi par la valeur du gage mise en rapport avec la somme prêtée »[279].

Lorsque, dans ses *Mémoires*, Yossel écrit qu'à la Diète de Ratisbonne Dieu donna aux juifs « la possibilité de gagner leur vie parmi les peuples grâce au prêt à intérêt », cela signifie qu'il se servit du privilège de 1216 comme d'une arme pour lutter contre les conclusions de la Diète d'Augsbourg, et faire en sorte que les juifs puissent pratiquer le prêt d'argent à intérêt modéré ainsi qu'il l'avait prévu dans son *Règlement*. En tout cas, le règlement de police impérial de 1532 atténua fortement la sévérité des dispositions de 1530. On chargea seulement les autorités des territoires dans lesquels « habitaient des usuriers, des juifs et des détenteurs de monopole » de faire en sorte que ceux-ci « mettent un terme à leurs activités lorsqu'elles étaient inconvenantes et indécentes »[280].

Ce fut aussi à Ratisbonne que Yossel fut témoin d'un évènement étrange qui le perturba jusqu'à un âge avancé, et le plongea dans un conflit intérieur. En Europe, au début des années 1520, le monde juif comme le monde chrétien étaient fascinés par les récits de faits curieux et d'aventures merveilleuses, car c'était une époque de conquêtes et l'on avait découvert des continents inconnus. L'apparition d'un « ambassadeur juif » déclarant être envoyé par certaines des dix tribus que l'on croyait perdues créa une vive tension[281]. Dans un hébreu difficile à comprendre et avec un accent étranger, il raconta qu'il était le fils de feu le roi Joseph et le jeune frère du roi Salomon de la tribu de Ruben. Celui-ci régnait à Chabor dans le désert d'Arabie, un pays situé non loin de la mer Rouge, derrière le fleuve légendaire du Sambation. Ses trois cent mille sujets, descendants des anciennes tribus de Ruben, de Gad et de la demi-tribu de Manassé, étaient des guerriers fiers et libres. Selon l'exemple du Grand Sanhédrin, soixante-dix Anciens assistaient le roi pour l'administration des affaires de l'Etat. Ils l'avaient envoyé en mission secrète en Europe, lui, David Reubeni*, afin qu'il prêtât assistance à ses frères gravement opprimés.

Ce petit homme bronzé et fort, aux traits ascétiques marqués par les privations, le jeûne et la souffrance, était arrivé en Italie en 1524 après un voyage aventureux consigné par écrit qui lui avait permis de traverser la Nubie, l'Ethiopie, l'Egypte et la Palestine. Il avait été accueilli avec beaucoup d'honneurs par les juifs italiens, et tout particulièrement par les réfugiés espagnols. Après avoir obtenu plusieurs audiences auprès du pape Clément VII, il était parvenu à le gagner à son projet secret : armer les juifs d'Europe afin qu'avec l'aide des guerriers des tribus de Ruben, de Gad, de la demi-tribu de Manassé et de celle des mercenaires de l'empereur, ils arrachent la Terre sainte aux Turcs.

Muni d'une lettre de recommandation du pape et richement comblé en argent et en cadeaux par les juifs italiens, Reubeni fit voile pour le Portugal, en grand cortège et brandissant fièrement la bannière de Juda Macchabée. Il avait l'intention de prier le roi Jean III de lui donner des bateaux, des armes et des munitions, et de lui proposer en échange l'alliance de son frère, le puissant roi Salomon de Chabor. Le plan audacieux de cet ambassadeur silencieux, difficile à approcher, était sur le point de réussir, lorsque les marranes saluèrent celui qui allait les sauver de leur misère avec une joie si débordante que les autorités devinrent méfiantes. Au moment où ces marranes furent sur le point de se révolter et où il fut question de libérer des « nouveaux chrétiens » emprisonnés, l'émissaire de Chabor fut poliment prié de quitter le Portugal.

L'apparition de Reubeni avait transporté dans une sorte d'extase Diogo Pires, secrétaire de la haute cour de justice. C'était un beau jeune homme, noble et doué, appartenant à une grande famille, l'ami et le confident de la Cour royale. « Dieu toucha son cœur », dit le chroniqueur, « il revint à l'Eternel le Dieu de nos pères, et se fit circoncire ». Il s'enfuit du pays qui l'avait obligé à renier la religion de ses ancêtres. En Turquie et à Safed, où il résida quelques années, il se joignit au cercle des Espagnols annonciateurs de l'Apocalypse qui, en pratiquant la pénitence et l'ascèse, méditaient sur la grande catastrophe de leur vie. Ils croyaient reconnaître dans l'amère souffrance de leur exil les douleurs qui devaient accompagner la naissance du Messie. Prophètes et psalmistes avaient en effet prophétisé sa venue verset après verset et presque mot après mot[282].

Diogo Pires se faisait à présent appeler Salomon Molcho. On lui avait enseigné les textes rabbiniques et la Cabale lorsqu'il était enfant. Bouleversé par le tournant qu'avait pris sa vie, émacié par l'étude, le jeûne et les mortifications, enflammé par l'amour dont tout le monde l'entourait, il fut assailli de visions. Dans ses rêves, un *Maggid** lui révélait l'avenir de son peuple et prédisait la venue du Messie pour l'an 1540. Le sac de Rome par les lansquenets allemands en 1527 lui sembla être le signe avant-coureur de la destruction d'Edom et de la délivrance d'Israël. Il se hâta vers Rome où, en tant qu'annonciateur du Messie, instrument de Dieu, pénitent et prophète, saint et thaumaturge, il prédit que l'heure du Jugement allait sonner et que le Royaume de Dieu était imminent.

En Italie, il rencontra une nouvelle fois David Reubeni. Nous ne savons pas si ce fut Molcho ou Reubeni qui eut l'idée déterminante de se rendre à Ratisbonne auprès de l'empereur, afin de l'exhorter à entreprendre une croisade où juifs et chrétiens s'allieraient contre les Turcs.

« A cette même époque », écrit Yossel dans ses *Mémoires*[283], « cet étranger converti au judaïsme nommé Salomon Molcho, que sa mémoire soit bénie, se présenta à l'empereur avec des idées étranges. Il lui fit la proposition d'engager tous les juifs dans une guerre contre les Turcs. Lorsque je fus mis au courant de son projet, je lui écrivis une lettre pour l'avertir qu'il ne fallait pas irriter l'empereur, sous peine d'être consumé par le grand feu. Je m'éloignai de Ratisbonne pour que l'empereur ne puisse m'accuser d'être impliqué dans cette affaire. En effet, lorsqu'il approcha l'empereur, il fut mis aux fers et envoyé à Bologne [il faut lire Mantoue], où il fut brûlé pour la Sanctification du Nom et pour la religion d'Israël. Il sauva beaucoup de monde du péché. Que son âme repose au jardin d'Eden. »

Pourquoi Yossel ne mentionna-t-il pas dans son rapport David Reubeni, dont le voyage à Ratisbonne est attesté sans doute possible ? N'éprouva-t-il pas la nécessité de le prévenir du danger ? Car, étant juif, il n'était pas soumis aux règles de l'Inquisition et ne pouvait donc être condamné à mort en tant qu'apostat ou hérétique. Savait-il que le royaume des deux tribus et demie n'existait que dans l'imagination de cet homme ? En effet, David avait séjourné à Venise en 1530. Il avait déclaré être le fils du roi Salomon de Chabor et le frère du roi Joseph. Il voyageait à travers l'Europe pour engager les princes à libérer les juifs. Le Sénat lui envoya alors le célèbre voyageur J. S. Ramusio qui lui demanda d'où il venait et de quoi il vivait. Toutes ses assertions se révélèrent fausses. David Reubeni était un aventurier. On le pria de quitter la ville[284].

Quoi qu'il en soit, Yossel en tant qu'homme politique réfléchi était bien conscient que, même si un royaume de Chabor avait existé, le projet d'une croisade judéo-chrétienne contre les Turcs aurait mis les juifs du monde entier en très grand danger. Comment l'empereur aurait-il pu supposer que les juifs de l'Empire iraient combattre les Turcs qui venaient d'accueillir les réfugiés d'Espagne avec tant d'hospitalité ? Charles, dont Yossel avait dissipé le courroux à Innsbruck juste deux ans auparavant, n'allait-il pas considérer le plan de Reubeni et de Molcho comme un stratagème diabolique, conçu dans le but de livrer des secrets militaires aux musulmans ? Et ne fallait-il pas s'attendre à ce que le sultan Soliman chassât les sujets juifs qui se trouvaient sous son autorité, comme étant des ennemis et des traîtres au pays, s'il venait à apprendre que les juifs d'Europe s'apprêtaient à lui arracher la Palestine ?

Yossel, homme politique, nous expliqua dans ses *Mémoires* pour quelle raison il s'était éloigné de la Diète de Ratisbonne. Mais le mystique ne nous révéla pas quelle fut sa position concernant les idées messianiques de son siècle. Or Salomon Molcho fut leur représentant le plus éclatant[285]. A peine un an plus tôt, Yossel avait écrit un livre sur la Sanctification du Nom. Aussi, n'était-il pas naturel qu'il se réjouît qu'un juif éminent, ayant reçu tous les honneurs de ce monde, ait délibérément renoncé à sa position, sa réputation, sa richesse et son influence pour mourir en témoin de la gloire de Dieu ? Tous les signes n'indiquaient-ils pas que les prédictions de Molcho allaient se réaliser ? L'empreinte du Messie ne se manifestait-elle pas en tous lieux, dans les malheurs et les épreuves, dans la guerre et la destruction ? Les juifs n'étaient-ils pas un peuple sur lequel « la douleur se déverse tel un fleuve » ? Toutes les nations de la terre ne se faisaient-elles pas la guerre ? Et ne lisait-on pas dans le Zohar que les morts de Palestine ressusciteraient en cette année 1532 ?

Les idées messianiques et les espoirs millénaristes n'avaient pas moins d'emprise sur les hommes de l'entourage de Yossel qu'elles en avaient en Italie, en Turquie et en Terre sainte. Il n'y avait certes pas dans l'Empire de penseur, de savant, de philosophe ou de scientifique qui, se basant sur des recherches et des calculs, eût pu prédire l'année précise où serait établi le Royaume de Dieu. Pourtant, l'attente et l'espoir du peuple y étaient aussi forts que dans les pays du sud. En Istrie, Ascher Lämmlein, un juif ashkénaze peut-être même allemand, avait prophétisé que le Messie viendrait en 1502. Il avait ordonné que l'on observât un an de pénitence et de jeûne afin de hâter sa venue. Les juifs de l'Empire avaient eu tellement foi en sa mission qu'ils s'étaient équipés pour partir en Terre sainte et, lorsque sa prophétie ne se réalisa pas, ils l'imputèrent à leurs propres péchés[286].

Margaritha accusait les juifs d'avoir dans leurs Ecritures « beaucoup de belles maximes au sujet du Messie rédempteur et de ce qu'il allait accomplir ». Il prétendait qu'ils espéraient être libérés par les dix tribus que le roi d'Assyrie avait autrefois dispersées. Dans le *Nollhart* de Pamphilius Gegenbach, il est fait mention d'un juif dont le désir le plus ardent est que Dieu envoie dès le lendemain le Messie afin de mettre un terme à tous les malheurs[287]. Dans le *Entchrist Vasnacht* (*Carnaval de l'Antéchrist*), les juifs saluent leur Messie avec une joie délirante et l'appellent « notre doux Dieu ». Ils l'attendent avec nostalgie depuis la destruction de Jérusalem et le supplient de leur rendre leur pouvoir, leur gloire et leur élection d'antan. Ils veulent « guérir et mourir avec lui, jusqu'à ce qu'ils aient gagné le Royaume éternel »[288].

Comme ses frères, Yossel croyait qu'au jour du Jugement le Messie apparaîtrait et créerait un ciel nouveau et une terre nouvelle. Mais il se gardait bien de calculer le jour où cela adviendrait, le moment où « la mesure annoncée serait pleine ». Dans aucun de ses écrits d'exhortation ou d'édification, il ne consola ses lecteurs en leur promettant la fin de leurs malheurs et la venue du Royaume de Dieu. De même que Maïmonide*, Juda le Hassid et Lipmann Mulhausen, il pensait qu'il serait présomptueux d'essayer de percer les secrets de l'Eternel et de « vouloir prématurément réveiller l'amour ».

Les motifs les plus divers, de nature à la fois humaine, politique et religieuse le poussèrent donc à dissuader Salomon Molcho de solliciter une entrevue avec l'empereur. A ces motifs s'ajoutaient des raisons purement pratiques. Il craignait que l'apparition d'un envoyé messianique ne renforçât davantage encore les espoirs et les rêves qui avaient profondément bouleversé les juifs allemands. Il avait peur que la déception qui s'ensuivrait ne les démoralisât, et n'affaiblît leur force de résistance. Il redoutait que les autorités de l'Etat pussent considérer un mouvement ouvertement messianique comme une révolte, une rébellion destinée à miner la structure et l'ordre de la société, et qu'elles ne le réprimassent par la force comme elles venaient de faire avec les anabaptistes accusés de « judaïser ».

Au cours de ces années, Yossel eut l'occasion d'assister de très près à la tragédie des anabaptistes. Ceux-ci s'opposaient à toute médiation entre Dieu et l'homme. Ils niaient la divinité du Christ et voulaient suivre la voie de l'amour, c'est-à-dire la doctrine originelle du christianisme. Ils s'exposaient ainsi à un affrontement dangereux, tant avec l'Eglise catholique prédominante qu'avec la nouvelle Eglise protestante, et avec l'Etat devenu à présent une institution historique[289]. C'est à Strasbourg, le « refuge des persécutés », que vivaient à ce moment-là les chefs des anabaptistes : Hans Denk, penseur profond et érudit, Caspar von Schwenckfeld, un aristocrate silésien plein de distinction, ainsi que l'historien Sébastien Franck, dont les livres décrivaient les souffrances de ces hommes qui n'enseignaient rien d'autre que « l'amour, la foi et la croix ».

En 1529, le fourreur Melchior Hoffmann de Schwäbisch Hall se joignit à eux. Il croyait avoir découvert dans le *Livre de Daniel* la plus haute sagesse et la vérité accomplie. Cet homme méditatif et plein d'imagination eut des visions extatiques où il lui fut révélé que l'Empire millénaire de tous les croyants était en train d'approcher. Tous les grands de ce monde y seraient abaissés et les pauvres élevés.

Finalement, parce que cela avait été annoncé par la prophétie et à sa propre demande, il fut fait prisonnier par le Magistrat de Strasbourg. Cependant, il put constater encore de son vivant que la graine semée avait germé aux Pays-Bas et aussi dans la ville de Münster où ses partisans créaient le Royaume de Dieu sur terre, non pas comme il l'avait demandé en l'attendant silencieusement dans l'espoir et la foi, mais l'arme au poing et les mains couvertes de sang.

Dès 1531, la réforme évangélique avait été introduite dans la ville de Münster et le gouvernement épiscopal en avait été chassé. Cette réforme pacifique fut suivie d'une révolution violente lorsque des melchiorites fanatiques, parmi lesquels le beau Jan Bockelson de Leyde et le «nouveau prophète Hénoch», Jan Matthys de Harlem, arrivèrent des Pays-Bas. Les protestants et les catholiques qui refusèrent le baptême furent chassés. On supprima toutes les institutions qui n'existaient pas aux temps où l'humanité vivait encore à l'état primitif, et qui «furent introduites par le péché». C'est-à-dire que l'on abolit tout ce qui réglementait l'Etat, la société, l'économie et l'Eglise. Habiter en famille fut interdit, on autorisa la polygamie. Pendant que l'évêque de Münster assiégeait la ville, les adultes furent baptisés. On tint des réunions, publia les sentences des procès, trancha la tête des réfractaires et la Cène fut célébrée sur la place du marché devenue la «montagne de Sion».

Jan Matthys fut tué au cours d'une attaque et Jan de Leyde prit le pouvoir. Il instaura un conseil de douze anciens auquel fut impartie la tâche d'ébaucher des lois conformes à «ce que permettaient ou interdisaient les Saintes Ecritures». Sous le nom de «Jean le Juste», ce démagogue fanatique, éloquent et tyrannique, se fit proclamer roi du «nouvel Israël». Il devait régner sur la ville de Münster, la «nouvelle Jérusalem», et dominer tous les empires et tous les royaumes du monde. Paré de magnifiques habits, portant une couronne et servi par une Cour nombreuse ainsi que par ses belles concubines, il commença à rétablir «ce que Dieu avait annoncé par la bouche de tous les prophètes du monde».

Vu la gravité du danger qui menaçait, catholiques et protestants s'allièrent comme ils l'avaient fait autrefois au temps de la guerre des Paysans, afin de porter une aide rapide à l'évêque de Münster. La ville complètement affamée fut prise, les prophètes exécutés, et partout les anabaptistes furent exterminés ou chassés. Luther et les réformateurs essayèrent d'attribuer à « la fausse doctrine juive » la responsabilité du mouvement millénariste qui avait produit les excès de Münster[290].

Il est très difficile de donner une explication rationnelle aux interférences complexes existant entre deux mouvements religieux parallèles : deux courants nés pour les mêmes raisons (la misère et la persécution), qui trouvèrent leur justification dans les mêmes sources, le *Livre de Daniel* et les écrits apocalyptiques. Deux mouvements enfin qui, rêvant d'un avenir paradisiaque et innocent de toute faute, espéraient la délivrance du malheur présent.

Par contre, il est établi avec certitude que la rébellion de Münster fit courir un danger extrêmement grand à la mission de Yossel. On voulut établir un lien entre Jan de Leyde, le « roi de la nouvelle Sion », et Yossel de Rosheim, le « régent des juifs d'Allemagne ». Yossel avait signé les *Articles et Règlement* écrits en 1530 du titre de « régent » de tous les juifs de l'Empire. Lui-même ainsi que les préposés des communautés qui avaient établi avec lui les statuts à Augsbourg envoyèrent ce document à la plupart des états de l'Empire et des Magistrats des villes, sans qu'il y eût jamais la moindre protestation. Par la suite, il signa de la même façon toutes ses suppliques. Encore le 5 juillet 1535, dans une requête adressée à la haute cour impériale, il se nomma « régent de tous les juifs de l'Empire ».

Le 6 juillet, onze jours après la prise de la ville de Münster, le trésorier impérial et procureur du tribunal de la Chambre à Spire, Wolfgang Weidner, porta une accusation grave contre lui[291] : « en ces temps difficiles où le cours des choses évolu[ait] rapidement », alors qu'un artisan de basse extraction avait usurpé le titre de roi, lui, Yossel, s'était fait passer de manière mensongère, trompeuse, interdite et contrevenant à tout droit, sans justification aucune, pour le régent des juifs de l'Empire. Or une telle prétention ne visait pas seulement à abaisser, moquer et railler la majesté de l'empereur, seul véritable régent des juifs, mais elle donnait aussi un mauvais exemple à des gens mauvais et rebelles. C'est pourquoi il lui était ordonné, dans un délai de trois semaines, soit de comparaître personnellement devant le tribunal de la Chambre, soit de s'y faire représenter par un avocat fondé de pouvoirs.

Yossel séjournait à ce moment à Spire. Le 7 juillet, il accusa réception de la convocation[292]. Ne pouvant comparaître personnellement devant le tribunal de la Chambre à la date fixée, il rapporta avoir donné pouvoir à un avocat, le docteur Christoff Hoss, afin qu'il le représentât au procès auquel le trésorier impérial l'avait cité. Dès le 20 août, Weidner demanda[293] qu'il fût reconnu coupable et sévèrement puni.

Presque un an plus tard, le 5 juillet 1536[294], l'avocat de Yossel présenta le texte de sa défense. Il réfuta énergiquement l'accusation selon laquelle ce dernier s'était prévalu d'un titre illégal dans une intention perfide, railleuse ou trompeuse, pour dénigrer ou rabaisser la majesté impériale ou pour fomenter des émeutes et des troubles. Tout au contraire, mandaté par les juifs depuis plus de trente ans, il avait dû les représenter à toutes les Diètes impériales. Or, les plus hautes instances de l'Empire, les conseillers impériaux, le maréchal héréditaire von Pappenheim, le gouvernement autrichien à Ensisheim, le premier burgrave de Prague et de nombreuses autres autorités lui avaient toujours attribué le titre de « régent de tous les juifs », de « chef de tous les juifs de la nation allemande » et de « chef rabbin de tous les juifs ». Le terme de « régent » n'était que la traduction allemande du terme chaldéo-hébraïque *parnass* et du terme *manhig*, courant dans le langage de la Bible et des prophètes. Ce titre lui avait du reste été donné par les rabbins qui se trouvaient à la tête des grandes écoles talmudiques de Francfort, Worms, Esslingen et Friedberg. Hoss fit valoir qu'il serait contraire au droit et à la justice de condamner son client à cause d'un titre reconnu par les hauts et bas états, et demanda qu'il fût acquitté et dédommagé des frais encourus.

Le 4 novembre 1536, Weidner répondit[295] que, même si Yossel n'avait pas eu l'intention d'outrager l'empereur en s'arrogeant ce titre, il ne fallait pas prendre en considération l'*animus* de l'accusé, mais le *factum ipsum*, qui était *« da per se intolerabile, enorme, arrogans et seditiosum »*. De plus, le droit impérial qui décrivait les juifs comme étant *« feralis secte et nativus Christiani nominis hostis »* jouait lui aussi en défaveur de Yossel car, ainsi qualifié, il apparaissait clairement ne rechercher que l'intérêt et le bien-être des juifs, visant par contre la ruine et l'extermination totale des chrétiens. On pouvait donc supposer qu'il avait usurpé un titre dans un but trompeur, de la même façon qu'il serait tout à fait possible de soupçonner un esclave d'agir avec des intentions déloyales.

Le procureur fiscal n'accepta pas non plus l'excuse selon laquelle le titre de régent correspondait aux termes hébraïques de *manhig* et de *parnass*. Ceux-ci auraient aussi pu être traduits par avocat, fondé de pouvoir ou administrateur. Car, si Yossel avait voulu utiliser un terme hébraïque, il aurait dû écrire sa supplique en hébreu, et la signer comme étant *parnass* et *manhig*. Pour toutes ces raisons, lui, le procureur fiscal, devait persévérer dans son avis et affirmer que l'accusé avait délibérément voulu nuire au prestige de l'empereur. Yossel devait donc être tenu pour responsable d'un tel acte. Nous ne connaissons pas la suite des négociations du procès. Selon toute vraisemblance, il dura jusqu'en 1540, car cette année-là Yossel fut condamné à payer la lourde somme de deux marks en or et d'en supporter tous les frais. Et nous savons que, depuis 1536 déjà, il ne se faisait plus appeler « régent », mais commandeur ou avocat des juifs d'Allemagne.

En ces temps-là, les contestations venues du côté des chrétiens ne furent pas les seules qui mirent sa vie en danger. Son prestige devenant de plus en plus grand, une résistance à sa position dirigeante se manifesta dans les rangs de ses propres coreligionnaires. En effet, certains préposés et anciens des grandes communautés exerçaient souvent un pouvoir quasi absolu sur leurs membres grâce à leur ascendance familiale, leur richesse, leur érudition et leurs relations avec les princes. Ils ne voulaient pas se plier aux ordres du nouveau commandeur des juifs.

Or, Prague avait été l'une des communautés les plus célèbres[296]. Le président des anciens, Salman Muncka, un des plus riches banquiers de la ville, y exerçait un pouvoir absolu. Il avait reçu du roi Louis une lettre de grâce assortie de nombreux privilèges. On a souvent identifié le patronyme de Muncka à celui de Horowitz. Il est curieux de constater que ceux qui portèrent ce nom confondirent souvent la fougue, l'indiscipline et les ergotages avec l'érudition, la piété et l'amour de la Cabale[297]. Au titre du droit régalien, les juifs de Bohême étaient assujettis au roi de Bohême et à la Chambre royale. Vu l'autorité chancelante des Jagellon[a], ils étaient une pomme de discorde au sein de la bataille que se livraient les deux pouvoirs dominants, les princes et les états. Or, au début du XVIe siècle, le Magistrat de l'union des villes praguoises avait réussi à obtenir la juridiction des juifs ainsi que la nomination de leurs anciens et de leurs juges.

Lorsqu'en 1526 les pays de Bohême et de Moravie devinrent l'apanage de Ferdinand de Habsbourg, il pensa se réapproprier ce droit régalien. Le Magistrat de Prague entra alors en conflit ouvert avec la Chambre

a. Dynastie d'origine lituanienne qui régna en Pologne, en Lituanie, en Hongrie et de 1471 à 1526 en Bohême.

royale qui dénonça amèrement l'ingérence de la ville dans les droits du souverain. La Chambre se plaignit surtout de ce que le « chef » des juifs, Salman Muncka, qu'elle dépeignit comme un homme rusé, ambitieux et avide de pouvoir, essayait de se libérer de son autorité « pour couvrir et cacher des agissements indus et malhonnêtes ». Elle prétendit qu'il tentait de se placer, lui et son parti, sous la juridiction du Magistrat de Prague « qui le soutenait ». Elle accusa Muncka d'exercer un despotisme tel que les autres préposés juifs ne « pouvaient ni parler, ni agir contre ses ordres, mais devaient tout faire selon son bon plaisir »[298].

Yossel écrit que, lorsque les autres anciens se rebellèrent contre les abus de pouvoir de Muncka et de ses partisans et qu'ils se mirent sous la protection de la Chambre royale, il y eut[299] « de telles querelles entre les adversaires qu'ils s'affrontèrent dans les différentes communes de Bohême comme des sectes qui se font la guerre ». Les rabbins de Pologne et d'Allemagne observaient avec consternation ce spectacle indigne ; ils essayèrent de convaincre la communauté de Prague de confier le règlement de ces affrontements à des hommes en qui l'on pouvait avoir confiance. Finalement le rabbin de Prague, Abraham ben Avigor, qui jouissait d'une grande considération, s'adressa à Yossel. Il le pria de « réparer les dégâts » et de donner une nouvelle constitution à la communauté. Les rabbins allemands pressaient également Yossel d'« assister le grand rabbi ».

Aussi ce dernier enfourcha-t-il son cheval et, à la fin de l'automne 1534, partit-il pour Prague où il rédigea un programme de réforme en vingt-trois points « que plus de quatre cents hommes adultes et responsables se déclarèrent prêts à signer ». Mais les partisans de Horowitz (alias Muncka), ayant un certain Scheftel[300] à leur tête, n'avaient aucunement l'intention de se laisser dépouiller de leur pouvoir par un commandeur étranger. « Ils voulurent le livrer à des tueurs et attentèrent par trois fois à sa vie », si bien qu'il se vit obligé de chercher refuge dans la forteresse royale. Cependant, la majorité de la communauté lui fut reconnaissante de son règlement et prit sa défense. En Italie et en Autriche, des personnalités de grande réputation prirent parti pour lui, aussi put-il mener à bien son combat afin que la vérité remporte la victoire[301].

Au même moment, la Chambre de Bohême rapporta au roi que la communauté de Prague avait fait venir un juif d'Allemagne qui avait rédigé plusieurs nouveaux règlements et ordonnances, tous consignés dans un petit livre écrit à cet effet[302]. Yossel avait entrepris « à grand-peine » le pénible voyage d'Alsace jusqu'en Bohême pour réconcilier les adversaires ; il n'eut cependant dans ses *Mémoires* aucune parole amère à leur égard. Il remercia Dieu de l'avoir sauvé d'un danger mortel, car c'était bien la cause de Dieu qu'il défendait. Sur la grande scène religieuse du monde où se jouaient tous les évènements de l'Histoire, il put constater le déclin graduel de la vieille communauté de Prague. Il interpréta les terribles persécutions qui la frappèrent plus tard comme la conséquence des discordes internes qui éclataient à tout moment, et comme « une fatalité témoignant d'une autre fatalité ».

Peu de mois après son retour de Prague à Rosheim, Yossel fut contraint d'entreprendre une nouvelle chevauchée à travers l'Empire. Cette fois-ci, le tribunal pénal (*Strafgericht*) menaçait les juifs de Silésie[303]. En 1535, de vives émeutes éclatèrent contre les juifs dans le comté de Jägerndorf, acheté comme ceux d'Oppeln et de Ratibor par le margrave Georges von Ansbach, mais soumis à l'autorité du roi Ferdinand. L'ancien de Jägerndorf, Abraham Hirsch de Leobschütz, avait obtenu du margrave en 1534 un décret qui autorisait les juifs à faire le commerce des épices alors que les corporations le leur avaient interdit.

Peu de temps après, une prostituée, accusée et condamnée à mort pour avoir exercé la sorcellerie et le métier d'entremetteuse, déclara devant le tribunal qu'Abraham Hirsch lui avait un jour demandé de lui procurer le lait d'une femme chrétienne afin d'avoir le pouvoir, grâce à des pratiques de sorcellerie, de provoquer la mort de toutes les femmes chrétiennes du pays. Mais au lieu de lait de femme, elle lui aurait donné du lait de truie qu'il avait versé dans le crâne fendu d'un criminel pendu à un gibet. Lorsque « le crâne avait commencé à grogner, comme s'il y avait des porcelets à l'intérieur », Abraham aurait été très déçu et en colère car il pensait qu'à présent ce ne seraient pas les femmes mais seulement les cochons du pays qui mourraient.

Bien que l'ancien se soit défendu avec la plus grande énergie d'avoir commis ce crime, il fut jeté en prison et soumis à la question. Dans les douleurs de la torture, il reconnut avoir été coupable d'actes de sorcellerie et accusa d'autres juifs d'y avoir également participé. Après quoi, dans le duché de Jägerndorf, tous les juifs adultes de sexe masculin furent jetés en prison. Plus stoïques que l'ancien, qui tour à tour admettait ou niait avoir commis l'acte dont on l'accusait, ils ne firent aucun aveu. Ce ne fut que sur le bûcher qu'Abraham « revint solennellement sur tous ses aveux et accepta la peine en guise de réparation pour tout Israël ».

Le martyre de cet homme respecté et l'emprisonnement des habitants de Jägerndorf plongèrent les juifs de Silésie, de Bohême, de Moravie et de Franconie dans une agitation fébrile, d'autant plus qu'ils apprirent simultanément que les états silésiens faisaient pression sur le margrave Georges pour qu'il essayât d'obtenir du roi Ferdinand l'ordre de les expulser. Les anciens des communautés d'Oels-Münsterberg prièrent leur seigneur, le duc Charles, beau-père de Georges von Ansbach, de plaider auprès du margrave la cause de leurs frères dont deux avaient déjà succombé aux affres de la prison. Alors que les juifs de Moravie s'adressaient à Ferdinand pour lui demander son aide, les délégués des juifs du margraviat de Silésie tentèrent d'acheter avec des cadeaux le chef administratif de leur province qui était le représentant du margrave Georges. Mais le seul résultat de leur démarche fut d'être eux-mêmes jetés en prison.

Les délégués des communautés de Frankenstein cherchèrent leur salut à la Cour d'Ansbach même, où entre-temps quelques nobles silésiens ainsi que le greffier de la ville de Leobschütz s'efforçaient, au cours d'audiences personnelles, d'amener le margrave à expulser tous ses sujets juifs. Georges von Ansbach, que ses contemporains appelaient « le Pieux » parce qu'il adhérait sincèrement à la nouvelle doctrine, n'éprouvait aucune inimitié à l'égard des juifs. Il les appréciait en tant que contribuables et prêteurs d'argent. Comme de nombreux princes de son époque, il était un souverain énergique, essayant de promouvoir le commerce et les échanges dans ses terres de Franconie. Mais il était également un prince qui vivait avec faste et qui, pour payer ses dettes, devait se procurer de l'argent partout où il pouvait en trouver. C'est pourquoi, malgré la résistance des états et du clergé protestant, il avait établi des juifs dans de nombreuses villes de son margraviat, avec l'intention de tirer profit tant des impôts qu'ils payaient que de l'argent qu'ils prêtaient. Mais par ailleurs il ne s'opposa pas aux requêtes des états silésiens lorsque ceux-ci s'engagèrent à dédommager eux-mêmes la caisse du margrave du préjudice que l'expulsion des juifs lui ferait subir.

C'est ainsi qu'à la Cour d'Ansbach les nobles silésiens, le greffier de Leobschütz et les délégués juifs de la commune de Frankenstein rivalisaient en offrant des sommes de plus en plus élevées, afin de gagner le duc indécis à leur cause. Les premiers lui demandaient d'expulser les juifs, les autres de libérer leurs prisonniers et de ne pas publier le décret d'expulsion. Les délégués de Frankenstein écrivirent à leurs frères de Silésie que «par deux fois déjà l'expulsion générale avait été pour ainsi dire décidée, que seules leurs requêtes et leurs objections avaient produit quelque impression sur le margrave, qui au fond de son cœur était un seigneur craignant Dieu. Mais ces démarches engloutissaient énormément d'argent. Ils commençaient à en manquer cruellement car plus personne ne voulait leur consentir de prêt».

Ce fut sûrement en ces jours critiques que Yossel, muni de fortes sommes et accompagné du rabbin Liebermann de Pfersee, fit son apparition à la Cour d'Ansbach. Il avait l'intention d'éclairer le margrave au sujet de toutes ces calomnies et de lui apporter les preuves de l'innocence des prisonniers[304]. Il parvint, «avec l'aide de Dieu» et le paiement de six cents florins, à faire changer d'avis le margrave Jörgel, qui annula l'ordre d'expulsion et ordonna «qu'on libérât les prisonniers».

Pendant toutes ces années où Yossel défendit ses frères à Innsbruck, à Augsbourg, dans le Brabant, à Ratisbonne, à Prague et à Ansbach, il continua de remplir de manière extrêmement scrupuleuse ses devoirs de préposé des juifs d'Alsace. Ceux-ci furent expulsés de presque toutes les villes d'Empire. Il leur fut souvent impossible de continuer à commercer en ville, alors qu'ils devaient dorénavant résider à la campagne. C'est pourquoi Yossel employa toute son énergie pour qu'ils pussent tout au moins conserver de bonnes relations avec Strasbourg, ville la plus importante du point de vue économique et politique.

Contrairement à Augsbourg et Nuremberg, la cité alsacienne n'était pas aux mains de grands entrepreneurs capitalistes[305]. Depuis qu'à l'époque de la Peste noire les corporations s'étaient emparées du gouvernement de la ville, la vie économique avait été conditionnée par la politique pratiquée par les métiers. Mais la bourgeoisie, au sein de laquelle vivaient les humanistes, les historiens et les pédagogues les plus importants, avait hébergé des années durant les anabaptistes persécutés et les chefs de la Réforme française. Aussi n'avait-elle pas la même étroitesse de vue que les corporations. Après d'âpres luttes entre les artisans et le patriciat, la ville avait su se doter d'une constitution qui «à cette époque déjà fut louée à l'instar d'une œuvre d'art, car l'élément patricien et l'élément bourgeois, l'élément permanent et le gouvernement qui changeait chaque année semblaient s'équilibrer harmonieusement sur une base démocratique »[306].

Certes, en 1388, cette république idéale avait expulsé les juifs du territoire de Strasbourg. Accompagnés d'un geôlier ou d'un soldat, ils n'eurent qu'un seul jour pour régler leurs affaires, et interdiction fut faite aux bourgeois de leur emprunter de l'argent. Pourtant, le commerce qu'ils pratiquaient avec les Strasbourgeois n'avait pas diminué. Le Magistrat, contrairement à celui de Colmar ou d'Obernai, ne montrait aucune hostilité à leur égard. A plusieurs reprises, Yossel le loua d'avoir réservé le même traitement « honorable » et juste aux chrétiens et aux juifs, et d'avoir accordé à ces derniers la protection dans l'enceinte des murs de la ville pendant la guerre des Paysans[307]. Voilà pourquoi il fut profondément bouleversé lorsque, à son retour des Pays-Bas au début de l'été 1531, il apprit de ses coreligionnaires que l'on avait résilié le sauf-conduit de tous les juifs d'Alsace parce qu'un homme de Dangolsheim, un nommé Mennel, avait acheté des biens volés et que de plus il avait péché avec une chrétienne.

Yossel fit immédiatement prêter serment à Mennel et l'interrogea. Il demanda qu'une enquête judiciaire fût menée par deux conseillers de Strasbourg. Il en résulta que l'accusé était moins coupable qu'on eût pu le croire. Yossel demanda donc au Conseil de maintenir l'ancienne coutume et de ne pas interdire aux juifs la pratique du commerce dans la ville, car partout dans le monde les hommes doivent acheter, vendre et exercer un métier afin de gagner leur vie. Si toutefois il devait s'avérer qu'un de ses coreligionnaires eût commis une faute, celui-là seul devrait encourir la peine que le *Règlement des juifs* adopté à Augsbourg avait prévue pour un tel délit[308].

Trois ans plus tard, il fut obligé de compléter ce *Règlement* afin que les relations commerciales avec la ville de Strasbourg ne se relâchent pas. Pour tenir compte des nombreuses plaintes de chrétiens dénonçant que les litiges n'étaient pas portés devant les tribunaux locaux, Yossel avait décrété à Augsbourg qu'un créancier juif ne devait pas traduire trop hâtivement son débiteur chrétien devant un tribunal étranger, mais devait d'abord discuter avec lui pour trouver une solution amiable à leur différend. Toutefois, les juifs n'avaient pas toujours respecté cette disposition, et plus d'un bourgeois se plaignait amèrement que son créditeur l'eût traduit devant le tribunal de Rottweil. Or, ce n'était pas uniquement par esprit de justice envers les sujets que le Magistrat de Strasbourg intervenait en faveur des lésés.

En effet, lorsque, en 1495, le tribunal de la Chambre fut créé et devint la plus haute instance judiciaire de l'Empire[309], la ville ne perdit pas son vieux privilège *de non apellando*, c'est-à-dire le droit que tout procès où un bourgeois de Strasbourg était impliqué fût jugé par des juges locaux. Strasbourg continuait donc à avoir son propre tribunal d'Empire[310]. Le Magistrat était extrêmement attaché à ce droit, et considérait chaque cas où il n'était pas respecté comme une ingérence grave dans son autonomie judiciaire.

Yossel était très sensible au respect de la légalité. Il comprenait donc fort bien que le Conseil de Strasbourg considérât comme une vexation que des juifs pussent traduire des sujets de la ville devant des tribunaux étrangers et que, de plus, ils y ajoutassent « d'autres pratiques aggravantes », comme par exemple l'exercice d'un commerce interdit ou la perception d'un « taux d'usure exagérément élevé »[311]. Pour mettre fin à ces plaintes continuelles, il décida d'établir un nouveau règlement qui interpréterait le paragraphe 3 des *Articles* d'Augsbourg de façon beaucoup plus restrictive.

« En tant que régent général des juifs des pays allemands », Yossel promulgua le 25 juin 1534 un décret qui interdisait à tous les juifs souhaitant obtenir un sauf-conduit de la ville de Strasbourg de citer des bourgeois de cette ville devant un tribunal étranger[312]. Il ordonna à tous ceux qui intenteraient un procès à l'un de ces bourgeois de présenter ses plaintes uniquement devant le tribunal de droit commun compétent. Toute infraction à ce règlement devrait immédiatement être portée à sa connaissance ou à celle de la communauté. L'auteur du délit serait alors immédiatement mis au ban. Personne n'aurait le droit de le soigner, de l'héberger ou d'avoir des contacts avec lui jusqu'à ce qu'il fasse réparation devant le Conseil de la ville de Strasbourg. Yossel remit ce règlement au Magistrat de Strasbourg. Il le pria expressément de le porter à la connaissance de tout juif qui demanderait un sauf-conduit, et lui demanda d'exiger qu'il s'engageât par serment à le respecter en tous points. Ainsi, à l'avenir, seuls les contrevenants seraient punis selon leur faute, et l'innocent ne devrait pas payer pour le coupable.

Mais, dès l'année 1536, le Conseil de Strasbourg, irrité et indigné, communiqua à la ville de Rosheim que plusieurs juifs, parmi lesquels

Un juif prête serment au tribunal sur une Bible hébraïque

Il porte la rouelle, un disque d'étoffe jaune, signe infamant. Gravure sur bois extraite du « Laienspiegel » d'Ulrich Tengler, publié en 1509 à Augsbourg.

Samuel d'Eschbach et Blümel de Pfaffenhoffen, avaient de nouveau cité des sujets strasbourgeois devant le tribunal impérial de Rottweil, leur causant ainsi des frais exagérés. S'ils n'arrêtaient pas une fois pour toutes de tels agissements, l'accès de la ville serait interdit tant aux juifs de Basse que de Haute Alsace. Au prix de sacrifices financiers personnels très importants, Yossel avait essayé d'arrêter les procès à Rottweil. Il convoqua finalement à Rosheim une assemblée des juifs de la campagne[313]. Il établit un contrat par lequel toute la communauté s'engageait solennellement à traduire les bourgeois de Strasbourg uniquement devant le tribunal de droit commun de la ville et, en cas d'appel, de convoquer à la cour de justice locale les treize juges de la Chambre impériale.

A l'article 4 du *Règlement* d'Augsbourg, Yossel avait décrété qu'un juif ayant sans le savoir accepté en gage un bien volé n'aurait plus le droit à l'avenir de faire du commerce avec de tels « voleurs et bandits ». Le contrat de Rosheim allait encore plus loin. Il ordonnait que tous les biens volés par un bourgeois de Strasbourg puis vendus à un juif fussent rendus à la personne lésée sans que l'acheteur puisse prétendre à un dédommagement. Yossel pensait pouvoir imposer cette lourde obligation à ses frères afin d'exprimer sa reconnaissance envers la ville de Strasbourg qui, en temps de guerre et de danger, avait toujours manifesté sa bienveillance et les avait hébergés dans ses murs. Il envoya ce contrat aux justes, nobles, honorables et sages conseillers, dans l'espoir qu'ils continuassent, comme ils le firent de tout temps, à accorder aux juifs protection et sauf-conduit. Car il était bien conscient que des hommes d'une si haute sagesse ne pouvaient avoir l'intention d'agir contre la justice, que ce soit envers un juif ou un chrétien.

CHAPITRE 6

Ambiguïtés luthériennes vis-à-vis du judaïsme

LE CONSOLATEUR

Presque à la même époque où se tenait l'assemblée de Rosheim, le prince électeur Jean-Frédéric Ier * de Saxe promulgua, le 6 août 1536[314], un mandement extrêmement sévère qui interdisait aux juifs de s'établir et de résider dans le pays, d'y pratiquer le commerce et même de le traverser. Le texte de ce mandement n'existe plus. Mais nous en connaissons le contenu d'après une lettre imprimée que le prince électeur envoya en même temps à ses fonctionnaires. Un décret ultérieur de 1543 répète la même chose, de façon encore plus tranchante. Jean-Frédéric, fidèle à la tradition des princes électeurs de Saxe, était un partisan inconditionnel de Luther; une étroite amitié personnelle le liait au réformateur. Etant à la fois le chef des protestants et celui de la Ligue de Smalkalde, et de plus détenant un grand pouvoir territorial, son influence sur le destin politique et religieux de l'Empire était d'une importance décisive.

Les raisons qui l'amenèrent tout d'un coup à promulguer un ordre d'expulsion ne sont pas connues. Certains contemporains supposèrent que la participation de juifs à un vol de minerai dans le Erzgebirge suscita la colère de ce prince irascible. Quant à Yossel, il pensait que les «écrits hérétiques» du prêtre Martin Luther avaient amené Jean-Frédéric à «déclarer que les juifs étaient sans feu ni lieu, et à ne leur concéder aucun pouce de ses terres»[315]. Mais c'est une des très rares explications qui semble n'être pas fiable[316]. En effet, les «écrits hérétiques» de Luther, qui « visaient à semer la zizanie entre les princes et leurs peuples jusqu'à la chute d'Israël »[317], ne furent publiés qu'en 1543. Yossel confondit le mandement de 1536 avec le décret de 1543 où les motifs invoqués pour l'attitude hostile du gouvernement envers les juifs étaient « les mensonges et les calomnies proférés par les juifs contre le véritable Messie ».

En 1536, Yossel ne savait pas encore que la position de Luther vis-à-vis des juifs s'était radicalement modifiée, sinon il ne se serait pas donné tant de peine pour faire la connaissance personnelle du réformateur. Il espérait que son influence parviendrait à détourner le malheur des juifs de Saxe, et il pensait obtenir pour lui-même une audience auprès de Jean-Frédéric. Sinon, il n'aurait pas demandé non plus au Magistrat de Strasbourg de lui donner une lettre de recommandation pour le prince électeur de Saxe, ni prié les deux éminents chefs de la Réforme en Allemagne du sud, Wolfgang Capiton et Martin Bucer, de préparer Luther à la visite qu'il comptait lui rendre à Wittenberg.

Depuis longtemps déjà, une solide amitié liait Yossel à Wolfgang Capiton, originaire de Haguenau, la ville tolérante où Yossel avait passé ses années de jeunesse. Capiton avait une « nature douce, avec un penchant pour l'intériorité et la mélancolie. Son indépendance par rapport aux dogmes en faisait le plus généreux des réformateurs allemands, le protecteur des opprimés et des persécutés »[318]. Il était resté fidèle aux idéaux des premières années de la Réforme, alors que partout ailleurs le mouvement était divisé par des querelles confessionnelles, et que la quête individuelle de Dieu s'était transformée en une Eglise officielle et hiérarchisée[319]. Ami d'Erasme, mystique, proche des anabaptistes et de leurs espoirs millénaristes, il était amoureux de la langue hébraïque et en avait une excellente connaissance. Il la commentait au Collège des prédicateurs nouvellement fondé. Il était également un collectionneur passionné de livres et de manuscrits hébraïques, dont il avait souvent discuté le contenu avec Yossel.

Ce dernier écrivit au Magistrat de Strasbourg[320] que Capiton avait un jour déclaré, en présence du très érudit imprimeur Eyl, avoir reçu des textes hébraïques qui lui avaient été envoyés de Constantinople. Parmi ceux-ci se trouvait un livre où « étaient écrites tant d'ignominies au sujet du Messie » qu'il ne voulait « ni les répéter, ni les recopier ». Il affirma avoir parcouru tous les livres et commentaires des juifs, y compris leurs livres de prières. Or, s'il y avait trouvé les mêmes infamies que celles contenues dans ce livre, il n'aurait certainement pas pris leur parti ni éprouvé de pitié à leur égard. Mais il n'y avait rien trouvé de tel et pouvait donc simplement conclure que dans les temps anciens chacun pouvait écrire à sa guise.

Tel était l'homme qui, le 26 avril 1537, écrivit une lettre à Martin Luther[321]. Cette missive ne caractérisait pas seulement Capiton, mais reflétait aussi l'effet que produisait la personnalité de Yossel sur ses contemporains. Capiton écrit que Josephus, un notable parmi les juifs, et d'après leurs normes un homme pieux et de bonne réputation, considéré par les membres de sa communauté comme un chef honoré, s'était plaint à lui du fait que Jean-Frédéric de Saxe avait l'intention d'expulser tous les juifs de son duché et ne voulait plus en autoriser aucun à traverser le pays. Capiton pria donc Luther de bien vouloir écouter personnellement Yossel ou tout au moins de transmettre sa supplique au prince électeur, afin que les juifs sachent que les chrétiens étaient prêts à faire du bien non seulement aux étrangers mais également à leurs ennemis. Lui-même éprouvait de la pitié pour ce peuple que tout le monde méprisait depuis longtemps. Or, les chrétiens auraient dû le traiter avec plus d'égards pour la seule raison qu'il tirait son origine du tronc béni. Si les juifs n'étaient plus que des branches coupées du véritable olivier auquel les chrétiens avaient été greffés comme des branches sauvages, ils avaient cependant autrefois été les garants de la promesse et de l'Alliance. Et, à la fin de sa lettre, Capiton soulignait expressément l'avoir écrite en accord avec Martin Bucer qui se rendait ce même jour à Bâle.

Une lettre du Conseil strasbourgeois à Jean-Frédéric fut rédigée dans le même ton[322]. Elle demandait au prince électeur d'accorder un sauf-conduit à Yossel qui entreprenait ce voyage dans « l'intérêt des siens », et le priait de bien vouloir l'écouter avec bienveillance. Car cet homme avait toujours agi dans l'intérêt de ses coreligionnaires « de façon honorable et juste, et conformément à ce que lui imposaient sa religion et sa foi en Dieu ». De plus, selon l'enseignement de saint Paul, les chrétiens étaient obligés de montrer de la compassion et de la pitié envers ces pauvres gens.

Muni de ces lettres de recommandation, Yossel, qui avait lui-même écrit plusieurs fois à Luther[323], se mit en voyage pour se rendre « auprès du noble duc Hanns Friedrichen »[324]. En ce début de l'été 1537, alors qu'il longeait les rives du Rhin et du Main et traversait les forêts de

Thuringe qui le charmaient par la fraîche verdure de leur premier feuillage, son cœur était joyeux et plein d'espoir. Car l'homme auquel il s'apprêtait à rendre visite faisait partie de ces « hommes bons et sages » que Dieu envoie de temps en temps pour protéger son peuple opprimé. Ne s'était-il pas rangé autrefois aux côtés de Reuchlin, lorsque celui-ci engagea son combat concernant les livres juifs ? N'avait-il pas élevé sa voix contre les accusations de meurtre rituel, et mis en garde contre les baptêmes imposés de force à certains juifs ? N'avait-il pas regretté et ne s'était-il pas plaint qu'un peuple si grand et si illustre, qui avait engendré des hommes aussi éminents qu'Abraham, Isaac, Jacob, Samuel, David, Daniel et Paul[325], un peuple que Dieu avait choisi et élu parmi tous les autres, fût à présent contraint de vivre et de souffrir comme un peuple d'esclaves ?

Dans le petit livre intitulé *Que Jésus-Christ est né juif*, écrit en 1523, n'avait-il pas osé mettre sur le frontispice « Christ », le plus lumineux des noms, et « juif », le plus méprisé, afin de faire connaître au monde entier que les deux étaient frères du même sang ? Yossel se souvenait de l'excitation avec laquelle les juifs avaient lu, étudié et discuté chaque ligne de ce texte révolutionnaire au moment de sa parution. Les marranes d'Anvers l'avaient envoyé en secret à leurs frères martyrisés d'Espagne afin qu'ils y trouvent consolation et réconfort[326]. Yossel savait aussi que le réformateur n'avait pas écrit ce livre par seul souci de justice et de compassion. Lorsqu'il donnait le conseil de bien traiter les juifs, il espérait que cette mansuétude à leur égard pourrait en « attirer certains au christianisme ». Lorsqu'il invitait les princes à leur permettre d'exercer un métier et à les laisser travailler avec leurs autres sujets, il voulait faire comprendre que personne ne désirerait devenir chrétien aussi longtemps qu'on pourrait constater que « ceux-ci se comportent de façon aussi peu chrétienne envers d'autres hommes ».

Tout en ayant succombé à la magie secrète de la langue hébraïque, Reuchlin avait lui aussi placé le christianisme bien au-dessus du judaïsme. Il s'était plongé dans l'étude difficile de la Cabale uniquement parce qu'il espérait qu'elle l'aiderait à découvrir le véritable projet du Salut et à comprendre la plus haute des idées, celle du Messie. Voilà pourquoi Yossel ne s'étonnait pas que Luther, convaincu que tous ceux qui n'étaient pas chrétiens ainsi que tous les païens étaient perdus et damnés à jamais, s'imaginât lui aussi avoir trouvé dans sa seule doctrine

« Ad fontes », le retour aux sources

Aux pieds de Moïse qui reçoit les Tables de la Loi sont rassemblés les représentants des trois langues par lesquelles s'est transmis le message divin : l'hébreu, le grec, le latin. Gravure sur bois publiée dans « Margarita Philosophica » de Gregorius Reisch, paru à Strasbourg en 1508.

l'unique salut possible. Aussi ne se rendait-il pas en Saxe pour entamer une controverse avec le réformateur au sujet de questions de théologie juive ou chrétienne. Il voulait seulement l'inviter à mettre en pratique ce qu'il avait lui-même publié dans ses écrits, à ne pas admettre que « les parents, les cousins et les frères par le sang du Seigneur » succombent misérablement.

Plongé dans ces méditations, il arriva « après moult peines »[327] à environ sept milles des frontières de l'électorat de Saxe. Selon toute probabilité, il avait auparavant annoncé sa visite à Luther et fait part des recommandations de Strasbourg. « Mais il ne me permit pas de le rencontrer et m'adressa seulement une lettre[328]. » Des dizaines et des dizaines d'années durant, cette lettre de Luther à son « bon ami », son « cher Yossel »[329], fut discutée, commentée et citée dans la littérature luthérienne, car elle reflétait les points de vue fondamentaux du réformateur concernant le problème juif, et les relations entre le christianisme et le judaïsme au cours d'une période qui fut décisive pour son propre combat religieux. Luther y écrivait que son texte *Que Jésus-Christ est né juif* avait certes rendu service à tous les juifs. Maintenant, il aurait encore été tout à fait d'accord pour s'adresser verbalement et par écrit au prince électeur en leur faveur mais, étant donné qu'ils avaient abusé si honteusement de son aide et qu'ils entreprenaient des choses que les chrétiens ne pouvaient souffrir, ils ne devaient à présent s'en prendre qu'à eux-mêmes s'il n'intervenait plus pour eux auprès des seigneurs et des princes.

En son cœur, il leur avait été toujours favorable ; maintenant encore, il souhaitait qu'ils fussent bien traités dans l'espoir qu'un jour Dieu les considérât avec grâce et leur envoyât leur Messie. Mais il n'était pas dans son intention de les fortifier dans leur erreur en leur accordant des faveurs. Si Dieu devait lui en donner le temps, il avait l'intention d'écrire un petit livre destiné à convaincre certains fils issus de la semence des saints prophètes de revenir au Messie promis. Il était certes très étrange que ce fût justement les chrétiens qui ramenaient les juifs à leur propre Seigneur. Que ceux-ci comprennent bien que, vu l'inimitié mortelle entre les deux religions, les chrétiens seraient beaucoup trop fiers pour adorer le roi des juifs, fût-il le meilleur des rois, encore moins cet Hébreu condamné et crucifié, s'ils n'étaient obligés à cette adoration par la force et la puissance du vrai Dieu. De plus, qu'ils soient bien convaincus que Dieu ne les libérerait jamais de leur misère qui durait déjà depuis plus de mille cinq cents ans, à moins qu'ils ne décident de reconnaître leur cousin et Seigneur, le Crucifié bien-aimé, comme étant leur Messie. Lui, Luther, avait aussi lu les écrits des rabbins ; et, s'il y avait trouvé une part de vérité, il se serait laissé convaincre, car il n'était « fait ni en corne, ni en pierre ». Mais ces rabbins pouvaient seulement crier que Jésus avait été crucifié et maudit par les juifs. Ce faisant, ils agissaient exactement comme leurs ancêtres qui avaient condamné, lapidé et martyrisé tous les saints prophètes. Malgré tout, les païens, considérés par les juifs comme leurs pires ennemis, seraient prêts à leur apporter aide et conseil, mais ils ne pouvaient souffrir qu'ils diffament et maudissent Jésus de Nazareth qui était issu de leur chair et de leur sang. Lui, Luther, prophétisait la disparition de leur religion. Car les temps prédits par Daniel étaient venus à terme depuis longtemps.

Cette lettre, rédigée dans un style amical et sévère, reflète l'attitude contradictoire du réformateur en ce qui concerne le problème juif. On y perçoit le conflit intérieur et tragique qui le tourmenta toute sa vie, son amour pour « le vieil Israël religieux et détenteur du secret de Dieu »[330], et sa haine envers ceux qui s'obstinaient à se justifier et à ne pas comprendre la promesse et la révélation du Salut. Mais, contrairement à son attitude antérieure, il traitait à présent les juifs sans égard ni bienveillance. Ce n'était plus l'homme Jésus qu'il leur donnait en exemple, mais le Christ, la divinité qu'il voulait leur faire reconnaître. Il employait toutes ses forces dans son enseignement et ses écrits, dans ses commentaires et ses interprétations, dans les discussions et les disputations, pour apporter les preuves de la messianité du Sauveur. Or, si les juifs ne la reconnaissaient pas, la Loi dans son ancienne sévérité et son inexorabilité resterait en vigueur pour tout une partie de l'humanité, et il serait impossible de proclamer que les temps étaient venus « où tout serait accompli »[331].

Voilà pourquoi Luther attaqua si violemment les érudits juifs qui, conformément à l'exégèse de leurs propres rabbins, réfutaient son interprétation christologique de certains passages de l'Ancien Testament avec toutes les armes que leur fournissaient leur subtilité et leur savoir. Dans l'un de ses *Propos de table*, il écrivit avec résignation que les juifs ne supportaient pas qu'on leur opposât le moindre argument[332]. Si on engageait une dispute avec eux, c'était comme si l'on frappait une enclume avec un fétu de paille. Du reste, pourquoi le faire, étant donné qu'il y avait si peu d'arguments qu'ils toléraient et qu'ils acceptaient ?

Mais la raison essentielle qui le poussa à rejeter la requête de Yossel était son irritation et sa fureur de voir que «ce peuple chassé, traqué, expulsé d'un lieu à l'autre, sans demeure fixe»[333], cette «vigne tout juste bonne à être brûlée»[334], possédait encore la force de produire des fruits, que sa Loi qui avait cessé d'exister était encore en mesure d'exercer une irrésistible attraction sur les chrétiens. Luther avait déjà reproché aux anabaptistes de judaïser, et «à l'esprit de Münzer de transformer des chrétiens en juifs»[335]. A l'époque où Yossel lui demanda de l'aide, on lui confirma une rumeur qui se répandait depuis quelques années déjà: en Moravie, les membres d'une certaine secte, les Sabbathéens séduits par les juifs, se seraient détournés du christianisme. Ils célébreraient le shabbat, se feraient circoncire, croiraient que le Messie n'est pas encore venu et reconnaîtraient ouvertement la Loi juive. «Que doit-on souhaiter aux juifs qui détruisent les gens corps et biens et font dévier de nombreux chrétiens du droit chemin à cause de leurs superstitions», déclarait Luther en colère à certains de ses amis lorsqu'il discutait de son échange de correspondance avec Yossel de Rosheim[336]. «En Moravie, ils ont circoncis de nombreux chrétiens et leur ont donné un nouveau nom, les Sabbathéens.»

Les notes de Yossel ne nous disent pas s'il fit d'autres tentatives pour obtenir une audience auprès de Jean-Frédéric sans l'aide de Luther. Nous savons seulement que, cette fois-ci, il ne réussit pas à remettre au prince électeur de Saxe les lettres de recommandation de Strasbourg, et qu'il dut attendre de le rencontrer un peu plus tard, à Francfort-sur-le-Main.

Parmi tous les princes territoriaux allemands, le landgrave Philippe de Hesse* [337] était celui qui s'était tourné avec le plus de passion et le plus de sincérité vers la nouvelle doctrine. Il était l'esprit politique le plus important parmi les princes de sa génération. Sa nature complexe avait une force qui le livrait avec déchaînement aux pulsions et aux passions. Il était cependant aussi un homme réfléchi, tourmenté par de profonds troubles de conscience, et il espérait, en étudiant sérieusement la Bible et en discutant librement de problèmes religieux, trouver une solution à ses contradictions intérieures. Ami de Zwingli, qui était un humaniste aux idées républicaines, Philippe essayait de rapprocher la doctrine tolérante de ce dernier de l'enseignement inflexible de Luther. Pourtant, malgré toutes ses spéculations théologiques, il était avant tout un homme politique porté à l'action qui voulait satisfaire son ambition personnelle, et conquérir l'Empire tout entier à l'Evangile à la fois par des intrigues, la force des armes, des alliances et des traités.

Ses contemporains l'appelèrent « le Magnanime, puissant grâce à son conseil et à son intelligence », parce que, malgré ses faiblesses morales, ses agissements ambigus et souvent déloyaux, il avait en matière de religion un esprit beaucoup plus libre que la plupart des princes ses pairs. « Il est impossible de tuer avec bonne conscience un homme pour ses erreurs en matière de foi », déclara-t-il un jour[338], « car la foi n'est au pouvoir de personne, elle est un libre don de Dieu : celui à qui Il ne l'accorde pas ne peut l'acquérir. » Certes, en l'an 1524, il avait ordonné qu'à l'avenir il fût interdit aux juifs de demeurer dans un district du duché de Hesse et même d'en franchir les frontières. Il annula tous leurs sauf-conduits et lettres de protection. Mais cette mesure avait été prise peu de temps avant la guerre des Paysans, peut-être uniquement pour calmer l'agitation de la population. On n'a jamais su si l'expulsion avait vraiment eu lieu. En tout cas, en 1532, les juifs reçurent l'autorisation de demeurer encore six ans dans le pays.

Lorsque, un peu plus tard, l'Eglise du pays fut réorganisée sur la base de la religion protestante, on donna au seigneur du pays le pouvoir de contrôler ses sujets, non pas seulement en temps que chef de l'Etat, mais aussi en tant que premier prince de l'Eglise et gardien de l'Evangile. La position des juifs dans cette « république chrétienne » donna lieu à de très vives discussions. Cette communauté remplie par l'esprit du véritable Evangile, conçue comme une unité chrétienne et protestante, devait mener une vie communautaire dans l'amour, la foi et la crainte de Dieu. Comment une communauté différente, appartenant à une autre nation et à une autre religion, pouvait-elle y trouver sa place ?

En décembre 1538, presque au même moment où, au synode de Ziegenhayn, furent adoptés le règlement disciplinaire et le statut des anciens, les conseillers du pays de Hesse présentèrent au landgrave « une proposition concernant la tolérance envers les juifs »[339]. En sept articles, ils établissaient les bases d'un règlement les concernant. Les juifs devaient peu à peu être intégrés dans l'Etat chrétien. Ce règlement leur donnait la possibilité économique de subsister, mais en même temps devait empêcher toute pratique commerciale qui porterait préjudice à la population[340]. Ils proposaient que, dans les villes où il n'y avait pas de corporations, ils fussent autorisés à acheter, à vendre, et aussi à pratiquer un certain commerce «loyal». Les opérations financières et l'usure devaient leur être interdites, par contre il fallait leur permettre de prêter de l'argent à un taux de deux ou trois pour cent, à condition que ce soit en présence d'un fonctionnaire ou après en avoir informé les conseillers. Ils seraient dorénavant obligés de payer le droit de protection au prince, comme ils l'avaient fait dans le passé. On devait leur ordonner d'écouter les prêches des ecclésiastiques protestants, mais leur interdire de disputer avec des chrétiens au sujet de leur religion.

Philippe envoya cette proposition à ses théologiens afin qu'ils se prononcent sur cet avis d'experts. Or, étant donné les liens étroits qui existaient entre l'Eglise et l'Etat, il leur demanda de discuter de l'aspect religieux de la politique qu'il faudrait adopter à l'avenir à l'égard des juifs. Ses questions s'adressaient surtout au réformateur strasbourgeois Martin Bucer, qui depuis des années le conseillait au sujet de toute innovation en matière d'organisation, de pédagogie ou de théologie. C'est Bucer qu'il avait appelé à Kassel pour endiguer par la persuasion le mouvement des anabaptistes. Celui-ci renaissait en effet vigoureusement de ses cendres, et il était préférable qu'il ne fût pas réprimé par la force.

Martin Bucer de Sélestat, ancien moine dominicain, joua dans la vie de Yossel et des juifs de Hesse un rôle funeste. Il n'arriva jamais à maîtriser le zèle missionnaire que les années passées au couvent avaient éveillé en lui. On surnomma ce dialecticien actif et habile, ce politicien et cet organisateur né, «le modèle des théologiens de la médiation» parce qu'il savait unifier les courants religieux les plus divers: biblicisme* et humanisme, christianisme originel et thomisme, anabaptisme et luthéranisme, doctrine de la justification par la seule foi et croyance en la sanctification de l'individu par l'éthique de son comportement. Cette capacité d'adaptation l'aidait toujours à réconcilier les courants protestants qui s'opposaient et à sauver l'unité de l'Eglise maintes fois mise en danger. Mais, malgré la pureté de ses convictions, ce fut aussi pour ce trait de caractère qu'on l'accusa souvent d'inconséquence, d'ambiguïté, voire de malhonnêteté.

Sa position à l'égard des juifs, elle aussi, se caractérisait par un manque de clarté et de cohérence. Comme Luther, il voyait en eux les descendants des patriarches. Ils étaient le peuple qui avait reçu autrefois la Révélation et la Promesse divines, accepté de porter le fardeau des Commandements afin d'éduquer le genre humain. Ils étaient «le reste» mis à part et conservé par Dieu, pour qu'à la fin des temps il se convertisse, et que « la chrétienté soit greffée sur lui comme le sauvageon sur l'olivier ». Bucer éprouvait de l'admiration et du respect pour ce peuple voué à une mission messianique. Il accusait les princes d'être à son égard comme des barbares ignorant la crainte de Dieu. Il leur faisait grief de ne pas autoriser les juifs à exercer des métiers honnêtes, de les obliger à pratiquer des trafics illicites ainsi que l'usure, et de les expulser hors de leurs territoires. Il exigeait que tous les chrétiens fissent preuve d'un véritable amour à leur égard afin de les amener au christianisme.

Mais la grâce de Dieu n'avait pas seulement choisi et distingué les juifs. Dans Son courroux, Il les avait rejetés et maudits parce qu'ils n'avaient pas entendu Sa parole et n'avaient pas fait Sa volonté. On ne devait éprouver ni sympathie ni pitié pour ces hommes qui s'étaient opposés avec tant d'entêtement à la souveraineté du Christ. « Il faut les considérer comme des ennemis et les combattre comme des amis », les éduquer avec « une miséricorde acérée ». Cette position contradictoire se reflète dans le « conseil » que les prédicateurs de Hesse, influencés par Bucer, transmirent au landgrave en décembre 1538.

Un souverain chrétien avait le devoir d'éduquer ses sujets au moyen d'une bonne police et d'un gouvernement juste, afin d'en faire des hommes pieux et honorables. Mais toute piété et toute félicité dans un Etat dépendait de la prédominance d'une religion vraie, c'est-à-dire unique. C'est pourquoi Dieu avait ordonné au peuple d'Israël d'exterminer tous ceux qui transgressaient cette vraie religion. Il leur avait interdit d'avoir des relations avec les infidèles et Il avait ordonné que les étrangers demeurant parmi eux observent le shabbat et les fêtes. C'est pourquoi juifs et païens « furent pareillement autorisés à persécuter si cruellement les prophètes, le Christ, même les apôtres et tous les chrétiens ». Il fallait en effet empêcher par tous les moyens que la religion, le bien le plus cher et le plus précieux du genre humain, fût transgressée. Tolérer une fausse religion est un mal. C'est la raison pour laquelle les rois, les princes, les villes et l'Eglise des temps anciens interdirent aux juifs de séjourner sur leurs territoires. Il est vrai que les tout premiers empereurs chrétiens ainsi que les évêques avaient toléré les juifs sur leurs terres, mais seulement à condition qu'ils ne causent aucun tort à la religion chrétienne.

Voilà pourquoi les prédicateurs souhaitaient que l'on accorde à présent aux juifs le droit de séjourner en Hesse, mais uniquement en l'assortissant des restrictions suivantes : s'engager par serment à ne pas construire de nouvelles synagogues, ne pas commettre d'outrages contre le christianisme, n'avoir de discussions au sujet de la religion juive qu'avec des théologiens dont c'était la tâche exclusive, écouter les prêches chrétiens, suivre uniquement la Loi de Moïse et des prophètes et non l'enseignement « des contes impies » du Talmud. Quant aux avis des conseillers qui voulaient leur permettre de pratiquer de façon limitée le commerce et de réduire leur activité du prêt à intérêt, ils furent rejetés avec la plus grande détermination par les prédicateurs car, disaient-ils, « les juifs n'ont pas de scrupule à tromper ceux qui ne sont pas de leur religion ». L'autorité de l'Etat n'était pas obligée d'être plus miséricordieuse que Dieu souverain, elle ne devait pas ménager les loups au détriment des moutons. Voilà pourquoi, dans le souci de protéger le pauvre peuple, ils étaient d'avis que toute activité commerciale, tout prêt à intérêt et même l'exercice d'un métier honnête et lucratif leur soient interdits, et que seuls les travaux les plus pénibles et les plus humiliants leur soient permis.

Le 23 décembre 1538, Philippe adressa une lettre[341] au *Statthalter** et aux conseillers pour répondre à ce « conseil » des prédicateurs qui exposait un étrange mélange d'idées appartenant à la fois au droit canon, au Moyen Age finissant et à la Réforme. Il en rejetait tous les articles avec détermination, car il « ne [pouvait] admettre qu'il faille traiter les juifs avec la dureté et les restrictions que préconis[ait] le conseil des sages ». Nulle part, ni dans l'Ancien ni dans le Nouveau Testament, il n'était ordonné d'user de dureté et de cruauté envers les juifs. Telle était du reste la raison qui avait poussé les premiers empereurs chrétiens et les évêques à leur donner l'avantage sur tous les autres infidèles. Et même si, selon l'Evangile, ils étaient les ennemis du Christ, on se devait de les aimer à cause des patriarches. « Car ce fut une race splendide dont le Christ, notre Rédempteur, est charnellement issu. C'est de cette même race à qui la Parole de Dieu est familière que descendent les Apôtres. » Répétant les termes employés par l'apôtre Paul dans sa *Lettre aux Romains*, il demandait si Dieu pouvait avoir rejeté son peuple alors qu'auparavant Il l'avait choisi. Et comme Paul, il les exhortait à ne pas dédaigner les juifs qui étaient les branches du véritable olivier. « Si tu les dédaignes, sache que ce n'est pas toi qui portes les racines mais que ce sont elles qui te portent. »

Il ne crut pas non plus devoir donner son aval aux propositions économiques des théologiens, et justifia son refus en affirmant que les juifs, « lorsqu'ils prêtaient et avançaient de l'argent, faisaient montre de plus de bonté et de charité envers ses sujets et exigeaient une usure moindre que les chrétiens ». Il affirma que le « conseil des sages était tellement étroit et restrictif » qu'il leur serait impossible de rester dans le pays. « Voilà pourquoi, si l'on partageait cette opinion, autant leur dire immédiatement et publiquement de partir. »

Philippe envoya aux conseillers dix articles qu'il avait lui-même rédigés comme base d'un *Règlement des juifs* qui fut publié en cette même année 1539. Les juifs de Hesse étaient autorisés à exercer « un commerce équitable » et, sous le contrôle de l'autorité d'un préposé, à prêter de l'argent à un taux de cinq pour cent. Le règlement prévoyait de lourdes peines pour sanctionner l'usure, la corruption, l'achat de biens volés ainsi que les relations sexuelles avec des chrétiennes. En ce qui concernait la religion, il donna partiellement suite aux requêtes des prédicateurs. La construction de nouvelles synagogues fut interdite, et désormais les juifs furent obligés d'assister avec femme et enfants aux prêches des pasteurs protestants.

Yossel suivit avec une attention extrêmement tendue les évènements qui se déroulaient en Hesse. Le fait que les deux chefs de la Ligue de Smalkalde s'apprêtaient à régler le problème juif dans le sens d'un « Etat chrétien » était très important, et laissait craindre que cela ne fût pris comme exemple par les autres états protestants. Depuis l'échec de son voyage en Saxe, il s'était efforcé de trouver des voies et des moyens pour nouer des contacts personnels avec les chefs des mouvements protestants. A cette époque, Charles Quint ne résidait pas dans l'Empire. On ne pouvait donc pas espérer la convocation d'une Diète impériale où Yossel eût pu, sous la protection de l'empereur, influencer l'opinion publique en tant qu'avocat de son peuple.

C'est à ce moment extrêmement critique qu'une occasion inattendue s'offrit à lui. En février 1539, les délégués de l'empereur ainsi que les états protestants se réunirent à Francfort-sur-le-Main, en vue d'une nouvelle tentative de régler pacifiquement le conflit religieux. Yossel prit part à cette réunion que l'on appela « Résolution de Francfort » (*Frankfurter Anstand*) parce qu'un accord provisoire fut conclu entre catholiques et protestants. Il n'y rencontra pas seulement

Philippe Melanchthon et Martin Bucer, Philippe de Hesse et Jean-Frédéric de Saxe, mais également Joachim II de Brandebourg qui, selon ce qu'il nous rapporte[342], «envisageait lui aussi d'expulser tous les juifs». A vrai dire, ceux-ci ne pouvaient plus être expulsés de la Marche du Brandebourg puisque, en 1510, ils en avaient été bannis «à tout jamais». Pendant le règne de Joachim Ier, père de l'électeur de l'époque, avait eu lieu le fameux procès pour profanation d'hostie. Le prince n'osa pas défier une nouvelle fois les états en réadmettant les juifs. Mais, peu avant sa mort, il autorisa un assez grand nombre d'entre eux à reprendre le commerce dans le pays et à fréquenter à nouveau foires et marchés (1532 et 1535).

En ce qui concerne la question des religions, Joachim II adopta une attitude fort différente de celle de son prédécesseur, qui était resté fidèle à l'ancienne doctrine[343]. Vivement désireux d'agir en médiateur, à l'instar d'Henri VIII d'Angleterre, il créa une Eglise territoriale indépendante des deux autres. Elle empruntait au protestantisme la doctrine de la justification par la foi et au catholicisme le cérémonial du culte divin. Ce fut une innovation qui lui valut une haine égale de la part de ses sujets protestants aussi bien que catholiques.

Yossel avait des raisons de craindre que Joachim cherchât à annuler les avantages accordés par son père aux commerçants juifs dans le souci de se concilier les états provinciaux, adeptes tant de l'ancienne religion que de la nouvelle, la haine des juifs étant le seul élément qui les rapprochât. Cependant comme il nous le rapporte, les «miracles se succédèrent» à Francfort[344]. Philippe Melanchthon, le collaborateur le plus proche de Luther, «exposa de façon crédible» à toute l'assemblée mais particulièrement au prince électeur Joachim II qu'en 1510 les trente-huit juifs accusés de profanation d'hostie avaient subi le martyre alors qu'ils étaient innocents[345]. Peu avant son exécution, leur accusateur Paul Fromm avait avoué à son confesseur avoir accusé ces juifs à tort[346] par «des mensonges et des calomnies». Le prêtre, harcelé par sa conscience, courut chez son supérieur, l'évêque Jérôme de Brandebourg, afin qu'à la toute dernière heure il sauvât les condamnés du bûcher. Mais celui-ci interdit au prêtre de communiquer la confession de Fromm au prince électeur.

La communication solennelle de Melanchthon fut d'un poids d'autant plus grand que le confesseur de Paul Fromm vivait dans le Wurtemberg voisin, et qu'il avait révélé ces faits après s'être converti au protestantisme[347]. Yossel remarqua la profonde impression que l'intervention de Melanchthon fit sur tous les états. Avec la retenue qui lui était coutumière, il profita de l'émotion des princes pour demander que l'injustice se transformât en justice et que soient rétablis les privilèges qui autrefois avaient été accordés sous serment et ne pouvaient donc être révoqués. Il parvint à convaincre tant Jean-Frédéric de Saxe que Joachim II de Brandebourg « d'autoriser les juifs à se fixer de nouveau dans leurs pays respectifs »[348].

Dès son retour, Jean-Frédéric publia un mandement par lequel il leur permettait de traverser son territoire et d'acheter des sauf-conduits[349]. Au cours d'un entretien personnel qui eut lieu à Francfort, Joachim II promit à Yossel qu'il accorderait de nouveau aux juifs l'autorisation d'agir et de commercer librement sur son territoire[350]. Des années plus tard, Yossel ne dissimula pas sa grande satisfaction lorsqu'il put écrire : « Jusqu'à présent, il a respecté son accord. »

Deux mois déjà après la clôture de l'Assemblée de Francfort, par le décret du 25 juin 1539, il autorisa les juifs à traverser le Brandebourg pour se rendre aux foires et marchés libres, puisque ce privilège leur avait été accordé par l'empereur et par les autres états[351]. Au début des années 1540, et au grand déplaisir de Luther et des autres états de la Marche de Brandebourg, il leur permit même d'y résider en permanence. Il s'entoura de juifs de Cour comme Michel de Derenbourg[352] et Lippold, le maître monnayeur, en qui il plaça une confiance illimitée. Il est permis de supposer que la compassion dont Joachim II fit montre envers les juifs n'était pas uniquement due aux troubles de sa conscience ni aux discours de Yossel. Très probablement, ce prince gaspilleur, fortement endetté, aimant la chasse et les fêtes, était aussi appâté par les impôts et les prêts qu'il pouvait espérer de ses sujets et courtiers juifs.

A la réunion mémorable de Francfort, dont le point central était la controverse théologique relative aux problèmes religieux en litige, de « nombreux érudits non juifs » participèrent eux aussi à la discussion du problème juif. Yossel prit part à ces disputations et réussit, « en se fondant sur la sainte Tora, à les convaincre des erreurs de ce qu'affirmaient Luther, Bucer et leurs disciples, en sorte qu'on lui donna raison »[353]. Lorsque l'un des participants attaqua Yossel par un « discours violent, menaçant et plein de colère », il lui répondit avec une sereine assurance que l'esprit de Dieu ne réside jamais dans le cœur d'un homme courroucé : « Vous êtes un érudit et vous voulez nous menacer, nous, pauvres gens ? Dieu nous a conservés depuis l'époque d'Abraham et sans aucun doute sa grâce continuera à nous protéger contre vous[354]. »

Bucer lui-même rapporte[355] qu'à l'Assemblée de Francfort un juif, qui ne peut avoir été autre que Yossel, voulut le convaincre que les accusations des chrétiens à l'égard des juifs étaient tout à fait injustes. Il lui montra un livre où l'on pouvait lire qu'ils devaient se préoccuper du bien-être des païens au sein desquels ils vivaient. Mais lui, Bucer, rétorqua à son adversaire qu'il y avait beaucoup de bonnes choses tant dans les livres juifs que dans les livres chrétiens, à condition toutefois que les hommes les mettent en pratique ; le fait est que les prêteurs juifs exigeaient un taux incroyable. Yossel se plaignit de ce que Martin Bucer ne se contenta ni des accusations exprimées à Francfort, ni du « conseil » très dur qu'il avait présenté à Kassel[356]. Il osa « avec les autres grands états porter préjudice à tous les juifs et, sans y être obligé ni forcé », agir avec encore plus de dureté à leur égard que les prédicateurs de Hesse.

Au début de l'année 1539, furent imprimés les « propositions » des Conseils de Hesse, le « conseil » des prédicateurs, ainsi que la lettre apaisante et conciliante de Philippe par laquelle il renvoyait ses théologiens à leurs compétences[357]. Selon l'opinion publique en Hesse et les suppositions avancées par Martin Bucer, ce furent les juifs eux-mêmes qui s'étaient procuré les documents et les avaient publiés afin que la lettre du landgrave les disculpât et dénonçât les prédicateurs. A l'heure actuelle, les sources ne permettent toujours pas de confirmer ni d'infirmer cette supposition.

Un ami de Martin Bucer qui résidait en Hesse envoya un rapport à Strasbourg selon lequel les juifs, « très courroucés » par l'avis des prédicateurs, auraient fait imprimer la lettre du landgrave pour l'utiliser contre eux. Dans leur colère, ils dénigreraient à présent la religion protestante et loueraient le pape et sa Cour. Bucer fut extrêmement irrité que la grande divergence de vues qui s'était manifestée entre le landgrave et lui-même fût portée à la connaissance de l'opinion publique, alors qu'il se considérait comme son conseiller le plus intime. Aussi répondit-il au défi des juifs par un texte violent.

La brochure intitulée *Des juifs*[358] contenait une nouvelle fois la proposition des Conseils, le « conseil » des théologiens ainsi qu'une lettre de Bucer à un « Monsieur et cher ami » anonyme, c'est-à-dire une réponse ouverte au texte qui lui était parvenu de Hesse. Il admettait que Philippe avait trouvé trop dur le «conseil» des ecclésiastiques en matière économique, et qu'il avait considéré l'interdiction faite aux juifs de commercer comme équivalant à une expulsion. Mais selon lui, sur les autres points, le landgrave partageait l'avis de ses théologiens. Il était en effet contraire à sa volonté que les juifs pratiquent l'usure et outragent la religion chrétienne. Il leur ordonna d'écouter les prêches protestants afin que Dieu permette éventuellement à un certain nombre d'entre eux d'arriver à la vérité. Selon ce que lui avait communiqué son ami, il semblait normal que les juifs préfèrent les abominations papales à la pure doctrine de l'Evangile. Car, indépendamment du fait que les papistes adoraient des images et des idoles et ne reconnaissaient le Christ que du bout des lèvres, les religions juive et catholique n'étaient au fond qu'une seule et même chose. Les juifs des temps présents étaient issus d'une semence répugnante qui persécutait la semence bénie. C'étaient des ennemis au même titre que les papistes bornés, les Turcs et autres infidèles. Il ne fallait donc pas s'étonner qu'ils haïssent les adeptes de la religion évangélique, qu'ils les aient en horreur et leur préfèrent les papistes mécréants[359].

Alors qu'en 1537 encore Bucer avait chaudement recommandé la lettre de Capiton à Luther, sa récente brochure ainsi que le «conseil» des prédicateurs de Hesse eurent un grand retentissement au sein d'une population fortement ébranlée par le schisme religieux. Dans les environs de Francfort-sur-le-Main, sur la route de Friedberg, un pauvre juif fut battu et dépouillé de ses biens sans avoir pu se défendre. Les malfaiteurs s'en tirèrent impunément et proférèrent ces railleries: «Juif, lis ce qu'a écrit Bucer. Il permet qu'on prenne vos biens pour les distribuer aux pauvres[360].» Ce furent tout particulièrement les juifs de Hesse qui redoutèrent de tomber en disgrâce auprès de Philippe à cause des écrits haineux de Bucer. Ils craignirent d'être à l'avenir en butte à de nombreuses humiliations. Mais ce qui les affligeait le plus, c'était un problème de conscience, car le nouveau *Règlement des juifs* allait les contraindre à écouter les prêches des ecclésiastiques protestants. Dans leur désarroi, ils s'adressèrent à Yossel et le prièrent de leur donner des conseils sur la conduite à tenir vis-à-vis de leur autorité et des prédicateurs protestants, sans pour autant manquer à leurs devoirs de sujets ni causer de dommage à leur âme.

Yossel leur donna un «conseil fidèle tiré des Saintes Ecritures, c'est-à-dire de la Bible et des prophètes»[361] dans un écrit intitulé *Consolatio Josephi ou Consolation de Yossel à ses frères en réponse à la brochure de Bucer*[362]. Ce texte était destiné aux juifs de Hesse et devait être lu en hébreu pendant le shabbat dans les synagogues. Il fit traduire le petit livre en allemand et l'envoya au Magistrat de Strasbourg, vivement irrité par les attaques des juifs de Hesse contre le principal réformateur de la ville. Yossel voulait convaincre les membres du Magistrat qu'il ne contenait aucune diffamation ni aucune atteinte à l'honneur de qui que ce fût[363].

Seuls des fragments de cet écrit nous sont parvenus, ils appartiennent à deux versions qui se complètent. L'une consiste en extraits destinés au Magistrat. Ils sont rédigés partiellement en latin, partiellement en allemand par un greffier du Conseil. Le deuxième fragment, plus long, est en allemand. Il semble reproduire mot à mot le texte hébraïque de Yossel. Etant donné que des pages entières nous manquent, il est souvent difficile d'en appréhender la logique interne. Il est cependant certain – comme le titre l'indique – qu'il s'agit d'un écrit qui voulait consoler mais aussi édifier et exhorter au calme.

Contrairement à *La Voie de sainteté*, écrit avec un pathos solennel, le style de la *Consolation* était moderne, simple et populaire, aussi facile à comprendre que celui des fables et des récits moralisateurs. Il est vrai que Yossel tirait ses paraboles et ses exemples des écrits de la Bible et surtout des prophètes. Mais, tout aussi souvent, il avait recours aux évènements historiques de son époque, ainsi qu'à ses propres expériences politiques pour expliquer à ses frères le sens profond de la catastrophe qui les frappait. Cette catastrophe était semblable à toutes celles qui s'étaient abattues sur leur peuple. Celui-ci en avait cependant toujours triomphé parce qu'il possédait une foi inébranlable dans l'insondable secret de son Dieu.

Yossel s'adressait à ses «chers et bons amis, [s]es frères en Israël» avec des accents chaleureux et une profonde compassion. Le cri douloureux du prophète souffrant, appelant du fond de l'exil babylonien, semblait résonner à travers chacune de ses paroles: «Consolez, consolez mon peuple.» Il apaisait la peur des juifs de Hesse qui craignaient que le landgrave, excité par Bucer, ne leur retire sa faveur. Il les assurait que Dieu donnait aux princes assez de discernement pour qu'ils ne se préoccupent pas des cris venimeux de la foule, mais protègent le peuple juif de leurs accusateurs. Plus les princes étaient grands, plus grande était la grâce que Dieu leur dispense, plus profonde leur compréhension des Saintes Ecritures et plus tolérantes leurs convictions. Il rappelait à ses frères que la ville de Strasbourg les avait protégés pendant la guerre des Paysans, que Charles Quint avait expulsé leur dénonciateur Margaritha hors de la ville d'Augsbourg, que Capiton avait écrit à Martin Luther une lettre qui leur était favorable, que Philippe Melanchthon avait révélé l'innocence des juifs de la Marche de Brandebourg et aussi que des libertés leur avaient été accordées par les électeurs de Brandebourg et de Saxe. Même le texte hostile de Bucer avait ses bons côtés, car il réfutait de la manière la plus évidente les rumeurs que Yossel lui-même avait essayé de combattre à la Diète d'Augsbourg, c'est-à-dire la responsabilité des juifs dans l'émergence du protestantisme.

Yossel laissait à chacun la liberté de décider s'il voulait écouter les prêches des ecclésiastiques protestants comme le réclamait le *Règlement des juifs*, ou s'il le refusait. Tous ceux qui ressentaient que cette disposition était une contrainte imposée à leur conscience, « une mise en doute de leur religion », devaient suivre ce que dictait leur cœur, et ne pas se soumettre à cet ordre. Mais par contre, pour un juif pieux et érudit, cette disposition ne représentait aucun danger. Quant à lui-même, rien ne pourrait l'égarer dans ses convictions religieuses. En effet, il assista plusieurs fois aux leçons bibliques de Wolfgang Capiton dont il respectait la « grande érudition ». Il ne partit que lorsqu'il fut question de foi dans son prêche, car cela ne lui fut pas agréable.

Si l'autorité exigeait qu'ils confessent leur foi, il leur recommandait de répondre par les paroles du prophète Malachie : ils n'aimaient et ne vénéraient que le Dieu Un, l'Eternel immuable[364], ils suivaient l'enseignement de Moïse, le serviteur de Dieu, les règles et les Lois que l'Eternel imposa à tout Israël sur le mont Horeb[365]. Tout en priant ses frères de ne discuter de leur religion avec aucun chrétien, il leur recommandait de ne dénigrer personne, pas même Martin Bucer. Car, si celui-ci les persécutait seulement par amour de sa religion et par zèle pour son Dieu, c'était une bonne chose. Mais si les « jugements hâtifs » que cet homme portait sur le peuple juif déplaisaient à Dieu, Il le manifesterait en temps voulu. Il ferait savoir si c'était l'amour de Dieu ou le « poison qui envenim[ait] son cœur » qui le faisait agir.

La proposition des Conseils, le « conseil » des prédicateurs ainsi que les dix articles du landgrave Philippe avaient traité de la question de savoir si les juifs devaient être autorisés ou non à poursuivre la pratique du prêt à intérêt. Yossel prit aussi position sur ce problème. Puisque Dieu leur avait donné la permission d'accepter un intérêt de la part d'étrangers, et que les nations parmi lesquelles ils vivaient leur imposaient plus de taxes, de sauf-conduits, d'impôts annuels et de prélèvements divers qu'à tout autre peuple de la terre, ils se voyaient obligés de considérer ces nations comme étrangères, et d'exiger d'elles un intérêt afin de pouvoir subvenir à leurs besoins. « Cependant, si on nous libérait de ce joug si lourd, nous cesserions de pratiquer l'usure bien plus volontiers que d'autres peuples qui n'ont pas les mêmes raisons que nous de s'y adonner. »

Il poursuivait avec irritation, en s'en prenant aux juifs ignorants qui se comportaient de façon déraisonnable, qui ne se contentaient pas du modeste gain permis mais voulaient prélever un bénéfice plus important que celui qui était autorisé par leur Loi. Poursuivant leur seul intérêt, ils « provoqu[ai]ent des disputes et des écrits violents contre tous les juifs ». Ils vivaient éparpillés parmi les nations et étaient contaminés par les péchés de cupidité, d'orgueil, d'infidélité et par tous les autres vices qui, depuis le péché et la chute d'Adam, avaient éloigné les hommes des voies de Dieu. Comme leurs contemporains chrétiens, les juifs des temps présents adoraient l'argent, la richesse et les possessions matérielles. La jalousie et la discorde régnaient parmi eux car ils n'avaient pas la sagesse d'étudier les Saintes Ecritures. Il les exhortait instamment à attribuer la responsabilité de leur malheur présent davantage à leur comportement coupable qu'aux manigances de leurs ennemis. Il leur demandait d'examiner leur propre conscience avant de condamner les chrétiens, et il leur conseillait de se repentir dans le silence et la solitude afin de trouver le chemin du retour, de la purification et de la renaissance.

Et, en guise de dernier avertissement et de dernière consolation, il leur lançait cet appel : « Soyez pieux et souffrez, ainsi le "conseil" de Martin Bucer ne vous causera aucun mal. » Il voulait dire par là qu'en plus de la souffrance méritée, Dieu avait également imposé à son peuple une souffrance imméritée en signe de la mission dont il avait investi ceux qu'Il avait élus et choisis. Il voulait dire que la souffrance supportée librement et la tête haute ne plongeait pas leur vie dans l'ombre, mais

Discussion entre un paysan et un prêteur juif

Le prêteur est assis derrière sa table de calcul. Gravure sur bois publiée dans « Officia » de Cicéron, paru à Augsbourg en 1531.

l'élevait et la conduisait à la plénitude. Car « comme l'olive donne son huile seulement lorsqu'elle est pressée, ainsi Israël est rappelé au bien par la souffrance »[366].

Dans le texte de sa *Consolation*, Yossel affirmait avec bonheur sa pleine confiance en Dieu, certain qu'Il ne manquerait pas de donner aux grands hommes la faculté de comprendre les Saintes Ecritures et de sauver ainsi les juifs des superstitions de la foule. Cet espoir allait être réalisé de façon tout à fait inattendue. A cette époque, un jeune paysan du village de Sappenfeld, près d'Eichstätt, disparut sans laisser de traces. Après de longues recherches, on retrouva son corps décomposé dans la forêt de Weissenbourg. On accusa les juifs de Tittingen, petite ville voisine appartenant au territoire du comte palatin Othon-Henri de Neubourg, d'avoir assassiné l'enfant et on les mit en prison[367]. Yossel eut des difficultés incroyables avant de parvenir à convaincre, grâce à l'aide du tribunal de la Chambre, le comte palatin de Neubourg ainsi que les seigneurs de Pappenheim, propriétaires de la forêt de Weissenbourg, de l'innocence des accusés et d'obtenir leur libération.

Le rapport très succinct de Yossel ne mentionna pas que des juifs n'appartenant pas à la communauté de Tittingen étaient impliqués dans cette affaire. L'évêque d'Eichstätt, Maurice von Hütten, au territoire duquel le village de Sappenfeld semble avoir appartenu, avait fait transporter à Eichstätt le corps complètement déchiqueté de l'enfant[368]. Sa peau avait été tailladée et marquée d'une croix. L'évêque avait sûrement l'intention de faire de lui un nouveau saint Simon de Trente, et de son évêché un nouveau lieu de pèlerinage. C'est à cette fin qu'il cita les juifs de la Franconie voisine et les accusa de meurtre rituel. Mais ni le jugement de Dieu auquel ils durent se soumettre, ni l'enquête judiciaire ne conduisirent au résultat escompté. Les juges furent obligés de libérer les accusés. Yossel ne mentionna nulle part le nom de l'évêque d'Eichstätt, ce qui permet de conclure qu'il s'occupa uniquement de la libération des prisonniers de Tittingen. Les autres juifs furent défendus par le texte courageux d'un ecclésiastique protestant, alors même que Martin Bucer persécutait les juifs de Hesse au nom de l'Evangile.

Pendant que l'enquête se déroulait à Eichstätt, deux juifs de Soulzbach dans le Haut Palatinat présentèrent aux conseillers épiscopaux un « excellent texte » anonyme, non daté et dont on ne connaissait pas le lieu où il avait été imprimé. Ce texte « se fondait sur un jugement concernant les juifs : est-il vrai et crédible que les juifs assassinent secrètement des enfants chrétiens pour utiliser leur sang », alors qu'il était écrit que « le sang de celui qui verse le sang d'un homme, sera lui aussi versé »[369] ? A l'origine, ce texte confidentiel avait été rédigé sous forme de lettre que son auteur avait envoyée à un personnage important, peu de temps après le procès pour meurtre rituel de Pösing en 1529. Celui-ci l'avait prié de lui donner son avis concernant les crimes de sang en général, et la mort par le feu des victimes de Pösing en particulier.

Le nom du destinataire est resté inconnu. Par contre, les contemporains de cette affaire se doutèrent immédiatement que celui qui, le premier, prit la défense des juifs contre les accusations de crime de sang ne pouvait être autre qu'Andreas Osiander, le prédicateur de l'église Saint-Laurent à Nuremberg. Il vivait non loin d'Eichstätt et de Nuremberg. Les partisans fanatiques de Luther le détestaient à cause des positions franches et indépendantes qu'il avait adoptées face au réformateur. On savait que, sous l'influence de Reuchlin, il étudiait la Cabale, qu'il correspondait avec le grand hébraïste Elie Levita*, qu'il possédait une profonde connaissance des écrits rabbiniques, des lois et des coutumes juives, du Talmud et aussi des privilèges accordés aux juifs. On savait qu'il connaissait parfaitement l'hébreu, car il avait été l'élève de Johann Böchenstein à Ingolstadt. A titre personnel, il avait également fait venir à Nuremberg un maître d'école juif, Wölfflein de Schnaittach, pour qu'il continuât à lui enseigner la langue « chaldéenne ».

Dans son avis, Osiander expliquait qu'il était tout à fait invraisemblable que les juifs assassinent des enfants et en utilisent le sang, car leur propre Loi, reçue de Dieu lui-même et à laquelle ils devaient une stricte obéissance, leur défendait non seulement de tuer un être humain, mais elle allait jusqu'à leur interdire de consommer le sang inoffensif des animaux. Aucun juif baptisé, pour autant qu'il pût haïr ses anciens coreligionnaires, ne les avait jamais accusés de crime de sang. Et si parfois des juifs avaient avoué un meurtre rituel, ce n'était que parce qu'ils ne pouvaient plus contrôler leurs propos, étant soumis aux tourments de la torture.

Osiander évoquait sept raisons de réfuter les accusations récurrentes de meurtre rituel :

> 1. Des seigneurs territoriaux pauvres, endettés ou tyranniques, qui essayent de se débarrasser de leurs créanciers juifs en les accusant de meurtre rituel.

Crime rituel

A partir du XIIe siècle, en France, en Angleterre et en Allemagne, les juifs furent accusés du martyre de jeunes enfants chrétiens, notamment pour mélanger leur sang à celui du pain azyme de la Pâque juive. Cette gravure sur bois, extraite de la « Weltchronik » de Schedel, est censée représenter le martyre de Simon de Trente en 1475.

2. Des conseillers, juges et jurés de l'entourage d'un seigneur, qui partagent l'opinion hostile de ce dernier envers les juifs.
3. Des curés et des moines qui, en faisant exterminer les juifs, souhaitent apparaître comme de grands saints, justifiant ainsi la création de nouveaux lieux de pèlerinage.
4. Des sujets endettés qui espèrent être quittes de leurs obligations en avançant de telles accusations.
5. Des sorciers et des sectateurs du diable, qui ont besoin d'enfants assassinés pour leurs pratiques diaboliques, et rendent ensuite les juifs responsables de leurs crimes.
6. La mort fortuite d'enfants, pour laquelle on ne trouve aucune autre raison que leur assassinat par des juifs.
7. Des enfants laissés à l'abandon, dont la mort est due à la négligence des parents. Ceux-ci en attribuent ensuite la faute aux juifs afin d'échapper au châtiment.

Cet avis prenait parti contre les accusations pour crime de sang, car, comme l'affirmait Osiander, celles-ci « empuantiss[ai]ent le nom de "chrétien" ». Les conseillers de l'évêque d'Eichstätt l'envoyèrent pour réfutation au professeur Johannes Eck à Ingolstadt. Cet érudit défendait très haut et très fort le catholicisme en Allemagne. Il était l'adversaire le plus dangereux de Luther, le représentant le plus impitoyable de l'Eglise médiévale. Le texte de sa réponse, *Au sujet de la publication du petit livre concernant les juifs*, connut une célébrité de mauvais aloi[370]. Il y reprend toutes les accusations proférées depuis des siècles contre les juifs, « perfides, sournois, parjures, voleurs, vindicatifs et traîtres ». Il défend la véritable foi chrétienne en stigmatisant ouvertement « le suborneur luthérien prêt à se mettre au service du plus offrant, un affabulateur, un misérable diffamateur, un protecteur des juifs acheté à prix d'or, un profanateur impie de la chrétienté ». Pour lutter contre la vermine juive, il requiert de nouvelles lois plus sévères.

Yossel aurait pu avoir l'occasion de réfuter le texte de Johannes Eck, le plus grossier qui ait jamais été écrit contre les juifs en ce « siècle de grossièreté ». Car, au printemps de l'année 1541, il se rendit « pour des affaires publiques » à la Diète de Ratisbonne[371], où eurent lieu des débats violents entre Eck d'une part et les protestants Bucer, Melanchthon et Pistorius d'autre part, au sujet de la justification par la foi, du péché originel, des sacrements et de la prêtrise[372]. Eck tomba gravement malade au cours de cette réunion ; ce fut peut-être la cause qui empêcha la controverse d'avoir lieu. Peut-être aussi Yossel craignit-il d'attaquer le chef des catholiques en présence de l'empereur. Car, au cours de cette

Diète, celui-ci avait confirmé une nouvelle fois les privilèges d'Innsbruck et d'Augsbourg[373]. Il avait également interdit aux états d'imposer à leurs sujets juifs le port d'un signe distinctif en dehors de leur lieu de résidence[374].

«Pour raisons d'affaires», Yossel fut également présent à la Diète suivante, convoquée pour l'année 1542 à Spire par le roi Ferdinand, représentant l'empereur absent. Ces «affaires» concernaient l'action de Yossel en faveur des juifs de Prague, sur lesquels «venait de s'abattre le malheur»[375]. La bataille acharnée entre les états de Bohême, qui réclamaient l'expulsion des juifs à l'occasion de chaque Diète, et le roi, qui désirait conserver son droit régalien sur eux, atteignit son point culminant sous le règne de Ferdinand. Celui-ci avait besoin de l'impôt que les juifs payaient pour leur protection. C'est pourquoi il avait protégé les juifs de Kremsier en 1534, et déconseillé en 1535 au margrave d'Ansbach de les expulser des duchés de Silésie. De même, en 1538, lorsque la Chambre de Bohême, soucieuse de mettre fin à ses épuisantes querelles avec les états, en particulier avec le Magistrat de Prague, proposa que soit révoquée l'autorisation qui avait été donnée aux juifs de résider dans le pays, le roi ne se laissa pas convaincre et n'abandonna pas ses principes politiques.

Pourtant, lorsque ces plaintes prirent des formes de plus en plus violentes, lorsqu'on accusa les juifs d'être les espions des Turcs, de trahir des secrets militaires, lorsqu'on alla jusqu'à les rendre responsables des terribles incendies qui, pendant le dur hiver 1541-1542, dévastèrent les forêts de Bohême[376], Ferdinand, gravement menacé par les Turcs et dépendant de l'aide financière de ses sujets, céda à la pression générale. Au début de l'année 1542, il entama des négociations avec les juifs de Bohême. Le 22 janvier, il ordonna que les maisons de ceux qui avaient été expulsés, surtout celles du quartier juif de Prague, soient mises à la disposition des artisans comme maisons d'habitation. Durant la Diète de Spire, Ferdinand autorisa le départ des expulsés, qui eut lieu en avril. Cependant, il permit aux personnalités les plus en vue et les plus riches de rester quelque temps encore à Prague afin de régler les affaires de la communauté, d'encaisser les créances, et de vendre les biens immobiliers. Il garantit la protection royale et des sauf-conduits à tous ceux qui émigreraient en Pologne, en Turquie et vers les régions frontalières.

Les juifs ne furent jamais totalement expulsés de Prague. Ceux qui restèrent formèrent avec leurs familles, leurs parents, leurs maîtres d'école, leurs responsables du culte et leurs serviteurs une communauté relativement importante. Finalement, en 1546, Ferdinand leur attribua un « sauf-conduit libre et illimité », car il souhaitait qu'un certain nombre d'entre eux demeure à Prague et y vive en sécurité et en paix. Yossel était convaincu que ce résultat favorable avait été obtenu grâce aux efforts qu'il avait déployés à la Diète de Spire, et grâce à l'influence de certains juifs de Prague. « Pressé par l'appel général, de commun accord avec des personnalités influentes à Prague, je me hâtai fraternellement pour apporter mon aide et supplier le roi. Dieu prit en considération les jeûnes, les mortifications, les pénitences, les prières et aussi les actes de bienfaisance. Il permit à "un reste" de demeurer jusqu'à ce qu'il me soit donné de voir les habitants revenir dans leurs foyers, y avoir des enfants et reconstruire ce qui avait été détruit[377]. »

CHAPITRE 7

Résister aux attaques des réformateurs protestants

L'APOLOGISTE

Dans la lettre que Luther avait écrite à Yossel en 1537, il annonçait son intention de traiter à fond le problème juif. Mais six années passèrent avant qu'il donnât suite à sa décision. Il fit alors savoir à tout le monde que sa position concernant le peuple de la Bible s'était radicalement modifiée. Dans son écrit *Contre les Sabbathéens*[378] (1538), il avait déjà polémiqué contre les suborneurs des chrétiens, dévoyés par la séduction de leurs rabbins. A présent, plus aucun prophète ne les consolait, ils ne bénéficiaient plus d'aucun miracle ni d'aucun signe. Lui, Luther, avait bien essayé de leur faire comprendre que mille cinq cents ans d'exil, sans temple ni prêtrise, étaient une preuve suffisante que Dieu S'était détourné d'eux et les avait abandonnés. Il s'était pourtant résigné à un dernier effort afin de les convertir et de leur démontrer, se fondant sur leur propre histoire et sur l'expérience de leur misère, que le temps de leur élection était bien terminé.

Au cours des années suivantes, Luther fit des cours qui allaient devenir célèbres sur la Genèse et particulièrement sur « l'Alliance de la circoncision ». A cette époque, il étudiait à fond les interprètes médiévaux de la Bible, Nicolas de Lyre et Paul de Burgos, les exégètes rabbiniques médiévaux et contemporains, les hébraïsants ayant reçu un enseignement des juifs comme Servet et Sébastien Münster. Il s'intéressait aussi à des textes hostiles aux juifs, tels que *Pulcherrimae quaestiones judaicam perfidiam in catholica fide improbantes* de Nicolas de Lyre, *Scrutinium scripturarum* de Paul de Burgos, *Victoria adversus impios Hebraeos*[379] de Salvagus Porchetus et le *Ganz Jüdisch Glaub* de Margaritha.

L'influence que ces textes exercèrent sur lui, son opposition fondamentale aux exégètes juifs ainsi qu'aux interprètes non juifs des Saintes Ecritures qui s'appuyaient sur des exégètes juifs, sa colère due au prétendu prosélytisme actif des juifs de Moravie, l'intérêt qu'il portait au problème pratique de l'usure en cette époque, son irritation contre certains juifs qui selon lui l'avaient berné, dénigré et menacé, son irascibilité et sa susceptibilité croissantes avec l'âge, son intolérance et sa sensibilité à l'égard de toute contradiction et de toute critique, son caractère de plus en plus dépressif qui s'exprimait par des crises toujours plus violentes même contre ses propres disciples, tous ces facteurs réunis furent à l'origine du traité *Des juifs et de leurs mensonges*, qui parut en 1543[380].

A l'origine, ce traité était une réponse à un document qui n'existe plus aujourd'hui. Sans doute publié par un juif, il critiquait sévèrement la *Lettre contre les Sabbathéens* de Luther. Rédigé sous forme de dialogue entre un juif et un chrétien, il osait « falsifier ce qu'affirmait le traité, et bouleverser les fondements de la religion chrétienne ». Bien que Luther n'eût l'intention de parler ni des juifs ni contre eux, mais étant donné que leur entêtement lui faisait à présent envisager toute conversion impossible, sa conscience le poussait à prévenir le peuple allemand contre leurs artifices de séduction, afin qu'il puisse résister à leurs desseins empoisonnés et mettre à découvert leurs mensonges. Voici les quatre mensonges qu'il dénonce :

1. Ils se glorifient de leur noble ascendance car ils sont issus d'Abraham, de Sarah, d'Isaac, de Rébecca, de Jacob, des douze Patriarches et du saint peuple d'Israël. Ils louent Dieu de les avoir séparés des païens et de ne pas avoir fait d'eux des *goyim* (des non-juifs). Ils exigent qu'en vertu de la noblesse de leur lignée Il fasse d'eux les seigneurs du monde. Mais ils ne comprennent pas que les païens, eux aussi, en tant que descendants de Japhet, le fils de Noé, peuvent se vanter de la même noblesse, de la même gloire et du même honneur que les descendants de Sem. Ils ne savent pas que tous les hommes, puisque conçus dans le péché, encourent la colère et la malédiction de Dieu. Ils ne peuvent donc, ni par nature ni par naissance, être le peuple ou les enfants de Dieu.

2. Ils se vantent de l'alliance de la circoncision par laquelle Dieu les a choisis et sanctifiés parmi toutes les nations. Mais ils ne comprennent pas le texte des Ecritures où il est ordonné à Abraham de circoncire tous ceux qui sont nés dans sa maison, ses fils, ses serviteurs et ses esclaves. C'est pourquoi les Ismaélites et les Edomites issus de la semence d'Abraham se sont eux aussi soumis au commandement de la circoncision, et l'ont transmis à leurs enfants et aux enfants de leurs enfants. Du reste, Dieu a conclu l'alliance de la circoncision uniquement afin qu'ils gardent Sa Parole en eux, dans leur « cœur circoncis ». Mais les juifs n'ont pas respecté ce commandement. Ils n'ont pas circoncis le prépuce de leur cœur. Ils ont séparé la Parole du signe et supprimé ainsi le sens de l'ancienne Alliance.

3. Ils tirent vanité du fait que Dieu leur a donné la Loi sur le mont Sinaï et leur a parlé. Ils disent même qu'Il a épousé leur nation comme un fiancé épouse sa fiancée. Mais cette femme que Dieu a fait entrer dans sa maison est devenue une femme de mauvaise vie, une prostituée, pleine de jalousie et d'avarice, de méchanceté et de colère. Elle a désobéi avec obstination, elle est devenue plus indigne d'appartenir à Dieu que le diable en enfer. C'est vrai qu'elle possède les Commandements, mais elle ne les respecte pas. C'est vrai qu'elle a reçu la Parole de Dieu, mais elle ne l'écoute pas.

4. Ils tirent gloire d'avoir reçu de Dieu le pays de Canaan, la ville de Jérusalem, leurs lois et leur culte divin. « Mais ils ne tiennent pas compte de la raison pour laquelle ils ont reçu tout cela. » Dieu a permis que les rois de Babylone et d'Assyrie les exilent de leur pays, et que les Romains détruisent leur ville sainte. Il n'a pris soin ni de leur temple, ni de leurs prêtres, ni de leur royaume. Pourtant, leur nuque raide ne s'est pas inclinée et leur front d'airain n'a pas rougi de honte. Ils sont chassés et rejetés depuis mille cinq cents ans ; cependant, selon leur croyance insensée, Dieu les reconduira dans leur pays « en vertu de leurs mérites ».

Mais leur espoir en la venue du Messie est pire encore que ces folles vantardises et personne ne pourrait les en dissuader, même si Dieu Lui-même leur annonçait du haut du mont Sinaï ou dans le Temple de Jérusalem qu'il est venu depuis longtemps déjà. Jacob et Moïse, David et Daniel, les prophètes et les psalmistes ont prédit la venue du Fils de Dieu dans d'innombrables textes. Les « vrais juifs des temps anciens » savaient pertinemment qu'après la chute de Juda, le sceptre et le royaume reviendraient à ce Messie. Mais les nouveaux juifs du temps présent ne connaissent plus cette promesse divine. C'est en pleine connaissance de cause que leurs maudits rabbins empoisonnent la jeunesse avec malice. Par leurs arguties et leurs fables, ils corrompent, déforment et souillent le sens clair et univoque des Saintes Ecritures. Ils ont l'audace d'enseigner que ce n'est pas en vertu de Sa grâce et de Sa miséricorde que Dieu accomplira Sa promesse, mais à cause de leurs mérites.

De même que les saducéens enseignaient autrefois qu'il n'y avait ni anges, ni démons, ni ciel, ni enfer, ils affirment que ce n'est pas un péché d'être parjure, de voler et de tuer un païen. Dans leurs synagogues, ils maudissent les chrétiens et souhaitent que le malheur s'abatte sur eux. Ils adorent des idoles, des signes et des statues, ils disent que le Christ est un magicien, le prince de tous les démons, le fils d'une prostituée ayant commis l'adultère avec un artisan.

Le diable mis à part, les chrétiens n'ont pas de pire ennemi, aussi venimeux, aussi violent, que ces chiens assoiffés de sang, ces assassins de la chrétienté. C'est la raison pour laquelle les textes historiques les ont souvent accusés d'avoir empoisonné des puits et tué des enfants.

Lorsqu'ils se plaignent à Dieu d'être tenus en captivité par les chrétiens, qu'ils affublent du nom d'Amman et d'Edom, c'est un mensonge grossier. Ce sont bien plutôt les pauvres chrétiens qui, dans leur propre pays, sont martyrisés, persécutés et privés de leur liberté par les juifs. Ils veulent posséder toutes les richesses du monde et le dominer alors qu'eux-mêmes sont assis comme des paresseux derrière leur poêle, et font frire des poires en se goinfrant et se soûlant.

Que doivent faire les chrétiens pour racheter leur faute de n'avoir pas encore vengé le sang du Christ tandis qu'ils protègent la vie et les biens des juifs, leurs maisons et leurs synagogues, et qu'ils les autorisent à résider librement dans leurs pays malgré tous les outrages et les meurtres qu'ils ont commis ? A cette question, Luther répond qu'ils devraient « dans la prière et la crainte de Dieu, témoigner d'une miséricorde pleine de rigueur, ils pourraient peut-être ainsi en sauver quelques-uns des flammes et du feu ». Pour l'exercice de cette rigoureuse miséricorde, il donne les « bons conseils » suivants :

1. Il faut mettre le feu à leurs synagogues, y jeter du soufre et de la poix, recouvrir de terre ce qui ne peut brûler afin qu'il n'en reste pierre sur pierre jusqu'à la fin des temps.

2. Il faut détruire leurs maisons, les rassembler dans une étable comme des gitans, afin qu'ils se rendent compte qu'ils ne sont pas les maîtres du pays mais des prisonniers en exil.

3. Il faut leur enlever leurs livres de prière, le Talmud et la Bible, afin qu'ils ne soient plus en mesure de maudire Dieu et le Christ.

4. Il faut interdire à leurs rabbins, sous peine de mort, d'enseigner, de louer et de prier Dieu publiquement afin qu'ils ne puissent plus commettre de blasphèmes.

5. Il faut révoquer leurs sauf-conduits et aussi le droit qui leur a été donné d'utiliser les routes de l'Empire.

6. Il faut leur interdire l'usure et s'emparer de tout ce qu'ils possèdent, argent et bijoux, or et objets précieux, car ils ont tout volé et usurpé par l'usure. Certes, ils se vantent de ce que Moïse leur a permis le prêt à intérêt. Mais ce commandement ne valait que pour les juifs qui habitaient en Canaan, c'est-à-dire les juifs de l'époque de Moïse. Cela ne vaut plus pour les autres, les juifs de l'empereur qui vivent éparpillés parmi les nations. Pour eux, la loi de Moïse n'est plus en vigueur, ils doivent se soumettre à la loi de l'Empire.

7. Il faut donner aux jeunes juifs et juives, lorsqu'ils sont vigoureux, des fléaux, des haches et des bêches, des quenouilles et des fuseaux, afin qu'ils gagnent leur pain à la sueur de leur front. Cependant, pour le bien des autres sujets, il vaudrait mieux les chasser du pays comme on l'a fait en Espagne, en France, en Bohême et dans les villes d'Empire.

A la fin de son traité, truffé d'innombrables citations de la Bible et d'interprétations savantes, Luther attire une nouvelle fois l'attention des chrétiens sur la grande différence qui existe entre leur Messie immortel, et le Messie des juifs qui est de ce monde. Le Messie des chrétiens est la résurrection et la vie, le médiateur entre Dieu et les hommes. Il n'apporte pas la richesse à ses disciples mais la joie et la consolation. Il n'enseigne ni l'amertume ni la vengeance, mais la bonté et la miséricorde même envers les ennemis. Par contre, c'est du pays de Cocagne que viendra le Messie en qui les juifs espèrent. Il remplira leur ventre. Il leur donnera l'or, l'argent et les biens des païens ainsi que la domination sur le pays et ses habitants. Le royaume du Messie juif sera un royaume de ce monde, de joies temporelles et de jouissances terrestres. Ils se réjouiront en lui comme des porcs qui « n'ont pas mangé de la pomme et ne connaissent donc pas la différence entre le Bien et le Mal ».

Le livre de Luther *Des juifs et de leurs mensonges* fut imprimé et publié en janvier 1543. Quatre mois plus tard, Yossel adressa une requête au Magistrat de Strasbourg[381]. Il ne pouvait comprendre qu'un homme qui s'était prosterné, avec crainte et humilité, devant la Majesté infinie de Dieu osât faire paraître « un livre aussi grossier et dépourvu d'humanité, plein d'injures et d'outrages ». Il persistait à croire qu'il s'agissait d'une confusion momentanée dans l'esprit d'un homme déchiré par des conflits intérieurs, ou sous l'influence de « juifs renégats, semblables à des mamelouks ». Il croyait encore possible d'en appeler à sa raison, et de lui expliquer au cours d'une discussion commune les passages bibliques en cause. Il pensait tout au moins arriver à convaincre l'opinion publique que ce dont on accusait « notre religion était faux et ne se trouvait pas dans notre judaïsme ».

Etant donné qu'en 1537 Luther n'avait pas voulu le recevoir, c'est au Magistrat de Strasbourg et non au réformateur lui-même que Yossel adressa sa requête. Il se fit fort d'avoir avec Luther ou avec « qui accepterait de s'y soumettre » une controverse verbale ou écrite au sujet du livre *Des juifs et de leurs mensonges*, sur la base des écrits des prophètes. Il se proposait tout aussi bien de le réfuter « en toute honnêteté et sans idées préconçues », devant tous les érudits de l'Empire comme il avait autrefois réfuté le livre de Margaritha à la Diète d'Augsbourg. Car il est contraire au droit et à la justice de faire injure ou de condamner des hommes et des femmes pieux et religieux sans les avoir entendus, et en se fondant sur les calomnies d'un seul homme. De plus, il pria le Magistrat de ne pas permettre que paraisse dans le territoire de la ville de Strasbourg une nouvelle édition de ce livre dangereux, car la population déjà excitée par les menaces de Luther proférait des insultes et outrageait les juifs en disant qu'il « fallait les tuer et qu'elle le ferait ».

Les conseillers ne tinrent pas du tout compte de la proposition que fit Yossel d'organiser une controverse. Mais ils avaient appris que, du haut de la chaire, le curé de Hochfelden avait ordonné à ses ouailles de s'en prendre aux juifs et de les tuer. Ils pensèrent donc eux aussi qu'il était inquiétant d'autoriser une réimpression du livre. Ils promirent à Yossel d'en interdire la publication dans le territoire de la ville, et d'ordonner en tous lieux aux curés « de ne pas susciter d'agitation par leurs prêches ». Car « l'autorité sait quelle attitude adopter ».

Si Luther à la fin de son livre priait Dieu d'apaiser Son courroux et de mettre fin aux souffrances des juifs « au nom de Son Fils bien-aimé », sa propre colère ne fut pas pour autant apaisée par la rédaction de ce texte. En effet, à peine deux mois plus tard parut le livre *Du Shem Hamphorash et de la race du Christ*[382], qui une nouvelle fois était destiné à prévenir les Allemands du danger juif. Luther voulait surtout montrer à ceux qui se laissaient attirer par la religion juive ce qu'était une religion aussi diabolique. Il ne voulait certes pas convertir les juifs, car il est impossible de transformer un démon en ange, l'enfer en paradis, la mort en la vie, et de permettre qu'un péché devienne une action sainte. La première partie du livre consiste en une traduction du chapitre 11 de l'ouvrage de Porchetus *Victoria adversus impios Hebraeos* qui accusait les juifs, depuis toujours perfides, d'avoir écrit un livre infamant et blasphématoire contre le Christ. Ils y prétendent que les miracles du Sauveur sont dus au fait que Celui-ci s'était emparé par ruse du *Shem Hamphorash*, inscrit sur une pierre jalousement gardée dans le Temple de Jérusalem.

Ce *Shem Hamphorash* ou « Nom révélé » était d'après Luther une formule magique secrète, formée avec les lettres du passage de l'Exode 14, 19-21, qui contenait « le grand Nom de Dieu appelé Tétragramme ». Luther enseignait que les juifs de son temps étaient persuadés que la connaissance de ce nom leur donnait un pouvoir surnaturel. Ils pensaient que, grâce à des artifices cabalistiques et des sortilèges magiques, ainsi qu'à la décomposition de chiffres et à l'assemblage de pauvres lettres inanimées et vides de contenu, ils arriveraient à soumettre les anges à leur pouvoir et à accomplir l'œuvre même de la Majesté divine. Ces fous insensés et enragés non seulement méprisent l'Eternel, le Dieu vrai, en désobéissant et en dénigrant Sa Parole, mais encore ils essayent de L'asservir au milieu de tous les démons, afin qu'avec Son pouvoir divin et glorieux Il devienne un témoin du Mal et serve le diable en collaborant à ses mensonges et à ses calomnies.

Ce n'aurait pas été étonnant que les chrétiens, comme punition pour avoir toléré que ces maudits blasphémateurs vivent parmi eux, fussent plongés dans les abîmes de l'enfer. Ils n'avaient en effet qu'une seule excuse, celle de n'avoir pas eu connaissance jusqu'à ce jour de ces actes abominables. « Mais à l'avenir, chers princes et seigneurs, si vous accordez votre protection aux juifs, que la faute n'en retombe pas sur moi. Car ce n'est pas seulement le Christ notre Seigneur et le Père dans le Christ, mais Dieu le Père Lui-même qui, plus encore que le Christ, est outragé dans sa divine Majesté. »

Dans aucun territoire de l'Empire, les autorités ne donnèrent suite à la requête de Luther de brûler les synagogues des juifs, de prendre leurs livres de prière et leurs exemplaires du Talmud, d'interdire aux rabbins d'enseigner et de célébrer le culte divin, et d'astreindre tout le monde à de durs travaux physiques. Cependant, quelques princes protestants suivirent son conseil et les chassèrent de leurs territoires.

Peu de temps après la publication des écrits de Luther, le margrave de Neumark, Jean de Kustrin, disciple zélé de la nouvelle religion, révoqua les sauf-conduits des juifs résidant sur ses terres. Mais son frère, le prince électeur Joachim II de Brandebourg, eut pitié d'eux. Ce souverain tolérant n'avait pas l'intention de manquer à la parole donnée à Yossel en 1539, ni de se soumettre à la volonté fanatique du réformateur. Il manifesta donc une parfaite indifférence aux reproches hargneux que celui-ci lui adressa lorsqu'il prétendit que le prince protégeait et favorisait des alchimistes juifs. Le prédicateur de sa Cour, Johann Agricola, fut même accusé de se laisser corrompre par les juifs. En effet, il s'opposa ouvertement à Georges Buchholzer, le prévôt de Berlin, lorsque celui-ci prêcha du haut de sa chaire contre la perfidie des juifs. En mai 1543, par contre, Jean-Frédéric de Saxe promulgua un mandement par lequel il révoqua les concessions qu'il avait accordées aux juifs en 1539, et leur interdit de traverser le pays sous peine de sanction grave[383]. Il incrimina comme raison de son changement d'attitude les fausses doctrines qu'ils répandaient et sur lesquelles les textes de Martin Luther avaient attiré son attention.

L'agitation que ces publications provoquèrent dans l'opinion publique s'avéra plus dangereuse encore que les décrets officiels et les limitations imposées au commerce, car elles firent croire que « si l'on causait du tort à un juif, à sa personne ou à ses biens, on était pardonné »[384]. Yossel traita de ce nouveau danger dans une longue requête adressée au Magistrat de Strasbourg « par moi-même et mes frères, le dixième jour de la onzième lune de l'année, alors que selon notre calendrier nous comptons cinq mille trois cent et trois ans depuis la création du monde » (11 juillet 1543). Il dit que, dans plusieurs localités de Saxe et de Brunswick, les juifs avaient été « gravement mis à mal, pillés et chassés ». Voilà pourquoi il priait

Messieurs les conseillers de bien vouloir plaider la cause de ses frères auprès des princes de ces territoires, et persuader les membres de la Ligue de Smalkalde de la nécessité de préserver la paix dans le pays, car « en ces temps agités » il ne fallait pas révoquer les sauf-conduits.

Contrairement au terrible *Du Shem Hamphorash...* de Luther, le ton de cette requête était celui d'une émotion et d'une noblesse contenues. L'on y constate la supériorité d'un homme sage et sûr de soi qui considérait que la polémique déchaînée de son adversaire résultait de forces souterraines et incontrôlables. Voilà pourquoi il ne se donna pas la peine de réfuter point par point le texte de Luther, de même qu'on n'essaye pas de combattre le feu d'un volcan, la fureur d'une tempête, le déchaînement de la mer par des mots ou des raisonnements.

En faisant usage de finesse et d'ironie, il se contentait de comparer la religion de ses ancêtres à celle que Luther avait nouvellement instituée. Il reparlait de l'échec de son voyage en Saxe alors qu'il avait voulu plaider la cause de son peuple, et que Luther ne l'avait pas reçu. Celui-ci s'était alors élevé contre Dieu et les prophètes, et à présent il agissait de même puisqu'il voulait exterminer les juifs, allant jusqu'à leur prendre l'espoir d'une vie meilleure dans le monde à venir. Mais Dieu ne refusait jamais de préparer les pécheurs à se présenter devant Son tribunal, et Il écoutait toujours avec bienveillance ceux qui plaident en leur faveur. C'est ainsi qu'Il annonça à l'avance à Abraham son intention de détruire Sodome et Gomorrhe, et écouta avec patience et longanimité son plaidoyer en faveur de la ville pécheresse. Quant aux prophètes, bien qu'ils se fussent montrés sévères et implacables envers leur peuple, ils ne le privèrent jamais de consolation, l'assurant que Dieu l'aimait et que malgré ses transgressions Il se tournerait de nouveau vers lui.

C'est la raison pour laquelle il était incroyable qu'un érudit se permît d'agir à l'égard des juifs avec autant de tyrannie et de violence et qu'il essayât de charger leur conscience. Voulait-on les priver de leurs droits et leur refuser la paix uniquement parce qu'ils ne croyaient pas la même chose que Martin Luther ? S'il en était ainsi, cela aurait des conséquences funestes. Car Luther jetait l'anathème sur des autorités bien plus importantes et plus puissantes que les pauvres juifs opprimés lorsqu'il les accusait d'adorer le veau d'Aaron. Ce qu'il entendait par là, lui, Yossel, n'en savait rien et voulait laisser l'affaire où elle en était, n'ayant pas l'intention de se mêler à toutes ces discussions et à toutes ces querelles.

Il réfutait seulement, avec toute son énergie, le reproche de Luther selon lequel ses ancêtres auraient écrit « de telles grossièretés » contre le Messie des chrétiens et contre la religion chrétienne. Actuellement les juifs ignoraient tout de tels pamphlets blasphématoires, et le vieil homme qu'il était n'en avait jamais lu non plus. Wolfgang Capiton, le grand érudit en matière de Talmud, d'écrits et de commentaires juifs, lui avait déclaré n'y avoir jamais trouvé de diffamations de cette nature. Or, même si les juifs des temps anciens devaient avoir décrié le Messie, on ne devait pas en faire grief aux juifs d'aujourd'hui.

Leurs livres saints avaient un contenu totalement différent de ce qu'y projetait Luther. Les juifs avaient foi dans les Dix Commandements, dans ce qu'annoncèrent les prophètes et dans la Loi. Le texte des Saintes Ecritures n'était pas facile à comprendre. C'est pourquoi les soixante-dix anciens du Temple, et après eux des hommes saints comme Daniel et Ezra ainsi que des grands maîtres, les avaient interprétés et commentés. Ces interprétations avaient donné naissance au Talmud qui enseignait comment respecter l'Alliance sainte, les fêtes, les commandements et comment célébrer les cérémonies juives. Il définissait les règlements juridiques et la jurisprudence, et recommandait aux juifs de mener une vie modeste, droite et pieuse. Le Talmud n'outrageait personne. Tout au contraire, il était utile de l'étudier pour reconnaître le véritable Messie.

Par ces remarques, Yossel tenait à démontrer la contradiction qui existait entre le peu de valeur que Luther attribuait au respect de la Loi et l'attachement passionné des juifs aux règles et aux commandements donnés par Dieu à son peuple. Lorsque Luther prêchait que « tout ce que l'homme fait de par sa propre volonté est péché »[385], Yossel lui opposa l'enseignement juif selon lequel seule la bonne action librement accomplie, seul le devoir accepté en conscience pouvaient réparer les fautes de l'homme. Lorsque Luther annonçait que seule la grâce divine justifiait celui qui croyait dans le Christ, Yossel affirma que seul celui qui luttait et agissait, celui qui marchait dans les voies de Dieu, qui L'assistait dans Son œuvre créatrice, pouvait être un Juste.

Dans son traité *Des juifs et de leurs mensonges*, Luther exhortait les prédicateurs protestants à ne pas avoir pitié du peuple maudit par Dieu. Yossel par contre, dans sa lettre au Magistrat de Strasbourg, déclara que Dieu avait approuvé que l'on se vengeât du roi de Babylone parce qu'il n'avait fait preuve d'aucune miséricorde envers les captifs livrés en son pouvoir. Luther mettait les princes en demeure de refuser toute protection aux juifs et de les chasser de leur pays comme des chiens enragés. Par contre, Dieu prédit par la bouche de Son prophète Jérémie que les armes de Son courroux anéantiraient les tyrans qui avaient exilé Son troupeau. Luther croyait que les juifs méritaient un châtiment plus dur que les habitants de Sodome et de Gomorrhe, que leur extermination physique n'était pas une expiation suffisante pour le rachat de leurs péchés. Quant à Yossel, il commenta le *Livre de Daniel* en soulignant que Darius, roi des Mèdes et des Perses, éprouvait une telle crainte de Dieu qu'il jeta dans la fosse aux lions les hommes qui avaient proféré des calomnies contre le prophète.

Dans sa réponse[386], le Magistrat de Strasbourg promit d'interdire sur son territoire la publication des écrits de Luther. Mais il refusa d'intervenir auprès de la ligue des princes et des villes en faveur de leurs sujets exposés au danger.

Contrairement à la Saxe ralliée à Luther, le landgrave de Hesse ne voulait pas se débarrasser de ses juifs. Il fut quand même d'avis qu'il fallait à présent rendre plus sévères certains points du *Règlement des juifs* établi en 1539. Un nouveau décret interdit aux juifs de Hesse le prêt à intérêt, le change et les transactions monétaires, et obligea tous les hommes, femmes et enfants à assister régulièrement aux prêches des prédicateurs protestants. Pour inciter Philippe à révoquer ou à atténuer ce décret, Yossel pria une nouvelle fois les conseillers de Strasbourg d'écrire une lettre de recommandation à l'adresse de « ce prince juste et bon qui possède une excellente connaissance des Saintes Ecritures »[387]. Car la loi divine et la loi naturelle ordonnaient à tout homme craignant Dieu de ne causer aucun mal ni aucune peine à « un autre homme car il est son prochain ». Si lui, Yossel, se trouvait dans la situation de devoir aider un étranger qui n'était pas de sa religion, il le ferait même au péril de sa vie. Combien plus grand était le devoir d'aider ses frères dans le malheur, de ne pas se soustraire lâchement à son devoir ! Mais, une fois de plus, sa requête fut rejetée sous le prétexte qu'« on ne savait pas exactement ce que cachait sa demande ». Il lui fut ordonné de s'adresser au sous-bailli qui était l'autorité dont il dépendait ou, s'il désirait aller plus haut, au prince électeur palatin.

Dans son traité *Des juifs et de leurs mensonges*, Luther écrivait que l'Histoire enseignait que les juifs avaient assassiné des enfants pour utiliser leur sang à des fins rituelles. Mais ce n'était pas seulement l'Histoire qui en faisait mention. Yossel savait trop bien que dans les temps les plus récents de tels récits étaient encore colportés, et qu'à présent ils constituaient toujours une réalité qu'il lui fallait affronter.

La même année où parurent les textes de Luther, il fut appelé à Würzburg parce qu'un homme, trois femmes et une jeune fille furent accusés d'avoir assassiné un enfant dont on avait trouvé le corps[388]. Lorsqu'il parvint avec ses deux accompagnateurs à la résidence de l'évêque, ils avaient déjà été jetés en prison et y étaient « presque morts sous la torture ». Il apprit[389] qu'un libertin avait essayé de séduire la jeune fille, dont l'innocence et le courage avaient mis en échec tous les artifices. Sa résistance obstinée eut comme conséquence qu'on accusa les quatre personnes de meurtre rituel.

Pendant le mois que Yossel passa à Würzburg (du 30 décembre 1543 au 28 janvier 1544), il essaya d'amener l'évêque à révoquer la sentence de mort en lui offrant de fortes sommes d'argent, et en même temps il consola et donna du courage aux prisonniers en interprétant pour eux le sens caché de leur martyre. Il leur parla des innombrables martyrs de leur peuple, qui marchèrent fièrement, la tête haute, vers le lieu de leur exécution, car ils considéraient que c'était une grande grâce de pouvoir mourir en témoin du Dieu Un et Unique. Il raconta avec fierté que la jeune fille courageuse dont il eut particulièrement grande pitié avait « sanctifié le Nom de Dieu en supportant la torture pendant plus de trente-deux semaines ». Les autres prisonniers endurèrent eux aussi leurs épouvantables souffrances avec une constance surhumaine, sans qu'aucun aveu pût leur être arraché. Ses efforts auprès de l'évêque ayant été vains, il quitta la ville de Würzburg fin janvier.

On le retrouve quelques jours plus tard à Spire, où l'empereur avait convoqué une nouvelle Diète impériale. Au cours de cette Diète, Charles Quint ne chercha pas tellement à aplanir les différends religieux mais, plus qu'auparavant et indépendamment de leur religion, il voulut s'appuyer sur les princes pour devenir en quelque sorte « le chef d'une aristocratie de princes allemands »[390]. La réalisation de son rêve de toujours, qui était de redonner à la dignité impériale la gloire originelle et le caractère sacré qu'elle avait eus au Moyen Age, et de rétablir, même en s'opposant au pape, l'unité de l'Empire et de l'Eglise, lui semblait proche. Son entourage, y compris ses ennemis, avait pris conscience que celui qu'ils avaient devant eux n'était plus le roi d'Espagne muré dans sa réserve, mais le souverain le plus puissant de la chrétienté, qui avait la volonté et le pouvoir de mater la rébellion des protestants, et de réaliser ses projets à l'échelle de son Empire universel. Charles Quint lui-même écrivit dans ses *Mémoires*, au sujet de la Diète de Spire, « avoir constaté à ce moment qu'il était désormais non seulement possible de réprimer avec force l'arrogance des apostats, mais que dans des situations précises, et avec des moyens adéquats, cela devait même être chose facile »[391].

Mais l'heure de la décision n'avait pas encore sonné pour Charles. Les Turcs avaient occupé Gran et Stuhlweissenburg, leur flotte naviguait déjà sur la mer Tyrrhénienne. François Ier, allié des Ottomans et des pirates algériens, avait entamé sa troisième guerre contre la Maison des Habsbourg, et l'on pouvait s'attendre à ce que certains princes appartenant à la Ligue de Smalkalde fissent cause commune avec lui. Charles promit aux protestants de mettre fin à tous les procès portés devant la haute cour de justice impériale, et d'annuler tous les décrets de la Diète qui leur étaient défavorables, à condition que les états de l'Empire lui donnent une aide suffisante pour se défendre, c'est-à-dire qu'ils le soutiennent avec de l'argent, des armes et des soldats pour combattre les ennemis à l'est et à l'ouest.

Alors même que l'empereur menait ces négociations dont les conséquences devaient être très importantes, Yossel apparut à Spire pour présenter au « souverain légitime » des juifs allemands ses plaintes au sujet des nouvelles accusations pour meurtre rituel portées à Würzburg, des écrits haineux de Luther, des restrictions au commerce de l'argent, des expulsions de différents territoires, du danger permanent qui menaçait la vie des juifs que l'on emprisonnait et torturait « sans qu'il y ait eu reconnaissance des faits par la justice ».

Dans le privilège du 3 avril 1544[392], devenu célèbre par la suite, Charles déclara avoir entendu avec bienveillance la requête des juifs allemands. Il confirma tous les privilèges et les libertés qui leur avaient été attribués par ses ancêtres et par lui-même. Il leur promit qu'ils obtiendraient des sauf-conduits, qu'ils auraient la possibilité de faire du commerce et que l'accès aux routes et à la mer leur serait ouvert. Il interdit qu'on fermât leurs synagogues et qu'on les expulsât des principautés, comtés et autres territoires, mais surtout des villes d'Empire lorsqu'ils y résidaient au moment de son accession au pouvoir. Comme il l'avait déjà décidé dans son décret de 1541, il ordonna qu'aucun juif ne fût obligé à porter un signe distinctif en dehors de son lieu de résidence[393], et que toutes les personnes s'étant rendues coupables envers eux encourussent une punition extrêmement sévère.

«Etant donné que les juifs et les juives subissent des charges et des taxes bien plus lourdes que les chrétiens dans la plupart des territoires de l'Empire, tant en ce qui concerne leur vie que leurs biens et, tout en vivant parmi les chrétiens sans toutefois pouvoir acquérir des maisons et des terres, ni occuper une charge ou exercer un métier respectables leur permettant de vivre en dehors du profit qu'ils peuvent tirer de leur argent, Nous autorisons les dits juifs à prêter leur argent à intérêt pour leurs besoins et profits, à un taux plus élevé que celui qui est permis aux chrétiens, et Nous permettons que cette pratique soit tolérée.»

Le texte du privilège dit encore que les juifs étaient également accusés d'utiliser «pour leurs besoins» du sang chrétien. On leur en faisait procès sur simple dénonciation de certains calomniateurs ou ennemis cherchant à leur causer du tort, bien que les papes eussent sévèrement condamné de tels agissements et que son ancêtre bien-aimé l'empereur Frédéric II fût intervenu avec la plus grande sévérité contre une telle superstition. En tant que «souverain seigneur et juge» des juifs, Charles ordonna qu'aucun juif ni aucune juive, quelle que fût sa condition, ne pût à l'avenir être mis en prison, torturé, martyrisé, spolié de ses biens ni qu'on le (ou la) fît passer de vie à trépas, à moins que des témoins crédibles eussent prouvé son crime et en eussent apporté la preuve. Si à l'avenir il devait de nouveau y avoir de telles accusations, elles devraient tout d'abord être soumises à l'empereur car il était la «plus haute autorité» des juifs, et il faudrait attendre son jugement.

Ce privilège de Charles Quint, en date du mois d'avril 1544, était le plus libéral et le plus généreux qui fut jamais accordé aux juifs. Il correspondait dans tous ses articles aux désirs exprimés et aux requêtes présentées par Yossel depuis des années. Au sujet du prêt à intérêt, l'empereur reprenait presque mot à mot les idées formulées par Yossel dans la *Consolation à ses frères*[394]. Quant aux accusations pour crime de sang, l'empereur reprenait également les protestations des papes et de Frédéric II mentionnées par Yossel dans le texte qu'il avait rédigé pour le roi Ferdinand après le procès pour meurtre rituel à Pösing, en 1529. L'empereur lui-même déclara avoir reconnu qu'il était nécessaire d'octroyer ce privilège après avoir entendu les

L'empereur Charles Quint

Revêtu de sa cuirasse et du manteau impérial, il arbore les signes de sa souveraineté : l'épée, le globe surmonté de la croix et la couronne.

plaintes des juifs à Spire. Voilà pourquoi Yossel eut raison d'affirmer en exultant que Charles leur avait accordé à cette Diète des libertés et des privilèges qu'aucun roi ni empereur n'avait octroyés jusqu'à présent[395].

Bien que Yossel puisse être désigné comme le véritable auteur de cette *Magna Charta*, d'autres raisons que son influence sur l'empereur peuvent avoir été à l'origine de ce document. On a souvent répété que Charles Quint se considérait comme le successeur légitime des empereurs du Moyen Age. En tant que gardien d'une noble tradition, il se sentait devoir poursuivre leur politique envers les juifs, et permettre aux serfs de sa Chambre de conserver tous les droits qui leur avaient été accordés dans le passé. Lui-même, en tant que souverain, se devait « de respecter mot à mot, même envers les infidèles, le texte des traités, de ne jamais violer les accords qui avaient été conclus avant lui, et de ne renoncer à aucun droit acquis par héritage »[396]. Voilà pourquoi, dans le texte du privilège de Spire, à l'article où il condamnait les calomnies concernant les crimes de sang, il se référait explicitement à son ancêtre bien-aimé, Frédéric II de Hohenstaufen. Charles ne se considérait pas seulement comme le descendant légitime des empereurs saliens et Hohenstaufen, mais comme le véritable héritier des Césars romains, le détenteur absolu d'un pouvoir illimité. Et si, en tant qu'empereur allemand, il avait le devoir de préserver les anciennes coutumes, il possédait aussi en tant que *princeps legibus solutus* le « pouvoir de modifier l'ancienne loi »[397]. Les juifs restaient à ses yeux, comme au Moyen Age, les serfs de sa Chambre, de par un droit souverain et impérial qui appartenait à la Couronne. Or, ce droit devait être défendu et protégé contre les prétentions des princes et des villes. A présent, l'empereur se désignait aussi comme leur « souverain juge et seigneur », « l'autorité souveraine » dont ils dépendaient. Il les considérait comme les sujets de l'Empire au sens du droit romain qui leur avait conféré autrefois, certes avec quelque restriction, le droit de citoyenneté au sein de l'*Imperium romanum*.

Voilà pourquoi il serait injuste envers Charles Quint de ne voir dans le privilège de Spire qu'une sorte de récompense pour l'aide que les juifs étaient prêts à lui apporter dans sa campagne militaire contre la France. Jamais il ne réduisit les juifs de l'Empire, comme l'avaient fait ses prédécesseurs, à une machine financière que l'on pouvait exploiter, mettre en gage et dont on pouvait même faire présent. Malgré de très graves crises financières et des besoins de nature personnelle, malgré des guerres ininterrompues à l'extérieur comme à l'intérieur de l'Empire, une seule et unique fois il leur demanda un impôt spécial – et ce fut justement au cours de cette Diète de Spire. Il n'exigea pas l'impôt qu'il était d'usage de payer à la Couronne. Même « la taxe du pfennig d'or » (*der goldene Opferpfennig*) que le rabbin d'Empire Samuel avait été chargé d'encaisser en 1521 semble n'avoir été que rarement prélevée[398].

En 1544, la campagne militaire contre François Ier, annoncée à Spire, fut conduite en personne par Charles Quint. Il envahit la France avec ses troupes, assiégea Saint-Dizier et en septembre atteignit Château-Thierry, à vingt heures à peine de Paris. La paix de Crépy que François fut obligé de signer avec l'empereur, le même mois, mit fin à la guerre qui avait duré des décennies. Les Maisons des Habsbourg et des Valois se l'étaient livrée pour s'emparer de la Bourgogne et de l'Italie, et s'assurer de la primauté du pouvoir en Europe. François Ier s'engagea à renoncer à son alliance avec les protestants, et promit de mettre ses troupes à la disposition de l'empereur en cas de conflit armé avec les états rebelles.

« En l'année 1545[399] », rapporte Yossel dans ses *Mémoires*[400], « l'empereur marcha avec une armée puissante contre le roi de France, et s'avança jusqu'à un lieu situé près de Paris. A cette occasion, des fonctionnaires munis des pleins pouvoirs parcoururent le pays pour obliger les juifs d'Allemagne à payer leur contribution pour la guerre. » Ils se mirent finalement d'accord pour rassembler la somme de trois mille florins, dont quatre cents étaient destinés à l'utilisation personnelle de l'empereur. En plus, ils lui offrirent des cadeaux pour une valeur de mille florins. A la Diète de Worms en 1545, Charles Quint confirma que « notre juif Yossel de Rosheim, commandeur général de nos juifs du Saint Empire, nous a remis et payé au nom des dits juifs la somme de trois mille florins rhénans que nous avons gracieusement acceptée »[401]. Mais l'empereur déclara expressément que l'aide apportée pour la défense ne changeait en rien les privilèges et libertés qu'il leur confirmait une nouvelle fois en reconnaissance de leur soutien.

Tandis qu'à cette Diète de Worms Charles les assurait de la grâce et de la bienveillance impériales, l'« association des états réunis », créée pour « mettre au point une police bonne et stable », demanda que les juifs soient chassés de l'Empire afin qu'ils ne fassent pas subir du fait de leur usure des dommages incommensurables aux sujets de l'Empire, et qu'ils n'informent pas les Turcs de ce qui s'y passait[402]. « A cette époque, alors que je me trouvais à Worms», écrit Yossel[403], «les princes ainsi que tous ceux qui détiennent un pouvoir décidèrent d'expulser les juifs, et pour ce faire ils voulurent obtenir l'autorisation de l'empereur. Mais un homme bon, que sa mémoire soit bénie, se dressa et leur déclara que ce n'était pas là le moyen adéquat pour se débarrasser d'eux, car les lois et statuts prévoient qu'ils doivent pouvoir séjourner dans le domaine de l'empereur et roi des Romains.» Tous les états prirent alors la décision de ne pas chasser les juifs qui depuis des temps très anciens avaient obtenu protection, tutelle et sauf-conduits dans l'Empire.

Yossel ne nous a pas révélé le nom de cet «homme bon» qui s'était opposé à l'expulsion. Mais il est vraisemblable que ce protecteur des juifs ait été un catholique pieux. En effet, d'après le récit de Yossel, il s'était référé à ce qu'avait enseigné le christianisme dans le haut Moyen Age, c'est-à-dire que les juifs, bien que condamnés à la servitude éternelle, ne devaient pas être entièrement exterminés. Un reste d'entre eux devait perdurer jusqu'à la fin des temps, afin que leur existence et leurs souffrances témoignent de la vérité éternelle des prophéties bibliques.

Aux Diètes de Spire et de Worms, l'empereur avait renvoyé sa décision à plus tard parce que la situation politique ne lui semblait pas encore suffisamment assurée. Il la prit en 1546 à la Diète de Ratisbonne. Un armistice de cinq ans avait été signé avec les Turcs. Charles avait été victorieux en France, et aux Pays-Bas les troubles étaient réprimés. Pour la première fois depuis le début de son règne, les frontières de l'Empire étaient assurées. Le duc de Bavière, dont le chancelier Léonard von Eck avait fait cause commune pendant de longues années avec les ennemis de Charles, à l'intérieur comme à l'extérieur, se déclara ouvert au parti de l'Empire et en faveur du maintien de la religion catholique.

Le jeune duc Maurice de Saxe-Meissen de la ligne albertine, gendre de Philippe de Hesse, le prince le plus ambitieux et le plus dépourvu de scrupules du mouvement protestant, se trouva séparé de ses alliés après que l'électorat de Saxe, de son cousin Jean-Frédéric, et le protectorat des évêchés de Magdebourg et de Halberstadt lui eurent été promis. L'entourage de l'empereur était convaincu que les princes de la Ligue de Smalkalde étaient désunis et dépourvus d'un chef de grande envergure. La jeune génération avait perdu la foi dans le protestantisme depuis que celui-ci ne servait plus qu'à couvrir la sécularisation des évêchés et des couvents, ainsi que l'annexion de territoires entiers aux possessions princières.

De l'extérieur, la Diète se déroulait dans les formes traditionnelles bien que « les princes rebelles et insubordonnés de Saxe et leurs partisans ne s'y fussent pas rendus »[404], et que Charles fût décidé « à tirer l'épée pour la sauvegarde de la sainte religion catholique ainsi que pour le plus grand bien de la chrétienté »[405]. Il apparut d'humeur pacifique. Contrairement à son habitude, il participa aux festivités hautes en couleur et aux réjouissances de la Cour.

Yossel s'était rendu à Ratisbonne pour recevoir le grand privilège dont l'empereur lui avait fait la promesse à Spire en 1544, mais qui n'avait pas encore été confirmé. « A cette réunion de Ratisbonne, je m'adressai publiquement au souverain, le priant de bien vouloir respecter sa promesse et ainsi, avec l'aide de Dieu, les contrats furent signés et l'empereur les scella de sa propre main[406]. »

La guerre fut officiellement déclarée le 16 juin. Charles fit publiquement savoir qu'il ne voulait pas combattre la nouvelle religion. Il avait uniquement l'intention de châtier les rebelles qui méprisaient et avaient offensé la majesté et l'autorité de l'empereur, et dont le but était de détruire l'Empire. Le 20 juillet, le landgrave de Hesse et l'électeur de Saxe, qui s'étaient conduits en agitateurs et en rebelles, traîtres et parjures, furent mis au ban de l'Empire.

Ce furent des semaines d'incertitude et d'attente angoissée. Sous le commandement de Schärtlin von Burtenbach, le général en chef des villes de l'Allemagne du sud, les troupes de la Ligue de Smalkalde, bien équipées et de loin supérieures en nombre, se rassemblèrent près d'Augsbourg. Les mercenaires au service de l'empereur se trouvaient encore aux Pays-Bas, en Hongrie et en Italie. Pendant ce temps, Yossel resta à Augsbourg auprès de l'empereur. Vouloir rester dans cette ville ouverte et sans protection, là même où s'était tenue la Diète, n'était pas sans danger pour lui. La majorité de la population adhérait à la nouvelle religion et détestait « Charles de Gand », « l'empereur espagnol », « le destructeur du protestantisme », celui qui « essayait d'imposer son joug aux Allemands libres et s'était rendu parjure envers le pays allemand »[407]. Après avoir occupé Fussen, Schärtlin von Burtenbach avait à présent l'intention de faire marcher ses troupes sur Ratisbonne, de prendre la ville et d'y faire prisonnier l'empereur. Il aurait pu réaliser son plan si la direction mal avisée de la ligue protestante ne l'avait rappelé en Souabe pour qu'il se joigne aux troupes de l'électeur de Saxe et du landgrave de Hesse.

Yossel avait de bonnes raisons pour ne pas abandonner son poste aux cours de ces journées pleines de menaces. Les mercenaires espagnols que l'empereur avait fait venir en Allemagne afin de combattre la Ligue de Smalkalde étaient connus pour leur violence et leur cruauté. On racontait qu'ils pillaient les maisons des habitants et qu'il y avait un grand risque pour les femmes et les jeunes filles d'être violées. Yossel pensait sans doute aux méfaits des mercenaires suisses qui avaient mis les juifs d'Alsace en danger de mort pendant la guerre de Bourgogne. C'est pourquoi il s'adressa au ministre bourguignon de l'empereur, Nicolas Perrenet, seigneur de Granvelle[408]. Il connaissait son intelligence, son humanité et sa bonté. En outre, comme tout le monde le savait, il était sensible aux flatteries, ne refusait pas les cadeaux et exerçait une certaine influence sur les décisions de l'empereur. Sans doute Yossel n'épargna-t-il ni argent ni cadeaux. Il sut utiliser cette influence en faveur de ses frères.

Il raconte dans ses *Mémoires*[409] : « L'empereur décida alors de lever une armée et de marcher contre les princes de Saxe et de Hesse. Des troupes étrangères espagnoles pénétrèrent dans le pays et attaquèrent les juifs. Mais Dieu fut à mes côtés lorsque je me rendis chez ce noble seigneur que l'on nomme Granvelle, le plus puissant après l'empereur, afin qu'il le priât de bien vouloir nous protéger. Il le fit en effet et dit à l'empereur : "Vois, les juifs ont enduré tant de souffrances de la part de ces luthériens apostats, et maintenant ils sont la proie de ton peuple, les *Sephardim* (Espagnols), en dépit des nouveaux privilèges que tu leur as accordés hier et même bien avant." L'empereur l'écouta favorablement et dit : "Il n'est pas juste que les juifs soient la proie de la violence ; vois, dans un écrit scellé il a été donné ordre, sous peine de châtiment, que dans toutes nos armées aucun homme ne lève la main ou le pied pour faire du mal ou porter préjudice à un juif quel qu'il soit." Des messagers ont parcouru toute l'Allemagne pour faire savoir que ceux qui enfreindraient cette interdiction seraient mis à mort. Immédiatement, les mercenaires se montrèrent bien intentionnés envers les juifs. Et lorsque l'empereur se mit en campagne avec son armée, les juifs apportèrent du pain et du vin aux mercenaires. » L'empereur fut satisfait que les juifs eussent approvisionné ses troupes en vivres et publia alors un mandement, ordonnant à « la gent guerrière de toutes nations, allemandes ou étrangères », d'épargner les juifs dans tout l'Empire, de ne pas porter atteinte à la paix du pays et de respecter les sauf-conduits[410].

Au cours des premières semaines du mois d'août, Charles quitta Ratisbonne. Il se retrancha dans un camp fortifié près d'Ingolstadt après que ses troupes l'eurent rejoint le 12 août. Au même moment, Yossel se mit en route pour rentrer à Rosheim, où il arriva le 20 août. Mais la chevauchée qui le ramena chez lui ne se passa pas sans incidents. D'après le rapport d'un prédicateur des armées, les troupes de la Ligue de Smalkalde qui avaient pris des positions près de Donauwörth et d'autres communes de Souabe, et qui attendaient les troupes impériales dans l'oisiveté, s'empiffraient, s'enivraient, jouaient, se querellaient et blasphémaient. « On pille et on vole les pauvres gens, nos amis – ce qui est contre nature – tout autant que nos ennemis[411]. » Les juifs connurent eux aussi le même sort. On informa Yossel durant son voyage que les chefs de guerre et la soldatesque de l'armée de la Ligue de Smalkalde avaient fait prisonniers un certain nombre de juifs, qu'ils avaient pénétré dans leurs maisons pour piller leurs biens ou pour les détruire, en sorte que « beaucoup de pauvres femmes et d'orphelins étaient ruinés et chassés »[412].

Les nouvelles provenant du Ries sur les rives du Danube, ainsi que de la ville de Wallerstein dans le comté d'Öttingen, où les juifs avaient été obligés de remettre aux chefs de guerre et aux mercenaires une forte somme d'argent, étaient particulièrement terribles. Tous ceux qui n'étaient pas en mesure de verser l'argent et d'en montrer le reçu étaient livrés sans pitié aux bandes de guerriers sauvages. « Etant donné qu'ils ne relevaient pas de l'autorité de l'empereur et de l'Empire »[413], personne n'avait eu le courage de transmettre aux chefs de guerre ennemis, à la solde des princes bannis, le mandement impérial qui devait être appliqué dans tout l'Empire. A peine Yossel fut-il arrivé à Rosheim après sa chevauchée harassante qu'il se rendit à Strasbourg pour demander la protection du Magistrat en faveur de ses frères persécutés. Mais, pour la première fois au cours de ses longues années d'activité, l'entrée de la ville lui fut refusée. On lui ordonna de présenter sa demande par écrit[414]. Cependant, après quelques jours, les conseillers se décidèrent à lui accorder une permission exceptionnelle car ils souhaitaient à présent entendre sa requête. Mais l'interdiction de pénétrer dans la ville fut maintenue pour les autres juifs[415].

L'entrevue eut lieu le 1er septembre. Yossel, avec des accents pressants et passionnés, réclama que le Magistrat prenne pitié des juifs comme il l'avait fait au cours de la guerre des Paysans. Il lui demanda aussi d'intervenir auprès de ses alliés de la Ligue de Smalkalde afin que ses frères soient protégés des rançonnements, des pillages et des assassinats[416]. Mais le Conseil adopta une position de refus. Il fit comprendre à Yossel qu'il n'était pas prêt dans la situation présente, vu qu'elle était dangereuse et préoccupante, à accueillir des étrangers dans la ville. « Pour l'instant, ne nous occupons pas des juifs. » Quant à ses coreligionnaires souabes victimes de pillage, Yossel n'avait qu'à s'adresser aux auteurs des dommages, qui sauraient certainement lui fournir la bonne réponse[417].

Le Conseil avait de très bonnes raisons pour parler de « situation préoccupante » et avoir de mauvais pressentiments pour l'avenir. Car, au même moment, les troupes de la Ligue de Smalkalde qui avaient assiégé Ingolstadt se retirèrent malgré leur grand avantage numérique sans avoir lancé l'assaut contre la forteresse. Selon Yossel, les deux princes de Saxe et de Hesse alliés aux villes d'Empire libres avaient rassemblé une infanterie et une cavalerie armée de plus de cent mille hommes, alors que l'empereur ne disposait que d'une armée de quarante mille hommes[418].

Charles commença à suivre lentement les armées de la Ligue de Smalkalde jusqu'en Souabe. Sans que l'on en vînt à une véritable bataille, il prit possession de toutes les places fortes de l'adversaire. Celui-ci, n'ayant pas reçu l'aide qu'il attendait des Français et des Danois, avait perdu la confiance des premiers jours. L'opinion publique, qui considérait les protestants comme les sauveurs de la liberté allemande menacée, et voyait en eux les successeurs d'Arioviste et d'Arminius, les avait accueillis avec des transports de joie. Au cours de l'automne et de l'hiver, toutes les villes de Souabe et de Franconie se rendirent à l'empereur. Elles subirent l'humiliation de devoir se prosterner devant lui et furent obligées de payer le tribut très élevé que leur imposa le vainqueur. Pendant tout ce temps, Strasbourg avait mené des négociations avec le roi de France, François Ier, qui l'abandonna à son sort. En février 1547, la ville dut à son tour se soumettre au vainqueur.

Après un siège de courte durée en décembre 1546, la ville protestante de Francfort se rendit au général impérial Maximilien von Büren. Etant donné que les mercenaires espagnols, qui n'avaient aucune discipline, semaient la terreur au sein de la population, les juifs craignirent d'être frappés par la même catastrophe que leurs concitoyens chrétiens. Pour cette raison, ils prièrent Yossel « de bien vouloir intercéder en leur faveur auprès du général de l'armée, le comte von Büren »[419]. Yossel écrit[420] que l'empereur n'avait pas du tout eu, à l'origine, l'intention d'assiéger Francfort. Lorsque l'armée impériale s'approcha de la ville, ses habitants furent saisis d'une telle terreur que les conseillers allèrent très humblement à la rencontre du général à l'extérieur des portes, et lui demandèrent pardon de s'être rebellés contre le souverain suprême de l'Empire. Au nom de l'empereur, le comte von Büren accepta la soumission, mais à la condition qu'on lui remette la forteresse et qu'il puisse agir avec les habitants comme bon lui semblerait. Quant à Yossel, il fut très aimablement reçu par le comte von Büren. Il parlementa avec lui dans l'intérêt des juifs de Francfort et lui remit un cadeau de huit cents florins d'or. « Les juifs purent circuler librement dans les rues de la ville. Les mercenaires leur vendirent le butin qu'ils avaient pris à Feuchtwangen et à Darmstadt, en sorte qu'ils gagnèrent pas mal d'argent. Notre deuil se transforma ainsi en joie[421]. »

Charles avait pu soumettre avec tant de facilité l'Allemagne du sud et de l'ouest parce que Jean-Frédéric de Saxe avait dû quitter les lieux de bataille en Souabe. Il lui avait fallu porter de l'aide en toute hâte à son propre pays, où son cousin le comte Maurice, allié de l'empereur, avait fait pénétrer ses troupes. Charles, malade de la goutte et à moitié paralysé, vieilli prématurément et affaibli par un travail et des chocs émotionnels incessants, surmonta avec le courage indomptable qui le caractérisait toutes ses souffrances physiques et morales. Contre l'avis de ses médecins, il suivit ses troupes du sud au nord de l'Empire. Il voulait « chercher où qu'il puisse se trouver » Jean-Frédéric, le chef des princes hérétiques, son adversaire depuis tant d'années.

Il le découvrit en avril 1547 à Mühlberg sur les bords de l'Elbe. Il était presque en fuite vers Magdebourg ou Wittenberg, car il voulait se défendre contre le duc d'Albe, chef de l'armée impériale, avec l'aide de la Bohême hussite. L'empereur, dans une armure étincelante, arborant son casque empanaché, sa longue épée dans la main, prit part en personne à cette bataille où il remporta la victoire. Jean-Frédéric y perdit sa liberté, sa dignité d'électeur et son duché. Peu de temps après, Philippe de Hesse lui aussi se rendit au souverain, et se soumit en se prosternant devant lui. Comme Jean-Frédéric, c'est en tant que prisonnier qu'il dut suivre la Cour de l'empereur. Celui-ci exultait d'avoir triomphé de l'opposition religieuse et politique car « il vint, il vit, et Dieu remporta la victoire ».

Dans sa supplique au Magistrat de Strasbourg en 1546, Yossel avait souligné que, puisque les juifs vivaient dispersés dans le monde entier, qu'ils n'avaient ni terre ni troupes et ne pouvaient donc être à l'origine d'une guerre, ils adopteraient une attitude neutre vis-à-vis des deux forces combattantes. Mais, au fond de lui-même, il n'était pas impartial. Il ressentait certainement la tragédie grandiose et impitoyable des évènements « car pour la première fois, sur le sol allemand, le combat se jouait autour des grandes questions de la vie de l'esprit et autour de la forme que devait prendre l'ordre public »[422]. Yossel ne pouvait cependant pas oublier que Luther avait menacé ses frères de mort et de destruction, que Jean-Frédéric les avait expulsés du pays, que Bucer avait été son conseiller et que la ville de Strasbourg leur avait fermé ses portes. Or, il ne voulait pas oublier que l'empereur leur avait assuré la possibilité de faire du commerce, qu'il avait protégé leur vie et leurs biens, qu'il avait libéré les prisonniers de Würzburg et qu'il avait témoigné de leur innocence devant le monde entier.

« Mais nous, le peuple juif », dit-il[423] en décrivant l'atmosphère qui régnait chez les juifs allemands pendant la guerre contre la Ligue de Smalkalde, « nous avons prié avec ferveur matin et soir à Francfort-sur-le-Main, nous avons crié vers notre Père et notre Roi au Ciel, le Dieu Unique et Tout-Puissant dont la toute-puissance peut aider l'armée la moins nombreuse à remporter la victoire, afin qu'Il protège notre empereur et qu'avec lui Il nous protège, nous les juifs... C'est en 1546 que l'empereur remporta cette victoire. Pour nous aussi, dans Sa miséricorde et Sa bonté, Dieu accomplit de grands miracles : car, dans cette terrible guerre civile, où les Allemands combattirent avec acharnement contre des Allemands, aucun juif n'a subi de dommages. »

Ce fut en pleine connaissance de cause que Yossel se rallia au parti de l'empereur et non pas à celui des autres puissances dont, pendant tant d'années, il avait sollicité en vain la bienveillance. Ce ne furent pas seulement le calcul et l'intérêt qui dictèrent sa conduite, ni la raison froide qui lui fit tirer parti de la situation politique. Ce ne fut pas non plus le seul sens pratique qui l'amena à profiter de l'issue de ces années fatidiques. Dans sa mémoire se perpétuait le souvenir vague et inconscient du mythe que l'enfant du « pays d'Alsace » percevait autrefois dans ses rêves : le mythe du retour d'un empereur de paix, d'un Messie couronné qui, « revêtu d'un manteau blanc comme neige, monté sur un cheval blanc, arc et épée en main », descendrait de la montagne pour juger l'iniquité des hommes, élever les pauvres et les opprimés, rétablir le droit et la justice, « en sauveur et en libérateur devant Dieu ».

CHAPITRE 8

Aspirations métaphysiques et engagement dans l'Histoire

L'HISTORIEN, LE PHILOSOPHE, L'ÉDUCATEUR

Les *Mémoires* de Yossel se terminent en 1547 avec la description du triomphe de l'empereur sur ses adversaires protestants, qui avaient en même temps été les ennemis les plus acharnés des juifs. A cette époque, il pouvait considérer avec joie et fierté le combat de sa vie comme étant achevé. Il se sentit alors poussé à écrire les évènements de son existence si mouvementée, et à faire pour lui-même le compte rendu de tout ce qui lui était arrivé au cours de quarante années d'une activité ininterrompue, à nulle autre pareille. De nombreuses raisons le conduisirent à prendre cette décision. C'était pour lui un plaisir simple et naturel de raconter et de rapporter des faits intéressants, de décrire des scènes dramatiques, de se servir de paraboles pour donner des leçons à ses contemporains et de reproduire avec réalisme des moments historiques. Il possédait un sens inné de l'Histoire, c'est-à-dire qu'il recherchait la cause et les effets des évènements ainsi que les liens qui les unissaient.

Les humanistes de son temps, suivant en cela l'exemple des grands historiens de l'Antiquité, collectionnaient assidûment les écrits concernant le droit, les documents et les manuscrits du Moyen Age. Ils voulaient par là éclairer l'histoire de leurs propres peuples en étudiant le passé pour mieux comprendre le présent. Comme eux, Yossel étudia les privilèges accordés par les empereurs et les rois, les bulles des papes et les procès-verbaux des villes, afin d'approfondir l'étude de la situation juridique de son peuple. Il recherchait aussi les témoignages historiques pour les utiliser dans ses écrits apologétiques à titre de preuves irréfutables. Il tenait enfin à conserver les documents authentiques pour les transmettre aux générations futures[424].

Nombre de ses contemporains écrivirent leurs *Mémoires*, leur autobiographie, leur journal ou leur chronique familiale[425], soit pour faire le récit d'évènements politiques ou militaires auxquels ils prirent part en tant qu'acteurs ou en tant que combattants, soit pour rapporter leurs succès économiques. Cela permettait ainsi à une existence inconnue de sortir de l'obscurité, et à une vie riche et remplie d'être projetée dans la lumière. D'autres encore décrivirent des pays étranges, nouvellement découverts, où ils avaient connu des aventures et surmonté des dangers. Yossel se sentit lui aussi obligé de transmettre l'histoire de sa vie à la postérité. Mais, contrairement à Schärtlin von Burtenbach, Götz von Berlichingen, Hermann von Winsberg, Bartholomée Sastrow ou Thomas Platter, il ne le fit pas en vue d'ériger un monument à sa mémoire, pour se justifier ou pour donner les lourdes épreuves qu'il avait stoïquement endurées en modèle à la postérité. Yossel ne voulait pas seulement raconter ce qu'il avait lui-même vu et vécu. Ce qui lui importait, c'était de décrire « les terribles fléaux, de rapporter les évènements horribles qui faisaient pleurer son âme en secret »[426].

Lorsque, en 1544, il s'était rendu à Würzburg pour sauver de la mort les juifs accusés de meurtre rituel, un incident fortuit lui fournit un prétexte pour écrire ses *Mémoires*. Il était à ce moment-là bouleversé par le souvenir douloureux du destin de ses grands-oncles à Endingen, si semblable au sort des prisonniers, et aussi par celui des souffrances qu'avaient endurées ses parents pendant la guerre de Bourgogne alors qu'ils se trouvaient dans une situation tout aussi dangereuse. Le passé se mêlant au présent le submergeait. Le lien indissoluble entre les générations, reliées par un destin éternellement tragique, fut pour lui une nouvelle révélation. Au cours de ces journées, on lui remit un livre de prière où, sur une des premières pages, un certain Jacob ben Itzhaq de Nuremberg avait écrit l'histoire de la persécution des juifs d'Alsace pendant la guerre de Bourgogne[427]. Ce livre de prière était tombé entre les mains d'un ecclésiastique de Colmar au moment où les juifs avaient été expulsés de leurs demeures. Il l'avait vendu à Jacob ben Itzhaq de Nuremberg, et à cette occasion il lui avait raconté « les terribles malheurs qui s'étaient abattus sur les juifs d'Alsace »[428].

Le prophète Isaïe

Cette gravure sur bois de 1509 représente un érudit juif qui se consacre à l'étude et à l'interprétation des textes sacrés. Extrait de « Maragarita Philosophica » de Gregorius Reisch.

« En arrivant ici », lit-on dans les *Mémoires*[429] de Yossel concernant l'année 1544, « je me dis qu'il était opportun d'écrire ce que j'avais entendu de la bouche de mon père et de ma mère. » Mais, pour les évènements qui avaient eu lieu avant sa naissance, il ne prit pas comme seules sources historiques les descriptions de Jacob ben Itzhaq et les récits de ses parents. Il s'informa aussi auprès de personnes âgées qui avaient vécu personnellement ces persécutions, par exemple auprès de sa belle-mère dont le neveu avait été baptisé de force. Il semble qu'il ait aussi étudié les annales des communes alsaciennes, car ce qui a été écrit dans celles d'Obernai est conforme à ses propres renseignements[430]. C'est ainsi qu'il est en mesure non seulement de nous raconter le drame de ces persécutions, mais aussi de nous parler du froid qu'il faisait alors, de nous rapporter le nombre de personnes qui furent soit sauvées, soit baptisées, soit massacrées. Il peut nommer les villes d'où les juifs durent s'enfuir et nous dire le nom du sauveur ou du serviteur qui apporta la rançon.

Quant aux évènements auxquels il participa par ses négociations, il n'eut pas besoin de « documents authentiques et précis ». Il se servit de ses propres notes à titre d'aide-mémoire, ainsi que de copies de ses requêtes à l'empereur, aux baillis et aux Magistrats des villes. Cependant, bien qu'il s'exprime de manière extrêmement méthodique et précise, et qu'il nous narre les évènements qu'il a vécus avec la plus grande objectivité, il ne serait pas possible de nous faire une idée de l'ampleur des activités politiques de Yossel si ses *Mémoires* étaient notre unique source historique. Car il ne nous dit rien, par exemple, des *Articles et Règlement* qu'il établit pour les juifs en 1530 ; il ne mentionne que brièvement sa controverse avec Margaritha et ses rapports avec Luther. Nous n'apprenons rien de la teneur des privilèges qu'il a obtenus de l'empereur, rien de ses succès concernant les juifs de Hesse, rien de son activité en tant que *parnass* des juifs de Basse Alsace, ni de ses relations avec les juifs allemands, rien non plus du procès que lui intenta la haute cour de justice impériale.

Le diplomate espagnol et juif de Cour Isaac Abravanel, contemporain de Yossel, commença le récit de ses souvenirs en relatant sa propre histoire[431]. Il fit connaître son père et son grand-père au lecteur, ainsi que ses illustres ancêtres, dont l'arbre généalogique remontait au roi David. Il présenta de façon concrète la vaste maison qu'il habitait dans la belle ville de Lisbonne, lieu de rencontre des érudits, « forum de la justice et du savoir». Il nous parla de ses bonnes relations avec le roi Alphonse V, des grands honneurs qui lui avaient été rendus et finalement de son sort douloureux lorsqu'il fut banni, lorsque son corps perdit son âme et que, comme Job, il devint poussière et cendres.

Yossel, par contre, commence ses *Mémoires* par le récit du meurtre rituel d'Endingen. Il mentionne ses grands-oncles non parce qu'ils sont des membres de sa famille, mais parce qu'ils sont morts en martyrs. Il parle de ses parents non parce qu'il est celui qui leur est le plus proche au monde, mais parce qu'ils sont les témoins de la persécution de 1477. Nous apprenons que sa sœur épousa un certain Isaac ben Jehiel Pamseh, le fils ou le petit-fils de l'homme de Colmar qui avait sauvé les juifs pendant la guerre de Bourgogne. Peu lui importe de se vanter de ces illustres liens de famille, il préfère donner comme exemple les «modestes» descendants de cet «homme bon, qui tous parvinrent à la richesse et aux honneurs». Car il veut prouver que «celui qui met sa vie et ses biens en péril pour sauver son prochain en retire des intérêts en ce monde, tandis que le capital de base est conservé dans le monde à venir pour lui et pour ses descendants»[432].

Par contre, il oublie de nous dire où et quand il vint au monde, le nom de la petite ville où il vécut, celui de ses maîtres, celui de sa femme et le nombre d'enfants qu'elle lui donna, quels furent les hommes et les idées qui eurent une influence sur lui. S'il agissait ainsi, ce n'était pas par fausse modestie, ni par manque d'assurance ou de conscience de sa propre valeur. Ce n'était pas non plus parce qu'il n'était pas enclin à l'introspection ou ne s'abandonnait pas à ses émotions. Bien au contraire, le fait qu'il ait été le premier juif allemand à écrire ses *Mémoires* prouve combien il était gagné par l'esprit de son temps, qui «posait l'homme au milieu du monde, lui permettait de regarder librement autour de lui de tous côtés et de choisir sa position» (Erasme). C'est tout à fait consciemment que Yossel ne prit pas comme objet de son récit l'histoire de sa propre vie, mais celle des juifs allemands. Voilà pourquoi il l'écrivit sous la forme neutre, presque impersonnelle d'annales où, année après année, les évènements sont passés en revue. Quand il parle de lui-même, c'est uniquement en tant qu'acteur de ces évènements.

De la manière réfléchie dont il est coutumier, il met en relation l'histoire juive de son époque avec l'Histoire générale. Il associe les persécutions de 1477 à la guerre de Bourgogne du duc Charles le Téméraire et les méfaits des «méchants» Suisses, la perte de ses titres financiers et de ses gages à la guerre de succession de Landshut, l'expulsion des juifs de Ratisbonne à la mort de Maximilien en 1519, les dangers encourus par ses coreligionnaires en 1525 avec la guerre des Paysans et leur salut en 1547 avec la victoire du parti des catholiques sur celui des protestants. Cependant, l'objectivité de l'homme politique ne correspondait ni en théorie ni en pratique avec le regard que l'historien portait vers le passé. Yossel concevait l'Histoire comme tous ses prédécesseurs qui avaient réfléchi à l'essence de l'histoire de leur peuple[433]. Pour eux, elle était orientée par la théologie et la métaphysique. Dans la vie pratique, il mettait en relation les causes et les effets, et reconnaissait dans la situation anormale des juifs la conséquence de conditions sociales et économiques malsaines. En tant que théoricien, il voyait dans l'époque où il vivait la manifestation de la volonté et de l'action de Dieu, qui une fois de plus Se révélait à Son peuple.

L'histoire du peuple juif ne se déroule pas de façon naturelle, elle est différente de celle de tous les autres peuples. Ce n'est pas un roi humain, mais Dieu lui-même qui conduit son peuple. «La Providence divine est le fondement et la base de l'existence juive[434].» Voilà pourquoi tous ceux qui ont pour mission de guider ce peuple agissent comme des instruments dans la main d'un Dieu très bon et omniscient. Les miracles qui autrefois furent accomplis au Sinaï et dans le pays d'Israël se produisent encore aujourd'hui. Car, toujours et encore, Dieu manifeste Sa grande miséricorde de façon miraculeuse. Toujours, Il venge les humiliations infligées à Son peuple et le sang versé de Ses serviteurs. Toujours et encore, Il révèle qu'Il n'a pas renié Ses enfants même s'ils vivent dans le pays de leurs ennemis.

A cause de ceux qui furent massacrés pendant la guerre de Bourgogne, Il lança à plusieurs reprises Sa vengeance contre les Suisses. Il envoya aux seigneurs territoriaux qui voulurent chasser les juifs en 1528 des anges de malheur. Ainsi trois des fauteurs du désastre moururent-ils victimes d'une maladie soudaine et le quatrième fut-il assassiné dans sa propre demeure. L'électeur de Saxe qui ne tint pas sa parole et leur fit du mal fut vaincu par son adversaire impérial et honteusement fait prisonnier. Lorsque Pfefferkorn voulut brûler les livres juifs, Dieu eut pitié de la détresse de Son peuple. Il accomplit un miracle après l'autre, et permit qu'il fût sauvé de l'attaque du renégat par un érudit non juif.

Lorsque Martin Bucer humilia les juifs de Hesse et les mit en danger, Dieu révéla l'innocence des martyrs accusés de profanation d'hosties qui furent immolés par le feu dans la Marche de Brandebourg.

« Ce mystère profond et insondable se dévoile dans les nombreux et différents bienfaits que Dieu nous accorde en tout temps[435]. Nous l'avons maintenant constaté de nos propres yeux. Afin de rejeter toute sorte de joug, une nation fonda une nouvelle religion avec beaucoup moins de contraintes. Elle eut l'intention de nous attaquer et par de nombreux décrets, persécutions et oppressions, elle voulut anéantir la nation israélite afin qu'elle cessât d'être un peuple. Mais Dieu vit la misère de Son peuple, et Il envoya un ange dans la personne de rois compatissants qui donnèrent à l'empereur Charles Quint le pouvoir et la force de remporter plusieurs victoires sur ses ennemis. Il put ainsi faire échouer leurs alliances, déjouer leurs conspirations, les humilier et conquérir sans peine des provinces et des villes. L'empereur remporta la victoire de façon miraculeuse et sauva la nation israélite du pouvoir de cette nouvelle religion fondée par un moine impur, nommé Martin Luther[436], qui essaya d'assassiner et d'exterminer tous les juifs, jeunes et vieux. »

Mais les miracles de Dieu, selon la conviction de Yossel, ne pouvaient être accomplis sans la coopération des Pieux (*Hassidim*) et des Justes. Il attribuait l'heureux résultat de la mission qu'il avait remplie en 1528 à l'abnégation dont il avait fait preuve lors de sa pérégrination à pied de Rosheim à Prague. Il était en effet convaincu que, grâce à de grands efforts et à des renoncements difficiles, à la prière et au jeûne, les évènements peuvent prendre une tournure favorable. Lors de la guerre de Smalkalde, la communauté de Francfort fut sauvée grâce au mérite de ses *Hassidim* qui s'adonnèrent avec zèle à l'étude de la Tora. Lorsque, en 1542, les juifs furent expulsés de Prague, « Dieu y maintint un reste car il vit le jeûne, les mortifications, les pénitences, la prière et les bonnes actions ».

Pendant les décennies où il fut le chef des juifs, les évènements étranges et douloureux qu'ils durent affronter ne furent pas causés uniquement par la méchanceté de leurs contemporains. De même que leurs coreligionnaires espagnols, après leur expulsion, attribuèrent à leurs propres péchés le malheur qui les avait frappés, Yossel ne rendit pas seulement la situation extérieure responsable de la misère de ses frères allemands. Au cours de ses négociations avec les autorités impériales et les Magistrats des villes, il reconnut avec beaucoup de réalisme les causes qui avaient conduit aux expulsions. Dans ses *Articles et Règlement*, il s'était efforcé de réformer la situation sociale de son peuple afin que son droit de résidence dans les villes ne fût pas remis en question. Dans les récits où il reconstruisit l'histoire, il considéra les persécutions comme un châtiment infligé par Dieu parce que ce peuple était devenu envieux et avare, dominateur et cupide, désuni et insubordonné, et qu'il s'était écarté de la religion de ses pères.

Dans le grand ouvrage qu'il intitula *Sefer ha Mikneh*, c'est-à-dire le *Livre de l'acquisition*, Yossel s'est exprimé sur ces problèmes de façon plus détaillée que dans ses *Mémoires*[437]. Le *Sefer ha Mikneh* n'a pas été intégralement conservé ; il commence à la page 62, au septième chapitre. C'est un étrange mélange de genres qui, selon toute vraisemblance, l'accompagna dans ses longs voyages. Dès que Yossel disposait d'une heure libre, il lui confiait, comme on le ferait à un bon ami, ses pensées et ses souvenirs, ses doutes et ses espoirs. Car, à la fin de la première partie[438], il nous dit que c'est à la Cour de l'empereur, à Ratisbonne, qu'il le termina « le jour avant la pleine lune du mois d'Elul 306, 1546 d'après le petit comput ». Le manuscrit contient plusieurs traités d'éthique et de philosophie religieuse. On y trouve l'exégèse de textes bibliques, l'interprétation de « paroles des sages et d'érudits plus récents », ainsi que l'explication de passages aggadiques* et de *midrashim**, la copie ou des extraits d'œuvres de philosophes et de cabalistes, des récits d'évènements historiques ou de faits personnellement vécus.

Si l'on considère cet ouvrage de façon tout à fait neutre, il semble être un recueil fortuit et arbitraire de notes érudites, rassemblées au cours de nombreuses années par un esprit avide de connaissance et de savoir. En réalité, l'auteur a surtout voulu écrire un livre de morale destiné à éduquer ou, comme il le dit lui-même, prononcer « des paroles de remontrance et des paroles de sagesse ». Son but était d'éclairer et d'instruire le lecteur, de lui prodiguer des enseignements et de le mettre en garde, pour que dans sa vie il puisse tirer profit des écrits des Pères qui sont « plus précieux que l'or et les perles ».

Le premier chapitre qui nous est conservé est composé de neuf piliers ou sections. Il commence avec « l'énumération des actions indignes des apostats et des calomniateurs de mauvaise réputation dont parlent le Talmud et la Aggadah »[439]. Yossel énumère ensuite un grand nombre de cas dont il fut lui-même témoin, pour démontrer que les dénonciateurs et les convertis attirèrent depuis toujours de terribles malheurs sur le peuple juif[440]. C'est ainsi qu'il attribua les raisons de l'expulsion des juifs de Landshut et de Basse Bavière (au milieu du XVe siècle) aux calomnies de méchantes gens qui rapportèrent au duc Louis que les juifs très riches de son duché possédaient plus d'argent que les caisses de l'Etat, et qu'ils ne lui payaient pas assez d'impôts. L'enquête démontra en effet qu'un certain Eliezer Landshut possédait des sacs pleins de florins. Or, bien que le duc eût envisagé à l'origine d'appliquer la peine de mort pour un tel délit, il se contenta de prendre l'argent d'Eliezer et des autres, et de les expulser de ses terres dans le délai d'une semaine. Quant aux dénonciateurs, ils se firent baptiser et restèrent dans le pays.

En 1438, l'expulsion d'Augsbourg fut également provoquée par un dénonciateur juif qui convainquit deux chrétiens d'exercer du chantage sur un commerçant juif afin de l'obliger à payer mille florins. Lorsque le bourgmestre apprit cette escroquerie, il se dit : "Si les juifs sont en mesure d'agir ainsi les uns envers les autres, que ne feront-ils pas aux autres !" Voilà pourquoi il fit emprisonner les deux chrétiens impliqués dans cette affaire, mais il expulsa les juifs de la ville. Quant à l'intrigant, il s'esquiva dans le plus grand secret[441]. De façon analogue, la communauté de Nuremberg fut redevable à l'un de ses propres coreligionnaires des malheurs qui la frappèrent, bien que celui-ci n'eût pas eu à l'origine l'intention de lui nuire. Il s'agissait d'un juif d'Aubin qui désirait déménager à Nuremberg. Etant donné qu'il pensait que sa richesse lui ouvrirait toutes les portes et qu'il pouvait faire ce que bon lui semblait, il négligea de demander à la communauté de Nuremberg si elle était prête à le recevoir. Aussi, lorsque les préposés et les anciens s'opposèrent à son établissement, cet affront le mit dans une colère telle qu'il arriva à convaincre le Magistrat de Nuremberg de suivre l'exemple d'Ulm et de se débarrasser des juifs.

Au moment où les juifs furent expulsés d'Ulm et de Nuremberg[442], Yossel était un jeune homme inexpérimenté qui avait sûrement prêté foi aux récits selon lesquels les expulsions étaient dues à des dénonciateurs. Lorsqu'il écrivit son *Sefer ha Mikneh*, il était le chef de son peuple, sage et expérimenté. Pendant des années et des années, il avait mené des négociations avec l'administration impériale et celle des villes. Ni à Colmar ni à Obernai, il n'y avait eu de traîtres juifs, et pourtant le sort des juifs avait été partout le même. Il n'est pas certain que Yossel ait été conscient de la contradiction qui existait entre ses déclarations politiques et les idées qu'il développa dans le *Sefer ha Mikneh*. Ce qui par contre est certain, c'est que son sens moral s'opposait à son sens historique, et que c'est le premier qui l'emporta.

L'historien le plus important de cette époque, le bavarois Aventin, parlait de lui-même lorsqu'il disait que « l'indignation lui avait ouvert la bouche », et lorsqu'il spécifiait qu'un historien se devait d'interpeller ses contemporains pour qu'ils scrutent leur âme et se remettent sur la bonne voie. Le théologien et historien Sébastien Franck, qui voyait dans le schisme religieux une œuvre du diable, compara le destin des Empires à celui des individus. De même qu'il était persuadé que les hommes qui pèchent courent à leur ruine, de même croyait-il que « les Empires s'écroulent lorsqu'ils font le mal. Lorsque le mal s'accomplit, lorsque des peuples entiers deviennent mauvais, la ruine est leur châtiment »[443].

C'est dans ce sens que le cours de l'Histoire devint pour Yossel une parabole. L'apostat calomniateur qui mettait la communauté en danger était le symbole manifeste de tout mal, il était tout simplement l'incarnation du péché. Les paroles dures et amères par lesquelles Yossel mit ses frères en garde contre les apostats et dépeignit la fin terrible des criminels n'étaient pas uniquement dues à son « indignation ». Au cours de sa vie, il avait fait lui-même l'expérience du mal terrible que les Pfefferkorn, Margaritha et Carben avaient causé à son peuple. Il définit un jour le changement d'attitude de Luther comme étant l'œuvre de « juifs apostats, semblables à des mamelouks », parmi lesquels il comptait Margaritha qui devint « comme une épine dans notre chair ». Certes, les défections se maintinrent dans des limites modestes. Il était notoire cependant que les nombreuses discussions religieuses, les controverses au sujet du caractère messianique du Christ, les contacts étroits noués entre érudits juifs et hébraïsants chrétiens, l'interprétation christologique de la Bible tant par les catholiques que par les protestants, l'activité missionnaire de Luther, de Bucer et d'autres réformateurs avaient rendu certains juifs, très souvent parmi les meilleurs, hésitants, indécis, et mûrs pour le baptême.

Un des convertis de cette époque, Stéphane Isaac, nous a laissé son autobiographie[444]. Il nous y raconte pourquoi son père, Isaac l'Ancien, avait quitté le judaïsme en 1546 pour se convertir au christianisme.

« Alors que mon père était un enseignant parmi les juifs, il commença, avec beaucoup de zèle et après avoir au préalable invoqué la grâce divine, à lire et à étudier le chapitre 53 d'Isaïe, où manifestement sont décrites les souffrances de Notre Seigneur Jésus-Christ. Et lorsqu'il eut finalement évalué tous les faits et compris que ce texte ne peut se référer qu'à Jésus-Christ et à personne d'autre, il rendit grâce à Dieu et se rendit auprès de plusieurs théologiens. Il s'entretint avec eux, et par eux il fut consolé et fortifié dans le Christ. »

Le converti Gérard Veltwyk, un conseiller très estimé de Charles Quint, était devenu célèbre par un ouvrage rédigé en hébreu, *La Traversée du désert*, ainsi que par son véritable enthousiasme pour le christianisme, dont il essayait de se faire l'ardent propagateur auprès de ses anciens coreligionnaires[445]. Rabbi Jacob Gipher, quant à lui, se convertit au protestantisme sous l'influence de Luther et, en tant que docteur de la langue hébraïque, il adopta le nom de Bernard. Luther, qui l'honora en lui envoyant son livre *Que Jésus-Christ était né juif*, attendait de lui qu'il ramenât ses coreligionnaires sous la bannière de leur roi David[446]. Certes, ni Bernard, ni Mathieu Adrianus, un converti espagnol très érudit vivant en Allemagne, ne cédèrent à ses désirs. Cependant, Yossel avait toutes les raisons du monde d'éprouver des craintes pour son peuple et de se tenir sur ses gardes.

Mais il n'eut pas uniquement l'intention de réprimander ses frères, de les rappeler à l'ordre et de les prévenir du danger que pouvaient leur faire courir les apostats qui avaient abandonné leur religion et agissaient en sorte que le malheur s'abattît sur eux. Il voulut aussi « leur donner à boire l'eau claire et pure des commandements et de la Tora »[447], afin que ceux qui aspiraient à conduire leur âme sur le chemin de la perfection soient en mesure de puiser dans les paroles précieuses de son livre consolation, enseignement, élévation et encouragement. Voilà pourquoi, dans la deuxième partie de son ouvrage, qui est un traité de philosophie éthique divisé en six chapitres, il explique les sentences des philosophes et des cabalistes « d'où il a extrait du lait et du miel comme il l'aurait fait d'une friandise »[448].

Yossel n'était ni un penseur spéculatif ni un philosophe construisant un système. C'était un homme éclectique. Il essayait de reprendre la pensée des grands hommes qui avaient réfléchi avant lui, pour ensuite transmettre le résultat de ses recherches aux esprits les plus éclairés et les plus ouverts de son peuple. C'est ainsi qu'il reprit de Maïmonide, de Nahmanide*, de Gersonide et d'autres encore certains points essentiels de leur pensée, sans s'identifier complètement à elle, et même parfois en y ajoutant sa propre interprétation ou sa réfutation. Il commenta par exemple les paroles d'Elihou par lesquelles celui-ci « répondit aux graves objections de Job concernant la Providence de Dieu »[449] d'après le modèle de Gersonide, alors que son développement sur la *Hochmah*, la sagesse, suit la pensée de Maïmonide auquel il vouait une grande admiration.

Mais ce qui est plus important que ses tentatives philosophiques souvent un peu maladroites, c'est que cet homme politique, surchargé de travail et toujours en voyage, ressentait continuellement le besoin de se retirer dans le silence et la solitude pour méditer sur les émanations et la Providence divines, la révélation et la communion avec le Très-Haut, l'imitation de Dieu, l'essence de la prophétie, du guide accompli et de la nation parfaite. « Car c'est l'idée, et non pas l'or, qui nourrit l'intellect[450]. » Le fait de s'occuper des choses de Dieu lui donna la force, alors qu'il était plongé dans le bruit assourdissant des Diètes et qu'il participait aux négociations délicates avec les autorités, de garder l'équilibre de son âme et la sérénité de son esprit. Cela lui permit de conserver ce calme imperturbable qui décontenançait ses adversaires, cette confiance inébranlable qui lui gagna le cœur de l'empereur, et la certitude absolue que le combat qu'il menait était un combat pour le Dieu de ses pères, ce Dieu qui dit un jour à Moïse : « Ma face te précédera et Je te guiderai[451]. »

Souvent, Yossel fut considéré comme un cabaliste parce qu'il commenta certains écrits de la Cabale, qu'il médita sur « la profondeur du mystère du char céleste »[452], et essaya d'expliquer « le secret de l'unité divine »[453]. En réalité, il n'était ni cabaliste ni rationaliste, ou alors il fut les deux à la fois, car cette époque n'avait pas encore fixé de limite très précise entre le monde de la raison et le monde de la subjectivité, entre la recherche philosophique et l'attachement à la religion, entre la loi et la mystique[454]. Le premier chapitre du traité de philosophie éthique commence par les mots : « L'Ecriture dit : "Acquiers la sagesse." Or, par ces mots, Salomon veut dire que dans "tous" nos actes nous devons nous préoccuper d'acquérir la sagesse[455]. » Yossel définit cette sagesse exactement comme Maïmonide[456], c'est-à-dire la formation de l'intellect jusqu'à sa plus haute perfection afin que l'homme reconnaisse Dieu et comprenne le sens de l'existence.

L'ultime et la plus parfaite piété, donc le plus grand bonheur, nous enseigne Maïmonide, est accordée uniquement à celui qui a reconnu Dieu. L'amour de l'homme pour Dieu relève de Sa connaissance. Et de cet amour qui fait jaillir la connaissance de Dieu provient le service que les sages nomment « les devoirs du cœur ». Par ce service, l'homme, même lorsqu'il s'adonne à d'autres occupations, dirige toute sa pensée et sa méditation vers son Créateur et concentre sur Lui tout son être et tout son esprit. « C'est avec raison et discernement », dit Yossel[457], « que l'homme doit examiner les secrets de la Tora. Il doit se donner de la peine et les méditer en se levant, en marchant et en étant assis, chacun d'après son degré de discernement. Il doit ouvrir son intelligence et inscrire les paroles au plus profond de son cœur, afin que lui-même et ses descendants connaissent le bonheur de posséder la source des secrets de la Tora. »

L'essence de la piété parfaite – lorsque la raison humaine s'unit à la raison agissante, lorsque par la *devekout** l'âme humaine adhère totalement au divin – permit au prophète de fortifier sa raison et de prévoir les évènements qui dans l'avenir résulteraient de causes déterminées. Mais même l'homme qui n'a pas accès à la prophétie peut, grâce à sa seule sagesse qui se fonde sur la connaissance de Dieu, comprendre la cause première de l'enchaînement des choses. Sous l'aile de la Providence divine, un deuxième sens lui est donné pour qu'il puisse percevoir, avec l'aide de la raison et du discernement, les effets engendrés par les causes, et pressentir ce qui adviendra dans l'avenir. Par ses avertissements, il préservera sa génération du malheur, ou alors il lui enjoindra d'écouter sa voix. La raison, « l'ange, un intercesseur, un entre mille », ainsi que Yossel commente le discours d'Elihou à Job, est le lien qui relie l'homme au monde de l'intellect. Elle saisit les maillons intermédiaires de la chaîne causale, et reconnaît les associations d'idées qui le guident dans la bonne voie. La raison, qui examine tout à fond, et permet de tout comprendre, peut aussi aider celui dont l'âme est malade, c'est-à-dire celui qui est souillé par les désirs charnels, à se libérer de ses désirs bestiaux, en sorte qu'il rassemble toutes ses forces pour se reprendre et guérir.

Afin de conduire ses frères à reconnaître la grandeur et la toute-puissance du Dieu unique, Yossel reprend dans son *Sefer ha Mikneh* une partie du *Guide des égarés* de Maïmonide. « Moi qui écris cette compilation, j'ai vu que de grands hommes m'ayant précédé ont copié des choses secrètes du *Moreh nevoukhim*, afin de les expliquer aux hommes de leur génération, dans la mesure où leur intelligence leur permettait de comprendre. Je me dis alors que j'avais, moi aussi, une passion : retrouver les choses secrètes qui pourraient être utiles aux hommes de ma génération, à ceux qui vivent en cette année 307 (1547), c'est-à-dire en même temps que moi[458]. »

Mais ce que Yossel voulait expliquer aux hommes de sa génération, ce n'était pas comment faire concorder la philosophie et la foi, la recherche et la religion. Contrairement aux contemporains de Moïse Maïmonide, ceux de Yossel n'étaient pas tourmentés par le problème de savoir s'il était possible de résoudre la contradiction entre science et révélation. La génération présente oscillait plutôt entre la vérité juive et la vérité chrétienne, entre le Messie déjà venu et le Messie à venir. La tâche que s'assignait Yossel était de ramener ces égarés et ces indécis au « Dieu de la Loi », au « Dieu de la Bible », au « Dieu de la Création », et au « Dieu de la Révélation »[459] tel que le *Guide des égarés* L'avait reconnu et en avait fait l'expérience.

Dans le dernier chapitre de son *Moreh*, Maïmonide met la perfection de la connaissance au-dessus de la perfection de la vertu, car l'homme qui arrive à l'intelligence parfaite comprend les voies et les œuvres de Dieu, alors que la perfection morale le rend seulement capable d'être utile à son prochain. Yossel ne fait pas sienne cette opinion. Elle serait contraire à tout son être et à toute son action. De plus, il est un juif allemand, un disciple des *Hassidei Ashkenaz*, qui ont plus d'estime pour une vie pieuse que pour la spéculation philosophique. Ils attribuent plus d'importance à la pénitence et à la prière qu'à la pensée créatrice, et plus de valeur au dévouement envers le prochain qu'à la performance intellectuelle.

C'est pourquoi, malgré toute son admiration pour Maïmonide, Yossel attribue la même valeur à la prière, à la pénitence et aux œuvres bonnes qu'à la démarche spéculative. « Comprends avant tout cette parabole : nos sens nous permettent de percevoir et de constater la diminution des énergies chez un malade. Mais, lorsqu'il consomme de bons aliments, sa faiblesse diminue et finit par disparaître. Dans un grand nombre de maladies, l'augmentation des énergies est due au fait que l'énergie principale est renforcée, faisant ainsi disparaître les éléments nuisibles et les douleurs. » De même, l'âme tout entière qui adhère au divin peut être fortifiée par la pénitence et la prière. Ce n'est que par la force de son âme que l'homme peut combattre son mauvais penchant, les désirs charnels qui le rendent malheureux. Cette victoire sur ses ennemis intérieurs lui donnera l'autorité et la force d'un souverain, d'un prince auquel tout ce qui lui est subordonné doit obéir. Lorsque, par la prière, la pénitence et les bonnes actions, un homme aura retrouvé la pureté de sa jeunesse, et que par son retour il se sera réconcilié avec Dieu, alors ce qui est écrit s'appliquera à lui : « Il récompensera l'homme selon Sa justice. »

Si Yossel suivait le modèle des *Hassidim* allemands du Moyen Age en ce qui concerne la valeur qu'ils accordaient à la prière et à l'expiation, il rejetait par contre ce qu'ils enseignaient au sujet de l'humiliation et du mépris qu'il faudrait accepter sans se défendre. Il vivait à une autre époque, dans un autre climat spirituel et intellectuel ; sa conception du monde et de la vie n'était pas la même que la leur. Le vent mordant et perçant de la Renaissance soufflait sur son front, il lui dépeignait les hommes en images claires, précises et nettement tracées, et non plus avec les couleurs estompées et brouillées du Moyen Age. Par la fierté de son maintien, la distinction de ses manières, la liberté de ses contacts avec son entourage, il ne ressemblait plus à l'humble érudit, au saint des temps anciens qui étaient prêts à tous les renoncements. Il était le patricien d'une ville d'Empire allemande marchant le front haut, conscient de sa valeur, tel que Dürer représenta l'humaniste Willibald Pirckheimer de Nuremberg, et Hans Holbein l'imprimeur Boniface Amerbach de Bâle.

Yossel possédait dans son être quelque chose de l'*homo nobilis*, de l'*uomo universale* des humanistes, de celui qui sait ce qu'est la dignité humaine et qui la défend. Il fut « son propre artisan et son propre sculpteur. Il se forgea selon sa volonté et son honneur en employant le matériau qu'il avait lui-même choisi »[460]. Il déclara à maintes reprises que sur la terre il n'y a pas de différences entre les hommes ; Dieu les créa tous, juifs et chrétiens, à Son image, et Il leur donna la terre pour qu'ils la fassent fructifier. En cela, il ne fit qu'enseigner une vérité trouvée dans les Saintes Ecritures. Mais dans ses paroles vibre aussi un accent de l'idéal et de la philosophie de la vie que prônaient les têtes pensantes les plus éminentes de son temps, celles qui donnèrent « un éclat tout à fait nouveau à l'idée de l'homme en tant qu'individu »[461].

Le grand médecin que fut Paracelse* prononça ces paroles de consolation : « Nous sommes tous égaux dans l'amour de Dieu. Sa grâce est égale pour tous les hommes. Il est vrai qu'à celui qui aime beaucoup il sera beaucoup donné. Cependant le salut sera le même pour tous[462]. »

Le penseur le plus original de son temps, Sébastien Franck, était convaincu que Dieu avait inscrit dans tous les hommes « la lumière de la nature », *lumen naturale*, comme étant une loi de la nature, de sorte qu'ils avaient en eux la capacité de faire la distinction entre le bien et le mal, et aussi de reconnaître Sa volonté et d'accepter Sa parole. Donc, puisque le cœur et l'esprit, les sens et la volonté de l'homme sont partout les mêmes parce que « la vie est la même partout sur la terre », parce que personne n'est sûr de la vérité ultime en matière de religion, il revendique pour tous, juifs et chrétiens, païens et musulmans, le même droit et la même tolérance.

Non seulement au nom de la tolérance, mais parce que l'éthique, la charité et le respect de la dignité du prochain l'exigent. « Que personne ne s'arroge de droits sur moi en matière de religion ni ne m'oblige à être l'esclave de son esprit. Juif ou Samaritain, je veux qu'il soit mon prochain et mon frère très cher. Dans la mesure de mes possibilités, je n'agirai qu'en vue de son bien. Je ne ferai tomber personne à moins qu'il veuille me renverser. En tant qu'homme, je dois être équitable envers les autres hommes[463]. » De même, Yossel écrivit un jour au Magistrat de Strasbourg[464] : « Le droit divin ainsi que le droit naturel ordonnent à tout homme craignant Dieu de ne causer aucun tort ni aucun préjudice à son prochain car celui-ci est son égal. Si cet homme devait se trouver dans la situation de devoir aider un étranger qui n'est pas de sa religion, il devrait le défendre au péril de sa vie. »

Au temps de la Renaissance, la philosophie de la religion et surtout les partisans du théisme universel comme Pic de la Mirandole, Marsile Ficin, l'humaniste d'Erfurt Conrad Mutianus Rufus, Johannes Reuchlin et Sébastien Franck enseignèrent[465] que chaque religion contient une part équivalente de vérité, et qu'elle est régie par le même principe éthique. La divinité ne se révèle pas à un moment donné à un homme ni à un peuple, mais elle éclaire des personnes différentes et des peuples différents au cours de siècles différents. « La sagesse divine qui est notre héritage », « l'esprit du Christ » vit en Orphée et en Sénèque, en Moïse et en Socrate, en Platon et en Jésus, dans la mythologie gréco-romaine de même que dans les Livres de l'Ancien et du Nouveau Testament. Le «Christ invisible», le «véritable Fils de Dieu» ne fut pas seulement révélé aux juifs dans un coin perdu de la Syrie, mais aussi aux Grecs, aux Romains et aux Germains. Toutes les religions et les philosophies théistes eurent part à cette sagesse divine. La loi morale naturelle fut donnée à tous les grands maîtres de l'humanité qui la transmirent au reste des mortels.

Ce théisme universel ne pouvait cependant pas influencer les convictions personnelles de Yossel en matière de philosophie religieuse. «Le mystère insondable de Dieu», Sa révélation à Moïse et à tout le peuple[466] étaient pour lui une révélation différente de celle qu'avaient connue les autres nations. A Moïse seul et à aucun autre prophète, Dieu ordonna: «Va, pars d'ici, toi et ton peuple que tu as fait sortir d'Egypte.» A personne d'autre Dieu n'a dit: «Je te connais par ton nom car tu as trouvé grâce à Mes yeux.» Personne n'a lutté comme Moïse pour que Dieu lui révèle Son Nom et Ses voies. Personne ne s'est efforcé comme lui de «gravir l'échelle d'un ange» afin que lui-même et son peuple puissent atteindre le plus haut degré de perfection. A personne d'autre Dieu ne répondit: «Je ferai ce que tu viens de me dire» (c'est-à-dire: «Je donnerai la perfection, à toi et à ton peuple»).

Certes, Yossel rejette tout syncrétisme qui amalgamerait les idées de Pythagore et de la Bible, de l'Islam et des Grecs, des chrétiens et de la Cabale. Cependant, comme les philosophes de son temps, il croit que «chrétiens et juifs, païens et musulmans ont été créés par le même Dieu, qu'ils prient le même Dieu, que Dieu donna des règles et des droits à tous les hommes de ce monde, et qu'avec un même poids et une même mesure Dieu attribua des dons à tous les peuples sans exception[467]». Fort de cette conviction, et contrairement aux générations suivantes, Yossel ne ressentit jamais l'opposition entre l'existence juive et l'environnement chrétien comme une tension tragique qui pourrait déchirer son âme. Il fut toujours très conscient que religion et morale, foi et coutumes, Histoire et tradition avaient érigé un mur de séparation entre le judaïsme et le christianisme, entre la nation allemande et la «nation israélite». Mais, au-delà de ce qui divisait, il vit toujours ce qui était commun aux deux parties et les reliait. En effet, toutes deux reflétaient l'image de Dieu ou, selon son expression, «l'image de l'homme».

« Seul celui qui parvient à se connaître soi-même peut trouver Dieu et la vérité », disait son illustre contemporain Paracelse[468]. Yossel comprit l'essence de la nature des autres uniquement parce qu'il avait reconnu la sienne propre. Uniquement parce qu'il avait trouvé son Dieu, il pouvait également comprendre le Dieu des autres, le Dieu de Charles le catholique, et le Dieu de Capiton le protestant. Uniquement parce que « son être était aussi solide qu'un roc »[469], il pouvait accueillir les idées de son temps sans pour autant que celles-ci brouillent les frontières qui séparent la vision juive de la vision chrétienne du monde. Parce qu'il sut toujours rester lui-même, il put, comme « un souverain et un prince », ordonner en soi ce qui lui était étranger pour ensuite le faire sien sans y succomber. Il sut garder l'indépendance de sa pensée sans refuser de reconnaître la grandeur de ce qu'avaient réalisé les autres religions.

Sa tolérance n'était pas la tolérance de Nathan le Sage, de même que son époque était très éloignée de celle des Lumières. Cette génération aux prises avec les problèmes religieux les plus profonds, tels le péché et le salut, la grâce et la faute, la liberté de conscience et la sainteté de la parole, la justice divine et la loi divine, la lumière intérieure et le Jugement dernier, ne pouvait considérer le problème juif comme le firent les rationalistes du XVIIIe siècle, c'est-à-dire comme un concept abstrait, un principe des droits de l'homme. A l'époque où vivait Faust et où il pratiquait la magie, où la Vierge Marie apparut au fifre de Niklashausen, où Luther fit la rencontre du diable en personne, où les cavaliers de l'Apocalypse chassaient à travers le pays, et où la mort dansait avec l'empereur, le roi, le pape et le mendiant, il n'était pas possible d'approcher le problème juif avec la claire sagesse de Lessing ni avec la compréhension pleine de bonté de Dohm.

Voilà pourquoi Yossel considérait lui aussi que les trois anneaux de Nathan n'étaient pas du tout identiques. Selon lui, chacun avait sa propre signification et son propre éclat, et il savait bien lequel d'entre eux était le vrai. Mais la certitude de le posséder ne faisait pas de lui un possesseur heureux, autosatisfait et rassasié. Elle l'incita seulement à repartir chaque jour à la conquête de ce bien, à se l'approprier par des efforts toujours plus grands, à lutter et à souffrir pour lui, afin de le conserver dans sa pureté et dans son authenticité, et de le transmettre aux prochaines générations. En ce qui concerne sa propre activité, il suivit la consigne donnée aux héritiers de l'anneau qu'il considérait comme étant l'authentique : « Dans ta bouche et dans ton cœur réside la parole pour que tu l'accomplisses. » Mais l'action serait restée sans grand effet si l'une des qualités essentielles de son être, qu'il eût certainement nommée « la force directrice de l'âme », n'avait pénétré, enflammé et sanctifié tout ce qu'il entreprenait : sa compassion pleine d'amour envers toute créature souffrante. C'était cette « sainte sympathie » qui brûlait dans les tableaux de l'autel d'Issenheim[470], c'était celle « du remède qui habite le cœur » qui guérissait les malades de Paracelse, c'était cet amour indéfectible qui selon les *Hassidim* pouvait « compatir aux besoins des hommes et porter leurs peines »[471].

CHAPITRE 9

Des serfs de la Chambre aux citoyens de l'Empire

L'AVOCAT DES JUIFS D'ALLEMAGNE

Lorsque fut terminée la guerre de Smalkalde, Charles se rendit en septembre 1547 à Augsbourg pour présenter, lors d'une nouvelle Diète, aux villes et aux princes soumis un plan destiné à définir une fois pour toutes le rapport entre l'empereur et les états, à rétablir l'unité de la religion et à réformer l'Eglise catholique. Il pensait ainsi ressouder l'Empire rebelle qui se trouvait au bord de la désagrégation. Il voulait unir tous les princes sous son commandement en une seule alliance : la Ligue d'Empire. Il espérait arriver à l'Intérim (compromis entre les religions), et parvenir à une paix générale entre elles. Il était prêt pour atteindre ce but à faire des concessions aux protestants en matière de justification, du « calice des laïcs » (*Laienkelch**), du mariage des prêtres, ainsi qu'en épurant et en réformant sérieusement l'Eglise catholique.

La Diète d'Augsbourg fut appelée « la Diète harnachée »[472] parce que l'empereur y était entouré par cent mille mercenaires espagnols et italiens, preuve ostensible de sa puissance accrue. De plus, dans sa suite se trouvaient les ducs de Saxe et de Hesse qui avaient été faits prisonniers. On la qualifia de Diète la plus fastueuse et la plus coûteuse entre toutes ; on se plaignit amèrement des débordements des princes et des nobles, qui s'amusèrent et festoyèrent comme si du ciel tombait une pluie d'or, et comme si personne n'avait eu vent de la guerre et de la misère, des incendies et de la pauvreté, des dévastations et des pillages[473]. Durant cette Diète, Yossel prit amèrement conscience que la fin de la guerre de Smalkalde ne signifiait pas pour autant la fin de son combat, et que la mission qui lui avait été confiée longtemps auparavant par ses frères n'était pas encore accomplie. De même que l'empereur devait faire face après chaque victoire à la même coalition d'ennemis[474], Yossel, devenu septuagénaire, était confronté aux mêmes adversaires que ceux qu'il avait combattus avec tant d'intrépidité dans sa jeunesse : les villes d'Empire d'Alsace.

En janvier 1548, il se vit obligé, au nom des juifs du bailliage, de présenter à Charles une longue plainte écrite[475]. Il lui exposa qu'on avait fait violence de manière « inhumaine et tyrannique » aux juifs des villes d'Empire de Turckheim et de Rosheim. On empêchait leurs coreligionnaires venant de l'extérieur d'entrer dans la ville, ou bien on leur lançait des pierres dans la rue, et on détruisait de nuit avec des haches les maisons, les portes, les fenêtres et les volets des habitants. Les ordres du bailli n'étaient plus respectés, étant donné que les conseillers déclaraient qu'il n'avait pas le droit de punir les bourgeois de la ville. C'est pourquoi Yossel pria l'empereur d'interdire aux deux villes de telles « émeutes », sous peine de châtiment corporel. Lui-même porterait plainte contre elles devant le tribunal de la Chambre, si elles ne remplissaient pas leurs obligations.

Le 30 janvier 1548, Charles promulgua un édit ordonnant aux villes de Rosheim et de Turckheim de protéger les juifs et de châtier les délinquants, afin qu'il n'ait pas à l'avenir de raison de prendre d'autres mesures contre elles[476]. Le même jour, la chancellerie impériale publia un privilège pour tous les juifs de l'Empire, où Charles déclarait expressément que « le commandeur des juifs du Saint Empire romain de la nation allemande » l'avait informé que leurs droits avaient été bafoués avec malveillance. Il exigeait des princes temporels et ecclésiastiques, des chevaliers, des seigneurs et des villes que ceux-ci les autorisent à commercer en toute sécurité sur les routes et marchés de l'Empire. Il demandait également que des dispositions soient prises afin que leur vie et leurs biens soient protégés et que leurs synagogues ne soient ni fermées ni détruites[477].

Yossel évoqua tout particulièrement le problème des synagogues, étant donné que celle de Gochsheim, village d'Empire libre situé en Franconie, qui dépendait du Magistrat de Schweinfurt et se trouvait sous la protection du landgrave de Hesse, avait été fermée[478], en sorte que les juifs ne pouvaient plus célébrer « leurs fêtes ni prier ensemble Dieu Tout-Puissant »[479]. Les juifs pouvaient craindre que la fermeture de leur synagogue ne fût le signe avant-coureur de leur totale expulsion. Aussi Yossel pria-t-il l'empereur, au nom des juifs de Gochsheim, de bien vouloir protéger cette commune qui depuis des siècles faisait partie de l'Empire.

Cette fois encore, Charles répondit favorablement à sa requête. Se référant au privilège de Spire, il ordonna le 17 janvier 1548 au suzerain du lieu de Gochsheim de rouvrir la synagogue, de ne pas expulser les juifs et de faire en sorte que cessent les violences[480]. Le 15 mars, Yossel envoya à la suite de ce mandement impérial une lettre au bourgmestre et à la commune de Gochsheim où, dans un langage que le conseil de Schweinfurt qualifia d'« opiniâtre » et de « violent », il leur demandait d'obéir aux ordres de Charles, afin qu'en tant que commandeur des juifs il ne se vît pas obligé de leur faire un procès devant le tribunal de la Chambre[481].

C'est à la Diète d'Augsbourg que, pour la première fois pendant les quarante années de son activité officielle, Yossel obtint pour lui-même une faveur impériale. L'empereur Maximilien, et après sa mort le roi Ferdinand et Charles Quint avaient établi une lettre de protection et un sauf-conduit valant pour Yossel lui-même, ainsi que pour sa femme, ses enfants et ses gendres. Ces documents lui permettaient de s'établir partout où il le désirait dans l'Empire, de commercer librement en tous lieux et de passer tous les postes de frontière en sécurité et liberté. Lors de son séjour en Bohême en 1547, il égara cet indispensable sauf-conduit. Pour ses longs voyages, souvent dangereux, il n'avait plus qu'un document de la ville d'Empire d'Obernai. L'empereur accepta immédiatement de répondre favorablement à Yossel qui demandait un renouvellement du sauf-conduit. Il le fit en mémoire des « services » qu'il lui avait rendus jusqu'à présent « avec obéissance » ainsi qu'au Saint Empire, et vu son excellente conduite au sujet de laquelle tous les baillis, seigneurs, chevaliers et les villes renommées d'Alsace[482] lui avaient fait un rapport digne de confiance. Yossel, « en ses qualité et personne, s'était toujours conduit de façon irréprochable ». Lors des Diètes ou en d'autres lieux, il avait traité des affaires juives avec un zèle fidèle et diligent. Lors de la campagne contre la France, et pendant la guerre de Smalkalde, il avait également soutenu les troupes avec de l'argent et des provisions, et « avait fait preuve d'obéissance »[483].

Depuis des années, Yossel vivait au rythme des évènements mondiaux. Il suivait la politique nationale et internationale avec grande attention. Lors des Diètes, il avait des contacts étroits avec les plus grands diplomates de son temps. Il avait pu observer comment les alliances se concluaient par opportunité, cupidité, ambition, soif d'argent, et comment pour les mêmes raisons elles pouvaient à nouveau se défaire. Il avait pu constater comment le «très chrétien» roi de France, qui dans son propre pays persécutait de façon sanglante les adeptes de la nouvelle doctrine, faisait alliance avec les protestants de l'Empire contre leur propre souverain.

Dans ces temps de totale anarchie morale, de relâchement des mœurs et d'offenses à la bienséance, la protection de l'empereur serait-elle suffisante pour défendre ses frères? N'avait-il pas souvent été témoin que Charles s'était vu obligé de sacrifier ses principes politiques et ses convictions religieuses pour le salut de l'Empire? Qu'arriverait-il s'il devait s'absenter d'Allemagne des années durant comme cela avait souvent été le cas dans le passé? Et qu'adviendrait-il enfin lorsque Charles, que l'on qualifiait de «petit tas de médicaments», transmettrait la succession à son fils Philippe dont le catholicisme était fanatique, cruel et rigide, et qui persécutait sans merci tout adepte d'une autre religion?

Yossel savait bien que les princes n'étaient que provisoirement affaiblis par la défaite de Mühlberg. Par la soumission des villes, des chevaliers et des paysans, par les riches bénéfices provenant de la sécularisation des biens de l'Eglise, ils avaient considérablement augmenté leur pouvoir. Par les guerres et les héritages, ils avaient étendu leurs territoires vers l'extérieur. Par une administration adroite de leurs domaines, par l'adoption du droit romain, par une réglementation de la police et des villes, ils avaient renforcé leur prestige à l'intérieur de leurs terres. Ne trouveraient-ils pas utile de réadmettre les juifs pour stimuler leur commerce et leurs échanges? Déjà certains souverains, et non des moindres, tels les archevêques de Cologne, Mayence et Trèves, le duc de Jülich-Berg, les margraves d'Ansbach et de Bade, leur avaient octroyé un sauf-conduit. N'était-il pas possible de procurer à ces juifs territoriaux les mêmes privilèges que ceux accordés par Charles aux juifs d'Empire?

Car ces mêmes princes s'étaient emparés autrefois du droit régalien sur les juifs, et à cette même Diète d'Augsbourg ils prônaient le

« rétablissement d'une bonne police »[484]. De plus, ils leur confirmaient à nouveau l'ancien privilège. Toutefois, ils n'étaient pas obligés d'appliquer la législation impériale dans leurs territoires. Ces considérations déterminèrent Yossel à demander également aux états de l'Empire des lettres de protection et des sauf-conduits pour ses coreligionnaires. Il s'adressa en premier lieu au plus grand souverain territorial, le roi Ferdinand, que Luther avait accusé par le passé de mieux traiter les juifs que les protestants. Il le pria de suivre l'exemple de son frère l'empereur, de permettre aux juifs allemands de pratiquer le négoce dans ses possessions héréditaires, et de « les protéger de la violence dans le respect du droit ». Dès le dernier jour du mois d'avril, Ferdinand octroya gracieusement aux juifs du Saint Empire une « lettre de protection et un sauf-conduit » qui leur donnait le droit de voyager et de commercer en sécurité et en paix dans tous les territoires héréditaires autrichiens, exception faite pour la Basse-Autriche et le comté de Gorizia[485].

Deux mois plus tard, le 22 juin, Yossel en tant qu'« avocat de l'ensemble des juifs d'Allemagne », présenta une requête à tous les princes électeurs, princes, prélats et états de l'Empire[486]. Il leur démontra que les juifs qui vivaient encore en petit nombre, « çà et là éparpillés » à travers le Saint Empire, étaient réduits à une grande misère. En infraction à tous les privilèges impériaux et à toutes les bulles papales, ils étaient souvent emprisonnés, spoliés de leurs biens, expulsés des lieux où ils avaient vécu depuis longtemps. Lorsqu'on leur interdisait la pratique du commerce, ils étaient privés de leur seul moyen de subsistance. Pourtant, procéder de la sorte était contraire aux intérêts de la population chrétienne, car les juifs exigeaient d'elle un taux d'intérêt plus faible que les prêteurs chrétiens. Or, il était très facile de constater que le prêt d'argent ne permettait pas aux juifs d'amasser de grandes fortunes, et qu'ils n'en retiraient qu'un petit bénéfice. On ne pouvait vraiment pas affirmer qu'ils s'étaient construit de nombreuses maisons en pierre, ni qu'ils avaient acquis en gage beaucoup de terres ou de serviteurs. « C'est parce que les juifs sont eux aussi des créatures de Dieu Tout-Puissant » que Yossel pria instamment les états de faire montre « de patience et de compassion humaines » envers eux, et de ne pas abolir leurs anciennes libertés. Nos sources ne nous disent pas si sa requête obtint jamais une réponse.

De plus, à la Diète d'Augsbourg, Yossel dut remplir une mission spéciale que lui avaient confiée ses compatriotes alsaciens : terminer en la menant à une conclusion favorable la querelle avec la ville d'Empire de Colmar. Ce procès était en cours depuis des dizaines d'années[487]. Colmar, qui était après Strasbourg la deuxième ville d'Alsace par son importance, avait expulsé ses juifs dès 1510. Et, comme c'était alors la coutume, ceux-ci s'établirent dans les villages et les petites villes des alentours. A partir de leurs nouveaux lieux de résidence, ils continuaient à mener leurs affaires avec les bourgeois de Colmar. Ils étaient nombreux à participer aux foires et marchés hebdomadaires et annuels où, comme le Conseil s'en plaignit amèrement auprès de Yossel, ils pratiquaient le commerce de vêtements neufs. De même, faisant fi des bureaux de change publics, ils mettaient des pièces de monnaie étrangère en circulation[488]. A la Diète de Ratisbonne en 1541, Charles avait finalement cédé à la pression du Magistrat et établi un mandement par lequel l'accès au territoire de la ville dépendrait désormais de son autorisation. Toutefois, bien que ce décret ne défendît en aucune façon aux juifs de pénétrer dans la ville, à partir de 1544, il leur fut sévèrement interdit de commercer.

Etant donné que les efforts de Yossel pour conclure cette affaire à l'amiable restèrent vains, il exposa à l'empereur, en décembre 1547 à Augsbourg, le conflit opposant ses frères à la ville de Colmar, qui avait interprété le décret de 1541 de manière totalement erronée. Se référant à ce qu'avait dit Yossel, Charles réprimanda vertement le Magistrat de Colmar d'avoir donné en pleine connaissance de cause une interprétation tendancieuse de l'édit pourtant très clair de 1541. Il avait ainsi inutilement opprimé les juifs en leur interdisant de séjourner dans la ville, et en prétendant que l'édit lui en avait donné la liberté[489]. Yossel objecta[490] qu'au cours de la querelle les parties adverses avaient interprété de manière différente les dispositions impériales, et que la situation fâcheuse dans laquelle on se trouvait actuellement ne pouvait être tranchée que par une interprétation publique et sans équivoque possible. Charles fit examiner par ses conseillers les libertés de la ville de Colmar ainsi que les privilèges des juifs, et il reconnut que les plaintes de Yossel étaient justifiées. Il interpréta le 4 janvier 1548 son décret antérieur[491] dans le sens que, si dorénavant tous les juifs promettaient de ne pas pratiquer de commerce déloyal, le Conseil de Colmar n'avait pas le droit de leur interdire l'accès à la ville.

Lorsque Yossel revint en Alsace, en été 1548, il exigea, par l'intermédiaire du bailli, que le Magistrat de Colmar appliquât dorénavant à la lettre ce décret impérial. Cependant, les conseillers espéraient que l'empereur ne rejetterait pas le recours de la ville catholique qui lui était restée fidèle pendant la guerre de Smalkalde. Ils envoyèrent le syndic Wendeling Zippern à Spire, où Charles résidait en ces derniers jours d'été. Bien que Zippern se plaignît en termes émouvants de la ruine dont sa ville serait menacée si l'on continuait à permettre aux juifs de se rendre aux foires, sa mission ne réussit pas. Pendant ce temps, Yossel s'impatientait de ne pas recevoir de réponse claire. Aussi déclara-t-il au bailli[492] qu'il persistait à exiger l'application de l'ordre impérial. Il déclara ne pas agir par bravade, ni dans l'intention de causer des préjudices et des frais à Colmar, mais uniquement dans l'intérêt de ses frères qui voulaient savoir quelle attitude adopter à l'avenir à l'égard de la ville. « Car mon esprit est entièrement tourné vers l'honnêteté et la paix... Bien que nous ne soyons pas de la même religion, nous sommes cependant des hommes créés par Dieu Tout-Puissant pour vivre ensemble sur terre. »

La déclaration univoque des conseillers de Colmar consista cette fois à envoyer leur éloquent greffier municipal Balthasar Hellu à Bruxelles, afin qu'il essayât de gagner à leur cause les conseillers et le confesseur de l'empereur, ainsi que son chancelier. Dans son journal, Hellu consigna un compte rendu détaillé qui nous donne une image claire de l'opinion qui prédominait à la Cour impériale au sujet des juifs[493]. Lors de plusieurs audiences, Granvelle, le jeune évêque d'Arras, s'efforça de persuader l'ambassadeur de Colmar que le texte du privilège de 1541 ne justifiait en rien l'exclusion totale des juifs du territoire de la ville. Il lui déclara que la volonté de l'empereur était de maintenir en vigueur le mandement de 1547. La ville avait certes le droit de combattre l'usure des juifs, mais c'était une calomnie d'affirmer que leurs pratiques la conduisaient à la ruine. Les juifs étaient des hommes comme tous les autres ; ils avaient eux aussi le droit de se nourrir et de rester en vie.

Avec un profond déplaisir, le greffier de la ville dépeignit aux conseillers un épisode dont il avait été témoin. Un des conseillers de l'empereur l'avait invité à dîner dans sa demeure. Stimulés sans doute par la mission de Hellu, tous les convives discutèrent en long et en large du problème juif. Parmi les convives se trouvait un seigneur de Sickingen, l'ancien chancelier du prince électeur palatin. Le maître de maison lui rappela qu'autrefois à la Cour de Heidelberg on s'était montré peu favorable aux juifs. « Ai-je été favorable ou défavorable aux juifs ?

Je n'en sais rien. Mais je me permets de dire que, si aujourd'hui j'étais impliqué dans une affaire les concernant, je me garderais bien de m'exprimer contre eux», répondit Sickingen.

Pendant que l'envoyé de Colmar tissait à Bruxelles les fils de sa conjuration, Yossel ne restait pas inactif en Alsace. Sous la pression de ses frères, qui lui rappelaient son serment et son devoir en tant que *manhig*, il décida d'introduire par voie légale un recours contre Colmar et de citer la ville devant la Chambre impériale de Spire. Dans cette affaire, où il se laissa convaincre à contrecœur, il n'agit pas seul. Il fut assisté par les notables juifs les plus considérés de Haute et de Basse Alsace, Aaron de Turckheim, Menlin de Wintzenheim, Gerson d'Ammerschwihr, Isaac de Dangolsheim, Loeb de Surbourg et Seligmann de Haguenau.

Dans la convocation qui fut envoyée à leur demande, le 19 décembre 1548, par le tribunal de la Chambre de Spire à la ville de Colmar[494], il était spécifié que les juifs, en tant que sujets de l'Empire romain, avaient, sur la base de lois et de règlements spéciaux, le droit d'habiter parmi les chrétiens et comme eux d'être protégés par la loi. Cependant, le Conseil de Colmar n'avait pas tenu compte des privilèges généraux des juifs, ni respecté le décret spécial de décembre 1547; il avait au contraire porté atteinte à ces libertés impériales et interdit aux juifs l'accès à la ville, auquel une ancienne coutume leur donnait droit. Etant donné que le bourgmestre et le Conseil de Colmar avaient privé de cet ancien droit des *cives romani*, ils étaient mis en demeure de se présenter devant le tribunal de la Chambre vingt-quatre heures après réception de cette convocation.

Malgré tout, Yossel tenta une fois encore de parvenir à une solution à l'amiable. Avant le début du procès, il proposa au Magistrat de confier la décision concernant cette querelle à un tribunal d'arbitrage. Ce ne fut que lorsque la ville persista dans son opposition qu'il donna à l'avocat du tribunal de la Chambre, Moritz Breunle, pleins pouvoirs pour la conduite du procès. Quant aux conseillers de Colmar, ils chargèrent le licencié Schwapach de défendre leur cause. Breunle, bien informé par Yossel, réfuta les arguments de Schwapach selon lesquels les décrets impériaux de 1510 et de 1541 autorisaient la ville à procéder comme elle l'avait fait. Il argua du fait que ces mandements avaient été obtenus illégalement par subreption, les juifs n'ayant pas été entendus au préalable. Breunle rejeta également le reproche concernant la pratique de l'usure, qui tenait un rôle important dans l'accusation de Schwapach. En effet, les privilèges accordés par l'empereur et par les états autorisaient expressément le prêt d'argent. En outre, le commandeur des juifs d'Allemagne avait ordonné que soient appliquées des peines extrêmement sévères à l'encontre de tous ceux qui enfreindraient les lois concernant le prêt d'argent. Et pourquoi seuls les juifs, demanda ironiquement Beunle, auraient-ils dû être punis pour leurs infractions ? Pourquoi n'appliquait-on pas la même législation aux grands commerçants chrétiens qui achetaient tout le vin et les céréales à la ronde uniquement dans le but de faire monter les prix ? Les pauvres gens n'étaient-ils pas davantage ruinés par ces monopoles que par le prêt d'argent des juifs dont Colmar se plaignait sempiternellement ?

Nous ne savons pas quel fut le jugement rendu dans ce procès, qui obligea Yossel à se rendre souvent à Spire à cheval. Nous n'avons pas de documents postérieurs à 1551. Mais un nouvel élément, plus important encore que l'issue de ce procès, fit alors son apparition : la terminologie juridique employée dès lors par Yossel. Lors de son litige avec la ville d'Obernai, dans les années 1520, il avait désigné les juifs en tant que « serfs de la Chambre impériale ». Dans ses requêtes ultérieures, il affirma qu'ils appartenaient à l'Empire et à l'empereur, qu'ils étaient la propriété du souverain. Mais maintenant il les qualifiait de « sujets de l'Empire », *« cives romani »*. Ils ne relevaient plus seulement d'un droit régalien du prince dont celui-ci pouvait user selon son bon vouloir mais, en tant que *« cives romani »*, ils étaient des bourgeois du Saint Empire romain de la nation allemande. Yossel voulait-il signifier par là qu'il tirait les conclusions juridiques de l'édit de Spire de 1544 ? Ou bien étaient-ce les juges de la Chambre, familiers du droit romain, qui de leur propre chef utilisèrent ces termes dans le document par lequel ils citaient la ville de Colmar devant le tribunal de la Chambre de Spire ?

Dans l'avis qu'il rédigea en faveur du Talmud et des commentaires juifs, Reuchlin déclara que les juifs, en tant que « sujets du Saint Empire romain, devaient bénéficier des droits qui leur avaient été accordés par l'empereur »[495]. Il exigea en outre qu'on protège leurs synagogues et leurs biens, qu'on n'exerce aucune violence à leur égard et qu'on les traite de la même façon que les chrétiens. Car « les deux sectes appartiennent au Saint Empire romain et font partie de la bourgeoisie de l'Empire, les chrétiens par le choix du prince électeur et de son électorat, les juifs par leur volonté et par leur déclaration: "Nous n'avons d'autre roi que César" (Jean 19, 15)»[496]. Se référant au droit romain du temps de l'Empire qui précéda l'ère chrétienne, lorsque, malgré certaines restrictions, les juifs jouissaient encore du droit de citoyenneté, le grand juriste demanda que les droits des juifs en vigueur au Moyen Age soient abrogés et remplacés par le droit romain. Il ne voulait pas pour autant libérer les juifs de toutes les lois spéciales ni les mettre, en tant que communauté religieuse, sur un pied d'égalité avec les autres sujets. Mais il requérait, au nom du droit et de la justice, qu'en tant que *concives Imperii romani* leur soit reconnue l'égalité citoyenne des droits. «Fussent-ils les ennemis de notre foi, ils ne sont pas pour autant les nôtres, c'est-à-dire les ennemis du Saint Empire[497].»

Dans ses *Mémoires* et son *Sefer ha Mikneh*, Yossel a parlé avec une admiration reconnaissante de Reuchlin, «l'homme bon et sage», le sauveur de son peuple. Alors que l'empereur se considérait à présent comme l'*universorum morum in re publica legifer et arbitrator* ou, pour reprendre une autre expression de Reuchlin, comme l'héritier légitime des Césars romains, ne devait-il pas se souvenir de ces phrases qui s'étaient alors si profondément imprimées en lui? Ne devait-il pas considérer que les temps étaient advenus où ce que Reuchlin avait requis se réalisait? N'était-il pas possible qu'après avoir subi une telle oppression les *servi Camerae* réacquièrent la fierté d'être des *concives Imperii romani*?

Il était hors de doute que la nouvelle attaque de la ville de Colmar, suivie par d'autres villes, contre l'usure pratiquée par les juifs, pouvait être mise en rapport avec leurs activités financières qui, grâce à l'édit de Spire, connurent un grand essor et reçurent une légitimation officielle. Ce fut une période où les chrétiens, eux aussi, placèrent leur argent à intérêt dans les banques de l'Allemagne du sud. En effet, l'afflux d'or et d'argent provenant des mines de Hongrie et du Tyrol ainsi que des terres nouvellement découvertes suscita le développement de nouvelles techniques monétaires et spéculatives. Les Bourses d'Anvers, de Londres, d'Augsbourg, de Strasbourg et de Francfort commencèrent à se développer. Les législations de l'Empire et des territoires allèrent jusqu'à modérer leurs sanctions contre l'usure. Il fut dès lors impossible d'exclure totalement du commerce de l'argent ceux qui en connaissaient le mieux les règles.

Alors que jusqu'à présent les résolutions des Diètes avaient totalement interdit aux juifs de pratiquer le prêt d'argent, la résolution de la Diète de 1548 décida qu'il fallait leur permettre « de percevoir cinq pour cent d'intérêt afin qu'ils en tirent leur moyen de subsistance »[498]. Le privilège de Spire de 1544, qui les avait autorisés à prélever un intérêt supérieur à celui des chrétiens, perdit ainsi une partie de son effet, mais pour la première fois le principe même du prêt à intérêt fut reconnu par une loi de l'Empire. A partir de ce moment le terme d'« usure » (*Wucher*) qui jusqu'à présent avait été employé indistinctement pour tout prêt d'argent, quel qu'en fût l'intérêt, ne fut plus utilisé que pour les intérêts dépassant le taux officiellement fixé. Les affaires dont il s'agissait n'étaient pas de petits prêts octroyés par les juifs à des artisans et à des paysans qui en contrepartie leur donnaient des gages. C'étaient de grandes sommes d'argent prêtées à des bourgeois fortunés, à des chevaliers ou même à des communes, qui devaient souscrire des reconnaissances de dettes, des obligations ou des titres au porteur pour lesquels on inventa alors le terme d'« action »[499].

Tous les états rassemblés à la troisième Diète d'Augsbourg, convoquée par Charles Quint au mois de juillet 1550, critiquèrent sévèrement cette nouvelle forme de prêt d'argent[500]. On se plaignit en particulier de ce que les juifs « fissent établir des titres de créance distincts pour le capital prêté d'une part, et pour les intérêts d'autre part »[501]. Parfois ils vendaient leurs titres de créance à des chrétiens et les mettaient au nom de ces acheteurs. Ceux-ci ensuite harcelaient violemment les « pauvres débiteurs, les rançonnaient » et souvent les expulsaient de leur maison et de leur ferme[502]. Pour faire face à de tels abus, le paragraphe 78 des résolutions de la Diète du 14 février 1551 interdit aux juifs d'établir à l'avenir une lettre de créance ou une obligation ailleurs que devant l'autorité régulière de la ville où réside le chrétien avec lequel le contrat est conclu. « Aucun chrétien ne devra acheter à un juif une action ou une lettre de créance souscrite par un autre chrétien. Aucun juif ne devra, en tant que créancier et de quelque manière que ce soit, céder à un autre chrétien ces actions ou ces lettres de créance, ni établir un autre contrat en cas de perte de ces documents[503]. »

C'est contre cet article des résolutions de la Diète, selon lequel « des créances souscrites envers des juifs ne sont pas valables si les autorités n'en ont pas été préalablement informées »[504], que Yossel protesta le

23 janvier 1551 à Augsbourg, au nom des juifs de l'Empire. Le 31 janvier, il demanda une fois encore que cet article ne soit pas alourdi par une nouvelle réglementation policière[505]. Mais il ne put faire en sorte que la disposition des résolutions de la Diète soit modifiée. A la mi-mars, il rentra à Rosheim pour régler un litige entre les juifs de Basse Alsace et le Magistrat de Strasbourg. Il est vraisemblable que durant ces semaines il négocia également à la Diète d'Augsbourg, dont chacun ressentait profondément les répercussions sur sa propre situation économique. Aussi lorsque, au mois de juin, il se trouva de nouveau à Augsbourg où l'empereur passait tout l'été avec sa Cour, il lui remit deux mémoires, l'un rédigé par les représentants des juifs, et l'autre par lui-même[506].

Les représentants des juifs se plaignaient que le nouveau règlement de police puisse induire de nombreux chrétiens à croire indûment que désormais ils n'étaient plus obligés de rembourser leurs dettes aux juifs lorsque les lettres de créance n'avaient pas été établies devant les autorités officielles. En outre, les résolutions de la Diète allaient rendre leurs activités économiques extrêmement difficiles et les mettre en péril. Car, pour pouvoir conclure des contrats devant les autorités chrétiennes de la région où réside le débiteur, il leur faudrait souvent entreprendre de longs voyages et payer des frais si élevés pour les sauf-conduits, les droits de douane et les péages qu'ils ne tireraient plus aucun bénéfice du prêt de leur argent. Ils demandaient qu'une modification de la réglementation de police permît à un contrat conclu entre un juif et un chrétien d'être valable lorsque le titre est établi devant des personnes connues pour leur honorabilité.

Yossel appuya la requête de ses frères dans un document distinct. Car, si l'article des résolutions de la Diète devait être appliqué, tous les juifs seraient obligés de quitter l'Empire « pour ne pas mourir de faim ». Non seulement ils se verraient privés de toutes les faveurs et libertés qu'ils avaient obtenues après de si grands sacrifices, mais l'empereur lui-même perdrait les droits spéciaux dont les sujets de la Chambre lui étaient redevables. Nous n'avons pas conservé la réponse de Charles Quint à cette requête. Les procès-verbaux du conseil aulique impérial mentionnent laconiquement[507] qu'une déclaration serait préparée pour répondre favorablement au désir des juifs « d'établir leurs contrats devant des personnes honorables ». Par contre, la disposition concernant les titres de créance devait être appliquée d'après le texte des résolutions de la Diète.

Yossel avait encore une autre raison de retourner à Augsbourg, au cours de l'été 1551. Il était depuis longtemps tracassé par le problème du Wurtemberg. Le privilège de 1530 donnait aux conseillers ducaux la possibilité de résilier le droit de résidence des juifs, et de leur interdire la pratique du commerce, ainsi que celles du prêt d'argent et des hypothèques immobilières. Or, il n'avait pas pu être appliqué dans ce pays déchiré par les troubles politiques et religieux. On ne pouvait donc empêcher les habitants d'emprunter aux juifs des pays voisins de l'argent à intérêts simples et intérêts composés très élevés. Aussi lorsque, en 1550, il y eut un changement de gouvernement au Wurtemberg[508], le jeune duc Christophe essaya de résoudre le problème en proposant d'expulser tous les juifs de l'Empire. Comme il ne fut pas entendu, il projeta de leur interdire tout au moins l'accès à son duché. Or, les juifs de tout l'Empire avaient souvent recours au conseil aulique de Rottweil[509] qui se trouvait au Wurtemberg. De plus, les territoires du pays de Bade, de Franconie, de Bavière, des régions du lac de Constance et du Danube étaient frontaliers du Wurtemberg. Une nombreuse population juive y résidait et courait le risque de perdre toute possibilité de communication interne si le décret envisagé devait être appliqué. C'est pourquoi il s'avérait absolument nécessaire que le droit de transiter par le pays continuât à être autorisé.

En 1530, Yossel lui-même se vit refuser un sauf-conduit par le gouvernement du Wurtemberg. Aussi dut-il employer toute son énergie pour obtenir un contact personnel avec le jeune duc Christophe. Il en ressentait d'autant plus l'obligation que récemment deux juifs, qui avaient voulu se rendre auprès du conseil aulique de Rottweil, avaient été emprisonnés par des fonctionnaires wurtembergeois et libérés seulement après avoir payé une forte amende[510]. Yossel reconnaissait que, dans un pays sans accès à la mer, sans navigation, ayant une économie simple et sans complications, en quelque sorte paysanne, le prêt d'argent pratiqué par les juifs jouait un rôle néfaste. Dans un entretien qu'il avait eu dans le passé avec le chancelier du Wurtemberg à Haguenau[511], il reconnut ouvertement que les paysans et les tisserands en toile wurtembergeois avaient subi de grands préjudices par la faute des prêteurs d'argent juifs. Il avait alors essayé d'expliquer au chancelier que les préposés des communautés juives avaient discuté au cours de différentes assemblées de l'aggravation de la situation, et qu'ils avaient promulgué un « bannissement solennel et sévère » à l'encontre de tous ceux qui enfreindraient les règles de l'usure en vigueur dans l'Empire, et en particulier le *Règlement des juifs* édicté à Augsbourg.

Pendant tout le temps que dura la Diète d'Augsbourg, il discuta par écrit de ce problème considéré dans sa globalité avec le chancelier Johann Fessler[512] et avec le duc Christophe lui-même[513]. Il pensait avoir de bonnes raisons pour supposer que ce dernier, qui venait d'accéder au pouvoir, n'était pas au courant de la législation concernant les juifs, et ne savait donc pas que les privilèges qui leur avaient été accordés leur garantissaient expressément le droit d'utiliser les routes impériales. Il expliqua au jeune prince qu'il ne fallait pas comprendre l'édit de 1530 comme une interdiction qui aurait été faite à tous les juifs de traverser le duché. L'empereur lui-même, « initiateur et source de toute justice », voulait qu'on applique les prérogatives concédées au pays de Wurtemberg uniquement à l'encontre des personnes ayant contrevenu aux règles de l'honneur. Sa volonté n'était pas que l'on punisse celles qui en ces « temps troubles et agités » étaient obligées de voyager d'un pays à l'autre pour assurer leur subsistance. Lui, Yossel, promettait qu'à l'avenir les sujets wurtembergeois ne seraient plus importunés par des tribunaux étrangers, mais que tous les procès seraient dorénavant jugés par des tribunaux du pays. Il espérait que le duc et ses conseillers, après s'être concertés, accepteraient ses propositions. Car, pendant cinquante ans environ, il avait négocié en tant que commandeur des juifs avec des empereurs, des rois, des électeurs et des princes, « dans la crainte de Dieu et selon l'honneur », et réglé de nombreuses erreurs et conflits.

Lorsque le secrétaire impérial Johann Obernburger appuya la requête de Yossel, attestant que toute son activité lors des Diètes et à la Cour impériale « était, pour un juif, sincère et honnête » et qu'il tenait les promesses faites au nom des juifs[514], il fut invité à se rendre personnellement au mois d'août à Stuttgart. Le 11 août, après des négociations qui durèrent cinq jours, un contrat fut conclu entre le duc Christophe et « l'avocat et fondé de pouvoir Yossel juif de Rosheim », représentant plénipotentiaire des juifs de l'Empire, « en vertu du pouvoir dont il était investi ». Ce contrat les liait tous les deux[515]. Il stipulait que tous les procès intentés par des juifs à des sujets wurtembergeois devant des tribunaux de la Chambre impériale ou devant la cour de justice de Rottweil devaient être immédiatement suspendus. Tous les procès déjà engagés seraient arbitrés à l'amiable devant des fonctionnaires ducaux. Si l'on ne parvenait pas à un accord, le juif déposerait sa plainte devant un tribunal ducal ou devant un autre tribunal du pays. Tous ceux qui transgresseraient ces dispositions ne recevraient pas de sauf-conduit leur permettant de traverser le pays. Toute personne entrant dans le duché devrait se présenter devant un fonctionnaire, demander l'escorte d'un homme et en payer le montant fixé. Seul un juif pauvre, attestant par serment de son indigence, pourrait utiliser un sauf-conduit écrit. Personne ne pourrait faire de commerce lors de son voyage à travers le pays, à moins qu'il ne se rende à une foire libre où il pourrait acheter et vendre en effectuant les transactions en argent liquide.

Le hasard a permis de conserver un document intéressant que les rabbins et préposés alors assemblés à Francfort écrivirent à « leur ancien préposé »[516]. C'est la traduction en allemand d'une lettre écrite en hébreu que Yossel fit remettre au duc avant même que ne débutent les négociations, afin de convaincre Christophe qu'il avait l'intention d'agir de façon « sincère et honnête » et qu'il était bien conscient de la responsabilité endossée au nom de tous les juifs de l'Empire. Dans ses *Mémoires*, Yossel souligne à plusieurs reprises que c'est à « l'instigation des rabbins et des érudits de l'Empire », « après entente avec les communautés », « d'accord avec nos sages » ou « sous la pression publique » qu'il a accompli sa mission. En 1530 déjà, alors qu'il projetait le *Règlement des juifs*, il avait fait venir à Augsbourg les délégués des communautés de tout l'Empire pour discuter avec eux de chaque article de la nouvelle ordonnance. Toutes ces indications nous prouvent qu'il fut toujours conscient de n'être que le représentant et le mandataire des juifs d'Allemagne, auxquels il devait rendre compte de ses actes.

Ce document de juillet 1551 nous informe du rapport qui existait entre le commandeur et les communautés, et du rôle politique que joua l'ensemble des juifs d'Allemagne sous la direction de Yossel. La lettre en hébreu est une réponse détaillée à un document depuis lors perdu, que Yossel avait adressé à Augsbourg aux représentants des communautés allemandes. Il leur faisait part du contenu des résolutions de la Diète. Il les informait de ses négociations avec le duc Christophe et avec les conseillers wurtembergeois, et il leur présentait les principes du futur contrat. Il leur demandait de suggérer des modifications au cas où ils n'auraient pas été d'accord avec ses propositions. Dans leur réponse, les délégués passèrent chaque point en revue. Ils prirent acte des faits. Ils furent satisfaits des propositions soumises aux conseillers du duc, n'eurent aucune critique à y apporter et prièrent Yossel d'essayer de les faire adopter sous cette forme. Sur un seul point, ils conseillèrent une plus grande sévérité. Chaque juif qui oserait, au détriment de la collectivité, ne pas se présenter devant un tribunal du pays et citerait son adversaire devant un tribunal impérial serait privé de son sauf-conduit jusqu'à ce qu'il ait dédommagé son adversaire à ses propres frais.

Si Yossel n'entreprit jamais une mission pour laquelle il n'avait pas été dûment mandaté par les préposés des communautés, et s'il les tenait scrupuleusement informés de toutes les phases des négociations, il se réserva cependant « le pouvoir et l'autorité » de conclure des accords et d'accepter les dispositions adoptées lors des résolutions des Diètes. Personne n'avait le droit de prendre à son insu des initiatives politiques au nom de tous les juifs[517]. Le conseil des juifs de l'Empire n'avait qu'une voix consultative, l'exécution et l'application du résultat des négociations revenaient au seul commandeur.

Ce rapport très succinct nous permet de comprendre qu'à cette époque s'était formé un groupement organique des communautés les plus importantes des juifs de la campagne. Leurs représentants se réunissaient lors d'assemblées régulièrement convoquées. Yossel en mentionna plusieurs à Worms, où un anathème sévère fut prononcé contre tous ceux qui avaient transgressé les dispositions du *Règlement des juifs*. La lettre en hébreu de 1551 fut écrite par des rabbins et des préposés réunis à Francfort pour discuter des problèmes posés par les changements intervenus en matière politique, économique, sociale et religieuse, et pour parer au danger qui se faisait de plus en plus menaçant. Pour la première fois dans la diaspora allemande, les juifs de l'Empire sacrifiaient leur indépendance jusqu'alors jalousement préservée, pour se subordonner à une personnalité forte et se regrouper en une communauté mieux structurée. Yossel s'efforçait d'éviter que les communautés se combattent et s'entredéchirent, et songeait à créer une sorte de « ligue d'Empire » juive que ses coreligionnaires du sud et de l'ouest animeraient d'un esprit nouveau et d'une volonté communautaire nouvelle. Son intention était semblable à celle de l'empereur qui avait essayé de souder les états de l'Empire et de renforcer leur union.

Peu de temps avant qu'il ne signe le contrat avec le duc du Wurtemberg, il dut apposer sa signature sur un document qui légalisait l'expulsion des juifs de Haute et de Basse Bavière. Nous ne sommes qu'imparfaitement informés des circonstances qui entraînèrent cette expulsion[518]. Tout ce que nous savons, c'est qu'à ce moment-là quelques juifs, les frères Isaac et Hayum de Stadtamhof près de Ratisbonne, un orfèvre Abraham de Krakau, et un certain Simon Puzl de Haag avaient été emprisonnés à Munich, et menacés d'être soumis à une procédure inquisitoriale et à la torture. Nous ne connaissons pas le motif de l'accusation. Pour empêcher que les prisonniers ne soient torturés, Yossel, chargé par l'ensemble des juifs, se rendit à Munich. Il établit alors avec le gouvernement de Bavière une « très étrange lettre de garantie »[519]. Il s'engagea à ce que, à l'avenir, aucun juif ne réclame le droit d'habiter et de résider en Bavière, à la condition que les quatre juifs emprisonnés soient graciés. Toute personne ayant une affaire de créance à régler dans le pays donnerait plein pouvoir à un chrétien afin que celui-ci règle le problème à sa place. Celui qui devrait traverser le pays s'engagerait à se procurer une escorte, à ne passer qu'une seule nuit dans le duché et à ne pas faire de commerce pendant la durée de son voyage. Un juif étranger qui pratiquerait l'usure ou se rendrait coupable d'escroquerie n'aurait pas droit à une assistance juridique et le montant de ses créances reviendrait au duc. Tous les privilèges, libertés et lettres de protection accordés antérieurement aux juifs bavarois étaient par ce contrat déclarés nuls et non avenus. Yossel apposa sa signature en hébreu au bas du document, après avoir « prêté serment d'après la coutume juive, conformément à la réglementation en vigueur dans l'Empire ». Un converti, Paulus Aemilius, professeur à l'université d'Ingolstadt, la traduisit : « Joseph, fils de Gershom, nommé Yosselmann Roschaim ».

Les contrats signés par Yossel en juillet et août 1551 avec les ducs de Bavière et du Wurtemberg furent en quelque sorte les annonciateurs du sort qui attendait les juifs dans tous les grands Etats territoriaux. Ces princes se préparaient désormais à développer leur souveraineté, et leur réservaient le même sort que les villes d'Empire. Non seulement les pays protestants comme la Saxe et le Wurtemberg, mais aussi les pays catholiques, comme le montre bien l'exemple de la Bavière, essayaient de se libérer de leur présence. Les raisons qui firent que les princes territoriaux avaient procédé simultanément de la sorte étaient de nature à la fois politique, économique et religieuse. Dans la lettre de garantie que Yossel dut signer à Munich, il est expressément stipulé que le duc Albert V, sur requête des états du pays, avait décidé d'expulser les juifs de Bavière. Or déjà, lors du procès pour profanation d'hosties en 1510, les premiers à requérir l'expulsion des juifs du Brandebourg avaient été les états. Cette période, qui vit la naissance des souverainetés nationales, fut aussi celle où se forma une structure duelle entre l'Etat et les états.

Aux efforts des princes voulant centraliser et unifier les territoires s'opposèrent les états, c'est-à-dire les représentants de la noblesse, du clergé et de la bourgeoisie, qui cherchaient à participer au gouvernement et à partager le pouvoir et l'autorité. Précisément au Wurtemberg, au cours de la période riche en catastrophes qui suivit l'éviction du duc Ulrich, les états assurèrent leurs libertés territoriales par contrat écrit, et en Bavière, où ils se défendirent avec acharnement contre les tendances absolutistes du chancelier von Eck, ils étaient presque parvenus à être les maîtres du pays. Mais les acteurs principaux de la résistance étaient les villes qui, tout en étant assujetties, tenaient à leurs anciens privilèges : le droit du mille (*Meilenrecht**) et le droit de bannissement, le monopole des corporations et la législation concernant la préemption. Elles continuaient comme par le passé à lutter avec acharnement contre le capitalisme sauvage des puissants hommes d'affaires et des banquiers, et surtout contre le commerce et le prêt d'argent des juifs. Même là où les princes s'efforçaient de concilier les intérêts divergents de la ville et de la campagne, de la noblesse et de la bourgeoisie, ils se voyaient toujours obligés, à cause de leurs énormes besoins financiers, de se ranger du côté des villes riches en capitaux car ils dépendaient des impôts qu'elles leur consentaient. Voilà pourquoi il faut bien comprendre que la politique vis-à-vis des juifs dans les Etats territoriaux en formation n'était pas différente de celle de la Ville libre qui leur avait été tellement funeste.

La troisième Diète d'Augsbourg fut la dernière à laquelle se rendit Yossel, la dernière aussi qui eut lieu sous la direction personnelle de l'empereur. Tous deux ne savaient pas encore à ce moment-là que le combat qu'ils avaient entrepris lors de la première Diète d'Augsbourg, et avec des buts tout à fait différents, était arrivé à sa fin et qu'il ne se terminait pas comme ils l'auraient souhaité. Lorsque, à la fin du mois d'août ou au début du mois de septembre, Yossel quitta la ville où s'était tenue la Diète pour rentrer en Alsace, et qu'en ces premiers jours d'automne il observa le vol des oiseaux qui fuyaient le froid des pays du nord pour se réfugier vers le soleil du sud, il ne se doutait pas encore que le puissant aigle impérial, sous les ailes duquel il avait voulu abriter ses frères, se réfugierait lui-même bientôt, les ailes brisées, dans la chaleur de sa patrie espagnole.

CHAPITRE 10

Ultimes combats et tragiques désillusions

LA FIN

La dernière fois que Yossel apposa sa signature en tant que commandeur des juifs de l'Empire, ce fut lorsqu'il conclut ses accords avec les ducs de Bavière et du Wurtemberg. Il ne fut pas le premier ni le seul juif à avoir porté ce titre. Au cours des décennies qui le précédèrent et des siècles qui lui succédèrent, les préposés des juifs de la campagne firent souvent usage de ce titre, ou se le virent attribuer par les autorités avec lesquelles ils furent appelés à négocier. Cependant, c'est Yossel que l'Histoire retint comme « le commandeur » tout court. Ce titre reste dans la mémoire reconnaissante de son peuple comme un honneur et un hommage qui ne reviennent qu'à lui seul.

Sans qu'il l'eût recherché, la fonction de commandeur était taillée à sa mesure, il l'avait revêtue et elle faisait corps avec lui. Elle devint une institution à la fois originale et indispensable, dont l'origine et le développement s'expliquaient parfaitement par la constellation politique et la situation économique particulières de l'Empire, de même que par les conditions sociales de l'époque de la Réforme. Mais il nous est moins facile de comprendre que l'imagination populaire ait ceint cette institution purement administrative d'une aura exceptionnelle, conférant à celui qui l'exerçait le pouvoir magique particulier d'arbitrer les conflits et d'apaiser la misère, de libérer les prisonniers et de sauver les condamnés à mort. La raison n'est pas due au seul fait que cette époque était particulièrement sensible aux miracles, qu'elle croyait aux forces surnaturelles qui avaient le pouvoir de changer la destinée humaine, ni qu'elle attribuait à Yossel une nature faustienne, ou voyait en lui une sorte d'Agrippa de Nettesheim, capable de « changer les choses par son seul commandement »[520]. Le secret ne résidait ni dans le surnaturel ni dans le miracle. Il relevait du caractère même de Yossel, dont la force morale avait l'effet profond que l'on attribue normalement à la prière, c'est-à-dire « ouvrir et fermer les portes du destin »[521].

Dès le début, Yossel s'identifia entièrement à sa fonction. Il l'investit de toute sa capacité de dévouement et d'amour, en sorte que l'homme et la fonction ne firent qu'un. D'une part, il personnifiait l'institution, il en était la représentation et le symbole ; d'autre part, l'institution était perçue comme un être vivant exemplaire qui se mesurait à des lois éternelles et représentait un modèle à suivre. Yossel ne nous dit jamais ce qu'il pensait de sa vocation. Mais il ne médita sur aucune figure biblique aussi intensément que sur celle de Moïse à qui Dieu dit un jour : « Ma face ira devant toi pour te guider[522]. » Il était convaincu de façon absolue que le chef est responsable de l'existence physique et morale du peuple qui lui est confié, et que cette responsabilité doit aller jusqu'au sacrifice de soi-même. Mais il croyait tout aussi fermement que le peuple, par son attitude et ses actions, a la responsabilité de faire honneur devant Dieu et devant les hommes au chef qu'il s'est choisi. Selon sa conception, le peuple et le chef forment une communauté inséparable et indissoluble. Ils ont comme tâche commune de travailler à leur accomplissement moral, afin que la nation la plus accomplie corresponde au chef le plus accompli, que le chef le plus accompli soit à la tête de la nation la plus accomplie, et qu'ensemble ils soient un modèle pour toutes les nations de la terre.

Mais justement parce qu'il avait pour les siens les plus hautes exigences morales, il fut aussi leur critique et leur juge le plus sévère. S'il apporta à tous ceux qui se trouvaient dans l'affliction une aide pleine de tendresse, il se montra impitoyable à l'égard de ceux qui par leur propre faute nuisaient à la communauté. Dans le *Sefer ha Mikneh*, où il avertit avec insistance ses frères de la présence parmi eux de traîtres et de dénonciateurs, il cita également un texte d'anathème extrêmement sévère qui exclut définitivement de tels malfaiteurs du sein de la communauté juive. Il mentionna souvent avec une grande colère « les esprits égarés et déraisonnables dont l'entendement n'est ni bon ni pacifique »[523], dont « la vie n'est plus sincère ni intègre comme celle de leurs pères »[524], et dont la conduite « inconvenante et sacrilège »[525] nuit à toute la communauté.

Dans sa correspondance avec le Magistrat de Strasbourg, il fut souvent question de bannissements prononcés contre des juifs n'ayant pas respecté le *Règlement des juifs* ni les traités conclus, ayant acheté des biens volés, fait appel à des tribunaux étrangers ou exigé des intérêts exagérément élevés. Il affirma dans une de ses dernières lettres aux conseillers de Strasbourg[526] que c'était en vertu de la vérité et de ce que lui dictait sa conscience juive qu'il prononça un anathème solennel contre ceux qui avaient transgressé le contrat autrefois conclu avec la ville, et qu'il n'était pas en mesure de faire davantage, car les juifs ne connaissaient aucun autre châtiment temporel que cet anathème. Celui qui ne le respectait pas pendant quatre semaines perdait la possession de tous ses biens, qui revenaient alors au trésorier impérial. Mais il exigeait la même sévérité et la même rigueur de la part des juges chrétiens. Il demandait que, sans tenir compte de la condition sociale de l'accusé, ils fassent preuve d'une égale impartialité envers les chrétiens cupides et déraisonnables lorsqu'ils bafouent le droit des juifs et les traînent devant les tribunaux. « Car la vérité et la justice sont des vertus devant Dieu Tout-Puissant quelle que soit la condition de l'homme[527]. »

Yossel ne se considéra jamais, ainsi que certains le crurent, comme un commandeur au sens militaire du terme. Certes, son être avait quelque chose de militaire, mais c'était la bravoure d'une nature chevaleresque et la passion impétueuse du guerrier rempli de sa mission sacrée. La fidélité qui le fit respecter le serment prêté au péril de sa vie n'était pas la fidélité d'un capitaine à l'égard de son général, ni celle d'un seigneur féodal à l'égard de ses hommes liges. C'était la même fidélité que celle qui, de génération en génération, avait inspiré les Sages de son peuple lorsqu'ils répondaient aux questions de leurs élèves, qui avait uni les rabbins par la prière et l'expiation à la communauté d'Israël, et permis aux *Hassidim* de former une communauté mystique avec leurs disciples.

Autrefois juif d'une ville d'Empire, Yossel était devenu un juif de l'Empire, puis un juif européen. Le destin des juifs de Bohême, de Moravie, de Silésie, de Pologne, d'Algérie, de tous les pays séfarades lui importait tout autant que celui des juifs allemands. Mais il passa presque entièrement les dernières années de sa vie dans l'isolement de la petite ville de Rosheim. Comme à ses débuts, il n'était à présent que le préposé des juifs de la campagne de Basse Alsace. Il y trouva la solitude et le repos qu'il avait appelés de tous ses vœux lorsqu'il parcourait sans trêve les Etats territoriaux, lorsqu'au cours de Diètes il dut participer à des controverses et tenir des discours, lorsqu'il fit antichambre en attendant de présenter ses requêtes à des chanceliers et à des ministres.

En sa vieillesse, il vécut des années tragiques. Ce furent des années de désillusion et de désespoir où il eut le pressentiment que l'œuvre de sa vie serait éphémère, que la protection extérieure qu'il avait conquise pour ses frères de même que l'assurance intérieure qu'il leur avait enseignée seraient réduites à néant par des puissances qu'il ne lui était plus accordé d'influencer. L'Histoire allait s'engager dans des voies inattendues. Le sort des juifs serait dirigé par d'autres forces que celles auxquelles il avait voulu le lier. La chute du Saint Empire romain germanique laisserait la voie libre à la souveraineté et à la domination d'Etats nationaux, modernes, séculiers et absolutistes. Ceux-ci ne protégeraient plus les juifs comme l'avait fait Charles Quint qui, par son onction sacrée, était le gardien du droit et des coutumes. Au nom de la froide raison d'Etat et des principes utilitaires de la politique économique, ils allaient au contraire les utiliser, ou même les exploiter à leurs propres fins.

Alors que Yossel habitait au milieu des siens, dans les murs de la ville tranquille de Rosheim, il ne cessa d'envoyer de nombreux messages dans l'Empire pour faire connaître ses préoccupations et ses soucis, non pas en vue de protéger ses frères du danger, mais pour préserver leur protecteur lui-même du désastre. Avant même le début de la Diète d'Augsbourg, les ennemis protestants de l'empereur, le margrave Hans de Küstrin, les ducs Albert de Prusse et Jean-Albert de Mecklembourg, avaient formé une alliance défensive pour lutter contre l'Intérim qu'ils honnissaient et pour restaurer les libertés allemandes. Au début de l'année 1551, Maurice de Saxe, le plus énergique, le plus doué mais aussi le moins scrupuleux et le plus énigmatique des princes de la nouvelle génération, s'était rallié à cette alliance, alors même qu'il était encore au service de l'empereur en tant que général des armées impériales, et qu'il rendait constamment hommage à Charles, l'assurant de sa fidélité et de son dévouement. L'alliance s'était formée afin de rétablir l'ancienne coutume d'élire l'empereur, de restaurer la véritable religion chrétienne, de libérer le landgrave Philippe, beau-père de Maurice, et d'abolir le servage à vie, bestial et insupportable, tel qu'il existait en Espagne.

La même année, les princes révolutionnaires entrèrent en contact avec le roi de France Henri II*, dont le vœu le plus cher était de reprendre la politique de son père François Ier et, grâce à l'aide de l'opposition des états allemands, d'anéantir à jamais le pouvoir de l'empereur. Dans un pavillon de chasse du prince électeur Maurice, au milieu de la lande de Lochau, là même où six ans auparavant Charles Quint avait remporté la victoire sur les alliés de la Ligue de Smalkalde, un accord secret fut signé en octobre 1551 entre les princes alliés et l'émissaire de la France. Les princes alliés cédèrent au roi de France, qui devait être le futur vicaire de l'Empire, les villes allemandes de Metz, Toul, Verdun et Cambrai, ces têtes de pont et forteresses extrêmement importantes situées aux frontières de l'Empire, liaisons principales entre les territoires héréditaires de Charles et les Pays-Bas. En contrepartie, Henri s'engagea à appuyer la lutte des princes contre l'ennemi commun en donnant de l'argent, des armes et des troupes. Cet accord, qui trahissait ouvertement l'empereur et l'Empire, fut solennellement confirmé à Chambord en janvier 1552.

Alors qu'à l'est les Turcs menaçaient à nouveau les territoires du roi Ferdinand, et que les troupes des princes alliés se rassemblaient en Franconie, le roi de France envahit la Lorraine en mars 1552. Il s'empara des villes qui lui avaient été promises et attaqua par surprise Metz, qui dut se rendre. Les habitants de l'Alsace furent saisis d'une véritable panique. Ils étaient coincés entre, d'une part, les armées du roi de France qui progressaient à une vitesse foudroyante et, d'autre part, les troupes venant de Bâle sous les ordres de Schärtlin von Burtenbach, l'ancien chef de l'armée de la Ligue de Smalkalde. Ils se voyaient également menacés par les mercenaires espagnols stationnés aux Pays-Bas, et ils ignoraient le jeu dangereux du prince électeur Maurice de Saxe. C'est pourquoi, dans une situation aussi désastreuse, il était extrêmement difficile pour les gouvernements de prendre une bonne décision[528].

Les autorités et les états de l'Alsace tenaient une réunion après l'autre pour se concerter au sujet de la stratégie de défense commune qui permettrait de sauver les territoires. La ville de Strasbourg, courtisée à la fois par la France et par Charles Quint, recrutait des mercenaires et armait les paysans. C'est à ce moment que, pour reprendre une des expressions favorites de Yossel, la fatalité frappa l'empereur. Dans l'espoir de pouvoir résoudre à la toute dernière minute le problème religieux, il s'était rendu d'Augsbourg à Innsbruck pour se rapprocher du concile qui se tenait à Trente. Or depuis longtemps, il était de notoriété publique que le prince électeur Maurice de Saxe était très étroitement lié à la France. On savait aussi que les princes protestants et Henri II voulaient s'emparer de l'empereur, mort ou vif. Seul Charles, d'après une vieille chanson populaire, « semblait plongé dans le sommeil et les rêves »[529].

Il avait été jusqu'à présent le maître tout-puissant de l'Europe, celui qui dictait les lois à la chrétienté, aussi ne pouvait-il s'imaginer que les princes de l'Empire puissent se révolter et trahir le souverain qu'ils avaient élu. Il ne voulait pas croire que Maurice de Saxe, à qui il avait lui-même décerné la dignité de l'électorat et confié le siège de la ville protestante de Magdebourg, puisse céder des territoires allemands à l'ennemi le plus acharné de l'Empire et mettre la vie même de son empereur en danger. En ces jours-là, il fut incapable de prendre une résolution, incapable de décider s'il devait souffrir « un grand outrage ou se mettre en grand danger »[530]. Sa maladie physique, la goutte, qui allait parfois jusqu'à l'empêcher de faire le moindre mouvement, contribua à accentuer sa souffrance morale. Il tombait souvent dans un état de profonde dépression, se sentait seul, désemparé, trahi et abandonné par tout le monde. Il ne faisait même plus confiance à son frère, qui avait toujours eu de bonnes relations avec les princes allemands. Or, Ferdinand se trouvait à Linz en train de négocier avec Maurice afin d'intervenir comme médiateur entre l'empereur et lui.

Même ses alliés catholiques se montraient réservés et lâches. Ils ne lui offraient aucune aide. Les électeurs de Mayence, Trèves et Cologne étaient « faibles et misérables au-delà de toute mesure »[531], et craignaient une invasion de leurs territoires par les Français. La Bavière, toujours prête à causer du tort à la Maison de Habsbourg, maintenait sa neutralité, de même que le duc protestant du Wurtemberg dont Charles venait de sauver le pays des prétentions de Ferdinand. Innsbruck elle-même était une ville ouverte. Les troupes impériales étaient au loin, en Italie et aux Pays-Bas. L'empereur était complètement dépourvu de moyens financiers car, en cette situation critique, même la maison Fugger refusait de consentir des prêts. Marie, la gouvernante des Pays-Bas, avertit son frère de la duplicité du prince électeur de Saxe et du danger qu'il représentait. Elle le supplia de quitter Innsbruck ; Ferdinand et les conseillers de l'empereur firent de même. En vain. Charles demeura obstiné et entêté, fuyant les hommes et les méprisant. Finalement, en mai 1552, lorsque les troupes ennemies parvinrent à s'emparer de l'ermitage d'Ehrenberg, la dernière forteresse qu'Innsbruck aurait pu protéger, il s'enfuit, porté dans une chaise à porteurs, accompagné uniquement par son frère Ferdinand, et il passa le Brenner pour se réfugier à Villach en Carinthie.

Au cours de ces mois, Yossel vivait lui-même au milieu du chaos de la guerre et, comme les autres Alsaciens, il devait craindre de voir les troupes de l'une ou l'autre armée piller ses biens et le chasser de sa demeure, lui et les siens. Cependant, il prenait part avec inquiétude au sort de l'empereur. Il avait admiré le grand souverain, il lui était reconnaissant d'avoir traité ses frères avec bonté et équité. A présent, il ressentait de l'amour et de la compassion pour l'homme vaincu, humilié, déçu et blessé dans sa dignité. En cette heure de profonde solitude, il voulait lui prouver sa fidélité, l'aider et le sauver. Il était facile pour le commandeur des juifs d'être au courant de tout ce qui se passait dans l'Empire. Les généraux impériaux, comme par exemple Conrad von Hanstein, défenseur de la ville de Francfort contre les rebelles, « avaient, pour sonder les intentions de l'ennemi, créé un service d'espionnage très actif assuré principalement par des juifs »[532]. De plus, pour redresser la situation de Charles, les juifs de Rhénanie avaient pris l'initiative de récolter une somme de vingt mille florins afin de permettre aux mercenaires impériaux de percevoir leur salaire.

Yossel pouvait suivre de très près l'avance des Français. Il était mieux informé que la plupart de ses contemporains des intentions des villes d'Empire alsaciennes. Aussi préleva-t-il sur ses maigres économies plus de soixante florins pour envoyer, « ailleurs et partout », un messager après l'autre à l'empereur. Ils étaient chargés d'informer Charles Quint du danger qui le menaçait, de le prévenir contre ses ennemis et de le supplier, en cette heure fatidique, de ne pas mettre inutilement sa vie en danger mais de la préserver pour ses peuples et pour l'Empire[533].

Lorsque des rumeurs se répandirent selon lesquelles Charles était mort, lorsque l'on put craindre que le roi des Français ne s'emparât de la Couronne impériale, Yossel fit savoir de façon très déterminée que « grâce à Dieu Sa Majesté impériale était saine et sauve », mais « beaucoup ne me crurent pas »[534]. Rien ne nous permet de supposer que les avertissements de Yossel eurent une influence sur les décisions de l'empereur. Mais peut-être la fidélité d'un homme qui savait ce que signifient les humiliations et l'abaissement a-t-elle contribué à éclairer quelque peu ces sombres journées passées à Innsbruck. Peut-être les messages qui lui parvenaient d'Alsace permirent-ils à Charles de se souvenir de l'intrépide commandeur des juifs, qui jamais ne recula devant la difficulté d'une mission. Alors même que Yossel s'efforçait de faire souffler un vent favorable sur la destinée de l'empereur, il essayait également de préserver sa ville de Rosheim du désastre.

Tous les rapports concordent pour affirmer que cette guerre, où les princes allemands luttèrent contre le souverain suprême du Saint Empire romain, fut une guerre incroyablement cruelle et barbare. « Même en l'an 1525, relate un contemporain[535], les paysans en fureur ne commirent jamais de crimes aussi effroyables, n'allumèrent d'incendies aussi abominables, ne montrèrent une jouissance aussi bestiale en torturant et en martyrisant le pauvre peuple, en le faisant périr par le feu, qu'en cette guerre de l'année 1552. Ce fut une honte pour l'humanité, car des princes de sang allemand perpétrèrent ces horribles forfaits contre des membres de leur propre nation. Ils accumulèrent de telles malédictions sur leur tête que leurs descendants en subiront encore longtemps les conséquences. » Parmi ces princes de sang allemand, le plus terrible des chevaliers brigands fut le margrave Albert Alcibiade de Brandebourg-Kulmbach. Il s'était rallié à la ligue protestante mais, indépendamment de ses conjurés, il dévastait « comme une bête sauvage, monstrueuse et folle »[536], les riches villes protestantes ainsi que les évêchés catholiques de Franconie, des régions du Danube, du Rhin et du Main.

En automne de l'année 1552, il ravagea Trèves et le Luxembourg. Le bruit se répandit qu'il se rapprochait de l'évêché de Strasbourg avec l'intention d'incendier toutes les petites villes des alentours. Comme autrefois, pendant la guerre des Paysans, Yossel mit toute son expérience politique et son habileté diplomatique au service de la ville de Rosheim. Il offrit en prêt aux conseillers tout l'or et tout l'argent qu'il possédait pour une valeur de quatre cents florins, et il leur conseilla d'inviter les autres citoyens à faire comme lui, « afin que là où se présentera[it] l'ennemi en exigeant une rançon, nous puissions le faire changer de voie »[537]. Le sort des territoires de Franconie et de

Rhénanie fut épargné aux Alsaciens. Mais ils furent les témoins directs de l'impitoyable combat final que se livrèrent l'empereur et le roi de France.

Au grand étonnement du monde entier, Charles se reprit rapidement après sa fuite humiliante par le Brenner. Il rassembla ses troupes, chercha à emprunter de l'argent et réfléchit aux moyens et aux stratégies qui lui permettraient de séparer le roi de France des princes en guerre. Certes, il avait pris conscience de leur rébellion permanente et n'avait plus l'espoir de réussir à vaincre une deuxième fois l'oligarchie princière. Il avait à présent de nouveau assez d'autorité pour rejeter les exigences des états de l'Empire assemblés à Passau, et renvoyer à une Diète générale qui se tiendrait sous sa direction la décision relative à une paix religieuse. Il pouvait à présent aussi réclamer le désarmement des insurgés et la rupture de leur alliance avec Henri II. Par contre, il s'engagea à libérer le landgrave de Hesse et à lever l'Intérim. Cette tactique lui permit de n'avoir plus qu'une seule puissance ennemie en face de lui, la France, contre laquelle il s'apprêta alors à frapper le coup définitif.

Son premier but fut d'attaquer le solide bastion de Metz, dont les Français avaient accru la capacité de défense, et où ils avaient envoyé leurs meilleures troupes. Il voulait posséder la ville pour barrer le chemin de l'Empire à Henri II, et pour maintenir la liaison entre les Pays-Bas et l'Allemagne[538]. Dès le départ, cette entreprise se présenta sous une mauvaise constellation. La saison était beaucoup trop avancée pour que l'on puisse tenir un long siège. Il était difficile de ravitailler, pendant les interminables pluies de l'automne et le froid de l'hiver, des troupes espagnoles qui n'étaient pas habituées au climat du nord, et qui de plus se plaignaient de l'insuffisance de leur solde. Charles ne put se rendre maître de la forteresse, héroïquement défendue par les Français, et en janvier 1553 il se vit obligé d'abandonner le théâtre des opérations. Blessé dans son honneur et dans sa fierté, la conscience inquiète, plus humilié encore qu'il ne l'avait été à Innsbruck, mélancolique et résigné, il se retira à Bruxelles. Il envisagea dès lors l'éventualité d'une abdication volontaire. Il était convaincu ne plus pouvoir empêcher le schisme religieux ni l'opposition des états en Allemagne. Il abandonna le gouvernement de l'Empire à son frère Ferdinand, et s'en remit à lui afin qu'il résolve les querelles religieuses de façon à satisfaire les princes, ses adversaires. Lui-même ne reparut jamais plus dans le territoire de l'Empire. Et jamais plus il ne se préoccupa du sort des serfs de la Chambre qui en faisaient partie.

Peu avant la naissance de Yossel, l'arrière-grand-père de l'empereur, Charles le Téméraire, avait perdu la bataille de Nancy en y trouvant la mort. Les évènements à la fin de la guerre de Bourgogne furent pour les villes d'Empire d'Alsace le prétexte, qu'elles appelaient de tous leurs vœux depuis longtemps, pour pouvoir expulser les juifs hors de leurs murs, ou tout au moins pour limiter fortement leur commerce. Cette bataille perdue avait pour ainsi dire symbolisé le destin personnel des parents de Yossel, ainsi que la situation économique et politique des juifs d'Alsace. Lorsque Yossel fut arrivé à la fin de sa vie, l'arrière-petit-fils de Charles le Téméraire perdit la bataille décisive devant Metz, et cet évènement fut à son tour une parabole lourde de conséquences pour les juifs. La défaite de Metz signifiait la fin du rêve de Charles Quint, qui avait voulu faire revivre une fois encore l'idée médiévale d'un Empire universel. Il avait eu l'intention d'édifier un Empire romain unifié où les juifs, formant un état homogène, auraient été admis et protégés. Cette défaite signifiait la fin de « la suprême dignité, instituée par Dieu sur la terre ». Or, en la revêtant, Charles, le plus fidèle avocat de Dieu et son vicaire, s'était efforcé d'y associer les juifs de l'Empire.

De même que le début et la fin de la vie de Yossel, marqués par les batailles de Nancy et de Metz, se rejoignaient pour former un cercle, ainsi la dernière bataille que livra le vieux commandeur représenta le dernier maillon d'une longue chaîne de batailles, entamée par le *parnass* et *manhig* dans sa jeunesse. Yossel raconte dans ses *Mémoires*[539] qu'en 1519, tout de suite après la mort de Maximilien, les habitants du village de Dangolsheim expulsèrent leurs juifs et incitèrent leurs voisins à suivre leur exemple. Il parvint alors avec l'aide du sous-bailli à leur faire abandonner ce « méchant projet », si bien que les juifs purent regagner leurs maisons. Quarante-quatre ans plus tard, les habitants de Dangolsheim crurent avoir de nouvelles raisons pour se plaindre, notamment du nombre de juifs qui s'était accru de quatre à dix couples en âge de gagner leur vie. Tous pratiquaient l'usure et le prêt d'argent, si bien que la moitié des habitants étaient leurs débiteurs et avaient perdu presque tous leurs biens-fonds.

Depuis 1530, le bailliage de Haguenau, auquel appartenait le village d'Empire de Dangolsheim, faisait à nouveau partie des terres de la Maison palatine des Wittelsbach. C'est pourquoi le Magistrat s'adressa au premier bailli de Basse Alsace, le prince électeur Frédéric II, pour lui demander son aide et l'autorisation d'expulser les juifs. Il se déclara prêt à payer au gouvernement des taxes plus élevées que celles qu'il lui avait versées jusqu'à présent. Le prince palatin Frédéric II, autrefois brillant cavalier et ami de l'empereur, s'était converti au protestantisme quelques années plus tôt. Il était à présent un vieil homme terriblement déçu par la vie et sans ressort. Après avoir traité les juifs de son électorat avec bienveillance, il pensait poursuivre la même politique en Alsace. Mais il n'avait pas la force de se dérober à l'influence du sous-bailli, qui avait pris le parti des habitants de Dangolsheim et se plaignait de l'usure nuisible des juifs. A cela s'ajoutait qu'« en ces temps où proliféraient les ordonnances de police »[540] les seigneurs territoriaux commençaient à surveiller partout avec plus de sévérité les activités commerciales des juifs, à uniformiser le montant des taux d'intérêt et à soumettre les contrats conclus entre créanciers et débiteurs au contrôle des autorités publiques.

C'est ainsi qu'en avril 1553 le prince électeur ordonna au bailli de Haguenau de lui communiquer le nombre de juifs habitant à Dangolsheim, ainsi que le montant des taxes qu'ils payaient. Il voulait également savoir qui avait établi leur sauf-conduit et à quelle date ils l'avaient obtenu. Un mois plus tard, il exigea que les juifs eux-mêmes envoient un compte rendu détaillé des prêts consentis. Il leur interdit de percevoir à l'avenir des intérêts et de monnayer leurs biens. Yossel protesta avec véhémence contre ce décret dans une lettre au comte palatin[541]. Il affirma que les juifs étaient prêts à déclarer le montant du capital et des intérêts que leur devaient les habitants de Dangolsheim. Mais, les autres dispositions étant selon lui en totale contradiction avec les privilèges impériaux et palatins, leur application aurait des conséquences désastreuses pour tous les juifs d'Alsace.

Frédéric institua alors une commission afin qu'elle abaisse le montant des intérêts à cinq pour cent et qu'elle reconnaisse aux juifs, qui avaient été admis par l'empereur ou par ses ancêtres, le droit de résidence à Dangolsheim. Après quoi Yossel se rendit en juillet 1553 à Heidelberg pour intervenir personnellement au sujet des questions en litige. Le prince électeur l'assura qu'il souhaitait une cohabitation pacifique entre juifs et chrétiens, et déclara ne pas avoir l'intention de toucher aux anciens droits et privilèges de ses sujets juifs. Cependant, malgré ses promesses, lorsque le bailli lui eut conseillé « de libérer les pauvres chrétiens de ce fardeau quotidiennement vorace », il crut bon d'expulser les juifs de Dangolsheim.

Yossel essaya de convaincre le comte palatin de faire réexaminer cette affaire par son tribunal avant de prendre une décision finale. Et, après le rejet de sa requête, il demanda au tribunal de la Chambre de l'appuyer par voie légale. Au cours de son deuxième séjour à Heidelberg, il déclara au prince électeur qu'il avait été obligé d'entreprendre cette démarche parce que « beaucoup de simples et pauvres juifs, orphelins et veuves, ont fait appel à moi, le juif Yossel, en tant que leur représentant, et m'ont prié de faire ce que mon devoir m'ordonne ». Il s'efforça cependant par tous les moyens d'éviter un procès devant le tribunal de la Chambre. Il déploya tous ses efforts afin que les conseillers palatins convient la bourgeoisie de Dangolsheim et les juifs à se présenter devant un tribunal d'arbitrage pour y être entendus. Il voulait ainsi empêcher que l'ordre d'expulsion ne soit proclamé entre-temps.

Il eut gain de cause. Le 12 mars, une réunion eut lieu à la Résidence[a]. Les juifs y envoyèrent cinq représentants. Les négociations n'ayant pu aboutir ce jour-là, une deuxième rencontre, qui devait de nouveau se tenir à Heidelberg, fut prévue pour le 15 avril. En cet hiver 1553-1554, alors que Yossel allait et venait à cheval de Rosheim à Haguenau et de Spire à Heidelberg, il n'était pas uniquement préoccupé par l'affaire de Dangolsheim. Il se faisait également du souci pour lui-même et pour les juifs de la ville de Rosheim dans les murs de laquelle il vivait depuis quarante ans.

Il avait écrit un jour avoir toujours vécu en paix avec les bourgeois de la ville. Il n'avait pas fait souvent appel au tribunal et pouvait dire de lui-même qu'il avait aidé et conseillé les habitants de la ville dans les moments où elle avait connu des difficultés politiques. C'était à Rosheim qu'il convoquait les assemblées des juifs de la campagne de Basse Alsace, c'était là qu'il rendait la justice, qu'il interrogeait les coupables, qu'il infligeait des peines, qu'il arbitrait les conflits entre parties adverses et consolait les désespérés. C'était là qu'étaient accourus des messagers de tous les coins de l'Empire, les délégués de Bohême, de Moravie et de Silésie, pour implorer son aide. C'est ici qu'il avait élevé ses enfants,

a. Résidence palatine, château du prince électeur.

marié ses filles, fêté les jours de shabbat et de fêtes, conclu ses affaires, étudié les philosophes et écrit ses *Mémoires*. C'était de là qu'il avait entrepris d'innombrables voyages à cheval pour traverser la vaste plaine, en toute saison, par le froid et la neige, la pluie et le soleil. C'était là qu'il revenait après des absences de plusieurs mois, après avoir remporté une victoire ou subi une défaite, heureux de revoir les douces pentes des collines de ce pays qui lui était familier et où, au-dessus des forêts de hêtres, de légers nuages jouaient dans les derniers rayons du soleil couchant. Il entrait à cheval par les portes romanes massives qui paraissaient construites pour l'éternité et protégeaient la ville des ennemis. Il passait ensuite à côté de belles fontaines sculptées, où des roues attachées à de lourdes chaînes permettaient que l'on fasse descendre et monter des seaux pour puiser l'eau. Il longeait entièrement l'église Saints-Pierre-et-Paul construite en grès jaune des Vosges, et parcourait la large rue principale bordée des deux côtés de maisons à colombage appartenant aux conseillers et aux riches bourgeois. Elles étaient ornées de toits à pignon et d'encorbellements, de balcons et de fenêtres encadrées avec art. Il s'engageait alors dans une étroite ruelle, que l'on appelle aujourd'hui encore la rue des Juifs, et s'arrêtait devant l'une des maisons à trois étages ayant un large porche, des galeries brunes et un toit haut et pointu de couleur foncée. Cette maison allait désormais l'isoler pour un certain temps du monde qu'il venait de parcourir.

Les bonnes relations qu'entretenaient les habitants juifs et chrétiens de Rosheim avaient été fortement perturbées au cours des dernières années. Rosheim était avec Haguenau la seule ville d'Empire qui n'avait pas encore expulsé ses juifs. Au début des années 1520, ses efforts qui visaient à ne pas demeurer en reste derrière Colmar et Obernai avaient été déjoués par les tractations de Yossel. Mais, depuis le début des années 1540, les heurts entre juifs et chrétiens étaient devenus de plus en plus fréquents. Les juifs du lieu étaient inquiétés durant la nuit, les commerçants de l'extérieur empêchés de pénétrer dans la ville ou molestés sur les routes impériales libres. Yossel avait finalement obtenu que, sous l'égide des tribunaux d'arbitrage de Haguenau, Sélestat et Obernai, un contrat soit conclu entre le Magistrat de Rosheim et les juifs. Ce contrat permettrait à huit couples juifs, ainsi qu'aux membres de leurs familles, d'habiter dans la ville et d'y entretenir trois maîtres d'école.

Le conflit éclata de nouveau alors même que Yossel essayait de sauver la ville de Rosheim des griffes du margrave Albert Alcibiade qui tentait de la rançonner. Durant une de ses absences, au beau milieu de la nuit, les fenêtres, les volets et les portes de sa maison furent fracassés, à la suite de quoi sa femme et ses enfants tombèrent malades. Certes, le Magistrat fit jeter les quatre bourgeois responsables de cette attaque dans la prison de la tour. Ils y restèrent quelques jours et se virent imposer une amende d'une livre de monnaie strasbourgeoise. Mais, en même temps, le Magistrat ordonna aux maîtres d'école, dont l'un était le fils de Yossel, de quitter la ville, faute de quoi ils devraient payer une lourde amende. Ceux-ci n'obtempérant pas, il fit prendre en gage les coupes d'argent appartenant à Yossel. Or celui-ci détenait un sauf-conduit impérial qui garantissait à ses fils et à ses gendres le droit de résider dans la ville[542]. Il essaya pourtant de résoudre le conflit à l'amiable, et à cette fin il proposa aux deux parties adverses de nommer un arbitre qui serait soit le bailli, soit le Conseil de Haguenau, et promit de se soumettre à son jugement.

En réponse, le Magistrat interdit à un certain Aron, à une veuve de Joseph et à Yossel lui-même, dont le gendre, David, était son représentant dans certaines affaires économiques et politiques, d'héberger leurs enfants plus de quatre nuits. Au cas où ils n'obéiraient pas à ces ordres, leurs fils et gendres seraient chassés de Rosheim par les valets de la ville. Cette fois encore, la menace fut brandie pendant une absence de Yossel. En janvier 1554, il se trouvait en effet à la Cour de Heidelberg. La populace fit tout ce qu'elle put pour soutenir l'action du Magistrat et lança de nuit des pierres sur les maisons des juifs. Lorsque ceux qui avaient subi des dommages vinrent le lendemain matin se plaindre au bourgmestre, celui-ci répondit laconiquement : « Nous ne pouvons pas nous poster là pour vous protéger. Si vous ne pouvez supporter la situation, partez »[543].

Lorsque Yossel rentra de voyage, il y eut entre lui et les conseillers un débat très vif au sujet de l'interprétation juridique du contrat conclu entre la ville et les juifs. Il expliqua que, lorsqu'un juif qui avait habité Rosheim venait à mourir, les juifs extérieurs ou étrangers à la ville ne pouvaient certes pas s'y établir à sa place. Par contre, les fils et les gendres des juifs résidents possédaient ce droit. Le Magistrat maintint cependant sa position selon laquelle à l'avenir plus aucun juif n'aurait le droit de s'établir dans la ville. Sinon ni les habitants de Rosheim ni leurs enfants ne seraient jamais complètement débarrassés des juifs. Ils ne nièrent pas que Yossel avait défendu les intérêts de leur ville pendant la guerre des Paysans et pendant la guerre contre les Français. Mais ils ajoutèrent avec ironie qu'il ne l'avait pas tant fait à cause des bourgeois, mais bien plutôt dans son propre intérêt et dans celui des juifs. Si lui et ses frères avaient joui des mêmes libertés que les autres sujets, ils se seraient bien peu préoccupés des chrétiens[544].

Même si, dans un accès de colère, Yossel menaça le Magistrat de s'adresser au tribunal de la Chambre, dût-il payer mille florins, dans ce grand péril il pria pourtant le Conseil de Haguenau de bien vouloir tenir un jour d'audience supplémentaire afin d'entendre les parties adverses, et de rendre à chacune d'elles son droit « inaliénable ». Cette requête au magistrat de Haguenau est le dernier document de Yossel que nous possédions. C'est aussi son testament politique. Conformément à son habitude, il relate dans l'introduction l'historique des relations entre la ville de Rosheim et les juifs, la tension croissante des dernières années, et l'éclatement au grand jour du conflit qui conduisit finalement à une violation du contrat conclu sous l'égide de la ville de Haguenau. En quelques phrases émouvantes et dramatiques, il fait pour les conseillers, mais plus encore pour lui-même, le bilan de sa vie. Il décrit son activité aux Diètes et au tribunal de la Chambre, ses négociations avec les empereurs, les rois, les autorités des villes, les effets produits par sa politique au moment de la guerre des Paysans et de la guerre contre la France. Il évoque ses tentatives pour préserver les anciens privilèges des juifs, ses efforts pour que la paix règne entre chrétiens et juifs, afin qu'il ne soit pas porté atteinte à la dignité humaine, valeur qui leur est commune.

Ce dernier document écrit par Yossel rappelle en de nombreux points sa première requête officielle, lorsque, en 1522, au nom des juifs de la campagne de Basse Alsace il porta plainte contre Obernai, ville d'Empire. Un seul point y fait défaut : la référence à l'empereur et l'expression de la confiance en sa protection des serfs de sa Chambre. A présent, le ton était différent. Il n'était plus passionné et insistant, exigeant et provocant, mais il était devenu sage et serein, mélancolique et résigné. Yossel ne regardait plus vers l'avenir mais vers le passé. Il savait que la boucle était bouclée, que le début et la fin se ressemblaient, que les forces ennemies contre lesquelles il avait lutté étaient revenues, et que sous d'autres formes et avec d'autres visages elles réapparaîtraient toujours au cours des temps. Alors qu'il était un jeune et fougueux cavalier, il s'était mis en chemin pour combattre la mort et le diable. Sa seule armure était la pureté de ses convictions ; ses seules armes, la force de son âme et son cœur plein de compassion. A présent, vieux et fatigué, il chevauchait encore et toujours à travers les sombres vallées. Mais il parcourait le chemin « qui mène du courage au courage », certain d'être conduit au sanctuaire[545].

La mort le surprit alors qu'il s'apprêtait à seller son cheval pour se rendre à Heidelberg afin d'empêcher l'expulsion des juifs de Dangolsheim. Le 6 avril, ceux-ci annoncèrent au prince électeur Frédéric qu'ils n'étaient pas en mesure d'assister à la réunion qui devait se tenir vers le milieu du mois à la résidence palatine, car entre-temps leur préposé, celui qui les représentait à la Cour du prince électeur, « était passé de vie à trépas »[546]. Ainsi mourut Yossel. Ce fut selon toute probabilité dans les derniers jours du mois de mars, ou dans les premiers du mois d'avril 1554. C'était au temps de la plus belle fête religieuse de l'année[547], la fête de la Libération, où les juifs se souviennent de Moïse qui « préserva sa génération par ses exhortations, et pria l'Eternel pour son peuple afin qu'Il lui fasse miséricorde »[548].

Certains « mémoriaux » nous transmettent les termes simples et affectueux[549] qui traduisirent l'émotion que ressentirent les juifs de l'Empire à la nouvelle de la mort de leur commandeur : « Que Dieu se souvienne de l'âme du vieillard, le prince notre maître, Joseph, fils de Gershom de mémoire bénie, celui que l'on nomma Yosselmann, en même temps que des âmes d'Abraham, d'Isaac et de Jacob. Il ne ménagea ni son honneur ni sa fortune. Et à plusieurs reprises il mit sa vie en danger, intercédant et protégeant la communauté tout entière ainsi que chaque individu. Pendant plus de quarante ans, il se rendit à la Cour des rois et des princes afin d'épargner à la nation d'Israël les expulsions, les oppressions, les persécutions et les assassinats. Il obtint des sauf-conduits à la Cour de l'empereur, que sa Majesté soit louée. Tout cela, il le fit sans accepter de récompense ni de gratification, uniquement pour l'amour de Dieu et d'Israël. Pour tout ce qu'il fit, qu'il ait sa part avec les autres bergers et princes d'Israël, et que son âme soit liée avec celle de tous les hommes pieux dans le faisceau de la vie, au paradis ! »

Annexes

A la charnière du Moyen Age et des Temps modernes

Par Freddy Raphaël et Monique Ebstein

LE CONTEXTE RELIGIEUX, HISTORIQUE ET CULTUREL

L'époque où vécut Yossel, le dernier quart du XVe siècle et la première moitié du XVIe, fut à de nombreux titres une époque charnière où s'acheva le passage du Moyen Age aux Temps modernes. Pour ceux qui vécurent alors, cette période aux transitions floues fut riche en profonds bouleversements.

Beaucoup s'accordent à considérer les mille années qui s'écoulèrent entre la chute de l'Empire romain et la découverte de l'Amérique comme une époque monolithique, où l'Eglise catholique détenait le pouvoir suprême faisant d'elle l'arbitre des princes et des rois. Tout pouvoir suprême entraîne des abus, et l'Eglise, malgré sa vocation spirituelle, malgré l'idéal de pauvreté prôné par son fondateur, succomba à la tentation du pouvoir politique et de l'enrichissement. L'inadéquation entre ce qu'elle était devenue, surtout au sommet de sa hiérarchie, et ce qu'elle aurait dû être fut en grande partie la cause de révoltes à tous les niveaux de la société. Ces révoltes furent à la fois d'ordre moral, social et politique. Le petit peuple prit conscience des injustices dont il était l'objet, des inégalités criantes qui allaient jusqu'à le priver de ce qui était nécessaire à sa survie. Les taxes exigées par le seigneur du lieu, les armées ou les bandes guerrières qui traversaient ses terres, indifférentes à la destruction des récoltes, en faisaient un paria. De nombreuses gravures de l'époque témoignent avec réalisme de la vie quotidienne et de ses profondes misères.

Au niveau politique, la diplomatie, les mariages et la guerre étaient les moyens qu'employaient les souverains pour regrouper et agrandir leurs possessions. Dans le sud de l'Europe, en Espagne, les « rois catholiques » reprirent en 1492 Grenade, le dernier bastion musulman. Ils expulsèrent les juifs de leurs royaumes et étendirent leur souveraineté sur le Nouveau Continent découvert par Christophe Colomb. L'Italie était déchirée par les guerres que se livraient des puissances étrangères qui la convoitaient, notamment la France et l'Empire. A Rome, l'Eglise était gouvernée par des papes qui étaient davantage des souverains temporels et des mécènes que des chefs spirituels. Leur constant besoin d'argent les conduisit à recourir à toutes sortes d'expédients pour s'en procurer, que ce fût la vente d'indulgences ou le cumul de bénéfices. En France, Louis XI achevait son règne durant lequel il œuvra essentiellement à l'unification de son royaume et contribua au démembrement de l'Etat bourguignon. Ce fut l'origine de la longue rivalité entre les Maisons de France et d'Autriche.

La fidélité sans faille de Yossel à Charles Quint l'amena, sur le plan politique, à combattre les velléités hégémoniques de la France, et à considérer l'Espagne comme une alliée. Mais, dans sa formation et son orientation spirituelles, il était profondément tributaire de l'exégèse des Sages de France, continuateurs de l'enseignement de Rabbi Salomon ben Isaac, dit Rachi de Troyes (1040-1105). Par ailleurs, il n'ignorait pas la démarche des disciples de Maïmonide qui, en Espagne, poursuivaient sa recherche dans le cadre d'une philosophie plus rationaliste.

A l'époque de Yossel, Charles Quint était l'ennemi déclaré du roi de France, avec qui il rivalisait pour affirmer sa suprématie sur l'Europe. Le souverain français appuya les princes allemands en révolte contre l'empereur, et n'hésita pas à prêter main-forte aux Turcs lorsque ceux-ci poursuivirent leur avance en Europe. Dans un texte traduit par Havah Fraenkel-Goldschmidt[1], Yossel se fait le chantre des victoires de Charles Quint, protecteur des juifs, contre François Ier : « [En 1520,] notre pays ne connaissait pas la paix car le roi de France était jaloux de l'empereur. Bien qu'il fût incapable de le battre et que, au contraire, c'est l'empereur qui parvînt à le terrasser et à le faire prisonnier en 1525, il ne cessa de le harceler. Jusqu'au jour de sa mort, la France ne put relever la tête. » Lorsque, en 1543, Charles Quint décida d'arrêter la progression des Turcs en Europe, il estima qu'il lui fallait commencer par vaincre les Français, leurs alliés. En septembre 1544, les troupes impériales atteignirent la proche banlieue de Paris. Durant la Diète de Worms, Yossel remit à Charles, au nom de l'ensemble des juifs d'Europe, la somme de trois mille florins à titre de contribution à l'effort de guerre. Chaque juif devait s'acquitter de sa quote-part auprès de Yossel, sous peine de bannissement.

Quant aux relations des juifs d'Alsace avec l'Espagne, elles étaient plus épisodiques.

Dans sa *Chronique*, Yossel relate que, en 1545, les juifs furent confrontés à un nouveau danger : les exactions, voire la mise à mort de la part de « ces gens dont on ne peut comprendre le langage ». Cette citation de la Bible (Deutéronome 28, 49) désignait les soldats espagnols des armées de l'empereur. Lors de la Diète de Ratisbonne, Yossel convainquit le conseiller de Granvelle d'intercéder en faveur de ses coreligionnaires auprès de son souverain. Celui-ci ordonna que nul ne fasse le moindre mal aux juifs, ses protégés.

A partir du XIIe siècle, le judaïsme d'Europe occidentale s'était structuré autour de deux centres : d'une part les communautés du nord de la France et des pays rhénans, et d'autre part celles de Provence et d'Espagne. Mais cette bipolarité n'excluait pas des contacts de plus en plus fréquents entre ces deux aires culturelles, sur le plan commercial et aussi dans les domaines migratoire et intellectuel. Des productions littéraires, poétiques, exégétiques et halakhiques (c'est-à-dire de droit talmudique), qui reposaient sur des relations suivies, en sont les témoins. Des savants originaires de Provence et d'Espagne se rendaient en France et en Allemagne, des familles italiennes, d'où étaient issus des notables et des érudits, s'établissaient à Worms. Samuel le Hassid (« le Pieux »), qui fut l'un des fondateurs du piétisme rhénan, rendit visite aux communautés de Provence, notamment à celle de Narbonne. Par ailleurs, à la même époque, des exégètes allemands voyagèrent en Europe centrale et, traversant la Pologne, allèrent jusqu'en Russie.

Dans les communautés juives d'Espagne, deux courants de créativité spirituelle ne cessèrent de s'affirmer tout au long du XIVe siècle jusqu'à leur expulsion en 1492. Face à l'épanouissement de la mystique et de la Cabale, une démarche philosophique fortement marquée par le rationalisme connut un élan puissant. Devant l'intensité croissante de la persécution, des exégètes, désireux de raffermir la foi et de soutenir l'espérance de leurs coreligionnaires, eurent recours au questionnement rationaliste afin de résoudre les problèmes auxquels ils étaient confrontés. Quant à Yossel, il rédigea, à la fois pour son propre cheminement spirituel et pour celui de ses contemporains, un résumé d'une œuvre d'orientation rationaliste, le *Derech Emouna* (*La Voie de la foi*) de l'exégète Abraham Bibago (Constantinople, 1522). Hayim Hillel Ben-Sasson, éminent historien de l'université de Jérusalem, n'hésite pas à écrire qu'il « arrive à la conclusion, à partir de toute une série de sources, que la philosophie juive d'Espagne avait un grand nombre d'adeptes en terre ashkénaze, et plus particulièrement chez les juifs alsaciens, au début du XVIe siècle »[2].

Quant au Saint Empire romain germanique, depuis 1438 l'empereur appartenait à la famille des Habsbourg. Frédéric III mourut en 1493, Maximilien Ier lui succéda jusqu'en 1519, et à cette date Charles Quint monta sur le trône à dix-neuf ans. Il abdiqua en 1556. Notons que Yossel rencontra à plusieurs reprises ces deux derniers empereurs. C'est durant leur règne que se déroula l'essentiel de sa vie active, laquelle se cantonna sur le territoire de l'Empire.

Le XVIe siècle fut le siècle de l'humanisme, de la Renaissance et de la Réforme, une époque où les mentalités évoluèrent dans tous les domaines. La pensée se rationalisa sous l'influence des humanistes, dont Erasme fut le plus illustre représentant. L'être humain, s'il continuait à être tourmenté par le sort de son âme, n'acceptait plus comme autrefois l'autorité absolue de l'Eglise de Rome et de son pontife. Luther attaqua violemment l'autorité du pape au nom d'un retour à une religion plus pure et plus authentique. De nombreux princes adhérèrent à la Réforme et imposèrent la nouvelle doctrine à leurs sujets.

A la ville comme à la campagne, les habitants ne se contentaient plus d'être des maillons de la hiérarchie féodale, de se voir assigner une place immuable dans la société et d'être les serfs de leur seigneur. Les *Stände*, ou « états », c'est-à-dire la représentation officielle des différentes couches sociales urbaines, devinrent les partenaires actifs des princes et de l'empereur, et osèrent présenter leurs revendications. Les bouleversements sociaux étaient tels qu'ils engendrèrent des révoltes sanglantes connues sous les noms de révolte du Bundschuh en 1510 et de guerre des Paysans en 1524.

L'imprimerie, inventée vers 1440 à Strasbourg par Gutenberg, révolutionna, grâce à la diffusion des livres, la propagation rapide des idées. L'art, dont les sujets étaient jusqu'alors presque exclusivement religieux, se tourna de plus en plus vers le monde profane. L'économie n'était plus autarcique, les grandes banques établissaient des réseaux qui s'étendaient jusqu'au Nouveau Monde et jusqu'en Extrême-Orient : c'était le développement rapide d'un capitalisme qui dépasserait les frontières de l'Europe.

La vie active de Yossel embrassa essentiellement la première moitié du XVIe siècle. Cette période nous paraît claire et lumineuse grâce à l'art italien, au développement des sciences, à la découverte de nouveaux continents... Mais son autre face, occulte, sombre et mystérieuse est moins bien connue. On est tenté d'oublier que ce fut l'époque où la sorcellerie, la magie eurent droit de cité, où Luther s'effrayait des apparitions du diable et où le discours logique de Descartes n'avait pas encore éliminé du domaine de la pensée tous les phénomènes que la raison ne pouvait expliquer.

Les juifs dans l'Empire

Dès l'époque des souverains carolingiens, puis ottoniens, des liens s'étaient tissés entre les juifs et la royauté. Les communautés juives constituèrent une source non négligeable de revenus pour le pouvoir central. Progressivement, celui-ci les assimila à des *servi Camerae* (« serviteurs de la Chambre impériale ») taillables et corvéables à merci. « La royauté cherchait à couvrir ses besoins croissants en argent en mettant en gage ses droits de souveraineté sur les juifs et en prélevant sur eux des impôts extraordinaires[3]. » La Couronne se heurta de plus en plus à la puissance grandissante des élites urbaines, des corporations et des seigneurs locaux, et dut composer avec eux. Les juifs devinrent alors l'enjeu de luttes sociales et se virent obligés de négocier pour leur survie soit avec les autorités royales ou celles de la principauté où ils demeuraient, soit avec les pouvoirs ecclésiastiques et les conseils municipaux.

Au Xe siècle, les villes épiscopales, ou « villes cathédrales »[4] de l'espace rhénan avaient été les premières à accueillir des juifs, par familles d'abord, puis par communautés. Ces villes pouvaient être qualifiées de « piliers de l'urbanisation médiévale et la diffusion des implantations juives en était une partie intégrante »[5]. Des juifs vivaient également dans de petites villes, et parfois même dans des villages. Les évêques furent les garants les plus importants de leur statut, car ils étaient considérés comme « minorité protégée »[6]. Au XVe siècle, les princes et les villes s'émancipèrent graduellement de la tutelle de l'empereur et s'efforcèrent d'acquérir le pouvoir juridictionnel sur les juifs afin d'en retirer le profit maximum.

Ce statut dans l'Allemagne médiévale doit être analysé en tenant compte de l'évolution politique et économique, sociale et culturelle des forces dominantes en présence. On constate un énorme contraste entre la précarité de l'existence physique des juifs d'une part, qui était tantôt tolérée, tantôt menacée, tantôt persécutée, et la relative autonomie de leur gestion interne. De plus, leur créativité culturelle confrontait avec audace leur tradition aux catégories de pensée du monde environnant. Le droit talmudique constituait, dans la dynamique d'une interprétation continuée, le fondement de l'organisation des communautés (*kehilot*). A leur tête, des conseils élus et des représentants (*parnassim*) en assuraient l'administration. A partir du XIIIe siècle, dans de nombreuses localités, les juifs reçurent le statut de *cives*, c'est-à-dire de citoyens intégrés, dépendant de la juridiction de la ville et bénéficiant de sa protection. Puis, progressivement, l'administration des communautés juives fut confiée à des personnalités plus fortunées, prêteurs ou marchands. Parfois liés à des familles d'érudits, certains de ces notables avaient réussi à faire fortune, et il n'était pas rare qu'eux-mêmes ou leurs proches occupent au XVIe siècle un poste de *parnass*, c'est-à-dire de représentant de la communauté. Les différences sociales s'accentuèrent entre ses membres, et le nombre de mendiants augmenta.

Le judaïsme alsacien

En l'état de nos connaissances, nulle présence juive n'est attestée en Alsace avant le XIIe siècle. Une synagogue, un bain rituel et un cimetière furent édifiés à Strasbourg, où des juifs apparurent dès le XIIIe siècle. On trouve également une structure communautaire à Colmar, des lieux de prière et d'étude à Haguenau, à Molsheim... Au milieu du XIVe siècle, les sources affirment l'existence de onze synagogues et d'un nombre un peu moindre de cimetières, car très souvent plusieurs communautés enterraient leurs morts dans un même lieu. Un des traits caractéristiques du judaïsme d'Alsace, depuis le XIVe siècle – et jusqu'à la Première Guerre mondiale –, fut la densité du peuplement. Il y eut certes des périodes de crise, de persécutions et de massacres, mais à la veille de la Grande Peste (1348-1350), les juifs étaient présents dans 49 des 66 villes alsaciennes, ainsi que dans des bourgades de moindre importance comme Marlenheim et Bischwiller. Moins d'un demi-siècle après les persécutions meurtrières de 1349, des juifs revinrent dans la moitié des localités où ils avaient vécu auparavant, et une immigration venue de France et de Franche-Comté contribua à compenser les meurtres et les expulsions qui suivirent la Peste noire. A la fin du Moyen Age, le judaïsme rural prit de l'ampleur. Entre 1480 et 1520, on relevait davantage de communautés villageoises qu'urbaines[7].

Du point de vue économique, les juifs d'Alsace, de même que ceux du reste de l'Empire, étaient exclus des guildes d'artisans, de l'administration, de la justice et du métier des armes, ainsi que du travail de la terre. Ils furent donc obligés de recourir au prêt à intérêt. C'est pourquoi, à partir du XIVe siècle, ils acquirent le quasi-monopole des petits prêts d'argent et des prêts sur gages. Dans l'Alsace viticole, « durant tout le Moyen Age tardif, les petites gens se virent contraints par leurs besoins d'argent à recourir aux prêteurs juifs, bien que ceux-ci aient été expulsés des villes de l'Empire. C'est pourquoi les ecclésiastiques les accusèrent souvent d'être responsables de la misère d'une grande partie du peuple, alors même que, après avoir payé leurs impôts, ils ne survivaient qu'à grand-peine »[8].

Cependant, dès la première partie du XIVe siècle, des financiers juifs de grande envergure jouèrent un rôle déterminant. Simon le Riche de Deneuvre, qui résidait à Strasbourg, accorda un prêt de plusieurs milliers de florins à Amédée VI de Savoie, et Vivelin le Rouge de Strasbourg, par l'intermédiaire de l'électeur Baudouin de Luxembourg dont il était le conseiller, consentit au roi Edouard III d'Angleterre, lors de son expédition contre les Français en 1338, un crédit de trois cent mille florins. Pour cette somme astronomique, Baudouin et lui reçurent en gage la grande couronne royale d'Angleterre[9] ! Dans l'Alsace de la deuxième moitié du XVe siècle, de très grands prêteurs d'argent juifs furent volontiers accueillis par les cités, notamment Eberlin d'Eichstetten qui s'installa à Colmar en 1437, Isaak, alias Juda de Bambis, de Mulhouse, qu'un de ses débiteurs nobles fit assassiner par un arbalétrier[10], Han (ou Johanan) d'Oppenheim et Model qui s'installèrent à Colmar.

La vie religieuse au XVIe siècle

Après le règne incontesté d'une Eglise toute-puissante pendant les longs siècles du Moyen Age, la conception de l'homme, de l'univers, de l'Histoire restait centrée sur le christianisme, malgré l'émergence de philosophies renouant avec le monde antique, et malgré la découverte de nouveaux continents. Il s'agissait cependant là d'un christianisme dont les dogmes, la hiérarchie et les pratiques étaient fortement remis en cause. C'est l'époque où les adeptes de l'Eglise et de la Réforme confrontaient et contestaient les articles de leur foi, et s'observaient avec méfiance. Ils enfermaient dans un même dénigrement et un même opprobre tous ceux qui leur apparaissent comme étant l'Autre, c'est-à-dire le païen, l'hérétique et le juif. Ce dernier devint l'enjeu d'une âpre lutte, le pouvoir impérial étant de plus en plus affaibli face à la montée des forces sociales dans les villes. Il était la cible de la haine conjuguée de l'antijudaïsme religieux et de l'hostilité économique.

C'est pourquoi, sans vouloir minimiser la tragédie effroyable du meurtre de nombreux juifs de la vallée du Rhin lors des Croisades du XIe au XIIIe siècle, et sans oublier les exactions commises tout au long de la période médiévale par des « bandes soldatesques », on peut affirmer que la condition des juifs du Saint

Empire se dégrada considérablement durant « l'automne du Moyen Age » et l'éclosion de l'époque moderne. La convergence des mutations d'ordre politique, social et religieux encouragea la persécution des juifs.

Dès la fin du XIIe siècle et au début du XIIIe, dans toute l'aire germanique, on accusa les juifs d'être les ennemis mortels des chrétiens et de pratiquer des meurtres rituels[11]. Des convertis accréditaient en effet l'usage du sang lors de la Pâque juive. Il suffisait qu'un jeune enfant chrétien disparût ou que l'on découvrît son cadavre pour que des juifs fussent arrêtés, soumis à la question par des tortionnaires qu'influençaient les prédications du bas clergé. Aussi les suppliciés allaient-ils parfois jusqu'à reconnaître le méfait qui leur était imputé. Certains étaient amenés sous la torture à dénoncer des coreligionnaires. En de rares occasions cependant, l'accusation de meurtre rituel se heurta à l'incrédulité des autorités municipales ou ecclésiastiques. Ce fut le cas à Colmar en 1292, où le Magistrat démonta la dénonciation de juifs accusés d'avoir tué un enfant de neuf ans.

Trois motifs étaient invoqués pour expliquer les prétendus meurtres rituels. Tout d'abord, le complot haineux fomenté par les juifs contre la chrétienté. Ensuite, les vertus salvatrices qu'ils attribuaient au sang chrétien, d'où son utilisation dans la fabrication de pains azymes au moment de la Pâque juive, et celle d'un baume guérisseur pour les enfants nouvellement circoncis. Il permettait en outre de dissimuler leur odeur méphitique. Enfin et surtout, le désir maléfique des juifs de répéter le martyre de la Crucifixion.

C'est dans le dernier tiers du XVe siècle, au moment de la transition vers la Renaissance, que l'accusation de meurtre rituel se répandit à travers l'Allemagne avec une intensité accrue. Ce fut le cas, entre autres, à Endingen en 1475, à Ratisbonne en 1476, à Fribourg en 1504, à Berlin en 1510 et à Pösingen en 1529. Rappelons que c'est à Endingen qu'avaient été brûlés les grands-oncles de Yossel. Souvent, pour éviter tout recours à la suite d'une condamnation, la sentence était exécutée le plus rapidement possible.

En 1215, au cours du quatrième concile de Latran, le pape Innocent III promulgua le dogme de la Transsubstantiation qui renforça singulièrement le culte de l'hostie. Selon ce dogme, en effet, c'est le Corps même de Dieu qui se cache sous l'apparence du pain. La religiosité populaire alla jusqu'à lui attribuer un pouvoir magique. C'est alors que se propagèrent de fréquentes accusations de profanation d'hosties consacrées. Celles-ci étaient prétendument destinées à manifester la haine des juifs contre le Christ et toute la chrétienté. Ces derniers furent accusés de s'acharner sur elles avec des couteaux, des marteaux et des clous, de les « torturer » jusqu'à ce qu'elles saignent, répétant ainsi la mise à mort de Jésus sur la Croix. C'est pourquoi des mesures furent prises imposant aux juifs un signe pour les stigmatiser et limiter leurs droits politiques et juridiques. De nombreux pogromes furent perpétrés, entraînant la mort des présumés coupables auxquels des aveux avaient été extorqués sous la torture. Ces aveux servaient ensuite à justifier la confiscation des biens des victimes, dégageant par là même les débiteurs de leurs dettes. Ces mesures allèrent souvent jusqu'à l'expulsion pure et simple de toute une communauté hors de la cité.

La croyance populaire selon laquelle les juifs profanaient des hosties et commettaient des meurtres rituels était tellement enracinée qu'elle donna lieu à des pèlerinages en l'honneur des victimes. Certains se perpétuèrent jusqu'au dernier quart du XXe siècle, prouvant bien que les profondes mutations d'ordre politique, social, économique et culturel n'avaient pas suffi à changer le stéréotype honni de cet Autre qui, telle une bête malfaisante, mériterait d'être exterminé.

Comment expliquer que, du XVIe siècle jusqu'au cœur de la modernité, ce que Theodore Adorno[12] nomme « la rumeur concernant les juifs » se maintint, quoique sous d'autres formes ? Comment ne pas être atterré par la haine et la violence qui, tout au long des siècles, entraînèrent des exterminations de masse et des vagues de pogromes ? Comment ne pas voir la dynamique d'une force dévastatrice déclenchée par une logique passionnelle que rien ne peut arrêter ?

La prédication en langue vernaculaire des ordres mendiants et du bas clergé contribua à la rapide extension de cette « rumeur ». Elle s'adressait plus particulièrement aux couches analphabètes pour les conforter dans leur foi et les inciter à ne pas céder aux arguments des groupes hérétiques. Dès le XIIIe siècle, les sermons des prédicateurs demandaient aux anges de protéger les « enfants de Dieu contre les voleurs, les bandits et les incendiaires, les hérétiques, les païens et les juifs »[13]. Ces derniers, étant les meurtriers du Christ et des prophètes, devaient être considérés comme les ennemis du genre humain. Cependant, même s'ils méritaient la mort pour avoir commis pareil méfait, il était indispensable d'en laisser vivre un petit nombre, afin qu'au Jugement Dernier ils puissent attester de la vérité du message christique et se convertir.

Le contraste était grand entre le haut clergé qui menait une vie de plus en plus luxueuse, et la population défavorisée que la croissance démographique, les mauvaises récoltes et l'oppression sociale affamaient. Aussi était-il facile aux prédicateurs itinérants de manipuler la crédulité des couches populaires pour qu'elles prêtent foi aux accusations dénonçant l'obstination, l'aveuglement et la collusion des juifs avec le diable[14]. En outre, on les stigmatisait, telles des « sauterelles »[15] qui s'abattaient sur la récolte du paysan et le ruinaient par des prêts usuraires. Toutes ces rumeurs contribuèrent à accentuer « l'étrangeté » des juifs, et à justifier le fait qu'ils soient tenus à l'écart.

Les Jeux de la Passion mirent en scène dans une perspective d'édification les moments marquants de l'histoire du salut. Ils permirent la construction de la figure haïssable du juif. Tant que ces jeux firent partie de la liturgie pascale, ils se déroulèrent à l'intérieur de l'église. Mais, progressivement, ils furent joués sur le parvis, puis sur la place du marché. Lors des représentations de la Passion, les juifs figuraient à la gauche du Christ, de même que sur les tableaux la Synagogue est à gauche et l'Eglise à droite de la Croix. Sur scène, ils étaient aux côtés de Pilate, tout près de l'Enfer. Vêtus d'habits des XVe et XVIe siècles, ils portaient un chapeau pointu et s'exprimaient dans un jargon pseudo-hébraïque qui incitait à la moquerie. C'étaient donc bien des juifs contemporains qui étaient représentés au théâtre et dans la peinture et qui, comme déicides, étaient livrés à la vindicte populaire.

L'art religieux du XIIe au XVIe siècle

Durant tout le Moyen Age, l'art fut uniquement religieux, il devint partiellement profane à la Renaissance, avec la vogue du portrait et la reprise de thèmes concernant la mythologie et l'histoire de l'Antiquité. Mais, du XIIe au XVIe siècle, les peintres n'avaient guère d'autres sujets que religieux : nativités, crucifixions, martyres de saints. La religiosité populaire, qui mettait au centre de l'adoration et de la liturgie la souffrance rédemptrice du Christ, trouvait une expression exacerbée dans les tableaux des autels représentant le cycle de la Passion. Sur ces tableaux, les juifs devinrent les principaux acteurs des étapes successives de la Crucifixion. Ils y prenaient souvent la place des Romains. De l'arrestation du Christ au couronnement d'épines, au portement de la Croix, à la flagellation, et jusqu'au moment où Il est cloué sur la Croix, ils sont représentés, en habits médiévaux, le visage fortement typé, bestial, exprimant la joie sadique du tortionnaire. La figure de Judas prenait un relief singulier, depuis le baiser de la trahison jusqu'à son suicide par pendaison évoqué par un récit apocryphe. Sa laideur attestait la noirceur de son âme : vêtu d'une robe jaune, son visage au nez crochu était encadré par une barbe et une chevelure rousses.

Sculptures ou peintures, ces représentations témoignaient d'une volonté délibérée de radier le judaïsme du plan divin. A l'Eglise triomphante, altière, couronnée, tenant une croix dans sa main droite et un calice dans sa main gauche, s'opposait la Synagogue aux yeux bandés, obstinée dans l'erreur. Elle s'appuyait sur une lance brisée, tandis que les tables de la Loi semblaient lui échapper. Elle fut répudiée car elle avait été incapable de reconnaître la vérité éclatante de la nouvelle Alliance. Parfois, un diable juché sur son épaule signifiait sa collusion avec le Malin qui s'employait à faire échouer l'œuvre rédemptrice du Christ.

Des juifs convertis au christianisme jouèrent un rôle actif dans la virulente recrudescence de l'antijudaïsme qui se manifesta à partir de la fin du XVe siècle et au cours du XVIe. Certains d'entre eux, tel Antonius Margaritha, descendaient d'une ancienne lignée de rabbins érudits et possédaient une excellente connaissance du judaïsme. D'autres, tel Johannes Pfefferkorn, étaient des opportunistes cherchant à tout prix, quoique vainement, une meilleure intégration dans le milieu chrétien qu'ils croyaient être devenu le leur.

Pfefferkorn s'en prit dans son *Judenspiegel* (Cologne, 1507) aux textes juifs et tout particulièrement au Talmud, qu'il dénonça comme une entreprise falsificatrice « propre à aveugler et pervertir les juifs par un enseignement mensonger ». C'est pourquoi il demanda que ces livres fussent saisis et livrés aux flammes[16]. Car, prétendait-il, l'étude du Talmud témoignait par excellence de l'entêtement volontaire des juifs dans l'erreur et de leur refus de se rallier à la vraie foi, si bien que toute « violence » (*Gewalt*) exercée à leur égard n'avait pour finalité que leur salut (*« nur zu ihrem Besten »*)[17].

Il est vrai que le Talmud joue un rôle primordial dans la dynamique de l'histoire du judaïsme. *Talmud* signifie « étude ». Il est la mise par écrit des commentaires de la Bible et des enseignements qu'en ont tirés les Sages d'Israël tout au long des siècles. Ses détracteurs acharnés durant l'époque médiévale n'en ont pas surestimé le rôle. Très justement, ils le considérèrent comme un obstacle important à leurs tentatives d'amener les juifs à se convertir. Lors des « disputations », le Talmud fut souvent au centre de la controverse. Ses adversaires l'accusèrent d'être immoral, plein de mépris pour le Christ et de maudire les chrétiens. Certains apostats, comme Donin de La Rochelle, allèrent jusqu'à affirmer que cette « Deuxième Loi », s'étant substituée à l'Ancien Testament, en avait perverti l'enseignement. D'où une condamnation radicale qui fut à l'origine de nombreux autodafés, au cours desquels on livra aux flammes des tombereaux de livres hébraïques. Rappelons celui de septembre 1242, place de Grève à Paris.

Théologiens et réformateurs. « Ad fontes », le retour aux sources

Parallèlement, à la même époque, c'est-à-dire dès la fin du XVe siècle, certains humanistes, dont le plus célèbre est Johannes Reuchlin, prirent conscience que, l'hébreu étant la langue originelle et authentique, sa connaissance était indispensable pour l'étude des textes sacrés. Or, pour acquérir la maîtrise de cette langue, ils furent obligés de recourir à l'enseignement de rabbins ou d'érudits juifs. On assista alors au développement complexe d'une curieuse relation entre savants chrétiens et juifs. D'une part, les contacts personnels suscitèrent parfois une dédiabolisation, voire de la considération entre les interlocuteurs, sans toutefois supprimer la certitude du partenaire chrétien de posséder l'absolue vérité, et le refus de l'enseignant juif d'adhérer à la religion chrétienne.

Cependant, les déconvenues des tentatives de conversion entreprises par les réformateurs et l'ardeur eschatologique des dissidents (anabaptistes, sabbathéens, épicuriens) attirés par un rapprochement avec le judaïsme s'ajoutèrent à l'antijudaïsme hérité de l'enseignement du mépris médiéval. S'articulant en un système rigoureux et implacable, les écrits de certains éminents théologiens, humanistes et réformateurs firent du juif l'agent le plus zélé du diable.

A partir de 1543, Luther fut convaincu qu'il était inutile de s'obstiner à convertir les juifs, que ces derniers s'entêtaient délibérément dans l'erreur pour faire échec à l'œuvre de rédemption du Christ. Aussi décida-t-il d'interrompre tout dialogue avec eux : « Je n'ai nulle intention de débattre avec les juifs, de suivre leur enseignement, de m'informer de leur façon de comprendre les Saintes Ecritures... Je me soucie encore moins de les convertir, car c'est là une entreprise vouée à l'échec[18]. » Il dénonça « l'aveuglement de leur cœur » et enjoignit à ses coreligionnaires de ne plus engager de dialogue avec eux : « Nous ne parlons plus avec les juifs, mais nous

« Judas le traître »

Judas, dont la chevelure et la barbe en broussaille expriment la vilenie, reçoit une bourse pour avoir vendu le Christ et l'avoir livré à ses bourreaux. Cette représentation enferme les juifs dans le rôle honni du traître assoiffé d'argent et leur attribue une responsabilité décisive dans le déicide. Manuscrit conservé à la Bibliothèque municipale de Colmar.

parlons d'eux[19].» Il leur recommanda de «ne pas discuter avec eux des articles de foi»[20]. Dans son opuscule de 1543 *Des juifs et de leurs mensonges*, Luther demanda même que l'on confisque les livres de prière et les exemplaires du Talmud, qu'il qualifia de «fatras de mensonges et de haine à l'égard du christianisme»[21].

A l'inverse, Osiander fut l'un des rares réformateurs à dénoncer l'absurdité de l'accusation de meurtre rituel, cette pratique étant en totale contradiction avec les fondements mêmes de la foi et de l'enseignement des juifs.

A la charnière des XVe et XVIe siècles, Yossel de Rosheim vivait dans un monde et dans une société en profonde mutation. Il préfigure le juif dans l'Europe occidentale moderne car, comme lui, il est à la fois l'Autre le plus proche, se réclamant d'un fondement originel commun, et un être singulier enfermé dans une irréductible altérité.

Son époque annonce la tragédie du judaïsme allemand contemporain, qui partageait avec ses compatriotes l'amour éperdu de la *Kultur*, c'est-à-dire de la culture allemande. Ce judaïsme qui célébrait la convergence entre les valeurs de l'humanisme hébraïque et celles d'une germanité ouverte sur l'universel fut brutalement confronté, au milieu du XXe siècle, à une régression dans la barbarie absolue. L'analyse freudienne peut nous permettre d'appréhender le passage du rapport au juif en tant que *Fremder*, c'est-à-dire «l'étranger» inscrivant la différence au cœur de la proximité, tel qu'il a été étudié par Georg Simmel, à l'inquiétante et redoutable *Unheimlichkeit* (étrangeté), tout entière vouée à la perversion de l'aventure humaine. Yossel dut lutter sa vie durant contre la tentative de faire du juif l'allié et l'instrument du diable, acharné à entraîner la chrétienté à sa perte en reniant le sacrifice salvateur du Christ.

Yossel se situe dans la tradition du judaïsme d'Alsace qui fait mémoire de deux massacres dont le traumatisme perdure jusqu'à nos jours, ceux perpétrés lors de la première Croisade (1096) dans les communautés de Mayence, Worms et Cologne, et durant la Peste noire (1348-1350). S'y ajoutent trois grandes vagues de persécutions provoquées par des accusations de meurtres rituels (Guter Werner en Rhénanie, en 1287) et de profanation d'hosties (Rintfleisch en 1298, et Armleder de 1336 à 1338, allant de la Rhénanie à la Franconie). Cependant, avec opiniâtreté et détermination, malgré leur expulsion au XVe siècle de nombreux grands centres (comme Strasbourg dès 1390) et de villes moyennes, les juifs d'Alsace s'obstinèrent à survivre sur cette terre des marges.

Actualité de Yossel de Rosheim

Les archives des villes du Saint Empire où Yossel déploya ses activités politiques et diplomatiques sont remplies de documents qui le concernent. Selma Stern les a toutes fouillées, et son livre ne raconte rien qui ne soit prouvé par ces actes. Avant elle, d'autres auteurs ont décrit ses faits et gestes, et pourtant, en dehors du milieu des érudits et des historiens, Yossel est tombé dans l'oubli. Alors pourquoi tourner aujourd'hui nos regards vers lui? Parce que le XVIe siècle où il vécut présente avec le nôtre de nombreuses similitudes.

De son vivant comme du nôtre, l'horizon où se joue l'aventure humaine s'élargit démesurément : le XVIe siècle découvrit l'Amérique, le XXe et le XXIe voient l'homme arpenter le cosmos. Charles Quint essaya pendant près de quarante ans de reconstituer un Empire englobant toute l'Europe. Il parvint d'une certaine façon à régner sur un territoire où le soleil ne se couchait jamais, mais tellement immense qu'il en devint ingouvernable. Cette construction se défit rapidement pour faire place aux Etats-nations, et l'œuvre de l'empereur fut partiellement un échec. Aujourd'hui, l'Union européenne, qui fut un rêve d'une hardiesse inouïe après la Seconde Guerre mondiale, s'élargit presque sans limites, mais non sans dangers.

La Renaissance et l'humanisme relativisèrent les valeurs religieuses traditionnelles et permirent à l'esprit critique et au scepticisme de tenter une réforme du christianisme, tout en laissant l'ésotérisme, la magie et la croyance en la sorcellerie hanter les représentations de l'au-delà. De nos jours également, la morale religieuse, dans tout ce qu'elle a d'irrationnel, se voit supplantée par la morale laïque, et presque toutes les religions établies constatent un net recul devant la raison et la science. Toutefois, les hommes continuent à être taraudés par une quête spirituelle qui, comme au XVIe siècle, n'est pas dépourvue de mysticisme, voire d'ésotérisme. Il est facile de constater que le besoin inné de s'aventurer au-delà des frontières rationnelles pousse nombre de nos contemporains à recourir à différentes thérapies de l'âme.

Dans les domaines de l'économie et des inventions, même parallèle : au XVIe siècle l'autarcie des villes fit de plus en plus place à un capitalisme grandissant ; aujourd'hui, nous sommes confrontés à la mondialisation et à l'inconnue de ses retombées. L'imprimerie permit alors la diffusion rapide des idées grâce aux livres qui remplacèrent les manuscrits ; aujourd'hui, l'informatique et les nouvelles technologies de la communication permettent de relier presque instantanément un bout du monde à l'autre.

Si l'on connut au XVIe siècle les premiers mouvements d'agitation et de revendications sociales telles la révolte du Bundschuh et la guerre des Paysans, aujourd'hui ces mouvements sont partiellement canalisés grâce aux organisations syndicales qui se font les porte-parole des intérêts collectifs. Nous assistons néanmoins à des mouvements spontanés dont l'issue est souvent dangereuse.

Sous Charles Quint, la Turquie menaçait le Saint Empire qu'elle voulait conquérir par les armes. Aujourd'hui, elle est toujours aux portes de l'Europe, mais c'est par la négociation qu'elle cherche à y entrer.

Enfin, le XVIe siècle fut une époque où l'antisémitisme, qu'il soit religieux ou économique, alluma de nombreux bûchers ; le XXe siècle inventa les chambres à gaz et les fours crématoires.

Entre ces deux siècles, il y a cependant des différences importantes. Au XVIe siècle, les juifs voulaient être reconnus comme des créatures de Dieu, s'établir parmi les nations, tout en priant pour leur retour à Jérusalem. Aujourd'hui, Jérusalem est la capitale – contestée, certes – d'un Etat politiquement reconnu mais menacé de toutes parts. Au moment où nous terminons la traduction de ce livre, nous nous posons avec beaucoup d'angoisse la question de l'avenir d'Israël, et nous sommes consternés de constater l'absence d'un véritable homme d'Etat qui pourrait par sa sagesse conduire son peuple et le faire sortir d'une situation apparemment inextricable. Le peuple juif est né parmi les nations lorsque Moïse le fit sortir d'Egypte où il était esclave. Trois mille ans plus tard, Yossel de Rosheim fut le guide des juifs du Saint Empire. Il apaisa leurs querelles, sut leur imposer une éthique rigoureuse et les défendre contre leurs ennemis. Aujourd'hui, ce même peuple juif a cruellement besoin d'un visionnaire exigeant qui s'inscrive dans leur trace.

Yossel de Rosheim : une singulière présence à son temps et au nôtre

Par Freddy Raphaël et Monique Ebstein

En abordant ce travail de traduction et de relecture de la biographie de Yossel de Rosheim que Selma Stern, après avoir dépouillé scrupuleusement de nombreuses archives, a élaborée avec un bonheur d'écriture qui témoigne d'une profonde empathie, nous pensions que la tâche ne serait pas trop rude. Certes, il est légitime et utile que chaque génération, lestée de son expérience historique, confrontée aux défis de son temps, interroge le passé avec son propre questionnement, voire son propre horizon d'attente. Nous ne nous doutions pas cependant qu'une telle complexité, voire de telles contradictions, caractérisaient la façon dont les communautés juives en terres ashkénazes s'inscrivirent dans le Saint Empire romain germanique. Si la précarité semble être le dénominateur commun du plus grand nombre, la mobilité, les réseaux d'alliances, l'esprit d'entreprise permirent à quelques juifs de faire fortune, sans rien renier de leur culture et de leur intérêt pour l'étude. A leur fidélité s'opposa toutefois la conversion de certains juifs, parfois érudits, qui mirent toute leur ardeur de néophytes à persécuter leurs anciens coreligionnaires. Dans les controverses publiques, les *disputationes*, ils s'efforcèrent de montrer la mauvaise foi d'une obstination qui n'avait pour finalité que de faire échec à l'entreprise salvatrice du Christ.

Il apparaît ainsi que le judaïsme d'Alsace eut pour guides, du XIIIe au XVIe siècle, des rabbins prestigieux, dont l'enseignement était écouté jusqu'aux extrémités du Saint Empire et dans les terres de la Réforme. Eux-mêmes, s'inspirant davantage qu'on ne l'a cru des philosophes séfarades d'Espagne, s'employèrent à concilier la raison et la mystique. A la différence des *Hassidei Ashkenaz*, des piétistes rhénans, ils dénoncèrent l'ascétisme et valorisèrent la présence au monde. Quant aux contacts avec les humanistes et les grandes figures de la Réforme, même s'ils témoignaient d'une réelle ouverture intellectuelle, ils étaient plus souvent ambigus, voire contradictoires. C'est d'un respect mutuel que témoignaient Reuchlin, Capiton, Osiander, Melanchthon... Mais le retour *ad fontes*, à la source première, pouvait avoir pour finalité de se débarrasser de la médiation des commentateurs hébraïques, ou encore d'arracher les juifs à leur « aveuglement » et à leur lecture « superficielle » des textes. Le refus de la conversion tant espérée, la mise en échec de l'entreprise unificatrice d'un christianisme conquérant pouvaient susciter une haine implacable chez ceux pour qui les juifs étaient désormais de trop.

Depuis le travail pionnier de Selma Stern, des historiens de la condition politique, sociale et économique, ainsi que de la pensée et de la mystique des juifs en terres ashkénazes, ont ouvert des pistes nouvelles qu'il nous faut arpenter pour mieux appréhender la riche personnalité de Yossel. Les travaux de Gert Mentgen font apparaître diverses caractéristiques de la population juive d'Alsace entre le XIIe et le XVIe siècle. Celle-ci était très mobile, et avait de nombreux échanges avec les juifs de l'Allemagne du sud et de l'Europe centrale, ainsi que de l'axe rhénan. Il n'est pas impossible qu'après avoir accueilli, notamment en 1306, des juifs chassés du royaume de France, les juifs d'Alsace aient aussi permis, au début du XIVe siècle, à des coreligionnaires que le roi Philippe le Bel avait contraints à l'exil de s'établir en Alsace. Ce n'est qu'après les pogromes et les expulsions perpétrés dans cette province en 1476-1477 que les survivants trouvèrent refuge dans les villages, et que le judaïsme d'Alsace devint essentiellement rural.

Du XIIIe au XVe siècle, les communautés juives d'Alsace, notamment celles de Strasbourg, Colmar et Haguenau, connurent une relative sécurité, et parfois même une réelle prospérité, dues à la présence de quelques juifs qui furent de grands prêteurs et des commerçants importants. Mais c'était la précarité qui caractérisait la condition des juifs, victimes de la lutte pour le pouvoir opposant les nobles, le clergé et la bourgeoisie montante. Ils étaient aussi victimes de l'opprobre qui résultait de l'enseignement du mépris, et des municipalités qui désiraient s'affranchir de la tutelle d'un pouvoir impérial quelque peu affaibli. Sans cesse furent brandies les accusations de meurtre rituel et de profanation d'hosties, suivies de tortures et de mises à mort, de pogromes et d'expulsions.

Exclus des guildes d'artisans, parqués dans le rôle honni de prêteurs d'argent et de prêteurs sur gages, les juifs d'Alsace au XVe et au début du XVIe siècle avancèrent moins souvent des fonds à la noblesse et au clergé qu'aux bourgeois. Si les taux demeuraient encore élevés (21,61 % par an à Strasbourg), c'est que les juifs devaient acheter très cher une sécurité (bien relative) à leurs protecteurs. Le savoir dont ils faisaient preuve pour soigner les malades n'était souvent que l'envers des pouvoirs maléfiques qu'on leur prêtait. On leur accordait le droit d'exercer quelques petits métiers marginaux : ils fabriquaient des cartes à jouer, des dés, des vitres et parfois des épées.

« La truie aux juifs »

Cette gravure sur bois de 1470 reprend une représentation obscène des juifs, censés se nourrir avec délice du lait et de la fiente de la truie. Ce thème, que l'on retrouve dans la statuaire de la cathédrale de Strasbourg aussi bien que dans celle de la collégiale Saint-Martin de Colmar, entend montrer que les juifs se délectent substantiellement de l'animal qui leur est interdit.

Lorsqu'on décide de consacrer une partie importante de son temps à la biographie d'une figure du passé, il serait facile de céder à la tentation de l'hagiographie. Entre l'empathie et la distance critique, il doit y avoir une tension jamais équilibrée mais créatrice. Or, la personnalité de Yossel de Rosheim, lorsqu'elle est l'objet d'un questionnement contemporain, apparaît d'une complexité et d'une richesse marquantes. D'une certaine façon, elle préfigure l'entrée du judaïsme d'Alsace dans la modernité. Engagé dans la vie politique et économique de son temps, Yossel ne négligea ni l'étude ni la quête spirituelle. Il tempéra ses élans mystiques par un intérêt soutenu pour une philosophie rationaliste, et ne céda pas à l'engouement ascétique du piétisme rhénan. Pratiquant lui-même le prêt à intérêt, il dénonça énergiquement tous les arguments que ses coreligionnaires pouvaient alléguer pour pratiquer des taux usuraires.

Le charisme de cet homme d'une intelligence lucide, et d'une réelle présence à l'autre, ne fait pas de doute. Sinon, comment comprendrions-nous que ce représentant d'une communauté honnie, au statut si précaire, ait pu devenir l'interlocuteur écouté de l'empereur Charles Quint? Comment expliquer qu'il ait su convaincre les chefs du Bundschuh, de la ligue des Rustauds, de renoncer à prendre d'assaut la cité de Rosheim? Comment a-t-il réussi à confondre l'apostat Antonius Margaritha lors de la disputation d'Augsbourg, et à amener toutes les communautés juives du Saint Empire, parfois profondément divisées entre elles, à se regrouper autour de lui? Le sens de la responsabilité était l'un des traits les plus marquants de Yossel: aussi éloignée dans l'espace, aussi grave fût-elle, toute menace pesant sur une communauté juive devenait son problème, son sujet de préoccupation. Face à la précarité de la condition des juifs, qui, malgré leur utilité économique pour certaines couches sociales, pouvaient à tout moment être accusés de crime rituel, de profanation d'hosties, de traîtrise, ou encore d'ourdir un complot, la lutte inlassable de Yossel semblait vouée à l'échec. Seuls sa foi et son sens de la responsabilité peuvent, partiellement, faire comprendre son obstination et son acharnement à défendre la cause des siens...

Une affinité élective semblait unir deux hommes que tout séparait: d'un côté Yossel, un juif dont le droit à la vie pouvait à tout moment être remis en question; de l'autre Charles Quint, un souverain dont l'Empire s'étendait sur une partie de l'Europe et du Nouveau Monde. Ce qui les rapprocha, c'était à la fois une exigence spirituelle, voire mystique, et le sens du politique sachant tenir compte des forces en présence. A cela s'ajoutait une réelle volonté de tolérance fondée sur le désir de comprendre l'autre dans sa différence. Une appréciation intéressante du rôle novateur de Yossel est celle qu'avance J. Friederich Battenberg lorsqu'il affirme que celui-ci a profondément transformé le statut juridique des juifs du Saint Empire. En effet, il lutta pour que la procédure de la Chambre impériale applique réellement les fondements juridiques dont Reuchlin avait crédité la condition des juifs. Dans son *Sefer ha Mikneh* (*Livre de l'acquisition*), une chronique qu'il rédigea en 1547, Yossel désignait Reuchlin comme «l'homme sage et bon» à qui le peuple juif devait son statut.

Malgré la précarité de la condition des juifs en terre ashkénaze, et de l'opprobre dont ils étaient victimes, il semble que les controverses publiques qui les opposèrent à des théologiens chrétiens furent des moments décisifs. Dans ces joutes où des systèmes de croyance étaient mis en scène selon un code réglé avec précision et un rituel rigoureusement structuré, il arriva plus d'une fois que le dénonciateur du judaïsme fût mis en déroute, même s'il s'agissait d'un renégat. Analysant une *disputatio* qui opposa, à la fin du XVe siècle, Rabbi Johanan Luria à un chrétien devant le chapitre de l'archevêque de Strasbourg, Hayim Hillel Ben-Sasson souligne le fait que l'intervention de Luria réactualisa l'argumentaire théologique traditionnel en le contextualisant et en faisant appel à des catégories et des pratiques du monde environnant. Comme Yossel, il invoqua les droits conférés aux juifs par Dieu et par l'empereur.

La formation de Yossel s'inscrivait dans une filiation qui, par l'étude, procédait à l'interprétation continuée des textes de la tradition, et les interrogeait à partir des défis de l'histoire contemporaine. Sa famille paternelle se rattachait probablement à Jakob Jehiel Loans (mort en 1506), qui fut le médecin personnel de Frédéric III et qui enseigna l'hébreu à Johannes Reuchlin. Orphelin dès sa septième année, il fut confié à la famille de sa mère, qui était la descendante d'un rabbin prestigieux, le Gaon Shlomo Spira. Il fréquenta la *yeshiva*, l'école talmudique de Haguenau que sa famille maternelle avait fondée, et y suivit les cours d'un rabbin érudit, le Gaon Johanan Luria.

C'est aux travaux de Hayim Hillel Ben-Sasson de l'université hébraïque de Jérusalem et de ses disciples, notamment Havah Fraenkel-Goldschmidt, que nous devons des éléments nouveaux sur la créativité intellectuelle et spirituelle d'érudits juifs d'Alsace et de l'espace rhénan. Ils subirent l'influence de penseurs à la fois rationalistes et mystiques de l'univers sépharade d'Espagne, et entretinrent des liens avec les théologiens chrétiens du monde environnant.

La complexité du comportement de Yossel, qui associa la démarche rationnelle, solidement argumentée et charpentée à des élans de mystique, reposait partiellement sur son intérêt pour Maïmonide et sur sa connaissance d'Abraham ben Shem Tov Bibago, qui vécut en Espagne dans la dernière partie du XVe siècle. Hayim Hillel Ben-Sasson et Havah Fraenkel-Goldschmidt ont démontré que le *Sefer ha Mikneh* de Yossel, à l'exception des passages biographiques, est une adaptation et parfois une paraphrase du traité de Bibago, *Derekh Emounah*, qui fut imprimé à Constantinople en 1521. Yossel s'est familiarisé avec ce texte soit à partir d'une copie de l'ouvrage qui aurait pu lui parvenir peu de temps après sa publication, soit par l'étude d'un manuscrit.

Il conviendrait également, selon Hayim Hillel Ben-Sasson, de nuancer considérablement les liens que Selma Stern établit entre l'esprit et l'enseignement des *Hassidei Ashkenaz*, des piétistes rhénans du XIIe siècle, et de Yossel. En effet, celui dont on pense qu'il fut peut-être le maître de Yossel, Rabbi Johanan Luria, s'opposa clairement et fermement à bien des éléments de l'enseignement de ces derniers, notamment à leur ascétisme. Il nous faudra analyser avec plus de précision des éléments qui, alors qu'ils sont prévalents dans la *Hassidout** ashkénaze, ne caractérisent pas la foi de Yossel. L'acceptation du martyre et l'importance de la démarche pénitentielle sont certes présentes chez lui. Mais il n'interprète pas la violence subie comme une mise à l'épreuve et n'exalte pas le suicide comme une voie pour échapper à l'abjuration.

Yossel apparaît comme l'un des pionniers de toute une école de pensée qui s'affirma dans le monde ashkénaze du XVIe siècle et de la première moitié du XVIIe, depuis l'Allemagne, l'Italie, la Bohême et la Moravie jusqu'en Pologne et en Lituanie. Ce courant, qui restait imprégné par la mystique, se fondait également sur la raison et sur l'unicité du genre humain voulue par Dieu. Hayim Hillel Ben-Sasson fait ainsi de Yossel un pionnier qui introduisit en Alsace, au début du XVIe siècle, les idées des philosophes juifs d'Espagne. Ce système de représentations, qui articulait mystique et rationalité, serait repris par Rabbi Ovadia Sforno en Italie, par Juda Loew ben Bezalel, le Maharal de Prague, et par Rabbi Moshe Isserles, le grand décisionnaire de Pologne.

L'intérêt pour l'hébreu chez nombre d'érudits chrétiens, à partir de la seconde moitié du XVe siècle, témoigne d'une perception contrastée, voire contradictoire du judaïsme et des juifs de l'époque. Parmi les hébraïsants, il y a ceux qui se situaient dans la ligne de Reuchlin : celui-ci rendit hommage à son maître Jakob Jehiel Loans. L'accès direct au texte et aux commentaires traditionnels valorisait l'enseignement saisi à sa source première et rendait leur dignité à ceux qui se situaient dans cette chaîne interprétative. Un second courant s'appropria l'hébreu dans une tout autre perspective : permettre aux humanistes et aux réformateurs d'avoir une connaissance immédiate des Ecritures, ce qui les autoriserait à disqualifier le savoir devenu inutile des rabbins. En effet, celui-ci étant de l'ordre de l'annonce, il était aveugle à l'accomplissement. Eux-mêmes se sentiraient à présent confortés dans leur certitude d'être les détenteurs de la vérité.

Les liens étroits mais contradictoires que Yossel entretint avec les réformateurs méritent, dans leur complexité, voire leur ambiguïté, une étude fouillée que nous entreprendrons ultérieurement. N'alla-t-il pas jusqu'à suivre les cours de Bible de son ami Wolfgang Capiton, qui serait d'ailleurs accusé de « judaïser » ? Par la suite, Yossel fut confronté à la disqualification radicale du peuple juif, qui, selon les écrits tardifs de Luther et de Bucer, s'obstinait délibérément dans l'erreur. Ces derniers, reprenant à leur compte la parabole du banquet et de la conversion forcée (dans Luc 14, 15-24 et Matthieu 22, 1-14), en vinrent à considérer les juifs comme un obstacle sur la voie du salut, qu'il convenait d'éliminer.

La prétention de la religion d'être une instance régulatrice et unificatrice était de plus en plus malmenée dans un monde qui se fragmentait et relevait de pouvoirs en conflits permanents. L'obsession de l'unité de la foi était avivée alors que s'affirmaient les dissidences. Le maintien de la paix terrestre et céleste était un enjeu d'une importance telle que si la persuasion venait à échouer, l'anéantissement des « ennemis du genre humain » en était justifié.

Il ne semble pas que le dépit qu'éprouva Luther devant le refus des juifs à reconnaître la messianité du Christ puisse rendre compte à lui seul du changement de teneur si radical entre ses premiers écrits et les textes qu'il publia après 1543. Dans les premiers, il rappelait que Jésus était un juif, et il soulignait la filiation entre le Premier et le Second Testament. Dans ses écrits tardifs, il alla jusqu'à prôner l'éradication totale des juifs, ces êtres nuisibles, acharnés au mal, entièrement voués à faire échouer le plan salvateur de Dieu. Sans doute, l'attrait que le judaïsme exerça sur certains mouvements dissidents ne contribua pas peu à ces prises de position qui iraient jusqu'à légitimer l'élimination totale de ces ennemis de l'humanité.

Différentes approches disciplinaires sont requises pour expliquer que, malgré les réserves de certaines élites politiques et religieuses, la masse des fidèles de la Réforme se rallia pleinement à la croyance en la perpétuation des meurtres rituels. Il convient de prendre en compte la vigueur renouvelée d'un univers de représentations qui répondaient à la peur, à la nécessité de trouver une explication aux malheurs individuels et collectifs, ainsi qu'à un horizon d'attente marqué par l'espérance eschatologique.

On ne saurait sous-estimer le rôle déterminant que jouèrent au début du XVIe siècle les juifs convertis au christianisme : ils répondaient aux attentes apocalyptiques des chrétiens, qui s'employaient à répandre leurs écrits. Issus la plupart du temps des couches aisées et cultivées de la communauté juive, ils livrèrent de nombreuses observations des coutumes et des pratiques de leurs anciens coreligionnaires, car ils se voulaient experts en traditions juives.

Il va de soi que la multiplication des gravures sur bois représentant le culte du Veau d'or, la réactivation par la peinture de l'opposition entre la rigueur mortifère de l'ancienne Loi et la grâce miséricordieuse de la nouvelle, ainsi que la diffusion de pamphlets, contribuèrent à entretenir des stéréotypes enfermant les juifs dans une essence maléfique. On comprend mieux alors que, durant la Réforme, les accusations de crimes rituels et de profanation d'hosties, loin de disparaître, connurent une vogue significative.

Dans l'*Allégorie de la Loi et de la Grâce* que Lucas Cranach l'Ancien a peinte en 1529, la Loi, qui est à gauche de l'arbre aux branches desséchées et qui expose l'homme à la colère de Dieu et à la condamnation éternelle, a pris la place de la *Synagoga* médiévale. A droite, sous des branches reverdies, la Grâce conduit à la vie par le sacrifice du Christ et inspire la confiance : elle a pris la succession de l'*Ecclesia* de la peinture médiévale. Dans *La Cène* que Lucas Cranach le Jeune a peinte en 1565 sur l'épitaphe de Joachim von Anhalt, ce sont les réformateurs qui remplacent les disciples du Christ. Luther est à sa droite, Melanchthon à sa gauche. Lui faisant face, Judas dissimule dans son dos une bourse et un poignard. Il a une chevelure et une barbe rousses, il est vêtu d'une robe jaune.

Malheur au peuple qui a besoin de héros, écrivit Berthold Brecht. Mais on pourrait objecter inversement qu'une communauté juive comme celle d'Alsace, dont la préoccupation lancinante fut de perdurer et de transmettre sa tradition, qui favorisa l'étude et le rite, devrait avoir une conscience historique plus aiguë. De Yossel à certaines grandes figures de la modernité, en passant par Cerf Berr, les grands rabbins David Sintzheim, Jacob Meyer et Zadoc Kahn, se décline un judaïsme préoccupé par la survie d'un code de valeurs, d'un enseignement et d'une pratique singuliers, d'une présence affirmée au monde et aussi d'une grande exigence éthique. Leur incomparable grandeur fut de refuser toute complaisance de la part de leurs coreligionnaires, qui trouvaient une justification trop facile à une conduite trahissant les principes dont ils se réclamaient.

Toute entreprise de connaissance et d'analyse du passé que nous choisissons arbitrairement comme objet d'étude renvoie à des motivations subjectives pas toujours clairement avouées. Héritiers du monde d'hier qui connut deux guerres effroyables et déboucha sur l'horreur absolue, contemporains d'une régression dans la barbarie, nous entendons surmonter la tentation du désespoir par l'écriture et l'Histoire. Il s'agit pour nous, comme pour Selma Stern, de nous réconcilier avec la culture européenne, de reconstruire, à partir du modèle recteur que représente l'œuvre de Yossel de Rosheim, un sens nouveau à une histoire partagée.

A l'époque de Yossel, l'Alsace était à la fois une terre d'accueil et d'exclusion, de tolérance et de persécution. C'était assurément une terre de passage, mais nullement de brassage. Le fait de vivre côte à côte, parfois dans une relation de dépendance, peut exaspérer les singularités et attiser la haine des petites différences. La pensée et le comportement de Yossel témoignent de sa volonté tenace d'assurer la transmission d'un judaïsme pleinement assumé. Ils démontrent son ouverture ainsi que celle d'une partie des communautés ashkénazes sur la culture du monde environnant et sont une preuve de leur intérêt réel pour des modes de penser autres. A la volonté de perdurer, à la vertu de fidélité s'ajoute une mise en cause de l'enfermement, à la fois subi et voulu, des juifs d'Alsace. Mais la confrontation avec la pensée et la personnalité des grandes figures de l'humanisme rhénan et de la Réforme n'est pas toujours irénique. Face à une culture de la haine, Yossel remplit sa vocation de juif : il est un passeur d'humanité.

Selma Stern : une grande dame de l'Histoire

Par Freddy Raphaël et Monique Ebstein

C'est un devoir pour nous d'évoquer l'auteur de ce livre, Selma Stern, historienne juive et allemande, dont le parcours singulier se situe dans la lignée continue de penseurs juifs reliant le Moyen Age à l'époque moderne. Nous nous sommes référés pour tracer son portrait à l'excellent travail de Marina Sassenberg, qui a consacré sa thèse de doctorat à cette femme d'exception.

Selma Stern dépeint Yossel comme étant « la personnalité qui représente par excellence la nation juive allemande au début des Temps modernes, au seuil d'une période longtemps considérée comme l'une des plus cruelles de l'histoire des juifs d'Allemagne. Elle rejoint ainsi directement l'époque contemporaine avec laquelle elle offre des similitudes à la fois historiques et idéologiques ».

Selma Stern naquit en 1890 à Kippenheim, petite ville du Bade-Wurtemberg, non loin de la rive droite du Rhin. Sa famille habitait dans la région depuis plusieurs générations. Celle de son père pratiquait le commerce de bestiaux. Celle de sa mère exerçait le négoce du vin et du textile. Julius Stern et Emilie Durlacher représentaient la première génération de juifs ayant abandonné les métiers traditionnels. Le père de Selma était devenu médecin après avoir étudié à Heidelberg et à Würzburg. La famille, comme la plupart de celles qui composaient la communauté de Kippenheim, était en voie d'assimilation, et s'intégrait de plus en plus au milieu chrétien environnant, célébrant par exemple *Weihnoucca** sans grand état d'âme.

Pendant l'adolescence de Selma, son père ouvrit un cabinet médical à Baden-Baden, et la famille s'installa dans cette ville nettement plus grande et plus huppée que Kippenheim. Selma était la deuxième de quatre enfants. Contrairement aux habitudes de son temps, elle décida de faire des études secondaires, puis universitaires. En 1909 elle étudia d'abord à Heidelberg, ensuite à Munich, l'Histoire, la littérature, la philosophie, l'histoire de l'art, et les langues. A cette époque, elle tomba amoureuse d'un condisciple non juif, qui de plus n'était pas de sa condition sociale, aussi dut-elle affronter des conflits familiaux. Elle regretta très longtemps ce premier amour contrarié ; il n'est pas impossible qu'elle en ait gardé une blessure toute sa vie. Pour surmonter son chagrin, elle redoubla d'ardeur dans ses études, et en 1913 elle les termina à Munich avec la mention *« summa cum laude »* (très honorable avec les félicitations). Elle avait vingt-trois ans.

Les difficultés étaient multiples, car les femmes qui renonçaient à n'être que les anges tutélaires de leur foyer étaient encore peu nombreuses, et devaient lutter contre les nombreux préjugés sociaux de l'époque. Selma s'en souviendrait lorsque, ayant passé son doctorat avec succès, elle écrirait : « La femme d'aujourd'hui devrait avoir un autre idéal que celui d'imiter les hommes. Elle doit prendre conscience qu'elle représente une force pouvant réaliser de grandes choses dans le domaine qui est le sien. Je rêve de liens qui uniraient la science et la littérature, les belles-lettres et la philosophie, la science et la vie. » C'est bien à ce programme, annoncé dès l'âge de vingt-trois ans, qu'elle serait fidèle lorsque, à soixante-neuf ans, elle publierait la biographie de Yossel.

Mais en attendant elle cherchait le travail qui lui assurerait l'indépendance financière. Elle essaya d'avoir l'autorisation de soutenir son *Habilitation*, c'est-à-dire de pouvoir se présenter aux épreuves qui, en Allemagne, permettent d'enseigner à l'Université. Or ceci ne s'était jamais vu : une femme ! De plus, une juive ! Et cela, en 1914 ! Malgré les efforts de son directeur de thèse, Karl Theodor von Heigel qui lui écrivit : « Sans mentionner votre nom, j'ai posé, au collège des professeurs, votre question..., c'est-à-dire savoir si, en principe, il était possible qu'une femme se présente, ici ou ailleurs, aux épreuves de l'*Habilitation*. Personne ne fut en mesure de me donner une réponse claire. Mes honorables collègues étaient d'avis que ce problème ne s'était jamais présenté, mais ils n'en étaient pas certains... » Le projet dut être enterré, et Selma eut énormément de mal à trouver un travail pouvant lui permettre de gagner sa vie. Elle donna des cours particuliers, présenta souvent sans succès sa candidature comme professeur d'école secondaire.

Mais à ce moment-là, on était à la veille de la Première Guerre mondiale, et d'autres préoccupations s'ajoutaient à celle de trouver du travail... Elle aussi participait à ce patriotisme en folie qui avait saisi tout le pays, et qui fut si bien dépeint par Stefan Zweig dans *Le Monde d'hier*. Elle-même écrivit : « C'est une ivresse, une belle ivresse de fête. Pour la première fois, je ressens au plus profond de moi ma patrie, mon pays. Je me sens allemande, je revis doublement le temps passé, en vivant cent fois le temps présent. » Mais après quelques mois de guerre, elle changea très rapidement de ton : « Des millions d'êtres humains sont à présent couchés dans la boue et tremblent. Des millions de femmes et de mères fixent désormais l'obscurité de la nuit. » Et lorsque la communauté juive de Kippenheim pleurait ses premiers morts, elle se demanda quel est le sens de la guerre, de cette guerre.

Bien qu'elle ait sacrifié sa vie sentimentale aux vœux de sa famille, Selma ne correspondait toutefois pas encore à l'idée que celle-ci se faisait d'une jeune femme de vingt-quatre ans. Elle n'était toujours pas « comme il se doit, mère et épouse ». Elle confia à son journal : « Je crois avoir trouvé la voie dans laquelle m'engager : écrire la biographie de grandes personnalités, d'hommes et de femmes qui appartiennent à l'Histoire et à la littérature. Je veux pénétrer dans leur vie et dans leurs pensées, oublier ma souffrance en endossant les leurs. »

Après la Première Guerre mondiale, et jusqu'en 1921 environ, elle écrivit d'abord la biographie de femmes comme Madame de Staël ayant appartenu, en France et en Allemagne, à la vie politique et littéraire. Puis après avoir publié une œuvre qui lui avait été commandée, la vie de Charles Guillaume Ferdinand, duc de Brunswick et de Lünebourg, elle s'orienta vers la biographie de femmes juives.

Jusqu'à présent, son appartenance au judaïsme ne représentait pas grand-chose pour elle. Il en allait de même pour un certain nombre de juifs d'Allemagne. Mais, bien que n'en ayant jamais personnellement souffert, elle fut douloureusement frappée pendant la période de l'entre-deux-guerres par la montée progressive de l'antisémitisme et par la violence des attaques qui, dans certains journaux, comme *Simplicissimus*, dénonçaient les juifs pour avoir été des traîtres pendant la guerre. C'est à ce moment qu'elle découvrit le bien-fondé de la nouvelle idéologie, qui avait en vue la création d'une patrie juive. C'est alors qu'elle mit en question la Diaspora, et aussi le fait qu'elle-même était une juive allemande.

C'est pourquoi, en 1921 également, Selma publia la vie de Jeanette Wohl, l'amie de l'écrivain Ludwig Börne. Elle y décrivit un personnage déchiré par le conflit qui opposait la morale traditionnelle et la nouvelle morale donnant à la femme le droit de mener la vie qu'elle s'était choisie. Derrière Jeanette Wohl, c'est Selma qui se cherchait. Elle travailla pour le journal *Ost und West* (« Est et Ouest ») et publia une série d'articles sur « la transformation du type de la femme juive depuis l'émancipation en Allemagne ». Elle s'attacha tout particulièrement à des portraits de juives au seuil de la modernité, comme Rahel Verhagen et Dorothée Mendelssohn. Leur conflit était le sien, et elle le décrivit à la perfection : « C'est un conflit que les uns résolvent en refoulant les voix intérieures, le souvenir silencieux, pour chercher de leur plein gré leur épanouissement dans la littérature allemande, dans l'art allemand, dans la politique allemande. D'autres, également de leur plein gré, trouvent la solution en optant pour leur appartenance au peuple juif, à sa religion, à sa culture. » C'est ce conflit intérieur personnel que Selma essaya de résoudre en étudiant l'histoire du peuple juif, en espérant comprendre son destin et trouver ainsi sa propre voie.

Peu après la guerre, en 1919, alors qu'elle était aux prises avec ce conflit intérieur, Eugen Täubler, un des cofondateurs de l'Akademie für die Wissenschaft des Judentums (Académie pour la science du judaïsme), l'appela à Berlin. L'académie avait été créée à l'initiative de Franz Rosenzweig et de Hermann Cohen pour donner une nouvelle impulsion au judaïsme. Eugen Täubler voulait constituer une équipe de jeunes chercheurs, qui saurait allier les méthodes de la recherche scientifique à la présence au monde actuel. Grâce à cette approche, Täubler est aujourd'hui considéré comme un des promoteurs de la recherche historique moderne dans le domaine du judaïsme allemand. Selma Stern pouvait entièrement adhérer à son objectif, c'est-à-dire appréhender les multiples facettes de cette histoire au moyen de méthodes jusqu'alors inconnues. Elle le précisa dans l'introduction de son œuvre majeure, *Der Preussische Staat und die Juden* (*L'Etat prussien et les juifs*), sujet qui lui avait été proposé par Täubler. Il s'agissait de « promouvoir le judaïsme dans ses expressions historique, littéraire, religieuse, philosophique et linguistique, grâce à de nouvelles méthodes et de nouveaux principes, adaptés à la science du judaïsme ».

Cette période où Selma collabora avec l'Académie pour la science du judaïsme s'avéra être l'une des plus fécondes de sa vie et de son œuvre. De 1920 à 1933, elle rassembla une très importante documentation, qui lui permit d'achever, dès 1925, la publication des deux premiers tomes de *L'Etat prussien et les juifs*. Sa méthode scrupuleuse de recherche dans les bibliothèques et les archives lui conféra une réputation d'excellence dans le milieu des historiens.

En 1927, elle épousa Eugen Täubler, qui obtint une chaire à l'université de Heidelberg. Tous deux s'installèrent dans cette ville, mais Selma continua à travailler pour l'académie. Parmi les amis intimes du couple Täubler-Stern, se trouvait Leo Baeck qui fut, après Täubler, la personne la plus importante dans la vie de Selma.

En 1929, elle publia la biographie de Joseph Suss Oppenheimer, pour laquelle elle avait fait une recherche documentaire fouillée. Son livre fut très bien accueilli, sauf par Lion Feuchtwanger, qui considérait qu'il portait ombrage à son roman biographique *Jud Süss*, publié en 1925. Selma continua ses recherches en vue d'un livre qui devait s'intituler *Le Juif de Cour au temps de l'absolutisme*. Elle ne savait pas alors que ce livre ne serait publié qu'en 1950, pendant l'exil aux Etats-Unis, sous le titre anglais *The Court Jew*.

En 1933, ce fut la prise du pouvoir par le régime nazi : Selma se vit interdire toute recherche dans les archives municipales et nationales. Des autodafés de livres eurent lieu partout dans les villes universitaires, et les livres de Selma, notamment son *Jud Süss*, y furent brûlés. Son mari quitta son poste à l'université de Heidelberg. Tous deux rentrèrent à Berlin. L'Académie pour la science du judaïsme fut fermée, mais la Hochschule für die Wissenschaft des Judentums (Ecole supérieure pour la science du judaïsme), qui s'était vu retirer sa qualité d'établissement d'enseignement supérieur, fonctionna encore quelque temps, comme simple école pour adultes. Täubler put continuer à y enseigner, tout en essayant d'attirer l'attention d'hommes politiques influents et de personnalités du monde scientifique sur les dangers qui menaçaient les juifs. Il s'efforça d'obtenir des terres d'asile en Anatolie et en Abyssinie, et de procurer des lieux d'accueil à l'étranger pour ses étudiants, collègues, amis et parents, leur permettant de redémarrer dans la vie. Selma envisagea la création au Luxembourg d'un établissement d'enseignement supérieur destiné aux juifs et autres émigrants, mais le projet n'aboutit pas.

En 1941, le couple Täubler-Stern décida finalement de quitter l'Allemagne pour les Etats-Unis. Ils furent parmi les derniers intellectuels à pouvoir partir. Le rabbin Leo Baeck, à son corps défendant, était depuis 1933 membre fondateur et président de la Reichsvertretung der Juden in Deutschland (Représentation des juifs dans le Reich allemand) ; il refusa de quitter l'Allemagne. Les adieux furent douloureux, et Selma s'en souvint lorsqu'elle écrivit : « En mars 1941, vers minuit, dans le froid, l'obscurité et la pluie, sa haute stature se dresse devant le wagon du train des émigrants juifs qui devait nous mener en sécurité, alors que lui, entouré de tous les dangers, demeurait seul à Berlin pour être aux côtés du reste de son peuple. »

On offrit à son mari un poste de professeur au Hebrew Union College de Cincinnati. Contrairement à la majorité des intellectuels juifs allemands ayant émigré aux Etats-Unis, Selma fut dès le début consciente de la gravité du drame qui entraînait l'Europe dans la catastrophe. Elle avait laissé derrière elle une Allemagne mortifère, et l'incertitude du présent compromettait l'avenir qu'elle envisageait en tant qu'historienne, elle qui voulait employer des méthodes modernes de recherche historique, afin de jeter toujours plus de lumière sur l'histoire des juifs d'Allemagne.

Elle plongea à nouveau dans une grave crise personnelle : elle savait que sa famille restée en Europe était en danger, elle n'avait plus de repère professionnel, son mariage avec Täubler semblait arrivé à un point de rupture, et elle se demandait : « Né dans une province de culture rhénane qui possède une richesse historique inépuisable, comment un historien juif, profondément conscient de son appartenance à la communauté, à la religion et à la tradition juives, peut-il ressusciter un passé sans avenir ? » Leo Baeck avait écrit dès 1934 : « Seul celui qui reste attaché à son passé a la force d'aller au-devant de l'avenir. » Selma suivit cette maxime et, contrairement à Täubler, qui ne publia pas d'œuvre majeure à Cincinnati, elle transforma sa souffrance en énergie créatrice. Elle étudia les chroniques concernant la période de la Grande Peste au XIVe siècle, et écrivit plusieurs œuvres appartenant davantage au genre littéraire qu'à l'histoire. Elle ne reprit le travail véritablement historique qu'en 1947.

Entre-temps, Leo Baeck, rescapé de Theresienstadt où il avait été déporté pendant vingt-huit mois, avait rejoint les Etats-Unis, et enseignait également au Hebrew Union College, Ecole supérieure d'études juives et de formation pour les rabbins réformés. Il y fonda les American Jewish Archives (Archives juives d'Amérique). Selma en devint la directrice, et l'éditrice responsable des publications. Grâce à ces archives, et aux documents qu'elle avait commencé à rassembler avant son départ d'Allemagne, elle publia en 1950 son livre sur les juifs de Cour au temps de l'absolutisme : *The Court Jew*. Elle y décrivait la personnalité aux multiples facettes de ces hommes qui furent conseillers, banquiers, hommes d'affaires puissants et influents auprès des princes allemands des XVIIe et XVIIIe siècles. Elle dépeignait surtout leur époque et son contexte politique et économique. Ce livre reste aujourd'hui encore l'ouvrage de référence pour tous ceux qui s'intéressent à ce chapitre très important de l'histoire des juifs en Allemagne.

Eugen Täubler mourut en 1953. Selma souffrit de la perte du mari qu'elle avait aimé malgré les difficultés de leur union, et de l'érudit qu'elle avait toujours énormément respecté. En même temps, elle ressentit comme une sorte de libération et d'épanouissement personnel. Elle avait soixante-trois ans. Elle était en contact avec toute l'élite intellectuelle des émigrés juifs allemands. En 1954, elle fut cofondatrice du Leo-Baeck Institute à Jérusalem, New York et Londres, dont les archives, enrichies par des documents souvent reçus en succession et par la correspondance de nombreuses personnalités historiques, fournissent des sources d'information extrêmement précieuses à tous les historiens qui effectuent des recherches sur le judaïsme allemand. C'est aux Etats-Unis, et non pas en Allemagne, que l'excellence de son travail d'historienne fut reconnue en premier lieu. En 1956, le Hebrew Union College lui décerna le titre de docteur *honoris causa* pour « sa contribution de premier plan à la connaissance de la religion, de la culture et de la vie civile des juifs en Allemagne ».

C'est en 1959 que fut publié son livre *Yossel von Rosheim, Befehlshaber der deutschen Judenschaft im Heiligen Römischen Reich Deutscher Nation* (*Yossel de Rosheim, commandeur des juifs d'Allemagne dans le Saint Empire romain de la nation allemande*). Ce livre parut quatorze ans après la fin de la guerre, alors que Selma songeait depuis quelques années déjà à rentrer en Europe. Sans doute avait-elle besoin de trouver dans l'histoire des juifs d'Europe, et plus encore dans celle des juifs d'Allemagne, un personnage de première grandeur pour légitimer son retour sur une terre où tant de crimes avaient été commis pendant les années de son exil. Yossel était cet homme exemplaire.

Mais Selma Stern avait aussi tenu à inclure, dans la lignée des « Bergers d'Israël » et des Justes qui protègent le monde, Leo Baeck, l'ami de longue date. Celui-ci était mort en 1956, en Allemagne, où il était revenu quelques mois auparavant, après avoir passé dix ans à Cincinnati. Elle lui dédia son ouvrage et écrivit dans son introduction : « Ce livre que j'avais promis à un vivant, je ne puis que le dédier à la mémoire d'un défunt que des affinités électives liaient à Yossel de Rosheim. Tous deux furent les gardiens de la "haute-fidélité" "où se dévoile une part de la vérité ultime qui permet le maintien de tous et de tout, des hommes et des siècles, de ce qui est différent et de ce qui est séparé[22]". Tous deux furent les témoins d'un amour venant de l'infini, qui leur permit de porter et de supporter les misères et les blessures, les souffrances et les fardeaux de leur peuple, et de le consoler sans relâche comme le fit le Prophète pendant l'Exil. »

Pour conclure, il convient de rappeler qu'en 1960 Selma rentra en Europe, et s'établit à Bâle auprès de sa sœur. Elle continua à travailler, acheva son grand ouvrage commencé quarante ans auparavant, *L'Etat prussien et les juifs*, et mourut en 1981 à l'âge de quatre-vingt-onze ans.

Cette grande dame de l'Histoire rencontra dans sa vie un personnage historique d'une immense envergure, Yossel de Rosheim. Nous devons à Selma de nous l'avoir fait connaître dans un livre qui est un modèle d'érudition avec ses quarante pages de notes et de références. Son style brillant ne cède jamais à la facilité. Dans ses remerciements, elle énumère les bibliothèques et les archives à travers toute l'Europe, de Bruxelles à Vienne, de Berlin à Stuttgart, sans oublier Oxford et Cincinnati, où elle a effectué des recherches, et trouvé des trésors de documentation concernant Yossel, les juifs et l'Empire.

Notices biographiques

SOUVERAINS ET PRINCES

CHARLES QUINT (1500-1558). Empereur du Saint Empire romain germanique, il régna sur « un Empire où le soleil ne se couchait jamais », qu'il essaya de consolider. Catholique convaincu, il combattit la Réforme et lutta contre les princes protestants qui s'étaient alliés pour former la Ligue de Smalkalde. Il remporta contre eux la victoire de Mühlberg en 1547. Il fit aussi la guerre pour empêcher les Turcs de pénétrer dans l'Empire. Personnalité très complexe, il fut parfois fanatique et cruel, mais il sut aussi être juste et tolérant. Les juifs le considérèrent comme leur protecteur contre les persécutions des princes et des Magistrats des villes.

FERDINAND Ier (1503-1564). Frère de Charles Quint. D'abord roi de Bohême et de Hongrie, il succéda à Charles Quint après son abdication et fut empereur de 1556 à 1564.

FRANÇOIS Ier (1494-1547). Roi de France, il fut avec Henri VIII d'Angleterre le rival malheureux de Charles Quint lors de l'élection au trône impérial. Il fut également son adversaire politique dans les guerres d'Italie et de Bourgogne, où les deux souverains essayèrent de s'assurer la primauté du pouvoir en Europe. François Ier subit une grave défaite à Pavie en 1525 et dut signer la paix de Crépy en 1544.

HENRI II (1519-1559). Roi de France, fils de François Ier. Reprenant la politique de son père, il ne cessa de lutter pour affaiblir la puissance des Habsbourg. Il lutta contre les protestants français, mais s'allia aux princes protestants qui étaient les adversaires de Charles Quint.

JEAN-FRÉDÉRIC Ier (1503-1554). Prince électeur de Saxe, adepte fervent de la Réforme. Il fut avec Philippe de Hesse le chef des protestants allemands. Ils formèrent la Ligue de Smalkalde, mais tous deux furent vaincus et faits prisonniers par Charles Quint lors de la bataille de Mühlberg en 1547.

MAXIMILIEN Ier (1459-1519). Empereur du Saint Empire romain germanique, il régna de 1508 à 1519. Grand-père de Charles Quint, qui lui succéda. Personnalité brillante mais influençable, tour à tour il protégea les juifs puis se désintéressa de leur sort.

PHILIPPE DE HESSE (1504-1567). Landgrave de Hesse. En 1525, il dirigea les troupes qui écrasèrent la révolte des Paysans en Thuringe. Sans éprouver une profonde sympathie pour les doctrines de Luther, il passa cependant à la Réforme en 1524, et créa à Marbourg la première université protestante. Il fonda avec l'électeur de Saxe la Ligue de Smalkalde et fut avec lui le chef politique du protestantisme allemand. Philippe de Hesse et

Jean-Frédéric de Saxe furent vaincus et faits prisonniers par Charles Quint lors de la bataille de Mühlberg en 1547.

SOLIMAN LE MAGNIFIQUE (1494-1566). Sultan ottoman de 1520 à 1566, il fut le grand adversaire de Charles Quint dans la lutte pour la domination d'un Empire qui contrôlerait tout l'univers habité. Il prit part personnellement à de nombreuses batailles, tant en Europe (conquête de la Hongrie en 1526, siège de Vienne en 1529) qu'en Orient. Sous son règne, les juifs expulsés d'Espagne trouvèrent refuge en Turquie.

SAGES ET COURANTS SPIRITUELS JUIFS

HASSIDEI ASHKENAZ (XIIe et XIIIe siècles). Mouvement piétiste original, aussi généralement connu comme celui des «*Hassidim* allemands», ou sous le nom de «hassidisme», qui apparut dans les pays germaniques des XIIe et XIIIe siècles. Son centre de rayonnement se situa en Rhénanie, et tout particulièrement à Mayence, Worms et Spire. Les *Hassidei Ashkenaz* se préoccupent de la vie sociale, de la prière, de la pénitence comme moyens de parvenir à la dévotion parfaite. A la suite d'évènements sociaux et politiques, la créativité du courant déclina à partir du XIVe siècle. Les doctrines mystiques des *Hassidim* furent supplantées par celles de la Cabale espagnole.

KALONYMOS DE LUCQUES, venu en Allemagne au IXe siècle, fut l'ancêtre de la famille des KALONYMIDES qui, à la tête des communautés allemandes, fournit des rabbins et des mystiques tels que SAMUEL LE HASSID «le Pieux» (vers 1150), JUDA LE HASSID (mort vers 1217), auteur du *Sefer Hassidim*, et son disciple ÉLÉAZAR DE WORMS (mort vers 1230).

JUDA LE HASSID fut l'une des principales autorités des cercles mystiques issus du mouvement des *Hassidim* allemands. Son *Sefer Hassidim* est une véritable somme des idées, des traditions et des croyances des juifs allemands des XIIe et XIIIe siècles. Il est non seulement un guide de la pratique religieuse, mais aussi un document historique capital pour l'histoire du Moyen Age, où transparaît la vie du peuple et ses rapports avec la population chrétienne environnante.

ÉLIE BEN ASHER LEVITA (1468 (ou 1469)-1549). Originaire de Neustadt, il vécut à Padoue, Venise et Rome où il enseigna l'hébreu à des humanistes chrétiens. Il étudia scientifiquement la grammaire hébraïque, spécialement dans *Masoret ha-masoret* (*Transmission de la tradition*, Venise, 1538). Il fut également massorète*, imprimeur, ainsi qu'auteur de romans courtois en yiddish.

JAKOB JEHIEL LOANS (XVe siècle). La similitude du patronyme (originaire de Louhans, en France) laisse penser qu'il pourrait être un ancêtre ou tout au moins un parent de Yossel. Il fut jusqu'à la mort de l'empereur Frédéric III, qui l'appréciait énormément, son médecin personnel, et initia à l'étude de l'hébreu l'humaniste Johannes Reuchlin pour qui il était *«homo ex Judaeis non parum literatus»* et *«doctor excellens»*.

MAÏMONIDE (1135-1204). Né à Cordoue, Moïse, fils de Maïmon (*Rambam* en hébreu, acrostiche de son nom, Rabbi Moché ben Maïmon), reçoit une éducation juive traditionnelle – étude de la Bible et du Talmud –, tout en étant également instruit dans les matières profanes : mathématiques et sciences naturelles, principalement la médecine. Dans sa pensée, il concilie foi et raison, et applique à la pensée juive le raisonnement philosophique hérité des Grecs, mais transmis par les philosophes arabes. Maïmonide exerça une influence considérable sur la pensée juive tant par ses commentaires de la Tora et sa codification de la Loi que par son œuvre philosophique d'inspiration aristotélicienne dont l'ouvrage phare est *Le Guide des Egarés* écrit en arabe, à l'adresse surtout de l'élite intellectuelle juive. Il veut y montrer que, si l'on sait bien lire la Bible, on s'aperçoit que la foi juive contient la vraie métaphysique que Moïse et les prophètes ont su saisir intuitivement.

MOUVEMENTS MESSIANIQUES (XVIe ET XVIIe SIÈCLES)

DAVID REUBENI, un mystérieux aventurier, se fit passer pour le fils et le frère des rois de Chabor qui régnaient dans la région de l'Arabie, sur les tribus perdues d'Israël. A sa suite, il entraîna de nombreux juifs et non-juifs. Il impressionna même le pape Clément VII. Sous son influence, un marrane portugais, Diogo Pires, revint au judaïsme, adopta le nom de SALOMON MOLCHO et devint cabaliste. Tous deux lancèrent un appel à Charles Quint pour qu'il constitue une armée avec les juifs du Saint Empire afin de combattre les Turcs ; en vain. Salomon Molcho fut brûlé comme relaps en 1532, et David Reubeni mourut en prison. Entre-temps, Molcho avait fait de nombreux adeptes en Espagne, au Portugal, en Italie et même en Pologne, préparant ainsi la voie au plus célèbre des pseudo-messies, SHABBTAÏ ZVI.

NAHMANIDE (1194-1270). L'un des maîtres les plus éminents du judaïsme espagnol. Penseur, exégète, médecin, Moïse ben Nahmane était rabbin de Gérone, quand il fut appelé à participer au colloque de Barcelone contre l'apostat Pablo Cristiani, en présence du roi d'Aragon, Jayme Ier. Sa défense farouche de la cause juive le mit en danger de représailles ; il dut s'enfuir en Terre sainte (1267), où il reconstitua la communauté de Jérusalem, et alla finir ses jours à Acre. La position de Nahmanide est délibérément antirationaliste ; il se refuse à limiter le texte sacré à son sens obvie et souligne ses prolongements mystiques et ésotériques.

RACHI (1040-1105). Acronyme de Rabbi Salomon, fils d'Isaac de Troyes. Commentateur universellement reconnu de la Bible et du Talmud de Babylone, il fut le chef et le modèle de l'Ecole française qui fleurit du Xe au XIVe siècle. Sa clarté et sa concision sont incomparables. Les études bibliques et talmudiques traditionnelles n'omettent jamais l'explication de Rachi, qui est à la base de toute exégèse ultérieure.

APOSTATS

ANTONIUS MARGARITHA (env. 1490-après 1537). Juif apostat, fils de rabbin et petit-fils d'un talmudiste renommé, il utilisa ses connaissances du judaïsme pour mieux combattre ses anciens coreligionnaires. Lors d'une controverse publique qu'il soutint contre Yossel à la Diète d'Augsbourg, en juin 1530, devant une commission d'érudits et en présence de l'empereur, il fut perdant et expulsé à jamais de la ville. Son ouvrage *Der Gantz Jüdisch Glaub*, publié pour la première fois en 1530 et à nouveau en 1544 et en 1561, eut une grande influence sur Luther qui le mentionne à plusieurs reprises dans *Von den Juden und ihre Lügen* (*Des juifs et de leurs mensonges*).

JOHANNES PFEFFERKORN (1469-1521 ?). Simple boucher, aux connaissances du judaïsme limitées. Ses amis, les dominicains de Cologne, lui confièrent la responsabilité de juger les livres rabbiniques, en particulier le Talmud, dont, grâce à la défense courageuse de Reuchlin, il ne parvint pas à obtenir la confiscation et la destruction totale. Il prôna aussi dans ses écrits le baptême forcé des enfants juifs et l'astreinte des juifs à des travaux durs et humiliants.

HUMANISTES

ÉRASME DE ROTTERDAM (1469-1536). Humaniste hollandais d'expression latine. Esprit indépendant et satirique, il chercha à définir un humanisme chrétien à la lumière de ses travaux sur le Nouveau Testament, et préconisa l'entente entre catholiques et protestants. Il fut à peu près le seul humaniste à ne pas connaître l'hébreu, et fut assez indifférent au problème juif.

ULRICH VON HÜTTEN (1488-1523). Ce poète humaniste fut un pamphlétaire anticlérical. Marqué par ses rencontres avec Erasme en 1514-1515, il fut un ardent adepte d'une réforme morale de l'Eglise et mit ses espoirs en un empereur puissant, qui libérerait l'Eglise allemande du joug de la papauté. Il soutint Johannes Reuchlin dans son combat contre les dominicains pour conserver les écrits juifs. Il rallia Luther et la Réforme.

PARACELSE (THEOPHRASTUS BOMBASTUS VON HOHENHEIM, DIT) (1493-1541). Alchimiste et médecin suisse, père de la médecine hermétique. Sa doctrine a pour fondement une correspondance entre le monde extérieur (macrocosme) et les différentes parties de l'organisme humain (microcosme).

JEAN PIC DE LA MIRANDOLE (1463-1494). Issu d'une famille princière, Giovanni Pico della Mirandola fut un humaniste italien. Il se forma à l'université de Bologne et fréquenta les milieux néoplatoniciens de Florence. Son immense érudition et sa tolérance font de lui un des plus grands esprits de la Renaissance.

JOHANNES REUCHLIN (1455-1522). Humaniste allemand, il fut l'un des promoteurs des études hébraïques et grecques en Occident. Lui-même étudia l'hébreu auprès du médecin de l'empereur Frédéric III, Jakob Jehiel Loans, qui fut peut-être l'ancêtre de Yossel. Il défendit courageusement les écrits juifs face à l'apostat Pfefferkorn, et fut inquiété par l'Inquisition.

JACQUES WIMPHELING (1445-1528). Clerc et humaniste alsacien, né à Sélestat. Après avoir été tenté par la Réforme, il fut un fervent défenseur du catholicisme. Son activité s'exerça principalement dans le sud-ouest de l'Allemagne pendant la période agitée allant de la révolte du Bundschuh à la guerre des Paysans. Caractère complexe et plein de contradictions, à la fois libéral et conservateur, il fit essentiellement œuvre de pédagogue. Quant à sa qualité d'historien, elle est aujourd'hui très contestée. A l'égard des juifs «impies et perfides», comme des Turcs et des hussites, il adopta une attitude souvent excessive.

RÉFORMATEURS

MARTIN BUCER (1491-1551). Né à Sélestat, cet ancien moine dominicain fut l'un des principaux réformateurs à Strasbourg. Il fut également le conseiller très écouté du landgrave Philippe de Hesse, qui l'avait appelé auprès de lui à Kassel. Il fut pour beaucoup «le modèle des théologiens de la médiation» parce qu'il savait unifier les courants religieux les plus divers. Pour ce trait de caractère, on l'accusa souvent d'inconséquence et d'ambiguïté. Sa position à l'égard des juifs se caractérise, elle aussi, par un manque de clarté et de cohérence: «Il faut les considérer comme des ennemis et les combattre comme des amis.»

WOLFGANG CAPITON (1478-1541). Né à Haguenau, ville tolérante où Yossel passa ses années de jeunesse. Juriste et médecin, il fut prédicateur à Bâle et Mayence. A Bâle, il eut des contacts avec Erasme et Luther et fut un bon hébraïsant. A partir de 1523, il vécut et enseigna à Strasbourg, où il fut le premier prédicateur protestant en l'église Saint-Pierre-le-Jeune, et où Yossel eut l'occasion d'assister à un de ses cours. Il fut l'un des principaux réformateurs en Alsace. Il adopta des positions conciliantes en matière de théologie.

MARTIN LUTHER (1488-1546). Moine augustin, il rompt officiellement avec l'Eglise catholique lorsque, en 1517, il affiche ses *Quatre-vingt-quinze Thèses* à Wittenberg. C'est le point de départ de la Réforme. D'abord favorable aux juifs, «le peuple racine» qu'il faut convertir au christianisme, Luther devient leur farouche adversaire à partir de 1530, lorsqu'il se rend compte que cette conversion n'aura jamais lieu et que des dissidents chrétiens «judaïsent».

PHILIPPE MELANCHTHON (1497-1560). Professeur de grec à l'université de Wittenberg, il fut l'un des proches collaborateurs de Luther, dont il partageait les vues mais avec plus de modération. Il réforma l'université, ce qui lui valut le titre de *praeceptor Germaniae*. Il élabora, avec la collaboration de Luther, la *Confession d'Augsbourg*, charte fondatrice du protestantisme, et la présenta à la Diète d'Augsbourg en 1530. Il n'hésita pas à prendre la défense des juifs lorsque son sens de la justice le lui dicta.

THOMAS MÜNZER (1489-1525). Réformateur allemand, ancien moine augustin, il rencontra Luther et se rallia à la Réforme. Il répandit bientôt des doctrines illuministes, prêcha le mépris des autorités terrestres et l'avènement d'une théocratie évangélique. Brouillé avec les luthériens, il prit la tête d'une communauté anabaptiste. Sa propagande en faveur d'une plus grande justice sociale provoqua la guerre des Paysans en 1524. Fait prisonnier par les princes, il subit la torture, fut condamné et exécuté en 1525.

ANDREAS OSIANDER (1489-1552). Premier prédicateur protestant à Nuremberg, il propagea la Réforme par de nombreux écrits. Professeur de théologie à l'université de Königsberg, il écrivit un texte anonyme pour défendre les juifs accusés de meurtre rituel à Pösing, en 1529.

ULRICH ZWINGLI (1484-1531). Réformateur suisse, il subit l'influence d'Ersame, puis adhéra vers 1520 à la Réforme qu'il introduisit à Zurich. Il s'efforca de constituer un véritable Etat chrétien, idée qui sera reprise par Calvin à Genève. Il mourut en 1531, à la bataille de Kappel, affrontement entre catholiques et protestants.

THÉOLOGIEN CATHOLIQUE

JOHANNES ECK (1486-1543). Théologien catholique allemand, défenseur acharné de l'Eglise romaine, il accusa son adversaire Luther d'être le protecteur des juifs, contre lesquels il écrivit un pamphlet extrêmement injurieux. Yossel voulut le réfuter dans une controverse à la Diète de Ratisbonne de 1541, mais la confrontation ne put avoir lieu, Eck étant tombé gravement malade.

Les quatre portraits sont conservés au cabinet des Estampes (photo Musées de Strasbourg/M. Bertola).

Chronologie

1216 Important privilège impérial concernant le prêt d'argent, accordé aux juifs par Frédéric II, empereur et roi de Sicile (1194-1250).

1388 Expulsion des juifs de Strasbourg.

1477 Guerre de Bourgogne menée par Charles le Téméraire, arrière-grand-père de Charles Quint, pour reconstituer l'hégémonie de la Lotharingie. Persécution des juifs, dont beaucoup de communautés sont situées sur les terres où sont livrées les batailles.

1478 Naissance de Yossel à Haguenau (?).

1493 Mort de l'empereur Frédéric III (né en 1415, règne de 1440 à 1493).

1507 Entrée de Yossel dans la vie active. Les juifs d'Obernai lui demandent d'intervenir auprès du vice-bailli pour qu'ils ne soient pas expulsés. Il est nommé *parnass* et *manhig* des juifs de Basse Alsace.

1510 Révolte du Bundschuh, c'est-à-dire surtout des paysans qui se plaignent de la réforme juridique qui a remplacé le droit coutumier par le droit romain. Expulsion des juifs de Colmar.

1514 Yossel quitte Mittelbergheim, et s'établit à Rosheim.

1517 (31 octobre) Les *Quatre-vingt-quinze Thèses* de Luther contre l'Eglise de Rome sont affichées sur la porte de la cathédrale de Wittenberg.

1519 Mort de l'empereur Maximilien Ier (né en 1459, règne de 1493 à 1519), grand-père de Charles Quint.

1520 Charles Quint est élu empereur et couronné à Aix-la-Chapelle. Luther est excommunié par Léon X.

1521 Diète de Worms. L'édit de Worms (25 mai 1521) met Luther au ban de l'Empire. Les juifs alsaciens qui se rendent à cette Diète revendiquent leurs droits devant Charles et les états de l'Empire. Justice leur est promise au cas où leurs privilèges ne seraient pas respectés. Yossel ne fait pas partie de la délégation de juifs qui se rend à cette Diète.

1522 Adrien d'Utrecht, qui avait été le précepteur et l'ami de Charles Quint, est élu pape sous le nom d'Adrien VI.

1523 Luther publie *Que Jésus-Christ est né juif*. A Nuremberg, Yossel, représentant les juifs d'Alsace, participe à l'assemblée de tous les délégués des juifs de l'Empire devant décider s'ils acceptent ou non le prélèvement d'une taxe spéciale d'un montant très élevé, destinée à couvrir les frais d'entretien du collège des régents. Yossel saisit cette occasion pour se plaindre de la ville d'Obernai qui ne respecte pas les privilèges accordés aux juifs et veut les expulser.

1524 Philippe de Hesse révoque tous les sauf-conduits des juifs et leur interdit de résider en Hesse. Début de la guerre des Paysans (1524-1525). David Reubeni apparaît sur la scène européenne : prétendant être le frère du roi de Chabor, pays situé en Arabie, où vivent les descendants des tribus de Ruben, Gad et de la demi-tribu de Manassé, il cherche à convaincre le pape, le roi du Portugal et l'empereur de reprendre la Terre sainte aux Turcs.

1525 (printemps) Les Paysans menacent d'attaquer Rosheim. Intervention de Yossel.

1526 Ferdinand devient roi de Bohême et de Moravie. La Hongrie est conquise par les Turcs.

1527 Sac de Rome par les lansquenets allemands des troupes impériales de Charles Quint.

1528 Yossel se rend auprès du roi Ferdinand à Prague, d'abord à cheval, puis à pied, dans un esprit de pénitence.

1529 Procès pour meurtre rituel à Pösing ; Yossel va à Gunzbourg sur le Danube ; il y est élu commandeur et préposé par les délégués de toutes les communautés juives de l'Empire. Les Turcs sont devant Vienne.

1530 Le 24 février à Bologne, le pape Clément VII couronne Charles Quint roi d'Italie et empereur du Saint Empire romain germanique. Un privilège donne aux conseillers ducaux la possibilité de résilier le droit de résidence des juifs, et de leur interdire la pratique du commerce ainsi que celles du prêt d'argent et des hypothèques immobilières. **Voyage de Yossel à Innsbruck afin de rencontrer Charles Quint, auquel il remet un rappel des dispositions juridiques devant répondre à l'accusation portée contre les juifs de collaborer avec les Turcs.** En mars, à Innsbruck, édit de Charles Quint qui renouvelle tous les droits et libertés des juifs qu'il avait confirmés lors de son couronnement en 1520 à Aix-la-Chapelle. Le même mois, première publication de *Der Gantz Jüdisch Glaub* du juif apostat Antonius Margaritha. **En juin, Diète d'Augsbourg. Yossel s'y rend pour réfuter les assertions des catholiques qui accusent les juifs d'avoir suscité le protestantisme. Lors de cette Diète, Melanchthon présente sa *Confession d'Augsbourg* ou *Confessio Augustana*. Disputation avec Margaritha.**

Vers 1531 Yossel écrit un livre sur la Sanctification du Nom.

1531 Formation de la Ligue de Smalkalde ; les princes luthériens s'unissent contre l'empereur.

1532 Le 20 mai, lors de la Diète de Ratisbonne, Yossel rencontre Charles Quint. Cette Diète sanctionne la division de l'Empire entre les princes protestants. Yossel se fait remettre par le nonce du pape, le

cardinal Campeggi, le texte original du privilège accordé aux juifs en 1216 par Frédéric II. Il le fait authentifier par un notaire officiel.

1533 Münster devient le centre des anabaptistes, avec Jan de Leyde qui veut y instaurer le « royaume de Sion ». Il est chassé et exécuté. L'évêque soutenu par les troupes impériales s'y rétablit en 1535.

1534 À la fin de l'automne, Yossel se rend à Prague pour apaiser les querelles au sein de la communauté juive.

1535 Peu de temps après son retour de Prague, Yossel repart pour la Silésie.

1535-1540 Procès contre Yossel parce qu'il se fait appeler « régent ».

1536 Le 6 août, le prince électeur Jean-Frédéric de Saxe promulgue un mandat interdisant aux juifs de s'établir sur ses terres et même de les traverser. Concile de Trente convoqué par le pape Paul III.

1537 Yossel se met en route pour la Saxe. Luther refuse de le recevoir et lui écrit une lettre extrêmement violente où il annonce son intention de traiter à fond le problème juif.

1538 Luther publie *Contre les Sabbathéens*, où il dénonce les juifs comme suborneurs des chrétiens. Adoption en Hesse d'une proposition concernant la tolérance envers les juifs.

1539 Règlement favorable aux juifs promulgué par Philippe de Hesse. **En février, Yossel se rend à une réunion des représentants de l'empereur et des états protestants.**

1541 Yossel se rend à la Diète de Ratisbonne. Il obtient que l'empereur confirme une nouvelle fois les privilèges d'Innsbruck et d'Augsbourg ainsi que l'interdiction aux états d'imposer à leurs sujets juifs le port d'un signe distinctif en dehors de leur lieu de résidence. La controverse avec Johannes Eck au sujet de son pamphlet contre les juifs ne peut avoir lieu.

1542 Yossel se rend à la Diète de Spire, présidée par le roi Ferdinand. Yossel veut agir en faveur des juifs de Prague sur lesquels « vient de s'abattre le malheur ».

1543 Jean-Frédéric de Saxe renouvelle le mandat de 1536. En janvier, Luther publie *Des juifs et de leurs mensonges*.

1543 (30 décembre)-1544 (28 janvier) Yossel se rend à Würzbourg pour sauver des juifs accusés d'avoir tué un enfant, mais il ne peut empêcher leur exécution.

1544 En février, Yossel se rend à la Diète de Spire où Charles Quint négocie avec les princes allemands. Il y présente ses plaintes au sujet des nouvelles accusations pour meurtre rituel portées à Würzburg, ainsi qu'au sujet des écrits haineux de Luther, des restrictions au commerce de l'argent et des expulsions de différents territoires. Le

3 avril, édit de Spire, par lequel Charles Quint confirme tous les privilèges et libertés accordés aux juifs par ses ancêtres et par lui-même, c'est-à-dire la possibilité de prélever un intérêt supérieur à celui exigé par les chrétiens. Le 16 juin, déclaration de la guerre de Smalkalde entre l'empereur et les princes protestants.

1545 Ouverture du concile de Trente qui se conclura en 1563. Diète de Worms, confirmation par Charles Quint des privilèges et libertés accordés aux juifs.

1546 Diète de Ratisbonne. Guerre de Charles Quint contre la Ligue de Smalkalde. **En août, Yossel quitte Ratisbonne pour Ingolstadt. Il se met en route pour rentrer à Rosheim où il arrive le 20 août. A peine arrivé à Rosheim, il repart pour Strasbourg.**

1547 Strasbourg se rend à Charles Quint. En avril, victoire de Mühlberg remportée par Charles Quint sur la Ligue de Smalkalde. Philippe de Hesse et Jean-Frédéric de Saxe sont faits prisonniers. **Séjour de Yossel en Bohême.**

1547-1548 (septembre) Diète d'Augsbourg, dite «Diète harnachée», où Charles Quint présente un plan devant définir les rapports entre l'empereur et les états, rétablir l'unité de la religion et réformer l'Eglise catholique. **Yossel expose à l'empereur le conflit opposant ses coreligionnaires à la ville de Colmar, qui avait interprété le décret de 1541 de manière totalement erronée.**

1548 Résolution de la Diète d'Augsbourg. Elle décide qu'il faut permettre aux juifs de percevoir cinq pour cent d'intérêt. Le 30 janvier, Charles promulgue un édit ordonnant aux villes de Rosheim et de Turckheim de protéger les juifs et de châtier les délinquants, afin qu'il n'ait pas à l'avenir de raison de prendre d'autres mesures contre elles. **Le 19 décembre, les juifs font un procès à la ville de Colmar devant le tribunal de la Chambre de Spire. C'est pourquoi Yossel est obligé de se rendre plusieurs fois à Spire entre 1548 et 1551. Charles Quint renouvelle le sauf-conduit de Yossel.**

1550-1551 Troisième Diète d'Augsbourg convoquée par Charles Quint. Le paragraphe 78 des résolutions de la Diète du 14 février 1551 interdit aux juifs d'établir à l'avenir une lettre de créance ou une obligation ailleurs que devant l'autorité régulière de la ville où réside le chrétien avec lequel le contrat est conclu.

1551 Le 23 janvier, Yossel proteste à Augsbourg, au nom des juifs de l'Empire. Le 31 janvier, il réitère sa demande pour que cet article ne soit pas alourdi par une nouvelle réglementation policière. Mais il ne peut empêcher la modification de cette disposition inscrite dans les résolutions de la Diète. A la mi-mars, Yossel rentre à Rosheim, négocie un litige avec la ville de Strasbourg, tout en continuant à

participer aux affaires traitées à la Diète d'Augsbourg. Au mois de juin, il se trouve de nouveau à Augsbourg, où l'empereur passe tout l'été avec sa Cour.

1552 Dernière guerre de Charles Quint contre le roi de France et les princes protestants.

1553 Défaite de Charles Quint devant Metz. **Reprise du litige entre les juifs et la ville de Dangolsheim. En juillet, Yossel se rend personnellement à Heidelberg.**

1554 (fin mars ou début avril) Mort de Yossel.

1555 (26 septembre) Paix d'Augsbourg. La paix religieuse est conclue entre Charles Quint et les luthériens.

1556 (28 août) Abdication de Charles Quint. Il se retire à Yuste, son frère Ferdinand devient empereur. Son fils Philippe II est roi d'Espagne et maître des territoires espagnols en Amérique.

1558 (28 septembre) Charles Quint meurt au monastère de Yuste.

1559 La paix de Cateau-Cambrésis met fin aux guerres de Religion.

Glossaire

AGGADAH : ensemble de récits (contes, légendes, folklore, anecdotes ou maximes) et de commentaires à propos de héros de la Bible ou d'autres figures juives historiques, paraboles, aphorismes et homélies que l'on trouve dans le Talmud et le Midrash.

AMMEISTER : personnage qui est à la tête de la ville de Strasbourg. Dans ses fonctions, il est assisté par quatre *Stättemeister*, par le Conseil (*Rat*) des Quinze et celui des Treize, et par deux commissions très importantes, les « chambres secrètes » (*Geheime Stuben*).

AMT : ressort administratif, le plus souvent un bailliage.

ANATHÈME, excommunication, mise au ban (en hébreu *herem*) : punition décrétée par une cour de justice rabbinique (*beth din*) pouvant aller jusqu'à exclure un des membres de la communauté, parce qu'il a violé gravement les commandements ou manqué de se conformer aux décrets du rabbinat local.

BIBLICISME (en allemand *Biblizismus*) : mouvement radical du protestantisme.

CONTRACTSWEISS : notification de contrat.

DEVEKOUT : la doctrine de la *devekout*, littéralement « attachement », signifie, dans la perspective mystique, que Dieu est contamment présent dans les pensées de l'homme, quel que soit l'acte qu'il est en train d'accomplir.

ÉTATS : en allemand *Stände*, les états sont les représentants des diverses classes de la société qui participaient au gouvernement des villes d'Empire.

GAON (pluriel *Guéonim*) : de l'hébreu, littéralement « autorité, génie ». Titre porté par les chefs des académies talmudiques de Babylonie, du VIe au XIe siècle, et utilisé aussi pendant quelque temps en terre d'Israël. Les *Guéonim* avaient pour mission d'interpréter le Talmud et de prendre les décisions juridiques et religieuses en rapport avec ses enseignements. A l'époque médiévale ce terme devint une distinction pour homme érudit ayant une remarquable connaissance des Ecritures.

GROSSER RAT : Sénat.

HALACHA : ce terme, dérivé d'un verbe qui signifie « marcher », désigne la branche de la littérature rabbinique qui, à partir d'un système interprétatif continué, enseigne la voie à suivre dans tous les domaines de l'existence.

HASSIDEI ASHKENAZ : les Pieux d'Allemagne. Ce mouvement piétiste émergea en Allemagne aux XIIe et XIIIe siècles, son chef fut Juda le Hassid. Les adeptes de ce mouvement adoptèrent une conduite très rigoureuse dans leur vie quotidienne.

HASSIDOUT : mot hébreu traduit en français par « hassidisme ». Mouvement mystique exigeant de ses adeptes une haute spiritualité et une vie de sainteté. En l'occurrence, mouvement des XIIe et XIIIe siècles en terre ashkénaze.

HOFFAKTOR : fournisseur de la Cour.

HUSSITES : partisans de Jan Hus (1370-1415), réformateur tchèque, recteur de l'université de Prague. Il lutta contre la simonie et les abus de la hiérarchie et prit parti contre l'antipape Jean XXIII. Excommunié en 1411, puis condamné par le concile de Constance en 1414, il fut arrêté et brûlé comme hérétique. Sa mort déclencha une révolution religieuse, politique et sociale qui secoua la Bohême et la Moravie, ainsi que les pays voisins, pendant des décennies.

JUDENSPIESS : littéralement, « l'épieu du juif ». *Mit dem Judenspiess rennen* : pratiquer l'usure. L'utilisation emblématique de la pique ou de la lance est également à mettre en rapport avec l'interdiction faite aux juifs de porter des armes.

LAIENKELCH : littéralement, « calice des laïcs ». A partir de la Réforme, la communion peut être donnée par les laïcs sous les deux espèces.

LANDJUDENSCHAFT : assemblée territoriale des juifs du Saint Empire romain germanique.

MAGGID : littéralement, « narrateur ». Terme hébraïque qui désigne celui qui apporte un message. Aux yeux des cabalistes, le *maggid* était une voix ou un intermédiaire mystérieux qui communiquait des connaissances secrètes à certains élus, par l'entremise de rêves ou de révélations faites en plein jour.

MAGISTRAT : collège qui gouverne une ville. Il est composé du bourgmestre et des échevins.

MANHIG : guide (voir *parnass*).

MASSORÈTES : érudits qui, du VIe au Xe siècle, entreprirent d'assurer l'exactitude du texte biblique. En effet, à l'origine les textes bibliques étaient écrits sous forme d'une suite continue de lettres, sans interruption entre les mots, ce qui conduisait à une grande confusion dans leur compréhension. C'est pourquoi les massorètes les divisèrent en mots, phrases et sections.

MEILENRECHT : droit du mille, c'est-à-dire le droit pour une ville d'interdire toute tractation commerciale dans l'espace de son ban ou d'une lieue.

MEILEN- UND BANNRECHT : droit des villes d'expulser un individu ou une communauté à une lieue à la ronde.

MEISTERLIEDER : chants destinés aux apprentis ; ceux qui furent composés par Hans Folz étaient violemment antijuifs.

MÉMORIAUX (*Memorbücher*) : livres faisant mémoire des juifs morts pour la « Sanctification du Nom ». Certains de ces livres ne prennent en compte que le passé de leur communauté, d'autres embrassent un horizon historique plus large. On y lit chaque année les noms des rabbins, des *parnassim*, des dirigeants prestigieux, des martyrs et des victimes de persécutions.

MIDRASH (pluriel *midrashim*) : méthode d'interprétation des Ecritures qui élucide des questions juridiques ou qui commente certains chapitres à l'aide de légendes et d'homélies. Désigne également un recueil d'interprétations rabbiniques.

OPFERPFENNIG : taxe, offrande d'argent.

PARNASS (pluriel *parnassim*) : littéralement, « dirigeant ». *Parnass* et *manhig*, titre donné aux dirigeants des communautés depuis le début de la période rabbinique. Non rémunérés pour leurs services, ils étaient tenus en très haute estime. Ils ne devaient pas s'imposer à la communauté, mais obtenir cette fonction par son consentement. Ce titre désignait également celui qui était à la tête de la *Landjudenschaft*, de l'assemblée territoriale juive du Saint Empire romain germanique.

PILPOUL : terme issu de *pilpel*, « poivre ». Casuistique talmudique, étude systématique des écrits talmudiques et rabbiniques qui vise à clarifier les textes particulièrement difficiles. Avant de devenir un exercice de virtuosité gratuite, le *pilpoul* était une méthode largement utilisée dans les *yeshivot* d'Europe de l'est comme instrument servant à aiguiser l'esprit de l'étudiant et à développer ses facultés logiques. La méthode du *pilpoul* a été employée avec grand profit dans les controverses.

RECEZ OU RECÈS (du latin *recessus*, désignant l'action de se retirer) : procès-verbal des délibérations de l'ancienne Diète germanique.

REICHSJUDENHEIT : Conseil des juifs de l'Empire.

RESPONSA : ce terme latin désigne les réponses écrites apportées par des érudits éminents, experts du Talmud, aux questions que leur ont soumises des collègues ou des communautés. Ces décisions rabbiniques faisaient jurisprudence.

SANCTIFICATION DU NOM : témoignage rendu au Nom de Dieu au prix de sa vie. Le juif qui a sanctifié le Nom de Dieu, c'est-à-dire qui a subi le martyre, est considéré comme étant un « saint ».

SCHULTHEISS : charge municipale. Dans une ville, le *Schultheiss* était chargé de la protection des bourgeois de seconde zone.

SEFER HA MIKNEH : titre d'une œuvre écrite par Yossel vers 1547, livre de consolation pour ses frères.

STADTKNECHT : appariteur.

STATTHALTER : lieutenant du souverain, c'est-à-dire gouverneur d'une province ou d'un pays, ou tout représentant d'une autorité seigneuriale, civile ou ecclésiastique.

TÄUFERTUM : anabaptisme.

TRANSUMPT : copie d'un document.

WEIHNOUCCA : concentration de *Weihnachten* (Noël) et de *Hanoucca*, les fêtes chrétienne et juive qui ont toutes deux lieu aux environ du solstice d'hiver.

YESHIVA (pluriel *yeshivot*) : école talmudique.

Les voyages de Yossel de Rosheim dans le Saint Empire romain germanique

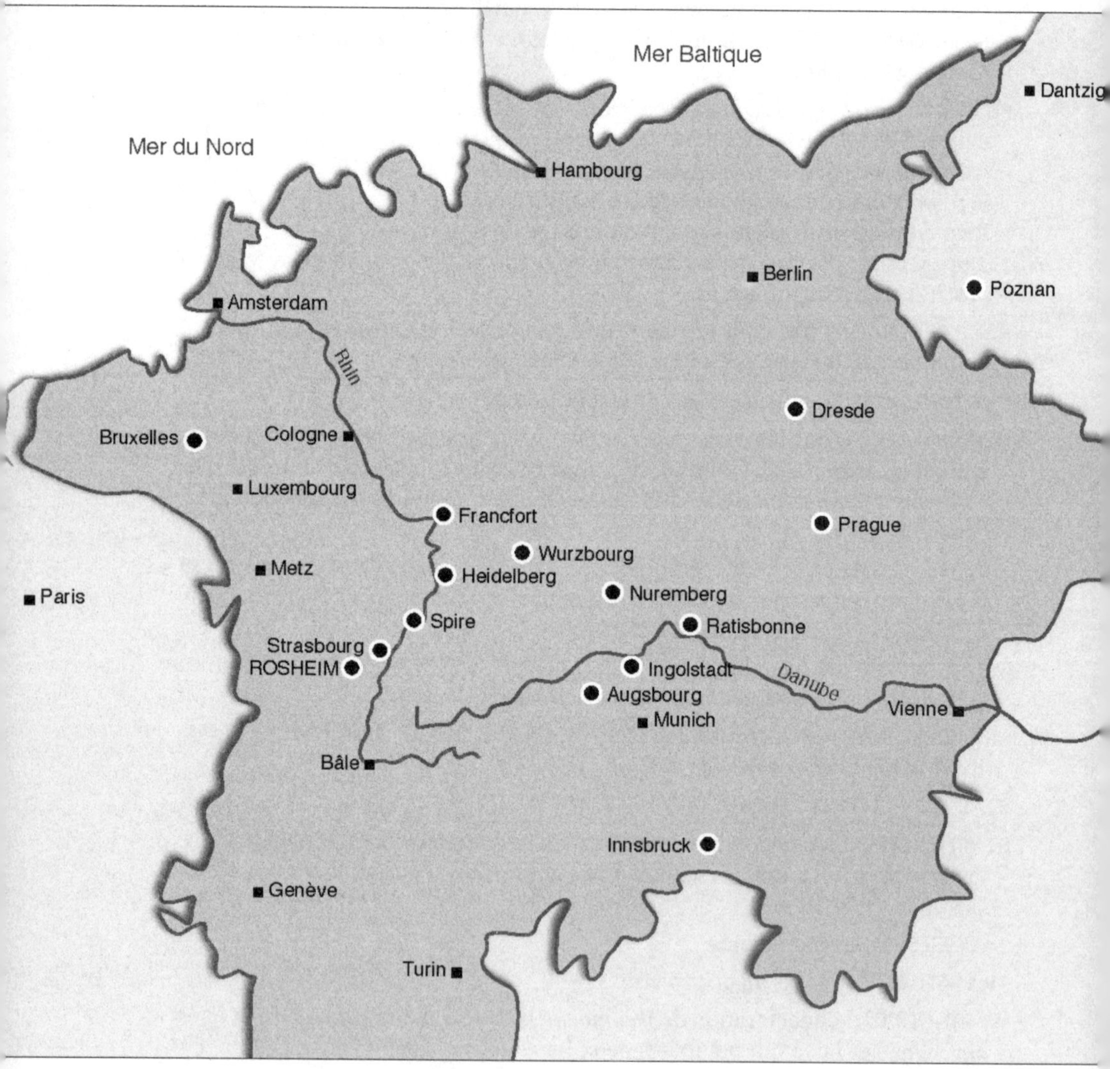

● *Ville où Yossel s'est rendu*

Notes

SOURCES ET REMERCIEMENTS DE SELMA STERN

Ce travail se base en partie sur des études et des manuscrits, des actes et des documents, qui se trouvent à la Bodleian Library à Oxford, aux Archives municipales de Strasbourg, aux Archives départementales du Bas-Rhin à Strasbourg, aux Württembergische Hauptstaatsarchiv à Stuttgart, aux Badische Generallandesarchiv à Karlsruhe, au Germanisches Nationalmuseum à Nuremberg, et aux Österreichische Staatsarchiv, Abteilung Haus-, Hof- und Staatsarchiv à Vienne. La plupart des archives alsaciennes, de même que les Archives municipales de Colmar et d'Obernai ont déjà été exploitées au cours des dernières décennies du XIXe siècle par des historiens juifs et chrétiens. Plusieurs documents ont été publiés de façon exemplaire par I. Kracauer, H. Bresslau, et L. Feilchenfeld. Les Haus-, Hof- und Staatsarchiv de Vienne ont mis à ma disposition des documents entièrement nouveaux, contenant des éléments extrêmement importants pour comprendre l'activité politique de Yossel en tant que commandeur des juifs d'Allemagne. Il s'agit essentiellement d'actes de Diètes d'Empire qui n'avaient pas encore été publiés, de *Reichstagsakten* des Mainzer Erzkanzlerarchivs, des *Judicialia Miscellanea*, et des *Protocolla Rerum Resolutarum* du Reichshofrat, et des registres d'Empire de Ferdinand Ier.

Je tiens à remercier de tout cœur les directeurs et les archivistes de ces institutions, tout particulièrement ceux du Wiener Haus-, Hof- und Staatsarchiv, pour leur disponibilité et leur aide infatigable dans la recherche et la collecte des sources, leurs précieux renseignements écrits et oraux, et le soin qu'ils ont apporté aux copies, photocopies et microfilms qu'ils m'ont communiqués.

Je dois des remerciements tout aussi sincères aux responsables des archives où, malgré une recherche approfondie de documents, nous n'avons obtenu aucun résultat. C'est le cas des Archives générales de Bruxelles, du Geheime Staatsarchiv à Berlin-Dahlem, du Bayerische Hauptstaatsarchiv à Munich, du Landesregierungsarchiv du Tyrol à Innsbruck, du Staatsarchiv à Marburg, du Staatsarchiv à Nuremberg, du Staatsarchiv à Würtzburg, et des Archives municipales de Mayence, de Mergentheim, de Nuremberg, de Spire, de Worms et de Würtzburg.

Je suis tout particulièrement reconnaissante à mes amis du Hebrew Union College – Jewish Institute of Religion de Cincinnati, sans l'appui obligeant desquels le huitième chapitre n'aurait pu être rédigé dans sa forme actuelle. Le professeur docteur I. Sonne a traduit en allemand les chapitres les plus importants du manuscrit du *Sefer ha Mikneh* dont la lecture est difficile. Par son interprétation de plusieurs jeux de mots, de comparaisons et de citations, il m'a beaucoup aidée à mieux comprendre l'œuvre philosophique de Yossel. Le professeur docteur A. Guttmann, qui traduisit également plusieurs pages du *Sefer ha Mikneh*, a vérifié mes citations du Talmud. Le professeur docteur Tsevat a pour la première fois traduit entièrement en allemand les *Mémoires* de Yossel et m'a facilité l'étude du catalogue Neubauer. Le rabbin I. Newman a traduit plusieurs textes imprimés en hébreu, et madame Dora Landsberger a apporté une aide extrêmement consciencieuse à la correction des épreuves.

Je voudrais aussi exprimer mes remerciements très sincères aux directeurs du Leo-Baeck Institute, tout particulièrement au docteur Max Kreutzberger, pour l'intérêt chaleureux qu'ils ont tous manifesté pour mon travail et leur disponibilité permanente à m'apporter une aide technique.

NOTES DE SELMA STERN

1. Carl J. Burchardt, *Gedanken über Karl V*, Munich, 1954.
2. Leo Baeck, *Dieses Volk, Jüdische Existenz*, II, p. 312, Francfort-sur-le-Main.
3. E. Carmoly, « Ein allgemeiner Anwalt der Juden im deutschen Reiche » (in *Israelitischen Annalen*, éd. M. Jost, p. 94), Francfort-sur-le-Main, 1839.
4. Elie Scheid, « Josselmann de Rosheim » (in *Revue des études juives* (*REJ*), XIII, p. 62-84). – M. Ginsburger, « Josel von Rosheim und seine Zeit » (in *Schriften der Gesellschaft für die Geschichte der Israeliten in Elsass-Lothringen*, XI), Guebwiller, 1913.
5. En l'an 1542. M. Horovitz, *Frankfurter Rabbiner. Ein Beitrag zur Geschichte der israelitischen Gemeinde in Frankfurt am Main*, p. 46 et suiv., Francfort, 1882. – Moritz Stern, *Die israelitische Bevölkerung der deutschen Städte. Ein Beitrag zur deutschen Städtegeschichte*, VII, Worms, Cahier 1 : « Die Reichsrabbiner des 15. und 16. Jahrhunderts », Berlin, 1937.
6. Moritz Stern, « Joselmann von Rosheim und seine Nachkommen » (in *Zeitschrift für die Geschichte der Juden in Deutschland* (*ZGJD*), III, p. 65 et suiv.), 1889. – David Kaufmann, *R. Jai'r Chajjim Barcharach (1638-1702) und seine Ahnen*, Trèves, 1894.
7. Joseph Grünpeck, « Die Geschichte Friedrichs III. und Maximilians I. », trad. Th. Ilgen, (in *Die Geschichtsschreiber der deutschen Vorzeit*, 2e éd. Complète XC, 15 s., 3e vol. : « Die Geschichte Friedreichs III. und Maximilians I. »), Leipzig, s.d. – Ludwig Geiger, « Renaissance und Humanismus in Italien und Deutschland » (in *Allgemeine Geschichte in Einzeldarstellungen*, 2. Hauptabt., 8. T.) Berlin, 1882 – Leopold von Ranke, *Deutsche Geschichte im Zeitalter der Reformation*, hist. crit., éd. Paul Joachimsen, I Munich, 1925.
8. Ludwig Geiger, *Johann Reuchlin. Sein Leben, seine Werke*, p. 106, notes, Leipzig, 1871. – Ludwig Geiger, *Johann Reuchlins Briefwechsel*, Stuttgart, 1875. – A. Löwit, « Johann Reuchlin und der Talmud » (in *Populär-wissenschaftliche Monatsblätter zur Belehrung über das Judentum für Gebildete aller Konfessionen*, 5e année, p. 203 et suiv.), Francfort, 1885. – Bernhard Walde, « Christliche Hebraisten Deutschlands am Ausgang des Mittelalters » (in

Alttestamentliche Abhandlungen, VI, 2 et 3), Münster, 1916. – Jakob Wille, « Johann Reuchlin » (in *Festschrift der Stadt Pforzheim zur Erinnerung an den 400. Todestag Johannes Reuchlins*, Pforzheim, 1922). – Bernhard Schmeidler, « Das spätere Mittelalter von der Mitte des 13. Jahrhunderts bis zur Reformation » (in *Handbuch für Geschichtslehrer*, IV), Leipzig et Vienne, 1937. – Wilhelm Maurer, « Reuchlin und das Judentum » (in *Theologische Literaturzeitung*, 9, p. 535, 1952).

9. Lettre de Reuchlin à Loans. *Johann Reuchlins Briefwechsel...*, p. 67.
10. Karl von Amira, « Das Endinger Judenspiel », 1re éd., (in *Neudrucke deutscher Literaturwerke des 16. und 17. Jahrhunderts*, Halle, 1883). – Isidor Kracauer, « L'Affaire des juifs d'Endingen de 1470. Prétendu meurtre de chrétiens par les juifs » (in *REJ*, XVI, p. 236 et suiv., 1888). – Adolf Lewin, *Juden in Freiburg im Breisgau*, Trèves, 1890. – J. A. Zehnter, « Zur Geschichte der Juden in der Marktgrafschaft Baden-Baden » (in *Zeitschrift für die Geschichte des Oberrheins*, N.F. XI, 1896). – J. A. Zehnter, « Zur Geschichte der Juden in der Marktgrafschaft Baden-Durlach » (*idem*, XII, 1897). – Adolf Lewin, « Die Blutbeschuldigung in oberbadischen Liedern aus dem 15. und 16. Jahrhundert » (in *Monatschrift für die Geschichte und Wissenschaft des Judentums*, 50e année, 1906). – Ludwig Geiger, « Die Juden und die deutsche Literatur » (in *Zeitschrift für die Geschichte der Juden in Deutschland*, II, p. 358 et suiv., 1888). – Berthold Rosenthal, *Heimatgeschichte der badischen Juden*, p. 15, Bühl, 1927. – Hans Fehr, *Das Recht in der Dichtung*, Berne, s.d. – Hans Fehr, *Kunst und Recht, III : Die Dichtung im Recht*, Berne, 1947.
11. 1er § des *Mémoires* de Yosselmann de Rosheim. Intitulé « Journal » en hébreu et avec sommaire en français, édité par I. Kracauer, *REJ*, XVI, p. 84-105, 1888.
12. Ainsi chanta le poète Ermoldus Nigellus au VIIIe siècle. Cité dans *Deutsches Elsass, deutsches Lothringen. Ein Querschnitt aus Geschichte, Volkstum und Kultur*, éd. Otto Meissner, Berlin, 1941. – Aussi M. F. von Brackel et Karl Blaum, *Elsass, Geschichte und Wirtschaft*, Hambourg, 1941. – Johannes Haller, « Elsass und das Reich » (in *Das Elsass. Jahrbuch der Stadt Freiburg im Breisgau*, IV), Stuttgart, 1940.
13. Voir aussi *Das Elsass. Ein Buch von seiner Geschichte, Art und Kunst*, éd. par G. Anrich, Fr. Schulz, W. Wittich, Strasbourg, 1918, et Friedrich Metz, *Der Oberrhein und das Elsass*, 3e éd., Berlin, 1944.
14. Abbé J. Gyss, *Histoire de la ville d'Obernai*, Strasbourg, 1866. – Elie Scheid, *Histoire des juifs d'Alsace*, Paris, 1887. – M. Ginsburger, « Die Juden in Rufach » (in *Schriften der Israeliten in Elsass-Lothringen*), Guebwiller, 1906. – Max Ephraim, *Histoire des juifs d'Alsace et particulièrement de Strasbourg*, Paris, 1925. – Jacqueline Rochette, *Histoire des juifs d'Alsace des origines à la Révolution*, Paris, 1938.
15. Hans Nabholz, L. von Muralt, R. Feller, E. Bonjour, *Geschichte der Schweiz*, I, Zurich, 1932. – J. Huizinga, « Burgund. Eine Krise des romanisch-germanischen Verhältnisses » (in *Historische Zeitschrift*, 148, 1933). – Ernst Gagliardi, *Geschichte der Schweiz von den Anfängen bis zur Gegenwart*, I, 3e éd., Zurich 1938. – Johannes Haller, *Die Epochen der deutschen Geschichte*, Stuttgart, 1943. – Hermann Heimpel, « Karl der Kühne und der Burgundische Staat » (in *Festschrift für Gerhard Ritter zu seinem 60. Geburtstag*), Tubingen, 1950. – H. Heimpel, « Mittelalter und Nurnberger Prozess » (in *Festschrift für Edmund Stenzel*), Münster / Cologne, 1952.
16. Adam Walther Strobel, *Vaterlandische Geschichte des Elsasses, von der frühesten bis auf die gegenwärtige Zeit*, III, Strasbourg, 1843. – « Memorbuch von Niederehnheim » (in *REJ*, XIII, p. 63), 1886.
17. *Memoiren*, § 2.
18. Scheid, « Alsace », *Pièces justificatives*, XXIV.
19. Scheid, « Histoire des juifs de Haguenau sous la domination allemande » (in *REJ*, II, p. 73-92 ; III, p. 58-94 ; IV, p. 98-112 ; VI, p. 230-249, 1881-1883). Wilhelm Lempfrid, « Beiträge zur Geschichte des Hagenauer Juden im 14. Jahrhundert » (in *Jahresberichte des Hagenauer Altertumsverein*, 4e et 5e cahiers, Haguenau, 1914).
20. Ludwig Feilchenfeld, *Rabbi Josel von Rosheim. Ein Beitrag zur Geschichte der Juden in Deutschland im Reformationszeitalter*, Strasbourg, 1898, p. 7.
21. David Kaufmann, *R. Jai'r Chajjim Bacharach (1638-1702) und seine Ahnen*, Trèves, 1894, p. 9.
22. Anton Lourié, *Die Familie Lourié (Luria)*, Vienne, 1923.
23. Moritz Stern, « Die Blutbeschuldigung zu Fulda und ihre Folgen », (in *ZGJD*, 2e année, p. 194-199, 1888). – Ernst Kantorowicz, *Kaiser Friedrich II*, 2e éd. Berlin, 1928. – Alfred Stern, « Kaiser Friedrich II, der Hohenstaufe, und die Juden » (in *ZGJD*, 2e année, 1930).
24. Joseph Becker, « Die Verleihung und Verpfändung der Reichslandvogtei Elsass von 1408 bis 1634 » (in *ZGORh*, 51, N.F. XII, 1897). – Joseph Becker, « Die Reichsdörfer der Landvogtei und Pflege Hagenau » (in *idem*, N.F., XIV, 1899). – Gertrud Fauth, *Jörg Wickram, Der Jungen Knaben Spiel*, Strasbourg, 1917. – Willy Andras, « Strassburg an der Wende vom Mittelalter zur Neuzeit » (in *Elsass-Lothringisches Jahrbuch*, XIII, 1934). – Rudolf Wackernagel, *Geschichte des Elsass*, 2e éd., Fribourg, 1940.
25. Au sujet du caractère des Alsaciens, voir : *Jörg Wickrams Rollenwagenbüchlein*, Leipzig, 1865. – Paul Merker, *Thomas Murner, Von dem grossen Lutherischen Narren*, Strasbourg, 1918. – Johannes Pauli, *Schimpf und Ernst*, édité par Johannes Bolte, Berlin, 1924. – Franz Podleiszek, « Anfänge des bürgerliches Prosaromans in Deutschland » (in *Deutsche Literatur, Reihe Volks- und Schwankbüche*, VII, Leipzig, 1933). – Sebastian Brant, *Das Narrenschiff. Die erbauliche satirische Weltbibel*, éd par Franz Hirtler, Munich, 1944. – Willy Andreas, *Deutschland vor der Reformation. Eine Zeitwende*, 5e éd., Stuttgart, 1948.
26. Wilhelm Dilthey, *Weltanschauung und Analyse des Menschen seit Renaissance und Reformation*, Leipzig / Berlin, 1923. – *The Renaissance Philosophy of Man*, éd. Ernst Cassierer et Paul Oscar Kristeller, Chicago, 1948.
27. Wolfgang Stammler, « Von der Mystik zum Barock, 1400-1600 » (in *Epochen der deutschen Literatur*, II, 1, Stuttgart, 1927). – Franz Schnabel, *Deutschlands geschichtliche Quellen und Darstellungen in der Neuzeit. Das Zeitalter der Reformation 1500-1550*, I Leipzig, Berlin, 1931. – H. Rupprich, « Humanismus und Renaissance in den deutschen Städten und an den Universitäten » (in *Deutsche Literatur, Sammlung literarischer Kunst-und Kunstdenkmäler in Entwicklungsreihen.*

Reihe Humanismus und Renaissance, II, Leipzig 1935). – Hermann Heimpel, « Das deutsche Spätmittelalter. Charakter einer Zeit » (in *Historische Zeitschrift*, 158, 1938). – Hermann Gumpel, « Deutsche Kultur vom Zeitalter der Mystik bis zur Gegenreformation » (in *Handbuch der Kulturgeschichte*, éd. par Heiz Kindermann, Potsdam, 1938). – Leonhard Beriger, « Das Zeitalter des Humanismus und der Reformation » (in *Deutsche Literaturgeschichte in Grundzügen*, éd. par B. Bösch, Berne, 1946). – Paul Böckmann, *Formgeschichte der deutschen Dichtung*, Hambourg, 1949. – Heinrich Ritter von Srbik, *Geist und Geschichte des deutschen Humanismus bis zur Gegenwart*, Munich/Salzbourg, 1950.

28. Joachim Wagner, « Äusserungen deutschen Nationalgefühls am Ausgang des Mittelalters » (in *Deutsche Vierteljahrsschrift für Literaturwissenschaft und Geistesgeschichte*, 9e année, 1931). – Walter Köhler, « Die deutsche Kaiseridee am Anfang des 16. Jahrhunderts » (in *Historische Zeitschrift*, 149, 1934).

29. S. Kettelwell, *Thomas a Kempis and the Brother of Common Life*, I, Londres, 1882. – Albert Hyma, *The Christian Renaissance. A History of the « Devotio Moderna »*, New York, 1925. – Konrad Burdach, *Vorspiel, Gesammelte Schriften zur Geschichte des deutschen Geistes*, I, 2 : « Reformation und Renaissance », Halle, 1925. – Karl Brandi, « Die Deutsche Reformation » (in *Deutsche Geschichte*, éd. par Erich Marcks, II, Leipzig, 1927). – J. Huizinga, *Erasmus*, Werner Kaegi, Bâle, 1928. – Rudolf Stadelmann, « Vom Geist des ausgehenden Mittelalters. Studien zur Geschichte der Weltanschauung von Nicolaus Cusanus bis Sebastian Franck » (in *Deutsche Vierteljahrsschrift für Literaturwissenschaft und Geistesgeschichte*, vol. XV, Halle, 1929). – Paul Joachimsen, « Das Zeitalter der Reformation » (in *Propyläen Weltgeschichte*, V, Berlin, 1930). – Joseph Lortz, *Die Reformation in Deutschland*, 2 vol., Fribourg-en-Brisgau, 1941. – Richard Newald, *Erasmus Roterodamus*, Fribourg-en-Brisgau, 1947.

30. *Sefer Hamikneh.*

31. *Josephi Josels juden trostschrift an seine brüder wider Buceri büchlin, sine die et consule*, Feilchenfeld, annexe XVI, p. 180 et suiv.

32. « Das Spiel von dem Herzogen von Burgund. Fastnachtspiele aus dem 15. Jahrhundert », I (in *Bibliothek des Litterarischen Vereins in Stuttgart*, XXVIII, 1853). – « Volksbücher des 16. Jahrhunderts. Eulenspiegel, Faust, Schildbürger » (in *Deutsche Nationalliteratur*, XXV, Berlin/Stuttgart, s.d.). – R. von Liliencron, *Die historischen Volkslieder der Deutschen vom 13. bis 16. Jahrhundert*, Leipzig, 1867.

33. Julius Guttman, « Die Juden und das Wirtschafsleben » (in *Archiv für Sozialwissenschaft und Sozialpolitik*, XXXVI, I, p. 149 et suiv., 1913). – Voir également M. Güdemann, « Geschichte des Erziehungswesens und der Kultur der Juden in Deutschland während des 14. und 15. Jahrhunderts » (in *Geschichte des Erziehungswesen und der Kultur der abendländischen Juden während des Mittelalters und der neueren Zeit*, III, Vienne, 1888). – Max Freudenthal, « Die Eigenart der Wormser Gemeinde in ihrer geschichtlichen Wiederkehr » (in *ZGJD*, V, 1933-1934).

34. A. Freimann, « Aus der Geschichte der Juden in Regensburg von der Mitte des 15. Jahrhunderts bis zur Vertreibung im Jahre 1519 » (in *Festschrift zum 70. Geburtstag Martin Philippsons*, 1916).

35. M. Freudenthal, *ZGJD*, V, p. 103-104. – F. Strassburger, « Zur Geschichte der Juden von Ulm nach Resp. 147 des Jacob Weil (1439-1446) zusammengestellt auf Grund einer Vorarbeit des sel. Jes. Strassburger in Ulm » (in *Festschrift zum 70. Geburtstag des Oberkirchenrats D. Kroner*), Breslau, 1917.

36. Haim Bloch, *Gottes Volk und seine Lehre*, Leipzig, 1922. – A. Sulzbach, *Die Ethik des Judentums. Auszüge aus dem « Buch der Frommen » des R. Jehuda Hahassid*, Francfort, 1923. – S. Schechter, *Studies in Judaism*, III, « Jewish Saints in Medieval Germany », Philadelphia, 1924. – G. Sholem, « Die Frommen Deutschlands. Ein Kapitel jüdischer Religionsgeschichte » (in *Almanach des Schocken Verlags auf das Jahr 5694*, 1, p. 53 et suiv., Berlin, 1937-1938). – Leo Baeck, « Die Gestalt des deutschen Judentums » (in *Almanach des Schocken Verlags*, Berlin, 1935-1936). – Gershom Scholem, « Major Trends in Jewish Mysticism », New York, 1946.

37. Güdemann, *Erziehungswesen...*, p. 212 et suiv.

38. Friedrich von Bezold, « Geschichte der deutschen Reformation » (in *Allgemeine Geschichte in Einzeldarstellung*, éd. par W. Oncken, 3. Hauptabt., 1, p. 148, Berlin, 1890). – Eberhard Gothein, *Reformation und Gegenreformation*, Munich/Leipzig, 1924. – Paul Held, « Ulrich von Hütten. Seine religiös-geistige Auseinandersetzung mit Katholizismus, Humanismus, Reformation » (in *Schriften des Vereins für Reformationsgeschichte*, Anno 46, H. 1, n°144). – Arnold E. Berger, « Die Sturmtruppen der Reformation. Ausgewählte Flugschriften der Jahre 1520-1525 » (in *Deutsche Literatur, Reihe Reformation*, II, Leipzig, 1931). – Wilhelm Waetzoldt, *Dürer und seine Zeit*, 3e éd., Innsbruck, 1936. – W. K. Zülch, *Der historische Grünewald : Mathis Gothardt-Neithardt*, Munich, 1938. – Peuckert, p. 220.

39. Andreas, *Deutschland vor der Reformation*, p. 485.

40. R. von Liliencron, *Die historischen Volkslieder der Deutschen, vom 13. bis 16. Jahrhundert*, III, Leipzig, 1867.

41. Will-Erich Peuckert, *Die grosse Wende. Das apokalyptische Säculum und Luther*, p. 131, Hambourg, 1948.

42. H. Pflaum, *Die religiöse Disputation in der europäischen Dichtung des Mittelalters*, 1re étude : « Der Allegorische Streit zwischen Synagoge und Kirche », Genève, 1935. – Paul Wohlfahrt, « Ecclesia und Synagoge », (in *Der Morgen*, 11, 1937).

43. W. M. Schmid, « Zur Geschichte der Juden in Passau » (in *ZGJD*, 1re année, 1929-1930).

44. Leopold Donath, *Geschichte des Juden in Mecklenburg von den ältesten Zeiten (1266) bis auf die Gegenwart (1874) ; auch ein Beitrag zur Kulturgeschichte Mecklenburgs*, Leipzig, 1874. – K. Schmidt, « Das heilige Blut zu Sternberg » (in *Schriften für das deutsche Volk*, éd. par Verein für Reformationsgeschichte, Halle, 1892).

45. Raphael Straus, « Die Judengemeinde Regensburg im ausgehenden Mittelalter » (in *Heidelberger Abhandlungen zur mittleren und neueren Geschichte*, VI, p. 4, Heidelberg, 1932).

46. Otto Stobbe, *Die Juden in Deutschland während des Mittelalters in politischer, sozialer und rechtlicher Beziehung*, p. 16, Braunschweig, 1866. – J. E. Scherer, « Die Rechtsverhältnisse der Juden in den deutsch-österreichischen Ländern » (in *Beiträge zur Geschichte des Judenrechtes im Mittelalter mit besonderer Bedachtnahme auf die Länder der österreichisch-ungarischen Monarchie*, I, Leipzig, 1901).
47. Kurt Kaser, *Deutsche Geschichte im Ausgang des Mittelalters (1438 bis 1519)*, II : « Deutsche Geschichte zur Zeit Maximilians I. » (in *Bibliothek deutscher Geschichte*), Stuttgart / Berlin, 1912. – Hans Tietze, *Die Juden Wiens, Geschichte – Wirtschaft – Kultur*, Vienne, 1933. – Max Grunwald, *Vienna*, Philadelphia, 1936. – Otto Brunner, « Österreich, das Reich und der Osten im späteren Mittelalter » (in *Österreich, Erbe und Sendung im deutschen Raum*, éd. par Josef Nadler et Heinrich von Srbik, Salzbourg / Leipzig, 1936).
48. L. Heffner, *Die Juden in Franken*, Nuremberg, 1855. – M. Güdemann, *Geschichte der Juden in Magdeburg*, Breslau, 1866. – S. Hänle, *Geschichte der Juden im ehemaligen Fürstentum Ansbach*, Ansbach, 1867. – A. Eckstein, *Geschichte der Juden im ehemaligen Fürstbistum Bamberg*, Bamberg, 1894. – Augusta Steinberg, *Studien zur Geschichte der Juden in der Schweiz während des Mittelalters*, Zurich, 1902. – Achilles Nordman, « Geschichte der Juden in Basel seit dem Ende der zweiten Gemeinde bis zur Einführung der Glaubens- und Gewissensfreiheit 1397-1875 » (in *Basler Zeitschrift für Geschichte und Altertumskunde*, XIII, 1913). – Simon Adler, *Geschichte der Juden in Mühlhausen*, Muhlhouse, 1914, Basler Diss. – J. S. Menczel, *Beiträge zur Geschichte der Juden in Mainz im 15. Jahrhundert*, Berlin, 1933.
49. A. Bachmann, « Aus den letzten Tagen Kaiser Friedreichs III. » (in *Mitteilungen des Instituts für österreichische Geschichtsforschung*, VII, 1886, cité par Raphaël Straus, *Die Judengemeinde Regensburg*, p. 15, notes).
50. Wilhelm Grau, *Antisemitismus im späten Mittelalter. Das Ende der Regensburger Judengemeinde 1450-1519*, p. 107 et suiv., Munich / Leipzig, 1934. – R. Straus, « Der Regensburger 'Ritualmordprozess' 1476-1480 » (in *Menorah*, 6e année, Vienne / Francfort, 1928).
51. S. Neufeld, *Die Halleschen Juden im Mittelalter. Das Ende der Regensburger Judengemeinde (1450-1519)*, Berlin, 1915. – Idem, « Die Vertreibung der Juden aus Schsen und Thüringen » (in *Thüringisch-sächsische Zeitschrift für Geschichte und Kunst*, XV, 2, 1926).
52. Hermann Dicker, *Die Geschichte der Juden in Ulm*, Rottweil a. N., 1937.
53. Heinrich Ulmmann, *Kaiser Maximilian I*, 2e vol., Stuttgart, 1884. – Karl Brandi, « Die deutsche Reformation » (in *Deutsche Geschichte*, éd. par Erich Marcks, Leipzig, 1927). – Sir Charles Oman, *The Sixteenth Century*, Londres, 1936. – Ricarda Huch, *Das Zeitalter der Glaubensspaltung*, Berlin / Zurich, 1937. – Glenn Elwood Waas, *The Legendary Character of Kaiser Maximilian*, New York, 1941. – Will Winkler, *Kaiser Maximilian I. Zwischen Wirklichkeit und Traum*, Munich, 1950. – Gerhard Ritter, *Die Neugestaltung Europas im 16. Jahrhundert. Die kirchlichen und staatlichen Wandlungen im Zeitalter der Reformation und der Glaubenskämpfe*, Berlin, 1950.
54. Johannes Janssen, *Geschichte des deutschen Volkes seit dem Ausgang des Mittelalters*, I, 9e éd., Fribourg-en-Brisgau, 1883. – Georg von Below, *Der deutsche Staat des Mittelalters. Ein Grundriss der deutschen Verfassungsgeschichte*, I : « Die allgemeinen Fragen », Leipzig, 1914. – Fritz Hartung, « Deutsche Verfassungsgeschichte vom 15. Jahrhundert bis zur Gegenwart » (in *Grundriss der Geschichtswissenschaft*, éd. par Aloys Meister, Reihe II, Abt. 4, Berlin / Leipzig, 1914). – Hayo Holborn, *Ulrich von Hütten and the German Reformation*, New Haven, 1937.
55. « Urkunden, Briefe und Aktenstücke zur Geschichte Maximilians I. und seiner Zeit », éd. par Joseph Chmel (in *Bibliothek des Literarischen Vereins in Stuttgart*, X, Stuttgart, 1845). – Scheid, « Alsace... », in *Pièces justificatives*, XXVI, p. 312. – J. Krakauer, « Rabbi Joselmann de Rosheim » (in *REJ*, XVI, p. 102, édit du 22 octobre 1497).
56. H. K. B. Briegleb, *Die Ausweisung der Juden von Nürnberg, im Jahre 1499*, Leipzig, 1868. – A. Kurländer, *Geschichte der Juden in Franken mit besonderer Rücksicht auf die beiden Städte Nürnberg und Fürth*, Fürth, 1887. – Fritz Gelernter, « Geschichtliches aus Nürnberg » (in *Menorah*, 6e année, 1928).
57. Dicker, p. 74.
58. « ... comme ce fut le cas pour un certain Viax Bonn et sa femme de Bertschweiler qui lui devaient 50 florins et l'avaient reconnu dans un document inconnu ; à un certain Martin Fell d'Obernai et à un homme de Boersch, dont les héritiers refusèrent de rembourser la somme due. » Feichenfeld, p. 10.
59. *Memoiren*, § 3.
60. Le prince électeur Rupprecht du Palatinat. Voir Wilhelm Maurer et Heinrich Hermelink, « Reformation und Gegenreformation » (in *Handbuch der Kirchengeschichte für Studierende*, III, Tübingen, 1931).
61. § 3.
62. Georg Caro, « Sozial und Wirtschaftsgeschichte der Juden im Mittelalter und der Neuzeit », 1-2 (in *Grundriss der Gesamtwissenschft des Judentums*, III : « Schriften der Gesellschaft zur Förderung der Wissenschaft des Judentums », Leipzig, 1908). – Harry Bresslau, « Zur Geschichte der Juden in Rothenburg an der Tauber » (in *ZGJD*, III et IV, 1889-1890). – Raphael Straus, « The Jews in the Economic Evolution of Central Europe » (in *Jewish Social Studies*, III, 1941). – Bernhard Heilig, « Ziele und Wege einer Wirtschaftsgeschichte der Juden in der Tschechoslowakischen Republik » (in *Jahrbuch der Gesellschaft für die Geschichte der Juden in der Cechoslovakischen Republik*, IV, 1932).
63. Chanson populaire, Grau..., p. 34.
64. R. H. Tawney, *Religion and the Rise of Capitalism*, New York, 1947.
65. Schuster, *Die Reformation und der Talmud*, Dresde / Leipzig, 1903.
66. Extrait d'un sermon du Suisse Jakob Strauss à Eisenach. Friedrich von Bezold, « Geschichte der deutschen Reformation » (in *Allgemeine Geschichte in Einzeldarstellungen*, éd. par W. Oncken, chap. 3, Ire partie, p. 458 et suiv., Berlin, 1890).
67. Ludwig Feuchtwanger, « Die Gestalt des 'Verworfenen Judens'. Ein Versuch über neuen Mythenbildung » (in *Der Morgen*, 9e année, 1933).
68. Prophéties de Johann Lichtenberger au cours de la deuxième moitié du XVe siècle. Will-Erich Peuckert, *Die grosse Wende...*, p. 103 et 141. Voir également Hans Wilhelm Kirchhof, « Wendunmuth » (in *Bibliothek des Litterarischen

Vereins in Stuttgart, XCVIII : « Warumb alle Juden aus Rom vertrieben », Tübingen, 1869). – Karl Gödeke et Julius Tittmann, *Liederbuch aus dem 16. Jahrhundert*, 2e éd., Leipzig, 1881. – *Jörg Wickrams Rollenwagenbüchlein*, éd par Heinrich Kurz, Leipzig, 1865. – Oskar Frankl, *Der Jude in den deutschen Dichtungen des 15., 16. und 17. Jahrhunderts*, Vienne, 1905. – Walter French, *Kulturgeschichtliches in the Fastnachtspiel of Hans Sachs*, Diss. Ohio State University, 1918. – Willy Andreas, « Der Deutsche der Reformation » (in *Der deutsche Mensch*, Stuttgart, 1935). – Jette Münch, *Die sozialen Anschauungen des Hans Sachs in seinen Fastnachtspielen*, Diss. Erlangen, 1936. – Hermann Sinsheimer, « Shylock – die Geschichte einer Figur » (in *Jahrbuch für jüdische Geschichte und Literatur*, XXXI, 1938).

69. Chanson populaire.
70. Bezold..., p. 143.
71. W. Andreas, *Deutschland vor der Reformation...*, p. 437. – Wilhelm Stolze, « Bauernkrieg und Reformation » (in *Schriften des Vereins für Reformationsgeschichte*, 44e année, H. 2, Leipzig, 1926). – Heinrich W. Rosenthal, *Die bäuerlichen Manifeste als Mittelpunkt einer historisch-soziologischen Untersuchung der vorreformatorischen Bauernbewegung unter besonderer Berücksichtigung Südwestdeutschlands*, Mainz, 1931, Heidelberger Diss. – Günther Franz, « Zur Geschichte des Bundschuhs » (in *Zeitschrift für die Geschichte des Oberrheins*, N. F., vol. 47, p. 1, 1933). – W. Andreas, *Der Bundschuh. Die Bauernverschwörungen am Oberrhein*, Cologne, 1936. – K. Schottenloher, *Bibliographie zur deutschen Geschichte im Zeitalter der Glaubensspaltung*, I-IV, Leipzig, jusqu'en 1939.
72. § 5.
73. Friedrich Holtze, « Das Strafverfahren gegen die Märkischen Juden im Jahre 1510 » (in *Schriften der Vereins für die Geschichte der Stadt Berlin*, XXI, Berlin, 1884). – Felix Priebatsch, *Die Hohenzollern und die Städte der Mark Brandenburg in 15. Jahrhundert*, 1892. – Walter Schotte, *Fürstentum und Stände in der Mark Brandenburg unter der Regierung Joachims I.*, 1911. – Werner Heise, « Die Juden in der Mark Brandenburg bis zum Jahre 1571 » (in *Historische Studien*, cahier 220, Berlin, 1932).
74. Ludwig Geiger, « Die Juden und die deutsche Literatur, IV ; Die Juden und die deutsche Literatur des 16. Jahrhunderts » (in *ZGJD*, II, p. 313, 1888).
75. *Memoiren*, § 5.
76. *Sefer Hamikneh*. A propos de Pfefferkorn, voir Max Freudenthal, « Dokumente zur Schriftenverfolgung durch Pfefferkorn » (in *ZGJD*, III, p. 227, 1931). – Meier Spanier, « Zur Charakteristik Johannes Pfefferkorn » (in *idem*, VI, p. 209, 1936).
77. *Der Judenspiegel* (1507), *Die Judenbeichte* (1508), *Der Judenfeind* (1509).
78. *Sefer Hamikneh*.
79. *Memoiren*, § 5.
80. *Sefer Hamikneh*.
81. *Memoiren*, § 5.
82. *Sefer Hamikneh* et *Memoiren*.
83. Bernhard Walde, « Christliche Hebraisten Deutschlands am Ausgang des Mittelalters » (in *Alttestamentliche Abhandlungen*, VI, 2 et 3), Münster, 1916. – Fritz Baer, *Die Juden im christlichen Spanien*, I : « Urkunden und Regesten ». II : « Kastilien / Inquisitionsakten », Berlin, 1936. – Jizchak Fritz Baer, « Galut » (in *Bücherei des Schocken Verlags*, 761, Berlin, 1936). – Peter Browe S. J., *Die Judenkommission im Mittelalter und die Päpste*, Rom, 1942. – Wilhelm Maurer, *Kirche und Synagoge. Motive und Formen der Auseinandersetzung der Kirche mit dem Judentum im Laufe der Geschichte*, Stuttgart, 1953.
84. Le franciscain Alfons de Spina, *Fortalitium fidei (Glaubensburg) contra Judaeos, Saracenos aliosque christianae fidei inimicos*. Cette œuvre eut un grand retentissement : elle fut publiée en 1485 et en 1495 à Nuremberg. In « Galut », p. 48, Baer désigne cette œuvre comme étant « le plus ancien abrégé antisémite d'une histoire juive ».
85. *Opus aureum ac novum a doctis viris diu expectatum domini Victoris a Carben – in quo omnes Judaeorum errores manifestantur*, Cologne, 1509.
86. « Ein Vasnachtspiel. Die Alt und Neu Eee. Die Synagog, von Überwindung Der Juden In Ir Talmut », in *Fastnachtspiele aus dem 15. Jahrhundert*, 1 (in *Bibl. des Lit. Vereins in Stuttgart*, XXVIII, Stuttgart, 1853). – Voir aussi Rosenblüth, « Disputatz eines Freiheits. Ein disputatz eines freiheits (Studenten) mit Juden. Wollen über glauben disputieren. Wer anderen überwindet » (in *Bibl. d. Lit. Ver. in Stuttgart*, XXX, Stuttgart, 1853).
87. Max Weber, « Die protestantische Ethik und der Geist des Kapitalismus » (in *Archiv für Sozialwissenschaft*, XXI, 1905). – Heinrich Sieveking, « Grundzüge der neueren Wirtschaftsgeschichte » (in *Grundriss der Geschichtswissenschaft*, II, 2, 1923). – Jakob Strieder, « Staatliche Finanznot und Genesis des modernen Gross-Unternehmertums » (in *Schmollers Jahrbuch*, 49, 1925). – Jakob Strieder, *Studien zur Geschichte kapitalistischer Organisationsformen*, 2e éd., Munich/Leipzig, 1925. – Lawrence Bradford Packard, *The Commercial Revolution 1400-1776*, New York, 1927. – Raphael Straus, « Die Judenpolitik Herzog Heinrich des Reichen von Landshut » (in *ZGJD*, 1re année, p. 65, 1929). – Jakob Strieder, *Jacob Fugger The Rich. Merchant and Banker in Augsburg 1459-1529*, New York, 1931. – Miriam Beard, *A History of the Business Man*, New York, 1938.
88. Gustav Schmoller, *Strassburgs Blüte und die wirtschaftliche Revolution*, Strasbourg, 1875. – Georg von Below, « Die städtische Verwaltung des Mittelalters als Vorbild der späteren Territorialverwaltung » (in *Historische Zeitschriften*, 75, 1895). – Kurt Kaser, *Politische und soziale Bewegungenim deutschen Bürgertum zu Beginn des 16. Jahrhunderts*, Stuttgart, 1899. – Georg von Below, *Der deutsche Staat des Mittelalters. Ein Grundriss der deutschen Verfassungsgeschichte*, 1 : « Die allgemeinen Fragen », Leipzig, 1914. – Lujo Brentano, *Die Anfänge des modernen Kapitalismus*, Munich, 1916. – Willy Adreas, « Die Kulurbedeutung der deutschen Reichsstadt am Ausgang des Mittelalters » (in *Deutsche Vierteljahrsschrift für Literaturwissenschaft und Geistesgeschichte*, 6e année, cahier 1, 1928). – Johannes Bühler, « Bauern, Bürger und Hansa. Nach zeitgenössischen Quellen » (in *Deutsche Vergangenheit*, IX, Leipzig, 1929). – Erich Keyser, « Das Wesen des späten Mittelalters » (in *Deutsche Vierteljahrsschrift für Literaturwissenschaft und Geistesgeschichte*, IX, 1931). – Hermann Heimpel, « Das deutsche Spätmittelalter » (in *Hist. Zeitschr.*, 158, 1938). – Friedrich Lütge, « Die Preispolitik in München im hohen Mittelalter » (in *Jahrbücher für Nationalökonomie und Statistik*, 153, 1941).

89. Scheid..., in *Pièces justificatives*, XXV.
90. Scheid..., in *Pièces justificatives*, XXVII.
91. Abbé J. Gyss, *Histoire de la ville d'Obernai*, Strasbourg, 1866.
92. Markus Lehmann, *Rabbi Josselmann von Rosheim. Eine historische Erzählung aus der Zeit der Reformation*, vol. 2, I, p. 159, Francfort/Main, 1880, et Feilchenfeld, p. 96.
93. *Memoiren*, § 4.
94. «Clag gemeiner judischait wonend in der landvogti Hagenaw gegen burgermeister und rat der stadt Ehenheym», Archiv Obernai, sans date, imprimé chez Feilchenfeld, annexe II, p. 146.
95. § 4.
96. Feilchenfeld partage cet avis. Archives du département du Bas-Rhin, série C 8. Feilchenfeld, annexe XXIX.
97. Fritz Baer, «Gemeinde und Landjudenschaft. Ein Beitrag zur Geschichte des jüdischen Organisationswesens» (in *Korrespondenzblatt des Vereins zur Gründung und Erhaltung einer Akademie für die Wissenschaft des Judentums*, 2e année, 1921). – Ders., *Das Protokollbuch der Landjudenschaft des Herzogtums Kleve*, Berlin, 1936.
98. Lettre du 8 juin 1552, de Yossel au Magistrat de Strasbourg, Archives de la Ville de Strasbourg, Rathsprotokolle, III, 116, fasc. 38. Voir aussi Feilchenfeld, p. 24.
99. Voir Feilchenfeld, p. 84.
100. Document du 9 février 1552, Archives départementales – Archives du Département du Bas-Rhin, Strasbourg, série C 78.
101. Requête auprès du Magistrat de Strasbourg, du 15 novembre 1553. Archives de la Ville de Strasbourg, Rathsprotokolle III, 117, fasc. 38.
102. *Idem.*
103. En l'année 1536. Archives de la Ville de Strasbourg, GUP 174, n. 22. Feilchenfeld, p. 37.
104. Alfred Overmann, «Die Reichsritterschaft im Unterelsass bis zum Beginn des 30jährigen Krieges» (in *Zeitschrift für die Geschichte des Oberrheins*, N.F., 11 {50}, 1896). – Georg von Below, «Territorium und Stadt. Aufsätze zur deutschen Verfassungs-, Verwaltungs-, und Wirtschaftsgeschichte» (in *Historische Bibliothek*, 11, Munich/Leipzig, 1900). – Système et signification de la Constitution d'un Etat territorial. – Rudolf Wackernagel, *Geschichte des Elsasses*, 2e éd., Fribourg-en-Brisgau, 1940.
105. § 7.
106. Luschin von Ebengreuth, «Allgemeine Münzkunde und Geldgeschichte des Mittelalters und der Neuzeit» (in *Handbuch der mittelalterlichen und neueren Geschichte*, chap. V : «Hilfswissenschaften und Altertümer», Munich, 1904).
107. «Clag gemeiner jüdischait...»
108. *Memoiren*, § 4.
109. «Clag...»
110. Décret du 18 août 1514. Publié dans la ville de Gmünden. Hausarchiv Rappolltstein. Imprimé par Lehmann, I, p. 216.
111. Dans les communications de la Badische Historische Kommission, annexe à la *Zeitschrift für die Geschichte des Oberrheins*, N.F., XXIV, n°31, p. 20, on peut lire : »Innsbruck. En réponse à leur plainte, l'empereur Maximilien octroie à l'évêque de Strasbourg et à ceux d'Andlau, le privilège d'expulser, d'ici à la prochaine Pentecôte, tous les juifs et toutes les juives du territoire des villages de Blienschwiller, Mittelbergheim et Nothalten. Ceux qui continueront à y exercer le commerce devront être reconnaissables par le port d'un cercle jaune sur leur vêtement, et ils n'auront pas le droit d'y passer la nuit.» *Imprimé dans les Mitteilungen des Gesamtarchivs der deutschen Juden*, II, cahier 2, p. 144-145.
112. *Memoiren*, § 7.
113. *Idem.*
114. *Idem.*
115. Feilchenfeld, annexe I, décret du 4 décembre 1516.
116. Lehman, I, p. 207.
117. H. Bresslau, «Zur Geschichte der Juden in Rothenburg» (in *ZGJD*, III, p. 301).
118. Günther Franz, *Der deutsche Bauernkrieg*, Munich/Berlin, vol. I, p. 132, 1933-1935.
119. § 8.
120. En 1520, les juifs furent également expulsés de Weissenburg (Wissembourg?). Cf. Moritz Stern, «Die Vertreibung der Juden aus Weissenburg» (in *ZGJD*, I, p. 207-303, 1929).
121. W. Adreas, *Deutschland vor der Reformation*, p. 192.
122. Robert Rössler, *Die Kaiserwahl Karls V.*, Vienne, 1868. – Christopher Hare, *A great Emperor. Charles V, 1519-1558*, New York, 1917. – D. B. Wyndham, *Emperor of the West. A Study of the Emperor Charles the Fifth*, Londres, 1932. – Sir Charles Oman, *The Sixteenth Century*, Londres, 1936. – Karl Brandi, *Kaiser Karl V. Werden und Schicksal einer Persönlichkeit und eines Weltreichs*, 2e éd., Munich, 1938. – Joseph Lortz, *Die Reformation in Deutschland*, vol. 2, Fribourg-en-Brisgau, 1941. – Gerhard Ritter, *Die Neugestaltung Europas im Zeitalter der Reformation und der Glaubenskämpfe*, Berlin, 1950. – Royall Tyler, *The Emperor Charles the Fifth*, Fair Lawn, N.J., 1956.
123. Johann Huizinga, *Herbst des Mittelalters. Studien über Lebens- und Geistesformen des 14. und 15. Jahrhunderts in Frankreich und in den Niederlanden*, Stuttgart, 1939.
124. Walter Köhler, «Die deutsche Kaiseridee am Anfang des 16. Jahrhunderts» (in *Historische Zeitschrift*, 149, p. 35, 1934).
125. *Memoiren*, § 9.
126. Dietrich Kerler, «Zur Geschichte der Besteuerung der Juden durch Kaiser Sigismund und König Albrecht II.» (in *ZGJD*, III, p. 1, 1889). – Leopold Rothschild, *Die Judengemeinde zu Mainz, Speyer und Worms von 1349 bis 1438*, Diss., Marburg, 1904.
127. Max Freudenthal, «Zur Geschichte der Judenprivilegien Kaiser Maximilians II. Auf dem Reichstag zu Augsburg» (in *ZGJD*, IV, 1932-1933, p. 83). – Adolf Kober, «Die deutschen Kaiser und die Wormser Juden» (in *ZGJD*, V, 1933-1934). – Feilchenfeld, p. 53.
128. Gyss, I, p. 387.
129. Les 16 et 18 décembre 1520. *Die Reichsregisterbücher Karls V.*, éd. par le Kaiser-Wilhelm-Institut für deutsche Geschichte, en collaboration avec les Haus-, Hof- und Staatsarchiv in Wien, Vienne/Leipzig, 1913, 1930.
130. *Idem.*
131. Walter Köhler, «Luther und das Luthertum in ihrer weltgeschichtlichen Auswirkung» (in *Schriften des Vereins für Reformationsgeschichte*, 51e année, H. 1, n°155, Leipzig, 1933).
132. «Clag...»
133. Gyss, vol. I, p. 378.
134. L. Geiger, *Johann Reuchlin...*, p. 311.
135. *Deutsche Reichstagsakten unter Karl V.*, revus par Ad. Wrede, II, p. 355. *Der Reichstag zu Worms*, Gotha, 1896.

136. M. Wiener, *Regesten zur Geschichte der Juden in Deutschland während des Mittelalters*, I, Hanovre, 1862. – Salomon Taussig, *Geschichte der Juden in Bayern*, 1, Munich, 1874. – Gerson Wolf, « Zur Geschichte der Juden in Deutschland », 1re partie : « Die Anstellung der Rabbiner » (in *ZGJD*, III, p. 159, 1889). – Moritz Stern, *König Ruprecht von der Pfalz in seinen Beziehungen zu den Juden*, Kiel, 1898. – M. Stern, *Die israelitischen Bevölkerung der deutschen Städte. Ein Beitrag zur deutschen Städtegeschichte, VII Worms*, cahier 1 : « Die Reichsrabbiner des 15. und 16. Jahrhunderts », Berlin, 1937. – James Parkes, *The Jews in Medieval Community. A Study of his political and economic situation*, p. 245, Londres, 1938.
137. Memoiren, § 10.
138. « Clag gemeiner judischait... », s.d.
139. *REJ*, 16, p. 103, 1888. Egalement Gyss, I, p. 387, et Lehmann, I, p. 268.
140. Eugen Täubler, « Urkundliche Beiträge zur Geschichte der Juden in Deutschland im Mittelalter » (in *Mitteilungen des Gesamtarchivs der deutschen Juden*, IV, 31-62, Leipzig, 1914 ; V, 127-148, 1915. 2e partie : « Zur Geschichte der Kammerknechtschaft », 4e année, p. 54). – Sarah Schiffmann, « Die Urkunden für die Juden von Speyer 1090 und Worms 1157 » (in *ZGJD*, II, 28-39, 1930). – S. Schiffmann, « Heinrich IV. und die Bischöfe in ihrem Verhalten zu den deutschen Juden zur Zeit des ersten Kreuzzuges » (in *ZGJD*, III, 39-58, 233-250, 1931). – Herbert Fischer, « Die verfassungsrechtliche Stellung der Juden in den deutschen Städten während des 13. Jahrhunderts » (in *Untersuchungen zur deutschen Staats- und Rechtsgeschichte*, H. 140, Breslau, 1939). – Jonas Cohn, *Die Judenpolitik der Hohenstaufen*, Diss. Hamburg, 1934. – Guido Kisch, « The Jewry Law of the Medieval German Law-Books », II (in *Proceedings of the Am. Academy for Jewish Research*, X, 1940). – Berthold Altmann, « Studies in Medieval German Jewish History », I (in *idem*). – Guido Kisch, *The Jews in Medieval Germany : A Study of their Legal and Social Status*, Chicago, III, 1949. – G. Kisch, *Forschungen zur Rechts- und Sozialgeschichte der Juden in Deutschland während des Mittelalters*, Zurich, 1955.
141. E. Täubler, *Mitteilungen*, IV, p. 54.
142. *Idem.*
143. G. Kisch, *Forschungen zur Rechts- und Sozialgeschichte der Juden*, p. 41. Condition de serf de la Chambre royale et législation médiévale allemande.
144. Peuckert, *Die grosse Wende...*, p. 204. – Walter Köhler, « Philip Melanchthon » (in *Die grossen Deutschen*, I, p. 434, Berlin, 1935).
145. Irmgard Schmidt, *Das göttliche Recht und seine Bedeutung im deutschen Bauernkrieg*, Diss, Iéna, 1939.
146. Alfred Stern, « Die Juden im grossen Deutschen Bauernkrieg 1525 » (in *Jüdische Zeitschrift für Wissenschaft und Leben*, 8e année, p. 57, 1870). – Georg Ludwig Kriegk, *Frankfurter Bürgerzwiste und Zustände im Mittelalter*, Francfort-sur-le-Main, 1862. – *Der Bauernkrieg um Weissenburg Anno 1525. Nach einem bei dem Brande der strassburger Bibliotek im Jahre 1870 zugrunde gegangene Manuskript von Balthasar Böll*, Weissenburg, 1874. – Franz Ludwig Baumann, *Quellen zur Geschichte des Bauernkrieges in Oberschwaben*, Tübingen, 1876. – Otto Schiff, « Thomas Münzer und die Bauernbewegung am Oberrhein » (in *Historische Zeitschrift*, 110, p. 67, 1913). – Georg von Below, « Die Ursache der Reformation » (in *Historische Zeitschrift*, 116, 3e série, 20e année, p. 377, 1916). – Hermann Barge, « Florian Geyer. Eine biographische Studie » (in *Beiträge zur Kulturgeschichte des Mittelalters und der Renaissance*, 26, Leipzig / Berlin, 1920). – Günther Franz, « Der deutsche Bauernkrieg » (in *Vergangenheit und Gegenwart, Zeitschrift für Geschichtsunterricht und politische Erziehung*, 24e année, H., p. 32, 1934). – Günther Franz, *Der deutsche Bauernkrieg*, vol. 1 et 2, Munich / Berlin, 1933-1935. – Friedrich Lütge, « Deutsche Sozial- und Wirtschaftsgeschichte » (in *Enzyclopädie der Rechts- und Staatswissenschaft*, entrée « Staatswissenschaft », 3, Berlin / Göttingen / Heidelberg, 1952).
147. Franz Ludwig Baumann, « Quellen zur Geschichte des Bauernkriegs aus Rothenburg an der Tauber » (in *Bibliothek des Literarischen Vereins in Stuttgart*, CXXXIX, Tübingen, 1878).
148. A. Stern, *Die Juden im grossen deutschen Bauernkrieg...*
149. G. Franz, *Der deutsche Bauernkrieg...*
150. Janssen, vol. II, 1, 9e éd., 1883, et Adolf Waas, « Die grosse Wendung im deutschen Bauernkrieg » (in *Historische Zeitschrift*, 158, 1938).
151. G. Franz, *Der deutsche Bauernkrieg...*
152. A. Stern... – Adam Walther Strobel, *Vaterländische Geschichte des Elsasses, von der frühesten bis zur gegenwärtige Zeit*, III, Strasbourg, 1843. – Hans Virck, « Politische Correspondenz der Stadt Strassburg im Zeitalter der Reformation », I, 1517-1530 (in *Documents et actes de la ville*, 2e chap., Strasbourg, 1882).
153. Heinrich Schreiber, *Der deutsche Bauernkrieg*, Fribourg-en-Brisgau, 1866. Voir A. Stern...
154. *Memoiren*, § 11.
155. G. Franz, *Der deutsche Bauernkrieg...*
156. Lettre de Yossel au Conseil de Haguenau, 1554. Archives du Dép. du Bas-Rhin.
157. *Memoiren*, § 11.
158. Lettre de Yossel au Conseil de Haguenau, 1554. Archives du Dép. du Bas-Rhin.
159. *Idem.*
160. *Memoiren*, § 11.
161. *Idem.*
162. Paul Held, « Ulrich von Hütten. Seine religiös-geistige Auseinandersetzung mit Katholizismus, Humanismus, Reformation » (in *Schriften des Vereins für Reformationsgeschichte*, 46e année, vol. I, n° 144, Leipzig, 1928).
163. *Memoiren*, § 12.
164. *Idem.*
165. M. H. Friedländer, *Zur Geschichte der Blutbeschuldigungen gegen die Juden im Mittelalter und in der Neuzeit (1171-1883)*, 3e éd., Brünn, 1883. – G. Wolf, *Historische Skizzen aus Österreich-Ungarn*, Vienne, 1883. – David Kaufmann, « Die Märtyrer des Pösinger Autodafés von 1529 », (in *Monatsschrift*, vol. 38, p. 426, 1894). – Hermann L. Strack, « Das Blut im Glauben und Aberglauben der Menschheit » (in *Schriften des Institutum Judaicum in Berlin*, 14, 8e éd., Munich, 1900). – D. Chwolson, *Die Blutanklage und sonstige mittelalterlichen Beschuldigungen der Juden*, Francfort-sur-le-Main, 1901. – Hugo Hayn, *Übersicht der (meist in Deutschland erschienenen) Literatur über die angeblich von Juden verübte Ritualmorde und Hostienfrevel*, Iéna, 1906. – Max Grunwald, *Zur Psychologie und Geschichte des Blutritualwahnes (Der Prozess Simon von Trient und Leopold Hilsner)*, Vienne, 1935.

166. § 13.
167. Il n'y en avait que 30.
168. M. Stern, *Die päpstlichen Bullen über die Blutbeschuldigung*, Berlin, 1893. – Salomon Graysel, *The Church and the Jews in the XIIIth Century. A study of their relations during the years 1198-1294, based on the papal letters and the Conciliar Decrees of the period*, Philadelphia, 1933.
169. «Heinrich Hugs Villinger Chronik von 1495 bis 1533», éd. par Christian Roder (in *Bibliothek des lit. Vereins Stuttgart*, CLXIV, Tübingen, 1883). – Robert Petsch, «Gehalt und Form» (in *Hamburger Texte und Untersuchungen zur deutschen Philologie*, Reihe II, Dortmund, 1925). – Joshua Trachtenberg, *The Devil and the Jews. The medieval conception of the Jew and its relation to modern antisemitism*, New Haven, 1943. – E. M. Butler, *The myth of the Magus*, Cambridge, 1948. – *Goethes Faust*, éd. et commenté par Erich Trunz, Hamburg, 1949.
170. S. Levi, «Die Verbundenheit zwischen den jüdischen Gemeinden Worms und Mainz im Mittelalter» (in *ZGJD*, V, 1935). – Salo W. Baron, *The Jewish Community, its history and structure to the American Revolution*, I-III, Philadelphia, 1942.
171. Moritz Stern, «Die Versammlung der Juden zu Worms im Jahre 1510», (in *ZGJD*, III, p. 248, 1889). – Harry Bresslau, «Zur Geschichte der Juden in Rothenburg an der Tauber» (in *idem*, p. 301).
172. M. Wiener, *Regesten zur Geschichte der Juden in Deutschland während des Mittelalters*, I, pp.71, Hanovre, 1862. – Salomon Taussig, *Geschichte der Juden in Bayern*, I, p. 146, Munich, 1874. – Gerson Wolf, «Zur Geschichte der Juden in Deutschland» (in *ZGJD*, III, p. 159, 1899). – Moritz Stern, *König Ruprecht von der Pfalz in seinen Beziehungen zu den Juden*, Kiel, 1898. – Raphael Straus, «Die Judenpolitik Herzog Heinrichs des Reichen von Landshut» (in *ZGJD*, I, p. 96, 1929). – Irving A. Agus, *Rabbi Meir of Rothenburg. His life and his works as sources for the religious, legal and social History of the Jews of Germany in the 13th century*, I-II, Philadelphia, 1947. – H. Chone, «Rabbi Joseph von Schlettstadt» (in *ZGJD*, VII, 1937). – James Parkes, *The Jews in the medieval community. A study of his political and economic situation*, p. 247, Londres, 1938.
173. Les meilleures informations concernant les fonctions des *Reichsrabbiner* nous sont données par un document d'une période plus tardive, qui traite de «la nomination de trois juges après la mort du *Reichsrabbiner* Samuel de Worms»: «Die Jüdischait im Heiligen Reich erlangte Bewilligung von wegen Halltung dreyer Richter, so under inen das ubl Jüdischer Ordnung nach straffen», Nuremberg, 28 mars 1543 (in *Reichsregister Ferdinands I.*, vol. 6, fol. 21r.-22 des Österreichiche Staatsarchiv, Abteilung Haus-, Hof- und Staatsarchiv, Vienne).
174. Moritz Stern, «Der Wormser Reichsrabbiner Anselm» (in *ZGJD*, V, 157-168, 1935).
175. Il est ainsi nommé dans une lettre que Frédéric III adresse au Magistrat de Nuremberg, le 16 janvier 1488. Archiv des germanischen Nationalmuseums, Nuremberg.
176. *Replice et conclusiones des kais. Fiscals ctra Jösel juden von Rossheim, so sich nennet regirer gemeiner judischeit im reich*, Präs. Speir, 4. novembris anno 36. – Archives du Département du Bas-Rhin, Strasbourg, F. 2615, Wetz., 454 A. Imprimé par Feilchenfeld, annexe XIII, p. 173. Elie Scheid, «Josselmann von Rosheim» (in *REJ*, XIII, 1886, appendice, p. 254).
177. *Idem*.
178. Reichshofrat (Conseil du Tribunal d'Empire), *Judicialia miscellanea*, J 1, fasc. 6, Konv. 1, fol. 8., Österreichisches Staatsarchiv, dép. Haus-, Hof- und Staatsarchiv, Vienne.
179. 1541. Archives du Département du bas-Rhin, série C 78, et Feilchenfeld, annexe XXVIII.
180. Feilchenfeld, annexe IV.
181. *Idem*, annexe XII.
182. Voir Feilchenfeld, p. 20, et Moritz Stern, «Die Versammlung zu Worms» (in *ZGJD*, III, p. 250, note, 1889).
183. Feilchenfeld partageait cet avis, p. 13.
184. Egalement Feilchenfeld.
185. Egalement Feilchenfeld.
186. Feilchenfeld, annexe XXVII.
187. *Die Reichsregisterbücher Kaiser Karls V.*, éd. par le Kaiser-Wilhelm-Institut für Deutsche Geschichte en collaboration avec les Haus-, Hof- und Staatsarchiv in Wien, Vienne/Leipzig, 1913, 1930. – «1530 Mai, Innsbruck: Jesal von Rosheim, und Jud.»
188. *Memoiren*, § 14.
189. Peuckert..., p. 141.
190. *Idem*.
191. A son sujet, «Konrad Peutingers Briefwechsel», rassemblées, éditées et commentées par Dr. Erich König (in *Veröffentlichungen der Kommission für Erforschung der Geschichte der Reformation. Humanistenbriefe*, I, Munich, 1923).
192. Ludwig Müler, *Aus fünf Jahrhunderten. Beiträge zur Geschichte der jüdischen Gemeinden im Riess*, Augsbourg, 1900.
193. Bezold, p. 703.
194. Janssen..., vol. III, p. 104.
195. Otto Schiff, «Thomas Münzer und die Bauernbewegungam Oberrhein» (in *Historische Zeitschrift*, 110, 1913).
196. Gustav Bossert, «Zur Geschichte des Bauernkrieges im heutigen Baden» (in *Zeitschrift für Geschichte des Oberrheins*, N.F., XXVI, 1911).
197. A. E. Adock, *Renaissance und Reformation (Judaism and Christianity)*, II, 7e éd., H. Loewe, Londres, 1937. – Franz Kobler, *A Treasury of Jewish Letters; Letters from the Famous and the Humble*, Philadephia, 1953. Lettre d'Isaac Zarphati à ses frères allemands.
198. *Memoiren*, § 14.
199. «Sauf-conduit. Les juifs habitant l'Empire et la Germanie; protection, sauf-conduit. Décret général dans l'Empire, en particulier pour le bailliage de Basse Alsace. Confirmation des privilèges pour les juifs, concernant les *Reichsregisterbücher...*»
200. Wilhelm Waetzoldt, *Hans Holbein the Younger. His Work and his world*, Zurich, 1939.
201. Au sujet de la Diète: Hans von Schubert, «Bündnis und Bekenntnis 1529-1530» (in *Schriften des Vereins für Reformationsgeschichte*, 26e année, n°98, Leipzig, 1908). – Même auteur, «Der Reichstag von Augsburg im Zusammenhang der Reformationsgeschichte» (in *idem*, 48e année, H. 30, Leipzig, 1930). – Eduard Wilhelm Mayer, «Forschungen zur Politik Karls V. während des Augsburger Reichstags von 1530» (in *Archiv für Reformationsgeschichte. Texte und Untersuchungen*, 8e année, 1916).
202. Yossel, *Trostschrift an seine Brüder...*
203. M. Güdemann, «Jüdisches im Christentum des Reformationszeitalters», conférence du 22 janvier 1870, Vienne, 1870. – Georg Rösel, *Luther und die*

Juden, Münster i. W., 1893. – Reinhold Lewin, «Luthers Stellung zu den Juden. Ein Beitrag zur Geschichte der Juden in Deutschland während des Reformationszeitalters» (in *Neue Studien zur Geschichte der Theologie und der Kirche*, Berlin, 1911). – Hartmann Grisar, S. J., *Luther*, vol. 1-3, Fribourg-en-Brisgau, 1911. – *Dr Martin Luthers Werke*, Kritische Gesamtausgabe. *Tischreden*, I, Weimar, 1912. – Ernst Troeltsch, «Renaissance und Reformation» (in *Historische Zeitschrift*, 110, 3e série, 1913). – Karl Holl, *Gesammelte Aufsätze zur Kirchengeschichte*, I: «Luther», Tübingen, 1921. – Louis Israel Newman, «Jewish Influence in Christian Reform Movements» (in *Columbia University Oriental Studies*, XXIII, New York, 1925). – Roland Herbert Bainton, «The Development and Consistency of Luther's Attitude to Religious Liberty» (in *The Harvard Theological Review*, XXII, 2, Cambridge, Mass., 1929). – Otto Kluge, «Die hebräische Sprachwissenschaft in Deutschland im Zeitalter des Humanismus» (in *ZGJD*, III, 1931). – Heinrich Bornkamm, *Luther und das Alte Testament*, Tübingen, 1948. – Armas K. E. Holmio, *The Lutheran Reformation and the Jews*, Hancock, Mich., 1949. – Gerhard Ritter, *Luther. Gestalt und Tat*, 5e éd., Munich, 1949. – G. Ritter, «Lutheranism, Catholicism, and the Humanistic View of Life» (in *Archiv für Reformationsgeschichte*, 44e année, H. 2, 1953).

204. *Trostschrift...*
205. «Avec toutes les indications détaillées et précises de tous les réglements, cérémonies, prières, coutumes secrètes et publiques pratiqués par les juifs durant toute l'année, avec d'excellents arguments bien étayés contre leur religion. Par Antoine A. Margaritha, lecteur d'hébreu dans la bonne ville d'Augsburg. Ecrit et publié en 1530 à Augsbourg» (Je ne disposais que de la version de 1705: «Toute la religion juive, avec une description détaillée et véridique de tous les règles, cérémonies, prières, coutumes, occultes et publiques, pratiquées par les juifs pendant toute l'année, en plus de bons arguments bien fondés, contre leur religion, décrits et rassemblés par Antoine Margaritha, un juif converti, weiland lecteur en langue hébraïque auprès de l'illustre université de Leipzig. (Itzo) Ceci, cependant, étant de grande utilité pour tous les chrétiens afin qu'ils reconnaissent l'aveuglement des juifs, ayant été revu d'après les anciennes éditions et augmenté d'un registre complet nebst M. Christiani Reineccii S.S. Theol. Baccal. Vorbericht. Avec un avant-propos sur la famille juive d'Antoine Margaritha, sa conversion, sa vie et ses écrits, Leipzig, 1705»). – Voir également Josef Mieses, *Die älteste gedruckte deutsche Übersetzung des Jüdischen Gebetbuchs aus dem Jahre 1530 und ihr Autor Anthonius Margaritha*, Vienne 1916.
206. *Sefer Hamikneh.*
207. Güdemann, *Erziehungswesen...*, p. 240.
208. Browe, *Judenmission...*, p. 70.
209. *Sefer Hamikneh, Trostschrift und Briefe an den Strassburger Magistrat vom Mai und Juli 1543.* Publié par Hary Breslau, *Aus Strassburger Judenakten*, II: Zur Geschichte Josels von Rosheim (=Z.G.J.D., V), 1892.
210. Exode 22, 27. Voir sur ce qui suit: Leo Baeck, *Das Wesen des Judentums*, 2e édition revue, Francfort-sur-le-Main, 1922. – *Die Lehren des Judentums nach den Quellen*, éd. par l'Union des juifs d'Allemagne. I: «Die grundlagen der jüdischen Ethik». II: «Die sittlichen Pflichten des einzelnen», 3e éd. (verb.), proposée par Fritz Bamberger, Leipzig, 1928. – Alexander Guttmann, *Enthüllte Talmudzitate*, un choix extrait d'études de Michael Guttmann, et d'autres œuvres, recueilli et complété, Berlin, 1930. – Leo Baeck, *Dieses Volk. Jüdische Existenz*, Francfort-sur-le-Main, 1955.
211. *Tosefta Sanhedrin* 13, 2, et *Otiot* de Rabbi Akiba, par. 7, cité par A. Guttmann...
212. *Jeruchalmi Schebi'it*, IV, 2.
213. 5 Moïse 10, 19.
214. 3 Moïse 19, 34.
215. L. Baeck, *Dieses Volk...*, p. 65.
216. Jérémie 29, 7. Voir L. Baeck, «Die Pharisäer. Ein Kapitel jüdischer Geschichte. Aus drei Jahrtausenden» (in *Wissenschaftliche Untersuchungenund Abhandlungen zur Geschichte des jüdischen Glaubens*, p. 213, Berlin, 1938).
217. Yossel au Conseil de Strasbourg de juillet 1543. Breslau, «Aus Strassburger Judenakten...» (in *ZGJD*, V, p. 332).
218. *Trostschrift...*
219. *Sefer Hamikneh.*
220. *ZGJD*, V, p. 332.
221. Hans von Schubert, *Der Reichstag von Augsburg...*
222. M. Stern, *Die israelitische Bevölkerung*, VII.
223. Cecil Roth, *A History of the Marranos*, Philadelphia, 1932.
224. Janssen, III, p. 175.
225. *Memoiren*, § 15.
226. Archives générales du pays de Bade, Karlsruhe, Dép. 67, Bestand Kopialbücher, vol. 894, fol. 152. Publié à Augsbourg, le 12 août 1530. Dans les livres des registres de l'Empire, il est écrit: «Août 1530, les juifs im R. Best. d. Priv. K. Sigismund pour les juifs dans les villes d'Empire en Alsace.»
227. Registres de l'Empire; juillet 1530, Augsbourg. Verschr. du Sou d'or des juifs dans l'Empire. Ordre (Bf.) aux juifs.
228. M. Stern, *Die Bevölkerung...*
229. Lettre du 26 septembre 1541, de Charles Quint à son frère Ferdinand: «Car l'argent ce lieve pour moy et en puis disposer a mon plaisir.» – Karl Brandi, *Kaiser Karl V.*, vol. II: «Quellen und Erörterungen», Munich, 1941, p. 306.
230. Müller, *Aus fünf Jahrhunderten...* – Fritz Friedländer, «Der Jude im Wandel der Reichsidee» (in *Der Morgen*, 11e année, 1935).
231. Cf. les références indiquées pour le 2e chapitre. De plus: Rudolf Kötzschke, «Deutsche Wirtschaftsgeschichte bis zum 17. Jahrhundert» (in *Grundriss der Geschichtswissenschaft*, série II, 1-8, 1908). – Jacob Salwyn Schapiro, *Social Reform and the Reformation*, New York, 1909. – Erich König, «Peutingerstudien» (in *Studien und Darstellungen aus dem Gebiete der Geschichte*, IX, 1 et 2), Fribourg-en-Brisgau, 1914. – Richard Ehrenberg, *Das Zeitalter der Fugger, Geldkapital und Kreditverkehr im 16. Jahrhundert*, I: «Die Geldmächte des 16. Jahrhunderts», 3e éd., Iéna, 1922. – George O'Brien, *An Essay on the Economic Effects of the Reformation*, Londres, 1923. – Clemens Bauer, «Conrad Peutingers Gutachten zur Monopolfrage», 2 t. (in *Archiv für Reformationsgeschichte*, 45e année, H. 2, 1954).
232. Max Neumann, *Geschichte des Wuchers in Deutschland bis zur Begründung der heutigen Zinsengesetze (1654)*, p. 344, Halle, 1865.
233. Tawney, p. 16.
234. Bezold..., p. 405.
235. Il s'agissait des villes suivantes: Strasbourg, Ratisbonne, Augsbourg, Ulm, Reutlingen,

Nördlingen, Schwäbisch-Hall, Gmünd, Memmingen, Biberach, Kempten, Dinkelsbühl, Kaufbeuren, Wangen, Isny, Schwäbisch-Werd, Aalen, Bopfingen, Gingen. Ludwig Müller, « Aus fünf Jahrhunderten. Beiträge zur Geschichte der jüdischen Gemeinden im Riess » (in *Zeitschrift des historischen Vereins für Schwaben und Neuburg*, 1899-1900).

236. Depuis le milieu du XVe siècle, les autorités essayèrent à plusieurs reprises d'interdire le commerce de l'argent aux juifs, mais sans que cela eût un résultat dans la pratique. C'est pourquoi le Magistrat de Nördlingen leur interdit, en 1479, de pratiquer le prêt d'argent et, en 1492, il décréta qu'ils ne pouvaient accepter de gages qu'en présence de témoins dignes de confiance (Müller, « Aus fünf Jahrhunderten... »). En 1526, le roi Ferdinand publia un décret « interdisant à tous les sujets d'Autriche antérieure d'avoir des contacts, quels qu'ils soient, avec des juifs ». Si, pour une raison quelconque, une personne se voyait obligée à « contracter, commercer, échanger avec eux, elle n'aura le droit de le faire qu'en présence des autorités régulières, après que celles-ci en aient eu connaissance, aient accordé leur consentement et leur autorisation, et que ce soit authentifié devant un tribunal ; dans le cas contraire, de tels contrats sont nuls et non avenus ». Egerhard Gothein, *Wirtschaftsgeschichte des Schwarzwaldes und der umgrenzenden Landschaften*, I, Strasbourg, 1892.

237. Conclusion du Landtag, dite deuxième décret du gouvernement (*Regimentsordnung*) : « Les juifs ne doivent pas être tolérés dans le pays, et leurs voisins sont priés d'adopter la même attitude à leur égard : les opérations effectuées entre des juifs étrangers et des sujets wurtembergeois telles que prêts sur gages, cautions, ou établissement de titres sont annulées. Les juifs sont autorisés à encaisser uniquement leur capital. » Copie du Hausarchiv de Stuttgart, documents du Landtag du Wurtemberg, 1. Reihe, vol. I, n°12, p. 50 (in *Mitteilungen des Gesamtarchivs der deutschen Juden*, V, p. 188).

238. « Privilège de l'empereur Charles Quint accordé au duché de Wurtemberg, afin que les ducs de Wurtemberg puissent accueillir des personnes mises au ban », décret du 15 oct. 1530. Bibliothèque de l'université de Tübingen. – Consulter également Maurer, *Kirche und Synagoge*, Excurs 6.

239. Karl Eduard Förstemann, *Urkundenbuch zu der Geschichte des Reichstags zu Augsburg im Jahre 1530*, II : « Vonn Judenn wucher », Halle, 1833.

240. Raphael Strauss, « Die Judenfrage auf dem Augsburger Reichstag von 1530 » (in *Bayerische Israelitische Gemeindezeitung*, 6e année, 1930).

241. Feilchenfeld, annexe IV. Voir pour ce qui suit : Moses Hoffmann, « Der Gelhandel der deutschen Juden bis zum Jahre 1350. Ein Beitrag zur deutschen Wirtschaftsgeschichte im Mittelalter » (in *Schmollers staats- und sozialwissenschaftliche Forschungen*, cahier 152, 1910). – Moses Hoffmann, *Judentum und Kapitalismus. Eine kritische Würdigung von Werner Sombarts « Die Juden und das Wirtschaftsleben »*, Berlin, 1912. – M. Steckelmacher, *Randbemerkungen zu Werner Sombarts « Die Juden und das Wirtschaftsleben »*, Berlin, 1912. – Julius Guttmann, « Die Juden und das Wirtschaftsleben » (in *Archiv für Sozialwissenschaft und Sozialpolitik*, XXXVI, 1, 1913). – Julius Guttmann, « Die wirtschaftliche und soziale Bedeutung der Juden im Mittelalter » (in *Monatsschrift*, 51e année).

242. 3 Moïse 25, p. 35, 5 Moïse 23, 20-21.

243. *Baba mezia*, 70, b.

244. *Jalkut Ezechiel* 37. Cité par Hoffmann, *Judentum und Kapitalismus*, p. 188.

245. *Die Lehren des Judentums...*, p. 325.

246. Elieser ben Nathan de Worms, vers 1150. Voir Bernfeld, p. 313.

247. Isaak ben Mose Sarua, vers 1250.

248. Herbert Meyer, *Entwertung und Eigentum im deutschen Fahrnisrecht. Ein Beitrag zur Geschichte des deutschen Privatrecht und des Judenrechts im Mittelalter*, Iéna, 1902. – Guido Kisch, « The Jewish Law of Concealment » (in *Historia Judaica*, I, p. 1-3, 1938). – Ders., « The Landshut Jewry Oath » (in *Hist. Jud.*, I, 1938-1939, III, 1941, p. 119-120). – Ders., *Forschungen zur Rechts- und Sozialgeschichte der Juden in Deutschland während des Mittelalters*, Zurich, 1955. Voir II : « Das jüdische Hehlerecht », p. 108, et *Studien zur Geschichte des Judeneides im Mittelalter*, p. 167. – R. Strauss, « The Landshut Jewry Oath » (in *Hist. Jud.*, III, p. 41-45, 1941). – Boaz Cohen, « The So-Called 'Jüdisches Hehlerecht' in the Light of Jewish Law » (in *Hist. Jud.*, IV, p. 145-153, 1942). – Robert Feenstra, « Zum Ursprung des Lösungsrecht beim Kauf gestohlener Sachen auf dem Markte, besonders nach spanischen und südfranzösischen Quellen » (in *Festschrift Guido Kisch, Rechtshistorischen Forschungen anlässlich des 60. Geburtstags*, Stuttgart, 1955).

249. Cf. Raphael Straus, *Die Judengemeinde Regensburg...*

250. *Mischnah*, Traité Baba Kamma, X, 9.

251. *Idem.*

252. Voir M. Hoffmann, *Judentum und Kapitalismus...*, Aboth 2, 14, p. 186.

253. Jakob Strieder, *Jacob Fugger The Rich. Merchant and Banker of Augsburg 1495-1525*, New York, 1931.

254. Genèse 18, 19.

255. « Règlement établi et décidé ainsi par Yossel, juif de Rosheim, régent général des juifs, à la Diète d'Augsbourg, en 1530 », Feilchenfeld, annexe III. Une copie, sans introduction, se trouve au Hauptarchiv du Wurtemberg, dans les documents concernant les territoires sous législation allemande (Deutschordensgebiet ???) : B 287. Les juifs (dans les territoires sous législation allemande et ailleurs), Büschel 3/4, « Règlement établi et décidé ainsi par Yossel, juif de Rosheim, régent général des juifs, à la Diète d'Augsbourg, qui s'est tenue en l'année 1530 de l'ère courante ». – Les Archives de la Ville de Strasbourg possèdent également une copie : GUP 115-174, n°19.

256. Raphael Straus, *Die Judenfrage auf dem Augsburger Reichstag...*

257. Brandi, *Karl V...*, p. 271.

258. Förstemann, *Urkundenbuch...*

259. Archives de la Ville de Strasbourg, GUP 115-174, n°19, et Feilchenfeld, annexe III.

260. Feilchenfeld, annexe VI.

261. Tawney, p. 67, et Joachimsen, *Die Reformation als Epoche der deutschen Geschichte*, œuvres posthumes (*Nachlass*) éditées par Otto Schottenloher, p. 206, Munich, 1951.

262. Felix Rachfahl, *Das Judentum und die Genesis des modernen Kapitalismus*.

263. *Memoiren*, § 16.

264. Dans les Archives générales de Bruxelles, nous n'avons pu trouver de renseignements sur Yossel ni dans les Papiers d'Etat et de l'Audience, n°1627/1,

«Correspondance générale 1531-1536», n°1669/1, et «2 Correspondance avec l'Empire, 1531-1555», ni dans la Secrétairerie d'Etat allemande, n°88, «Correspondance générale 1531-1549».

265. Marianne Beyer-Fröhlich, «Die Entwicklung der deutschen Selbstzeugnisse» (in *Deutsche Literatur, Sammlung literarischer Kunst- und Kulturdenkmäler in Entwicklungsreihen*, Leipzig, 1930). – Heinrich Wölfflin, *Die Kunst Albrecht Dürers*, 5e éd., Munich, 1926.
266. *Memoiren*, § 16.
267. Egalement Feilchenfeld qui imprime les fragments, p. 138.
268. Leo Baeck, «Die Pharisäer. Ein Kapitel jüdischer Geschichte» (in *Aus drei Jahrtausenden. Wissenschaftliche Untersuchungen und Abhandlungen zur Geschichte des jüdischen Glaubens*), p. 235, Berlin, 1938.
269. *Der Heilige Weg*.
270. Rabbi Eleasar ben Jehuda, «Die Wurzel der Gottesliebe». Du livre *Rokeakh*.
271. Au sujet de la prière: Friedrich Heiler, *Das Gebet. Eine religionsgeschichtliche und religionspsychologische Untersuchung*, 4e éd., Munich, 1921. – Rudolf Otto, *Das Heilige. Über das Irrationale in der Idee des Göttlichen und sein Verhältnis zum Rationalen*, Breslau, 1922. – Max Dienenmann, «Vom jüdischen Gebet» (in *Der Morgen*, 3e année, 1927). – Gershom G. Sholem, «*Devekuth*, or Communion with God» (in *The Review of Religion*, XIV, p. 148, 1949).
272. Psaume 142/3 chez Heiler..., p. 359.
273. Leo Baeck, «Ursprung der jüdischen Mystik» (in *Aus drei Jahrtausenden*..., p. 379).
274. Hugo Bergmann, «Die Heiligung des Namens» (in *Jawne und Jerusalem*, recueil d'articles, Berlin, 1919).
275. Archives du Département du Bas-Rhin, F2615, Wetzl., 454, n°5. Feilchenfeld, p. 56.
276. *Memoiren*, § 17.
277. *Copeien der juden irer privilegien, so sie itzo in der eil behanden gehabt*, Archives du Dép. du Bas-Rhin, E. 1406. – Harry Bresslau écrit dans la *Zeitschrift für die Geschichte der Juden in Deutschland*, III, 1889, p. 394: «Dans les communications de l'Institut de recherche historique en Autriche, X, p. 459, P. Scheffer-Boichorst publie un document extrait d'une série de volumes des Archives départementales de Strasbourg. Ce document est un décret de Frédéric II, du 3 janvier 1216, en faveur des juifs de Ratisbonne. Il contient une grande partie d'un document de Frédéric Ier, datant sans doute de 1182, en faveur des mêmes destinataires. Cette découverte est particulièrement importante à cause du passage suivant du document: *«sollvetur curam gerentes omnium Judaeorum in imperio nostro degentium qui spetiali praerogativa dignitatis nostrae ad imperialem cameram noscuntur pertinere...»* Yossel, juif de Rosheim, l'a recherché, et au nom des juifs de toute l'Allemagne, il l'a fait confirmer, en 1531 (lire 1532), par le Cardinal Campeggio, présent à la Diète de Ratisbonne.»
278. E. Täubler, *Mitteilungen des Gesamtarchives*..., IV, p. 31.
279. E. Täubler, «Urkundliche Beiträge...» (in *Mitteilungen*..., IV, p. 40).
280. Josef Segall, «Geschichte und Strafrecht der Reichspolizeiordnungen von 1530, 1548 et 1577» (in *Strafrechtliche Abhandlungen*, H. 183, Breslau, 1914).
281. H. Graetz, «Salomo Molcho und David Reubeni» (in *Monatsschrift*, V, 1856). – Eduard Biberfeld, *Der Reisebericht des David Rëubêni. Ein Beitrag zur Geschichte des 16. Jahrhunderts*, Berlin, 1892. – A. Sulzbach, *Bilder aus der jüdischen Vergangenheit. Ein Quellenbuch für den Unterricht und zum Selbststudium*, Francfort-sur-le-Main, 1914. – Max Brod, *Rëubêni, Fürst der Juden. Ein Renaissanceroman*, Munich, 1925. – Julius Höchster, *Quellenkunde zur jüdischen Geschichte und Literatur*, IV, p. 39, Francfort-sur-le-Main, 1928. – Moses, Bailey, «David the Reubenite, a Messianic Figure in Three Religions» (in *The Macdonald Presentation Volume*), p. 31, Princeton, N.J., 1933. – A. Z. Aescoly, «David Reubeni in the Light of History» (in *The Jewish Quarterly Review*, N.S. (nouvelle série?), XXVIII, 1937-1938). – A. Z. Aescoly, «La fin de David Reubeni» (in *REJ*, nouvelle série, 1938). – Hirsch Loeb Gordon, *The Maggid of Caro. The mystic Life of the Eminent Codifier Joseph Caro as revealed in his Secret Diary*, New York, 1949.
282. G. Sholem, *Nach der Vertreibung aus Spanien*... – Abba Hillel, Silver, *A History of the Messianic speculation in Israel*, New York, 1927. – Julius H. Greenstone, *The Messiah Idea in Jewish History*, Philadelphia, 1943.
283. *Memoiren*, § 17.
284. A. Z. Aescoly, «David Reubeni in the Light of History» (in *Jewish Quarterly Review*, XXVIII, p. 37-38).
285. Wilhelm Bousset, *Die jüdische Apokalyptik*, Berlin, 1903. – Joseph Klausner, *Die messianischen Vorstellungen des jüdischen Volkes im Zeitalter der Tannaiten*, Heidelberg, 1903. – Eugen Täubler, «Die allgemeingeschichtlichen Grundlagen der Palestinabestrebungen im 16. Jahrhundert und in der neuesten Zeit» (in *Die Welt*, XV, Nr 41/42, 1009-1011, 1910). – S. A. Horodezky, *Religiöse Strömungen im Judentum*, Berne, 1920. – Joseph Sarachek, *The Doctrine of the Messiah in Medieval Literature*, New York, 1932. – Bernhard Heller, «Gog und Magog im Jüdischen Schriftum» (in *Jewish Studies, in Memory of George A. Kohut*, 1935). – Moritz Zobel, «Gottes Gesalbter. Der Messias und die Messianische Zeit im Talmud und Midrash» (in *Bücherei des Schocken Verlags*, n° 90-91, Berlin, 1938). – Benzion Netanyahu, *Don Isaac Abravanel, Statesman and Philosopher*, Philadelphia, 1953.
286. David Gans, *Chronigartige Weltgeschichte unter dem Titel: Zemach David, verfasst im Jahre 1593*, pour la première fois traduit en allemand, à partir du texte original hébreu, et annoté, par Gutmann Klemperer. Publié avec introduction et notes complémentaires par D. M. Grünwald, 1er cahier, Prague, 1890.
287. *Pamphilius Gegenbach*, éd. par Karl Gödecke, Hanovre, 1856.
288. «Des Entchrist Vasnacht. Fastnachtspiele aus dem 15. Jahrhundert», II (in *Bibliothek des Literarischen Vereins in Stuttgart*, XXIX, Stuttgart, 1853).
289. H. Hermelink, «Der Toleranzgedanke im Reformationszeitalter» (in *Schriften des Vereins für Reformationsgeschichte*, 26e année, n°98, Leipzig, 1908). – Hugo Hermsen, «Die Wiedertäufer zu Münster in der deutschen Dichtung» (in *Breslauer Beiträge zur Literaturgeschichte*, Neuere Folge (nouvelle série?), 33 H., Stuttgart, 1913). – Leonhard Brieger, «Das Zeitalter des Humanimus und der Reformation» (in *Deutsche*

Literaturgeschichte in Grundzügen, Berne, 1946). – Jakob Taubes, « Abendländische Eschatologie » (in *Beiträge zur Soziologie und Sozialphilosophie*, III, Berne, 1947).

290. Bezold, *Geschichte der deutsche Reformation...*, p. 708.
291. *Copia citationis, mir zu ruck ufgeschribne executio*, 6 juillet 1535. Archives du Dép. du Bas-Rhin, F 2615, Wetzl., 454, n.l. Feilchenfeld, annexe X, p. 167.
292. *Mandatum constitutionis Jesel juden von Rosheim*, 7 juillet 1535. Original aux Archives du Dép. du Bas-Rhin. F. 2615, Wetzl., 454, n°2. Imprimé par Feilchenfeld, annexe XI, p. 168.
293. *Libellus summarius, fiscal ca. Josel juden, der sich nennt ein regierer gemeiner judischeit, – idem*. Voir Feilchenfeld, p. 13.
294. *Exceptiones et in eventum conclusiones Josel juden zu Rosheim ctra. den kais. fiscal. Praes. Speir 5 Julii anno 36, – idem*, n°4. Imprimé par Feilchenfeld, annexe XII, p. 169.
295. *Replice et conclusiones des kais. iscals ctra. Jösel juden von Rosheim, so sich nennet regirer emeiner jüdischeit im reich. Praes. Speir, 4 novembris anno 36*. Imprimé par Feilchenfeld, annexe XIII, p. 173.
296. Gerson Wolf, *Die Völker Österreich-Ungarns*, VII : « Die Juden », Vienne / Teschen, 1883. – M. H. Friedländer, *Die Juden in Böhmen*, Vienne, 1900. – A. Stein, *Die Geschichte der Juden in Böhmen*, Brünn, 1904. – Gottlieb Bondi et Franz Dworsky, *Zur Geschichte der Juden in Böhmen, Mähren und Schlesien von 906 bis 1620*, I : « 906-1576 », Prague, 1906. – Anton Blaschka, « Die jüdische Gemeinde zu Ausgang des Mittelalters » (in *Die Juden in Prag. Bilder aus ihrer tausendjähriger Geschichte. Festgabe der Loge Praga des Ordens B'nai B'rith zum Gedenktage ihres 25jährigen Bestandes*, Prague, 1927).
297. Bernhard Wachstein, « Wer sind die Prager Munk im 16. Jahrhundert ? » (in *ZGJD*, 1re année, p. 141-151, 1929).
298. Bondi-Dworsky, n°402-403. Un édit de Ferdinand, d'avril 1534, laisse entendre que Seligmann, un des frères de Muncka, et le Rabbin Hassias en étaient venus aux mains dans la synagogue, et que Salman Muncka parvint à garder ce fait secret.
299. *Memoiren*, § 20.
300. Sans doute Sabbatai Horowitz, un fils de Salman Muncka, dont le petit-fils fut le médecin et cabaliste Sabbatai Horowitz.
301. *Memoiren*, § 20.
302. Bondi-Dworsky, n°416, p. 295.
303. *Memoiren*, § 18. Pour la suite, voir : S. Hänle, *Geschichte der Juden im ehemaligen Fürstentum Ansbach*, Ansbach, 1867. – Louis Neustadt, « Die letzte Vertreibung der Juden in Schlesien » (in *Beilage zum Jahresberichtder hebräischen Unterrichts-Anstalt zu Breslau über das Jahr 1892-1893*, p. 15, Breslau, 1893). – G. Bondi et F. Dworsky, *Zur Geschichte der Juden in Böhmen, Mähren und Schlesien...* – Martin Brann, *Geschichte der Juden in Schlesien*, IV et V, Breslau, 1896-1917. – Hans von Schubert, « Bündnis und Bekenntnis 1529-1530 » (in *Schriften des Vereins für Reformationsgeschichte*, 26e année, n°98, Leipzig, 1908). – M. Freudenthal, « Zur Geschichte der Judenprivilegien » (in *ZGJD*, 4e année, 83-100, 1932-1933).
304. *Memoiren*, § 18. Yossel écrit erronément 1533 au lieu de 1535.
305. K. Th. Eheberg, *Verfassungs-, Verwaltungs- und Wirtschaftsgeschichte der Stadt Strassburg bis 1681*, I : « Urkunden und Akten », Strasbourg, 1899. – Emil von Borris, *Geschichte der Stadt Strassburg*, Strasbourg, 1909. – Ulrich Crämer, *Die Verfassung und Verwaltung Strassburgs von der Reformationszeit bis zum Fall der Reichsstadt (1521-1681)*, Francfort-sur-le-Main, 1931. – Martin Spahn, *Elsass-Lothringen, der Rhein und das Reich*, Berlin, 1932. – Willy Andreas, « Strassburg an der Wende vom Mittelalter zur Neuzeit », (in *Elsass-Lothringisches Jahrbuch*, XIII, 1934).
306. Anrich, *Die Strassburger Reformation...*
307. Alfred Glaser, *Geschichte der Juden in Strassburg von der Zeit Karls des Grossen bis auf die Gegenwart*, Strasbourg, 1894.
308. Supplication au Conseil de Strasbourg du 21 juin 1531. Copie, Archives de la Ville de Strasbourg. GUP 174, n°26.
309. O. Winckelmann, « Strassburgs Verfassung und Verwaltung im 16. Jahrhundert » (in *Zeitschrift für Geschichte des Oberrheins*, 57e année, N.F. 18, 1903).
310. U. Crämer, *Die Verfassung...*
311. Archives de la Ville de Strasbourg, GUP n°21. Egalement Feilchenfeld, annexe VIII.
312. « Les juifs qui utiliseront le sauf-conduit de la ville, veulent et doivent s'engager à ne pas traduire les bourgeois de cette ville, ainsi que les personnes résidant dans la ville et à la campagne, devant un tribunal extérieur et étranger » (25 juin 1535). L'original se trouve aux Archives de la Ville de Strasbourg, GUP 174, n°21. Egalement dans Feilchenfeld, annexe VIII.
313. Archives de la Ville de Strasbourg, GUP n°21-22.
314. Burckhardt, « Die Judenverfolgungen im Kurfürstentum Sachsen vom 1536 an » (in *Theologische Studien und Kritiken*, 70e année, Gotha, 1897). – Reinhold Lewin, « Luthers Stellung zu den Juden. Ein Beitrag zur Geschichte der Juden in Deutschland während des Reformationszeitalters » (in *Neue Studien zur Geschichte der Theologie und der Kirche*, Berlin, 1911). – Johannes G. Hartenstein, *Die Juden in der Geschichte Leipzigs*, Berlin, 1938. – *Dr. Marin Luthers Werke*, éd. critique de son œuvre : *Briefwechsel*, VIII, n°3152, p. 76, Weimar, 1938. – Jacob R. Marcus, *The Jew in the Medieval World. A Source Book, 315-1791*, Cincinnati, Ohio, 1938.
315. *Memoiren*, § 22.
316. *ZGJD*, V, p. 307.
317. *Memoiren*, § 22.
318. Anrich, *Die Strassburger Reformation...*
319. *Dr Wolfgang Capito, der erste evangelische Prediger am Jungen St. Peter in Strassburg*, Strasbourg, 1866. – Hermann Baumgarten, *Jakob Sturm*, Strasbourg, 1876. – Walter Sohm, « Die Schule Johann Sturms und die Kirche Strassburgs » (in *Historische Bibliothek*, vol. 27, Munich / Berlin, 1912).
320. Lettre du 11 juillet 1543. A. Bresslau..., *ZGJD*, V, p. 307.
321. Nous avons une version de cette lettre en latin et en allemand. La latine est reprise dans *Dr. Marin Luthers Werke*, éd. critique de son œuvre : *Briefwechsel*, VIII, n°3152, p. 76, Weimar, 1938. La version allemande, « Copy vom Doctor Wolf Capito und sein mitverwandten an Martin Luther » (1537), se trouve dans les Archives de la Ville de Strasbourg, GUP 174, n°23. Elle a aussi été utilisée par Bresslau. La version allemande a été incluse dans une lettre que Yossel a envoyée au Magistrat de Strasbourg, en 1543. Bresslau

suppose que Yossel n'aurait pas traduit lui-même ce document, mais que Capiton lui en aurait donné les versions latine et allemande, ou peut-être uniquement la version allemande.

322. Archives de la Ville de Strasbourg, GUP 174, n°23. Lettre du 5 mai 1537. Voir également *ZGJD*, V, p. 307.
323. « Literae cuiusdam Judaei (Josel Rosheim, Joselmann, d.i. Joseph ben Gerson Lorchans aus Rosheim im Niederelsass, auch Joseph Jud genannt) Doctori M(artino) offerabantur, quibus orabat et urgebat – sicut antea saepius scipserat ad Doctorem », *Dr. Martin Luthers Werke*, éd. critique de son œuvre, *Tischreden*, III, n°2597, p. 141, 27 mai au 18 juin 1537, Weimar, 1912.
324. *Trostschrift*.
325. *Tischreden*, I, n°953, p. 481. Première moitié des années 1530.
326. A. K. E. Homio, *The Lutheran Reformation...*
327. Lettre de Yossel au Magistrat de Strasbourg de mai 1543. *ZGJD*, V, p. 307.
328. *Idem*.
329. Du 11 juin 1537. Wittenberg, le lundi après la Saint-Barnabé. Repris in *Dr. Martin Luthers Werke*, *Briefwechsel*, VIII, n°3157, p. 89, Weimar, 1938.
330. Heinrich Bornkamm, *Luther und das Alte Testament*, Tübingen, 1948.
331. Leo Baeck, « Judentum in der Kirche » (in *Aus drei Jahrtausenden. Wissenschaftliche Untersuchungen und Abhandlungen zur Geschichte des jüdischen Glaubens*, p. 121, Berlin, 1938).
332. *Tischreden*, I, automne 1532, n°369, p. 162, Weimar, 1912.
333. *Tischreden*, I, janvier 1533, n°3912, p. 77.
334. *Idem*, 1re moitié des années 1530, n°741, p. 357.
335. Lewin, *Luthers Stellung...*, et Julius Köstin, *Martin Luther. Sein Leben und seine Schriften*, II, Elberfeld, 1883.
336. *Tischreden*, III, 27 mai au 18 juin 1537, n°3597, p. 141.
337. M. Silberstein, « Ein ehrendes Zeugnis für die hessischen Juden aus dem 16. Jahrhundert » (in *Allgemeine Zeitung des Judentums*, 54e année, p. 552-553), 1890. – Sigmund Salfeld, *Die Judenpolitik Philipps des Grossmütigen*, Francfort-sur-le-Main, 1904. – Gottlob Egelhaaf, « Landgrav Philipp der Grossmütige » (in *Schriften des Vereins für Reformationsgeschichte*, 22e année, 2. St., Halle, 1904). – Rosy Bodenheimer, « Beiträge zur Geschichte der Juden in Oberhessen von ihrer frühesten Erwähnung bis zur Emanzipation » (in *ZGJD*, 3, III, 1931, et IV, 1932). – Abraham Cohn, *Beiträge zur Geschichte der Juden in Hessen-Kassel im 17. und 18. Jahrhundert*, I : « Staat und Umwelt in ihrem Verhältnis zu den Juden », Diss. Marbourg, Francfort-sur-le-Main, 1933.
338. G. Egelhaaf, p. 20.
339. « Proposition au Très Haut Seigneur, le Landgrave de Hesse, sur la tolérance envers les juifs ». Edité dans *Les autorités chrétiennes doivent-elles permettre que les juifs soient tolérés à habiter parmi les chrétiens, et s'ils le sont, sous quelle forme et en quelle mesure ? Un conseil de Bucer et de six prédicateurs de Hesse*, Erfurt, 1539.
340. « Briefwechsel Landgraf Philipps des Grossmüthigen von Hessen mit Bucer », éd. par Max Lenz, I (in *Publikationen aus den K. Preussischen Staatsarchiven*, V, p. 56, Leipzig, 1880). – N. Paulus, « Die Judenfrage und die hessischen Prediger in der Reformationszeit » (in *Der Katholik*, 71e année, 3e série (*Folge*), III, 1891). – Wilhelm Thiel, « Martin Buzers Bedeutung für das kirchliche Leben in Hessen » (in *Schriften des Vereins für Reformationsgeschichte*, 22e année, 2. Stück, Halle, 1904). – Hastings Eells, *The Attitude of Martin Bucer towards the Bigamy of Philip of Hesse*, New Haven, 1924. – *Die Religion in Geschichte und Gegenwart*, I, p. 1294, Tübingen, 1924. – Hastings Eells, *Martin Butzer*, New Haven/Londres, 1931. – Walter Holsten, « Christentum und nichtchristliche Religion nach der Aufassung Bucers » (in *Theologische Studien und Kritiken*, 107e année, N.F. II, Gotha, 1936). – Robert Stupperich, « Der Humanismus und die Wiedervereinigung der Konfessionen » (in *Schriften des Vereins für Reformationsgeschichte*, 53e année, H. 2, n°160, Leipzig, 1936). – François Wendel, « Martin Bucer. Résumé sommaire de la doctrine chrétienne » (in *Revue d'Histoire et de philosophie religieuse*, XXXI, 1, 1951). – Heinrich Bornkamm, « Martin Bucers Bedeutung für die europäische Reformationsgeschichte » (in *Schriften des Vereins für Reformationsgeschichte*, 58e année, H. 2, n°169, Gütersloh, 1952). – Martin Bucer, *Instruction in Christian Love* (1523), traduit par Paul Traugott Fuhrmann, 1951 ; commentaire dans *Archiv für Reformationsgeschichte*, 44e année, H. 2, 1953. – Wilhelm Maurer, « Martin Butzer und die Judenfrage in Hessen » (in *Zeitschrift des Vereins für hessische Geschichte und Landeskunde*, 64, 1953).
341. « Réponse de Philipp, Landgrave de Hesse... à ses conseillers, au sujet de leur conseil contre les juifs », in *Briefwechsel Landgraf Philipps des Grossmüthigen von Hessen mit Bucer...*, p. 57.
342. *Memoiren*, § 22.
343. « Kurmärkische Ständeakten aus der Regierungszeit Kurfürst Joachim I. », éd. par Walter Friedensburg, I (in *Veröffentlichungen des Vereins für die Geschichte der Mark Brandenburg*), Munich/Leipzig, 1913. – Otto Hintze, *Die Hohenzollern und ihr Werk*, 4e éd., Berlin, 1915. – Hans Hallmann, « Die kurmärkischen Stände zur Zeit Jachims II. » (in *Forschungen zur Brandenburgischen und Preussischen Geschichte*, 49, p. 22, 1937).
344. *Memoiren*, § 22.
345. *Trostschrift*.
346. *Memoiren*, § 22.
347. *Trostschrift*.
348. *Memoiren*, § 22.
349. *Luthers Werke*. Tout l'œuvre commenté, *Briefwechsel*, VIII, n°3152, notes, Weimar, 1938. – Il est dit dans le mandement que le prince électeur a été amené, par « la persistance, les requêtes et les offres des juifs eux-mêmes », à promulguer le décret.
350. *Memoiren*, § 22.
351. Werner Heise, *Die Juden in der Mark Brandenburg...*
352. Heinrich Schnee, *Die Hoffinanz und der moderne Staat. Geschichte und System der Hoffaktoren an deutschen Fürstenhöfen im Zeitalter des Absolutismus*, 1-3, Berlin, 1953-1955, I : « Die Institution des Hoffaktorentums in Brandenburg-Preussen ».
353. *Memoiren*, § 22.
354. *Trostschrift*.
355. *ZGJD*, V, 317.
356. *Trostschrift*.
357. *Briefwechsel Philipps des Grossmüthigen mit Bucer*, et N. Paulus, *Die Judenfrage und die hessischen Prediger...*
358. Publié à Strasbourg, le 10 mai 1539.
359. Walter Hosten, « Christentum und nichtchristliche Religion nach der Aufassung Bucers » (in

Schriften des Vereins für Reformationsgeschichte, 53e année, cahier 2, n°160, Leipzig, 1936).
360. Trostschrift.
361. Lettre du 9 mars 1541, de Yossel au Magistrat de Strasbourg, *ZGJD*, V, p. 320.
362. Archives de la Ville de Strasbourg. Imprimé par Feilchenfeld, annexe XVI. L'original en hébreu n'existe plus.
363. Lettre du 9 mars 1541, de Yossel au Magistrat de Strasbourg, *ZGJD*, V, p. 320. – Commençant avec le n°9 et se terminant avec le n°36. *Summarischer Extrakt aus Jösslin oder Josephi Juden zu Rossheim Trostschrift an seine Brüder wider Buceri Büchlin*, Archives de la Ville de Strasbourg, GUP 174, n°26. Egalement *ZGJD*, V.
364. Maleachi, 3, 6.
365. Ders, 3, 22.
366. Felix Perles, « Geschichtsphilosophische Gedanken im rabbinischem Schrifttum » (in *Der Morgen*, VI, p. 342, 1930).
367. *Memoiren*, § 24.
368. Johann Christ. von Aretin, *Geschichte der Juden in Bayern*, Landshut, 1803.
369. *Andreas Osianders Schrift über die Blutbeschuldigung*, retrouvé et réédité par Moritz Stern, Kiel, 1893. – Emanuel Hirsch, *Die Theologie des Andreas Osiander und ihre geschichtlichen Voraussetzungen*, Göttingen, 1919.
370. « Par le Dr Joh. Eck à Ingolstadt. Tu y trouveras aussi beaucoup de récits au sujet du mal et de la barbarie commis par les juifs dans tous les pays allemands et dans d'autres royaumes. Imprimé à Ingolstadt (1541). » Voir également Joh. Christ. Aretin, *Geschichte der Juden in Bayern*, Landshut, 1803. Egalement L. Geiger, *ZGJD*, II, p. 328.
371. *Memoiren*, § 23.
372. Au sujet de la Diète de Ratisbonne : F. Roth, « Zur Geschichte des Reichstags zu Regensburg im Jahre 1541 » (in *Archiv für Reformationsgeschichte. Texte und Untersuchungen*, 3e année, p. 18, 1905-1906). – Paul Heidrich, « Karl V. und die Protestanten am Vorabend des Schmalkaldischen Krieges », « Die Reichstage der Jahre 1541-1543 » (in *Frankfurter Historischer Forschungen*, H. 5, Francfort, 1911). – Walter Friedensburg, « Johannes Sleidanus, der Geschichtsschreiber, und die Schicksalsmächte der Reformationszeit » (in *Schrifte des Vereins für Reformationsgeschichte*, 2e année, cahier 1, Leipzig, 1935).
373. *Memoiren*, § 23, et *Reichsakten*, fascicule 7, « Reichstag zu Regensburg 1541 », liasse VII, *Protocole de la Chancellerie de l'Empire*, mars-août 1541. Österr. Staatsarchiv, Abteil. Haus- Hof- und Staatsarchiv, Vienne.
374. Lehmann, II, p. 226. Le 20 juillet, l'empereur ordonna à la ville de Landau, en Alsace, de ne procéder à l'expulsion des juifs, qu'elle avait projetée, que lorsque un tribunal d'arbitrage impartial, composé du bailli et des membres du Conseil de Haguenau, auraient approuvé cette mesure (Archives du Dép. du Bas-Rhin, série C. 78, ainsi que Feilchenfeld, p. 79).
375. *Memoiren*, § 25.
376. David Gans, *Chronikartige Weltgeschichte...*
377. Memoiren, § 25. – Yossel rapporte (*Mem.*, § 25) que, en 1547, il fut obligé une deuxième fois d'intervenir, à Prague, entre les parties adverses. « A l'occasion de mon séjour à Prague, le premier Tammus de cette année [1547], ils [les juifs de Prague] me firent savoir, verbalement et par écrit, que certaines familles avaient récidivé, et repris leurs querelles. Je les ai aussitôt réprimandées jusqu'à ce qu'elles se soient engagées à rester en paix. »
378. Une lettre du Dr Martin Luther, contre les Sabbathéens, à un bon ami, 1538. *Dr Martin Luthers Werke*. Œuvre et commentaires, 50e vol., Weimar, 1914.
379. Le document fut rédigé au XIVe siècle et imprimé en 1520. *Dr Martin Luthers Werke*. Œuvre et commentaires, 53e vol., p. 411, Weimar, 1920.
380. *Œuvres du Dr Martin Luther*, (Œuvres complètes), Edition critique, 53 volumes, p.441, Weimar, 1920.
381. En mai 1543. *Jösslin Jud zu Rossheim im Namen der übrigen Juden an die Statt wegen eines büchleins so Dr Martin Luther... wieder sie ausgehen lassen. De anno 1543*, Archives de la Ville de Strasbourg, GUP 174, n°23. Egalement *ZGJD*, V, p. 321.
382. Œuvre et commentaires, 53e vol., Weimar, 1920.
383. Burkhardt, *Die Judenverfolgungen...*
384. Yossel au Magistrat de la Ville de Strasbourg, GUP 174, n°23. – A la Diète de Worms, certains ambassadeurs catholiques critiquent sévèrement « les prises de position et les livres séditieux de Luther. Son traité publié récemment, *Contre les juifs* (*Shem Hamphoras*), est un livre enragé, cruel, il semble écrit avec du sang et encourage la populace au pillage et au meurtre... Aussi a-t-on déjà appris qu'en divers lieux le peuple, suivant cet enseignement, a misérablement agi, allant jusqu'à blesser et tuer de nombreux innocents. » Janssen, III, p. 539, 1883.
385. Leo Baeck, « Romantische Religion » (in *Aus drei Jahrtausenden. Wissenschaftliche Untersuchungen und Abhandlungen zur Geschichte des jüdischen Glaubens*, p. 42, Berlin, 1938). Voir également : Felix Perles, *Bousset's Religion des Judentums im neutestamentlichen Zeitalter*, Berlin, 1903. – Rudolf Kittel, *Die Religion des Volkes Israel*, Leipzig, 1921. – Hans Heinrich Scäder, « Esra der Schreiber » (in *Beiträge zur Historischen Theologie*, V, Tübingen, 1930).
386. Du 11 juillet. *ZGJD*, V, p. 332.
387. Scheid..., *Pièces justificatives*, n°XXXVI.
388. *Memoiren*, § 26.
389. *Der Heilige Weg*, Jossif Omez, § 482. *Der Heilige Weg* fut déjà rédigé en 1531. Mais, comme l'avait déjà supposé Feilchenfeld, Yossel ajouta plus tard certains évènements, telle l'affaire du meurtre rituel de 1544. C'est également à cet endroit qu'il publia la prière de pénitence du Rabbin Avigdor de Prague, qui ne fut écrite qu'en 1542, lors de l'expulsion des juifs de Prague. Voir aussi Lehmann, II, p. 252.
390. Joachimsen..., p. 238.
391. Joachimsen..., p. 243.
392. *Privilegiorum Universorum, Teutoniae Nationis, Hebraerorum Confirmatio : Gegeben in Speyer 3. Aprilis 1544*. Signé Carl Naves, bourgmestre. Archives générales du pays de Bade, Dép. 67, série des copies de livres, vol. 894 et suiv., 171-176. Le document est également repris dans les documents de renouvellement des privilèges que Maximilien II et Rodolphe II ont accordés aux juifs de l'Empire, respectivement le 8 mars 1561 et le 15 juin 1577. Dans les *Protocoles des affaires résolues par le Conseil impérial de la Cour* (*Reichshofrat*), XVII, vol. 1a, suite (fol.) 89, sous la rubrique du 23 mai il est dit : « Le document demandé par Yossel juif... lui a été accordé. » Haus- Hopf- und Staatsarchiv.
393. Au sujet des signes distinctifs des juifs : Felix Singermann, *Die Kennzeichnung der Juden im*

Mittelalter, Freiburger Dissertation, Berlin, 1915. – Raphael Straus, « The 'Jewish Hat' as an Aspect of Social History » (in *Jewish Social Studies*, IV, p. 59-72, 1942). – Guido Kisch, « The Yellow Badge in History » (in *Historia Judaica*, XIX, n°2, p. 89-146, 1957).

394. C'était également l'avis de Bresslau.
395. Memoiren, § 28.
396. Karl Brandi, « Berichte und Studien zur Geschichte Karls V. » (in *Nachrichten von der Gesellschaft der Wissenschaft zu Göttingen aus dem Jahre 1930*, Phil. hist. Kl. (Philosophische historische Klausur ?), p. 250, Berlin, 1930).
397. Hermann Krause, « Kaiserrecht und Reception » (in *Abhandlungen der Heidelberger Akademie der Wissenschaften*, Phil. hist. Kl., 1952), article de Gertrud Schubart-Fickentscher dans *Deutsche Literaturzeitung*, 74e année, H. 9, p. 545, septembre 1953.
398. Le « Sou d'or » (*goldene Pfennig*) n'a jamais été prélevé auprès des juifs de Francfort. I. Krakauer..., vol. I.
399. Il faut lire 1544.
400. *Memoiren*, § 27.
401. I. Krakauer, « Procès de R. Joselmann contre la ville de Colmar » (in *REJ*, XIX, p. 282, 1889). Sur la base des Archives du Départ. du Bas-Rhin, Krakauer donne la date du 7 août. Par contre, on lit dans les *Reichsakten* (Actes de l'Empire), fasc. 16, liasse III, fol. 224, Österreich. Haus- Hof- und Staatsarchiv : « Der judischeit quittung umb die 111mfl. reinisch, so sy zu der defensif hilff erlegt haben, mit zusag, inen ire freyheit zu confirmieren », 6 août 1545.
402. Janssen, III, p. 539, note. Au sujet de la Diète, voir également : Paul Kannengiesser, *Der Reichstag von Worms vom Jahre 1545*, Strasbourg, 1891.
403. *Memoiren*, § 27, et lettre au Magistrat de Strasbourg, en 1546. Feilchenfeld, annexe XXI.
404. *Memoiren*, § 28.
405. Lettre de Charles Quint à son fils Philippe. Bezold..., p. 767.
406. Au cours de cette Diète, Yossel se plaignit auprès de Charles Quint du fait que, bien que les juifs eussent un sauf-conduit impérial pour se trouver dans la ville pendant la Diète, le Conseil de Ratisbonne n'autorisait leur présence que de 8 h du matin à 4 h l'après-midi. Il demanda qu'ils puissent, comme le permettait un usage ancien, se trouver dans la ville de Ratisbonne de 6 h du matin à 6 h du soir. *Reichstagsakten*, fasc. 20, fol. 88-88v (Diète de Ratisbonne, 1546), Österreich. Haus- Hof- und Staatsarchiv. – Déjà à la Diète de Worms, les bourgeois de Worms s'étaient plaints du privilège de Spire *« so auf Anhalten der Juden ausgangen »*. Ils demandèrent que l'on en revienne à l'accord antérieur conclu entre eux et la Maison d'Autriche, et que la pratique du commerce dans la ville soit interdite aux juifs. Cela leur fut accordé. *Actum Worms in consilio regis, V Aprilis 1545, Reichstagsakten*, fasc. 16, Diète de Worms, 1545. Liasse III, fol. 28 (Österreich. Haus- Hof- und Staatsarchiv).
407. Littérature pamphlétaire de l'époque. Bezold, p. 774-775.
408. Otto Walz, *Die Denkwürdigkeiten Kaiser Karls V.*, Bonn, 1901.
409. *Memoiren*, § 28.
410. *Requête du juif Yossel, en tant que commandeur de tous les juifs, (an m. Hn. aux Conseillers) de la Ville de Strasbourg, pour qu'ils demandent à leurs pairs d'autoriser les juifs à rester dans la Ville sans dommage, et de respecter leurs libertés. Doit avoir eu lieu au début de la guerre de Smalkalde.* Copie, Archives de la Ville de Strasbourg, GUP 174, n°26. Feilchenfeld, annexe XXI.
411. Janssen, III, p. 591.
412. *Requête du juif Yossel...*
413. *Protocole du Conseil* en 1546, fol. 444. Archives de la Ville de Strasbourg. Feilchenfeld, p. 65.
414. Archives de la Ville de Strasbourg, *Protocole du Conseil*, III, fol. 127, et Feilchenfeld, p. 65.
415. *Protocole du Conseil*, fol. 438.
416. *Requête du juif Yossel...*, et Alcuin Holländer, *Strassburg im Schmalkaldischen Krieg*, Strasbourg, 1881.
417. Archives de la Ville de Strasbourg, *Protocole du Conseil*, fol. 444. Voir Feilchenfeld, p. 65-66.
418. *Memoiren*, § 28.
419. *Memoiren*, § 29.
420. *Sefer Hamikneh*.
421. *Memoiren*, § 29.
422. Brandi, *Karl V...*
423. *Memoiren*, § 28.
424. Dans son *Sefer Hamikneh*, Yossel parle d'un ancien manuscrit dont il a recopié certains passages : « Mais d'autres choses extraordinaires, rapportées des générations antérieures, chacun racontant ce qu'il avait entendu, ne m'ont pas semblées dignes d'être écrites, à moins que ce ne fût dans des documents précis et authentiques ; pour ceux-ci je n'ai pas cru nécessaire de les rapporter, pour qu'ils soient transmis aux générations futures ». Le *Sefer Hamikneh* ou *Livre de l'acquisition* se trouve dans la Bibliothèque Bodleian à Oxford, sous le n°2240, coll. 773, Ms. Opp. 712. Adolf Neubauer a fait une étude détaillée de ce manuscrit dans son *Catalogue of the Hebrew Manuscripts in the Bodleian Library and in the College Libraries of Oxford*, p. 773-774, Oxford, 1886. Le passage ci-dessus en est extrait.
425. M. Westphal, *Die besten deutschen Memoiren, Lebenserinnerungen und Selbstbiographien aus sieben Jahrhunderten*, Leipzig, 1923. – Franz Schnabel, *Deutschlands geschichtliche Quellen...* – Marianne Beyer-Fröhlich, « Die Entwicklung der deutschen Selbstzeugnisse... » et « Aus dem Zeitalter des Humanismus und der Reformation » (in *Deutsche Literatur, deutsche Selbstzeugnisse*, IV, Leipzig, 1931). – Hans Bach, « Jüdische Selbstzeugnisse » (in *Der Morgen*, 11e année, 1935). – Leo W. Schwarz, *Memoirs of my People*, New York, 1943. – Du même auteur, *Jüdische Memoiren aus drei Jahrhunderten*, Berlin, 1936.
426. *Sefer Hamikneh*.
427. *Memoiren*, § 2.
428. *Idem*.
429. *Memoiren*, § 26.
430. *REJ*, XIII, 1886.
431. Leo Schwarz, *Memoirs of my People*, New York, 1943. – Benzion Netanyahu, *Don Isaac Avravanel, Statesman and Philosopher*, Philadelphia, 1953. – Eugene Mihaly, « Isaac Abravanel on the Principles of Faith » (in *Hebrew Union College Annual*, XXVI, 1955).
432. Memoiren, § 2.
433. Salomon Aben Verga, *Das Buch Schevet Jehuda*, éd. par M. Wiener, 1856. – Fritz Baer, « Untersuchungen über die Quellen und Komposition des Schebet Jehuda » (in *Veröffentlichungen der Akademie für die Wissenschaft des Judentums*, Hist. Sekt., Berlin, 1923). – Jizchak Fritz Baer, « Galut » (in *Bücherei des Schocken Verlags*, 61, Berlin, 1936). – Fritz Aronstein, « Uber die Kina » (in *Der Morgen*, 13e année, p. 198, 1937).

434. *Sefer Hamikneh.*
435. *Sefer Hamikneh*, trad. I. Sonne.
436. Jeu de mots : Lo-Toher = Luther. Trad. I. Sonne.
437. Bodleian Library, Oxford, n°2240, Ms. Opp. 712.
438. p. 138. Voir Feilchenfeld, p. 140-141.
439. Adolf Neubauer, *Catalogue...*
440. Ces neuf paragraphes furent traduit en hébreu par Adolf Neubauer : « Texte aus Joselmanns Sefer Hamikneh » (in *Israelitische Letterbode*, VI, Amsterdam, 1880-1881).
441. « L'expulsion de la ville d'Ulm fut causée par une dénonciation où chacun voulut surpasser l'autre, jusqu'à ce que Satan vienne à leur aide pour lever la main contre le Gaon Rabbi Mose Zart (peut-être Meschi), et le mettre en grand péril. Finalement on l'obligea à renier sa foi et à donner raison aux chrétiens. Le camp des dénonciateurs et de ses adversaires exulta et jubila, tandis que des pleurs violents retentirent aux oreilles d'Israël, des communautés et des régions. Mais l'Eternel le vit et reconnut sa misère, et la contrainte dont il avait été l'objet. Le cœur du maître ne l'abandonna pas non plus. On l'aida à sortir de sa mécréance et il parvint à se rendre en Terre sainte et se repentir parfaitement... Le mauvais esprit s'empara de ces dénonciateurs, en sorte qu'ils n'achevèrent pas leur vie en paix... et leur nom fut évoqué dans l'ignominie. Leurs descendants également moururent de mort violente. Les bourgeois d'Ulm, eux, errèrent de par les sentiers de la honte dans laquelle le retour du Gaon à son ancienne religion les avait plongés. De colère, ils complotèrent avec neuf méchants voisins, pour obtenir de l'empereur Maximilien une cruelle et rapide expulsion. Tout conseil fut alors précieux » (Hermann Dicker...). L'expulsion eut lieu en 1599.
442. Dans ce chapitre, Yossel donne encore d'autres exemples, pour démontrer que Dieu exterminera les dénonciateurs, dont « le début a causé la souffrance, mais dont la fin sera la destruction ». Il mentionne un certain Samuel Enschheim (originaire sans doute de Ensisheim en Alsace), dénonciateur notoire et cultivé, qui demanda le baptême à l'âge de soixante-dix ans ; il parle également d'un homme de Francfort, de bonne éducation, mais méchant, qui, lui aussi, se convertit au christianisme, de sa femme qui refusa de suivre son exemple et se laissa enlever son enfant ; d'un certain Gerschon Heildorisch, le premier dénonciateur à Worms, et de Höchlin, un juif polonais de Posen, qui accusait les juifs de prosélytisme ; du riche Jacob Boneida, également de Posen, qui, lorsqu'il fut jeté en prison en tant qu'escroc et dénonciateur, promit de se faire baptiser à la mort de son père, et qui tint sa promesse.
443. Peuckert..., p. 179.
444. *Histoire authentique et simple de Stephane Isaac. Ecrite et imprimée au service de la vérité, en l'An M.D.XXCVI, à l'adresse de tous les chrétiens et amis.* Voir : Marianne Beyer-Fröhlich, « Aus dem Zeitalter des Humanismus und der Reformation » (in *Deutsche Literatur. Deutsche Selbstzeugnisse*, V, Leipzig, 1931).
445. Brandi, *Karl V.*, p. 380, et Tyler, p. 94.
446. Holmio, *The Lutheran Reformation...*
447. Neubauer, *Catalogue...*
448. *Idem.*
449. *Sefer Hamikneh*, Job 33, 13-17. J'utilise la traduction de I. Sonne, qui a attiré mon attention sur le fait que Yossel s'est surtout référé à Gersonide.
450. *Sefer Hamikneh*, traité 4, p. 110-114.
451. 2 Moïse 33, 14. Cité dans le *Sefer Hamikneh.*
452. *Sefer Hamikneh*, début du 8e chapitre.
453. *Idem*, fol. 192.
454. Franz Rosenzweig, *Almanach des Schocken Verlags auf das Jahr 5695*, p. 60, et Maximilien Dienemann, *Midraschim der Klage und des Zuspruchs*, Berlin, 1935.
455. Proverbes, 4, 5. Voir Neubauer, *Catalogue...*
456. Julius Guttmann, *Religion und Wissenschaft im mittelalterlichen und im modernen Denken*, Berlin, 1922. – Mose ben Maimon, *Führer der Unschlüssigen*, traduit en allemand, avec notes explicatives d'Adolf Weiss, I-III, Leipzig, 1923-1924. – *Rabbi Mosche Ben Maimon. Ein systematischer Querschnitt durch sein Werk*, extraits choisis, traduits et introduits par Nahum Norbert Glatzer, Berlin, 1935. – Moïse Maimonide, *Epistel to Yemen*, éd. par Abraham S. Halkin, trad. angl. par Boaz Cohen, New York, 1952. – Leo Baeck, *Moses Maimonides, der Mann, sein Werk und seine Wirkung*, Düsseldorf, 1954.
457. Feilchenfeld, p. 140.
458. *Sefer Hamikneh*, trad. I. Sonne, p. 275a. Yossel copie presque tout le chap. final du *Moreh* (partie IV, chap. 50), p. 275-289 du *Sefer Hamikneh.*
459. Leo Baeck, *Maimonides...*, p. 25.
460. Sentence du néoplatonicien Pic de la Mirandole. Voir : Albert Lewkowitz, « Das Judentum und die geistigen Strömungen der Neuzeit », I : « Die Renaissance » (in *Bericht des jüdisch-theologischen Seminars Fränckelscher Stiftung für das Jahr 1928*, Breslau, 1929).
461. R. Stadelmann, *Vom Geist des ausgehenden Mittelalters...*
462. Franz Spunda, « Paracelsus » (in *Menschen, Völker, Zeiten. Eine Kulturgeschichte in Einzeldarstellungen*, éd. par Max Kemmerich, VI, Vienne/Leipzig, 1925). – Henri M. Pachter, *Paracelsus, Magic into Science*, New York, 1951.
463. R. Stadelmann, *Vom Geist des ausgehenden Mittelalters...*
464. Archives de la Ville de Strasbourg, GUP 4, n°23.
465. Jakob Guttmann, « Aus der Zeit der Renaissance. Nicolaus von Cusa, Jacobus Faber Stabulensis, Bonet de Lattes » (in *Monatsschrift*, 43, 1899). – Wilhelm Dilthey, *Weltanschauung und Analyse des Menschen seit der Renaissance und Reformation*, Leipzig/Berlin, 1923. – J. Huizinga, *Erasmus*, 3e éd., Bâle, 1941.
466. *Commentaires* d'Exode 33, 1-18, de Yossel. Trad. I. Sonne.
467. Leo Baeck, *Dieses Volk...*, p. 49.
468. Karl Joel, *Wandlungen der Weltanschauungen. Eine Philosophiegeschichte als Geschichtsphilosophie*, Tübingen, 1918.
469. Sentence de Paracelse, in Joel, *Wandlungen der Weltanschauungen...*
470. Zülch, *Der historische Grünewald...*
471. Sentence de Rabbi Mosche Leib. Voir : Martin Buber, *Vom Geist des Judentums*, p. 190, Leipzig, 1916.
472. *Social Germany in Luther's Time. Being the Memoirs of Bartholomeo Sastrow*, trad. angl. par Albert D. Vandam, New York, sans date. – Voir aussi : « Des Grafen Wolrad von Waldeck Tagebuch während des Reichstags zu Augsburg 1548 », éd. par G. L. P. Tross (in *Bibliothek des Litt. Vereins in Stuttgart*, LIX, Stuttgart, 1861), et Helmuth Rössler, *Grösse und Tragik des christlichen Europa*, Francfort-sur-le-Main, 1955.
473. *Vom deutschen Saufteufel*, feuille 3, Janssen, vol. III, p. 622.

474. Joseph Lortz, *Die Reformation...*
475. Tribunal suprême impérial, *Judicialia miscellanea*, J 1, fasc. 60, fol. 51-53, Haus-, Hof- und Staatsarchiv d'Autriche.
476. *Protocoles des affaires résolues par le Tribunal suprême impérial*, XVII, vol. 2c, fol. 70v., Haus-, Hof- und Staatsarchiv d'Autriche, Vienne. – Au Tribunal suprême impérial, dans les *Judicialia miscellanea*, J 1, fasc. 60, fol. 57-58 (1548), on peut lire: 30 janvier 1548. Brouillon du mandement de Charles Quint «à la Ville de Rosheim et au village de Türckheim, pour les juifs du baillage de Haguenau». Haus-, Hof- und Staatsarchiv d'Autriche. – Pour répondre à une nouvelle requête de Yossel, l'empereur ordonna au bailli de Haguenau, Konrad von Fleckenstein (6 février 1548), de faire en sorte que les villes respectent le mandement impérial, et que les juifs ne soient plus l'objet d'offenses, de violences ni de mauvais traitements. Tribunal suprême impérial, *Judicialia miscellanea*, J 1, fasc. 60, fol. 54-56 (1548): concernant les juifs du baillage de Haguenau (*Die judischait inn der lanndvogtei Hagenaw betreffendt*), Haus-, Hof- und Staatsarchiv d'Autriche.
477. Cacheté au sceau. Staatsarchiv de Stuttgart. Rep. A 56, B 8, n°5. Egalement chez Feichenfeld, annexe XXIII.
478. Salomon Stein, «Zur Geschichte der Juden in Schweinfurt und dem Vogteidorf Gochsheim im 16. Jahrhundert» (in *Jahresbericht der Jüdischen. Literarischen Gesellschaft*, IV, p. 1, Francfort-sur-le-Main, 1906).
479. *Yossel juif de Rosheim au sujet des pauvres juifs qui habitent encore dans la ci-dessus nommée marche de Gochtsheim*, sans date (ans doute de la mi-janvier). Tribunal suprême impérial, *Judicialia miscellanea*, J 1, fasc. 60, fol. 51-53. Haus-, Hof- und Staatsarchiv d'Autriche.
480. «[La requête de Yossel] est accordée *pro conservatione regaliarum*. Caes. Mt. XVII. Janvier 1548.» *Judicialia miscellanea*, J 1, fasc. 60, fol. 51-53. Haus-, Hof- und Staatsarchiv de Vienne. Ibidem, on peut lire: brouillon du mandement au seigneur protecteur: «que les juifs de Gotschhaim puissent rester, dat. Augspurg le 17e jour du mois de janvier de l'an 48».
481. Selon Stein, «l'original de la lettre au bourgmestre de Gochsheim, ornée du sceau de Rabbi Josel (un taureau avec de grandes cornes, selon 5 Moïse 33, 17, le nom hébreu de Joseph y étant imprégné) se trouve aux archives de Würzbourg». Cette lettre n'a pu être retrouvée lors de nos récentes recherches.
482. Dans les *Protocoles des affaires résolues par le Tribunal suprême impérial*, XVII, vol. 2c, fol. 230v., on peut lire: «19 avril 1548. Duplicata de la lettre de protection du juif Yossel.» Haus-, Hof- und Staatsarchiv d'Autriche. Par contre, Moritz Stern indique le 28 février 1548, à Augsbourg, comme date du document original, aujourd'hui perdu, qu'il avait trouvé au Musée national germanique de Nuremberg, et dont il avait pris l'empreinte. (M. Stern, «Joselmann von Rosheim und seine Nachkommen» in *ZGJD*, III, p. 65, 1889). Stern le décrit ainsi: «Le document – dans lequel se trouve la lettre de protection en faveur de Yossel comme *Transumpt* [« copie »], – sur parchemin, format cahier, sur 7 feuilles in-folio, se trouve aux Archives du Musée national germanique de Nuremberg sous le n°4984. Au lien latéral rouge et blanc, fortement torsadé, qui retient les feuillets, est suspendue la petite boîte en bois, contenant le sceau en cire verte, endommagé en plusieurs endroits. Le sauf-conduit pour le juif Yossel de Rosheim, ses fils et ses gendres avec leurs femmes, leurs enfants, leurs valets, leur *Brotgesind* (domesticité) et tous leurs biens, fut établi par Charles Quint, le 28 février 1548, à Augsbourg.» Cette date est reprise plus tard, dans des documents de reconduction, destinés aux descendants de Yossel. C'est le cas dans un document de Maximilien II, du 6 décembre 1570, établi en faveur des fils de Yossel, Gerson et Moïse.
483. Les *Protocoles des affaires résolues par le Tribunal suprême impérial*, XVII, vol. 2c, fol. 217v., communiquent le 16 avril: *«Josel jud von Rosshaim wegen gemainer Judischait umb bevlh, die ungehorsamen Juden, so sich irer ordnung nit halten und auf der rabbi straf nit geben wollen, das sy nachmals inen gehorsamen. Item umb bevelh wider die, so die Auflag irer teyls zu erlegen sich waigern. – Soviel den ersten pünkten belenngt, sollen sy die ordnung einpringen und so die ersehen und rechtmässig befunden wirde, soll inen dieselb sub poena confirmiert werden. – So vil den anderen puncten betrifft, sollen sy verzaichnis der auflmag anzaigen.»*
484. *Règlement impérial de police*, Tit. 20, § 1. Voir Stobbe, p. 26.
485. «Gemainer Judischait im Heiligen Reich Schutz, Schirm und Glaitsbrief. Augspurg, den letzten tag Aprilis, anno... im achtundviertzigsten», *Registre impérial de Ferdinand Ier*, vol. 6, fol. 92v.-93v., Haus-, Hof- und Staatsarchiv d'Autriche.
486. *Supplicatio Jösel Juden, 22 junii anno 1548 (Augsburg)*. Signé: «Jösel juif de Rosshaym, avocat général des juifs». Archives de l'Archichancellerie, Actes de la Diète impériale, fasc. 16, fol. 563-565. Haus-, Hof- und Staatsarchiv d'Autriche.
487. Xavier Mossmann, *Etude sur l'histoire des juifs à Colmar*, Colmar/Paris, 1866, p. 21. – I. Krakauer, «Procès de R. Joselmann contre la ville de Colmar» (in *REJ*, 19, p. 282, 1889). – Lucien Sittler, «Colmar et la Décapole. Une crise au sein de la Ligue au XVIe siècle» (in *Annuaire de la Société historique et littéraire de Colmar*, IV, 1954).
488. Lettre du Conseil de Colmar à Yossel, en date du 16 août 1541. Copie, Tribunal suprême impérial, *Judicialia miscellanea*, J 1, fasc. 60, Conv. 1, fol. 48. Haus-, Hof- und Staatsarchiv d'Autriche.
489. Archives du Dép. du Bas-Rhin, E. 1406, p. 133-139, 23 décembre. Voir aussi Krakauer...
490. Sans date (sans doute début 1548). Ecrit de sa propre main. Tribunal suprême impérial, *Judicialia miscellanea*, J 1, fasc. 60, Conv. 1, fol. 43-45.
491. *Ibidem*, fol. 47-49. Dans les *Protocoles des affaires résolues par le Tribunal suprême impérial*, XVII, vol. 2c, fol. 13, il est dit: «Josel jud von Rossheym contre la ville de Colmar. Soll denen von Colmar geschrieben werden, dieweil die keyserl. Maiestät in gebung der freiheit die ursachen warumb sy darzu bewegt und wie weith sich dieselb erstrecken soll, gnugsamlich ausgetruckt, das sy die von Colmar die juden daruber in ander weg des zugangg zu irer nottturft nit berauben wollen.»
492. *Supplique du juif Yossel au bailli, pour demander pour lui et ses frères l'accès à Colmar*. Copie, Archives du Dép. du Bas-Rhin, série C 78. Voir Feilchenfeld, annexe XXIV, p. 197.

493. Mossmann..., p. 31.
494. *Copia citationis Josel jud zu Rossheim cum consort. ca. statt Comar, 19 Dezember 1548.* Archives du Dép. du Bas-Rhin, 863, Wetzl., 1249. In Feilchenfeld, annexe XXV, p. 198. Voir aussi Krakauer...
495. Wilhelm Maurer, « Reuchlin und das Judentum » (in *Theologische Literaturzeitung*, 9, p. 536, 1952).
496. *Ibidem.*
497. *Ibidem.*
498. Tit. 19, paragraphe 6, Neumann, *Geschichte des Wuchers*..., p. 541.
499. Jakob Strieder, *Studien zur Geschichte der kapitalistischen Organisationsformen*, 2e éd., Munich/Leipzig, 1925.
500. Au sujet de la Diète d'Augsbourg : « Beiträge zur Reichsgeschichte 1546-1551 », révisé par August von Druffel (in *Briefe und Akten zur Geschichte des 16. Jahrhunderts*, I-IV, Munich 1873-1896, I, p. 448, 516).
501. Neumann..., p. 345.
502. Strieder..., p. 112.
503. Strieder, *Studien*..., p. 112.
504. *Protocoles des affaires résolues par le Tribunal suprême impérial*, XVII, vol. 10, fol. 32, Haus-, Hof- und Staatsarchiv de Vienne. – Nous sommes mal informés des activités de Yossel au cours de cette Diète, étant donné que nous n'avons pas ses *Mémoires*. Les *Protocoles* du Tribunal suprême impérial nous apprennent que, le 25 août 1550, Yossel a adressé une requête à l'empereur, lui demandant de bien vouloir *« die gemaine Judischait bey iren habenden Freyhaiten gnedigst handthaben und denselben zuwider ir unverhort nichts ausgehen lassen ». Protocoles des affaires résolues par le Tribunal suprême impérial*, XVII, vol. 6, fol. 203. Haus-, Hof- und Staatsarchiv de Vienne. – Dans les *Protocoles* du 19 septembre 1550, il est dit que la requête de Yossel devait être présentée aux états de l'Empire (*ibidem*, vol. 8, fol. 59). Une nouvelle requête de Yossel, en date du 29 octobre, fut rejetée. Elle demandait à l'empereur qu'il veuille bien appliquer la décision, prise plusieurs années auparavant par les Conseils, aux juifs ainsi qu'à lui-même en tant que commandeur de tous les juifs, (*ibidem*, XVII, vol. 7, fol. 335v). Nous ne savons pas de quelle requête il s'agissait. – Yossel obtint cependant que ses deux fils Gerson et Jacob soient autorisés à s'établir à Rosheim et à Turckheim (*Protocoles* [du 11 mars 1551] *des affaires résolues par le Tribunal suprême impérial*, XVII, vol. 10, fol. 80. Haus-, Hof- und Staatsarchiv de Vienne).
505. *Protocoles des affaires résolues par le Tribunal suprême impérial*, XVII, vol. 10, fol. 32. Haus-, Hof- und Staatsarchiv d'Autriche.
506. Cette requête a été publiée, sans mention de date, de lieu, ni des Archives dans lesquelles elle a été trouvée, par Gerson Wolf, dans la *Zeitschrift für die Geschichte der Juden in Deutschland*, III, p. 168, 1889 : « Zur Geschichte der Juden in Deutschland : Josel von Rosheim (Loans) ».
507. *Protocoles des affaires résolues par le Tribunal suprême impérial*, XVII, vol. 10, fol. 156. Haus-, Hof- und Staatsarchiv d'Autriche.
508. G. Rümelin, « Altwürttemberg im Spiegel fremder Beobachtung » (in *Württembergische Jahrbücher für Statistik und Landeskunde*, 1864). – Christoph Friedrich von Stälin, *Wirtemberger Geschichte*, Stuttgart, 1873. – Strack von Weissenbach, *Herzog Christoph von Wirtemberg*, Stuttgart, 1889. – Eugen Schneider, *Württembergische Geschichte*, Stuttgart, 1889. – Voir aussi : Neumann, *Geschichte des Wuchers*...
509. Max Speidel, *Das Hofgericht zu Rottweil. Ein Beitrag zu seiner Geschichte unter der Herrschaft der Alten Hofgerichtsordnung*, Rottweil/N., 1914.
510. Requête de Yossel à l'empereur. Lehmann, II, p. 308.
511. Requête de Yossel au duc de Wurtemberg. Sans date et sans indication de lieu. B 287 (« Les juifs dans le *Deutschordensgebiet* et à l'extérieur »), Büschel 3, 10, copie. Würtemberg, Hauptstaatsarchiv.
512. Lettre du 6 février 1551. Feilchenfeld, annexe XXXI, p. 200.
513. Requête du 22 février et du 17 juin 1551. Original avec sceau. Württembergisches Hauptstaatsarchiv, A 56, Büschel 9.
514. Lettre à Fessler, chancelier du Wurtemberg. Württembergisches Hauptstaatsarchiv, original avec sceau, A 56, Büschel 9.
515. *Vertrag gegen die judischait ufgericht, d. Stuttgarten*, le 11 août de l'an 1551. Parchemin avec sceau. Württembergisches Hauptstaatsarchiv Rep. A 56, Büschel 9. Egalement Feilchenfeld, annexe XXVIII.
516. *Abgeschrift von der hebr. Sprach, so von der gmain jüdisch. Jesall jud, ierem bevelhaber zukomen ist*, 14 juillet 1551. Feilchenfeld, annexe XXVII, p. 202-203.
517. Feilchenfeld, p. 73.
518. Les recherches aux Bayrischen Hauptstaatsarchiv à Munich, concernant les activités de Yossel, n'ont pas eu de résultat. Notre seule source est : Johann Christ. Freiherr von Aretin, *Geschichte der Juden in Bayern*, p. 52-57, Landshut, 1803, qui a publié le contrat. Celui-ci se trouve aux Hauptstaatsarchiv de Munich, Kurbaiern 10231 (*ante* « Les juifs en Bavière », fasc. 11). En 1802, une copie de cette déclaration a été établie pour Aretin.
519. Aretin...
520. Franz Spunda, *Paracelsus*...
521. Leo Baeck, *Aus drei Jahrtausenden*..., p. 379.
522. *Sefer Hamikneh.*
523. Lettre au Conseil d'Obernai, en date du 10 octobre 1542. Feilchefeld, annexe XVIII.
524. *Memoiren*, § 27.
525. Feilchenfeld, annexe XVIII.
526. Du 13 novembre 1553. Archives de la Ville de Strasbourg, *Protocoles du Conseil*, III, 117, fasc. 38.
527. Lettre du 8 juin 1552. *Ibidem.* Voir aussi la lettre du 24 mars 1551. *Ibidem.*
528. Rudolf Reuss, *Kleine Strassbuger Chronik. Denkwürdige Sachen allhier in Strassburg vorgeloffen und begeben. 1424-1615* (Extrait d'un manuscrit de la Bibliothèque municipale de Strasbourg, 1889). – X. O., « Henri II et la ville de Strasbourg pendant la 'Chevauchée d'Autrasie' en 1552 » (in Collège épiscopal Saint-Etienne de Strasbourg, *Rapport annuel*, 1951-1952). – Alcuin Holländer, *Strassburg im Französischen Kriege 1552*, Strasbourg, 1888. – Götz Freiherr von Pölnitz, « Der Asiento Kaiser Karl V. Vom 28 Mai 1552 » (in *Historisches Jahrbuch der Görregesellschaft*, 74e année, 1955).
529. F. von Bezold, *Geschichte der deutschen Reformation*..., p. 844.
530. *Ibidem.*

531. Janssen, vol. III, p. 675.
532. I. Krakauer, *Geschichte der Frankfurter Juden*, vol. I, p. 303.
533. Yossel au Conseil de Hagenau. Copie non datée (sans doute février 1554). Archives Dép. du Bas-Rhin, série C 78. Voir aussi Feilchenfeld, annexe XXX, p. 207.
534. *Ibidem*.
535. Janssen, vol. III, p. 660.
536. C'est ainsi que le qualifia un des conseillers du roi Ferdinand. Voir Bezold, p. 850.
537. Lettre de Yossel au Conseil de Haguenau, sans date. Archives Dép. du Bas-Rhin, série C 78.
538. Karl Brandi, « Karl V. vor Metz » (in *Ausgewählte Aufsätze. Als Festgabe zum 70. Geburtstag am 20. Mai 1938 dargebracht von seinen Schülern und Freunden*, Oldenbourg / Berlin, 1938).
539. § 8.
540. Eberhard Gothein, *Wirtschaftsgeschichte des Schwarzwaldes und der umgrenzenden Landschaften*, I, Strasbourg, 1892.
541. Du 21 mai 1553. Feilchenfeld, annexe XXIX, p. 204.
542. « Le jour du 11 mars 1551. Les fils du juif Yossel, Gerson et Jacob, demandent protection et autorisation d'habiter à Rosheim et à Turckheim, en vertu des libertés obtenues, de par le passé, par leur père, et dont il présentent une copie. Pour autant qu'il y ait, à la chancellerie, de telles libertés accordées à leur père, qu'elles soient renouvelées en faveur des fils. Jour du 13 mars 1551. Le juif Yossel. Accordé, avec la modification indiquée dans le brouillon », *Protocoles des affaires résolues par le Tribunal suprême impérial*, XVII, vol. 10, fol. 80, et vol. 8, fol. 204v. Haus-, Hof- und Staatsarchiv d'Autriche.
543Archives départementales du Bas-Rhin, série C 78.
544. Requête de Yossel au Magistrat de Haguenau, sans date. En tout cas, elle fut écrite entre le 20 et le 24 février 1554. Archives du département du Bas-Rhin, série C 78, ainsi que la requête du bourgmestre et du Conseil de Rosheim au sous-bailli Heinrich von Fleckenstein, en tout cas de fin février ou début mars. *Ibidem*.
545. Psaume 84, 8.
546. Feilchenfeld, p. 113.
547. D'après les calculs de Feilchenfeld, la fête de *Pessah* se terminait le 25 mars, cette année-là.
548. Paroles de Yossel au sujet de Moïse dans le *Sefer Hamikneh*.
549. Les Mémoriaux de Niedernai et de Haguenau. Voir Lehman, II, p. 326.

NOTES DE FREDDY RAPHAËL ET DE MONIQUE EBSTEIN

1. Havah Fraenkel-Goldschmidt, *Joseph of Rosheim, Historical Writings*, Brill Leyden, 2006, p. 420-423.
2. Haïm Hillel Ben-Sasson, *Geschichte des Jüdischen Volkes*, éd. C.H. Beck, Munich, 2007, p. 865.
3. Christoph Cluse et Jörg R. Müller, « Les communautés juives en Allemagne au milieu du XIVe siècle », in Descatoire Christine (sous la dir. de), *Les Trésors de la Peste noire*, Paris, RMN, 2007, p. 19.
4. *Ibidem*, p. 17-21.
5. *Ibidem*, p. 17.
6. *Ibidem*, p. 18.
7 Gerd Mentgen, in *Le Trésor de Colmar*, p. 125.
8. *Ibidem*, p. 126.
9. *Ibidem*.
10. *Ibidem*.
11. Parmi les premiers procès pour meurtre rituel, on peut mentionner ceux de Norwich en Angleterre (1154-1155), de Blois (1171) et de Fulda (1235).
12. Theodore W. Adorno, *Minima moralia*, Francfort-sur-le-Main, 1951, p. 141.
13. Berthold de Ratisbonne, cité in Arne Domrös, *Judentum und Antijudaismus in der deutschen Literatur im Mittelalter*, Berlin, Jüdische Verlagsanstalt, 2002, p. 29.
14. Olgemann Stephanie, « Die Legende vom jüdischen Ritualmord... », in Arne Domrös, *Judentum und Atijudaismus in der deutschen Literatur im Mittelalter*, Berlin, JVA, 2002, p. 85-119.
15. Ce n'est là qu'une des comparaisons auxquelles Berthold de Ratisbonne a recours et qui bestialisent le juif. *Ibidem*.
16. Pfefferkorn, *Der Judenspiegel* (1507), fol. C2v et E2v, cité in Arne Domrös, *Judentum und Antijudaismus*..., p. 181.
17. *Ibidem*, p. 182.
18. Martin Luther, *Werke, Kritische Gesamtausgabe, Schriften*, Weimar, 1883-1995, tome 53, p. 419.
19. *Ibidem*.
20. *Ibidem*.
21. *Ibidem*, p. 523.
22. Voir note 2 de l'introduction.

Le message universel de Yossel de Rosheim

Yossel de Rosheim fut un homme d'une immense culture, écouté et respecté par les personnages les plus puissants de son temps, celui de la Renaissance, qui s'ouvrait avec passion sur de nouveaux horizons. Il a su, par sa grande capacité d'ouverture, son indéfectible esprit de dialogue et un attachement sans faille à ses convictions, imposer autour de lui et dans ses nombreuses interventions au service de la communauté juive un respect mutuel et une plus large tolérance dans le monde de son époque.

Rosheim, ancienne ville impériale membre de la Décapole – alliance de dix villes libres créée en Alsace au XIVe siècle –, s'honore de la fidèle présence de cette personnalité exceptionnelle dont le rayonnement intellectuel et moral s'étendit sur toute l'Europe. Notre cité, marquée au moins depuis 1215 par une présence juive aussi ancienne que constante, est également un haut lieu du judaïsme alsacien. De nombreuses traces rappellent encore cette présence, notamment dans la rue Netter où les membres de cette illustre famille occupèrent aux XVIIe et XVIIIe siècles les plus hautes fonctions au sein de la communauté juive d'Alsace. Un autre et bien actuel témoignage de cette présence est visible dans le village voisin de Rosenwiller où se trouve le plus grand et probablement le plus ancien cimetière israélite d'Alsace.

C'est bien naturellement et avec un réel enthousiasme que notre ville, dont la médiathèque porte fièrement le nom de « Josselmann de Rosheim », s'associe à cet hommage rendu à la personnalité et à l'œuvre de l'un de ses plus illustres habitants. Le message universel et plus que jamais actuel de Yossel de Rosheim résonne, avec force et lucidité, dans les grands défis de notre monde d'aujourd'hui.

Michel Herr
Maire de Rosheim

Table

Achevé d'imprimer par Corlet, Imprimeur, S.A. - 14110 Condé-sur-Noireau
N° d'Imprimeur : 114793 - Dépôt légal : août 2008 - *Imprimé en France*